Helmut Grüttner • Rückkehr nach Tangermünde

Helmut Grüttner

Rückkehr nach Tangermünde

Erinnerungen an eine altmärkische Kindheit
oder
Die Abenteuer des Helmut Pfifferling,
des Plötzenschrecks und Wasserplömpers

FRIELING

Die Deutsche Bibliothek – CIP-Einheitsaufnahme
Grüttner, Helmut:
Rückkehr nach Tangermünde : Erinnerungen an eine altmärkische Kindheit oder Die Abenteuer des Helmut Pfifferling, des Plötzenschrecks und Wasserplömpers /
Helmut Grüttner. –
Orig.-Ausg., 1. Aufl. – Berlin : Frieling, 1997
(Frieling-Erinnerungen)
ISBN 3-8280-0366-4

Hünefeldzeile 18, D-12247 Berlin-Steglitz
Telefon: 0 30 / 7 74 20 11

ISBN 3-8280-0366-4
1. Auflage 1997
Titelgestaltung: Helmut Grüttner

Printed in Germany

Motto

Jeder Mensch gedenke immer seiner Kindheit!
Das ist möglich.
Denn er hat ein Gedächtnis.
Die Kindheit ist das stille, reine Licht,
das aus der eigenen Vergangenheit tröstlich
in die Gegenwart und Zukunft hinüberleuchtet.
Sich der Kindheit wahrhaft erinnern, das heißt:
plötzlich und ohne langes Überlegen wieder wissen,
was echt und falsch,
was gut und böse ist.
Die meisten vergessen ihre Kindheit wie einen Schirm
und lassen sie irgendwo in der Vergangenheit stehen.
Und doch können nicht vierzig,
nicht fünfzig spätere Jahre des Lernens und Erfahrens
den seelischen Feingehalt
des ersten Jahrzehnts aufwiegen.

Die Kindheit ist unser Leuchtturm.

(Erich Kästner)

Inhalt

Das Familienoberhaupt …

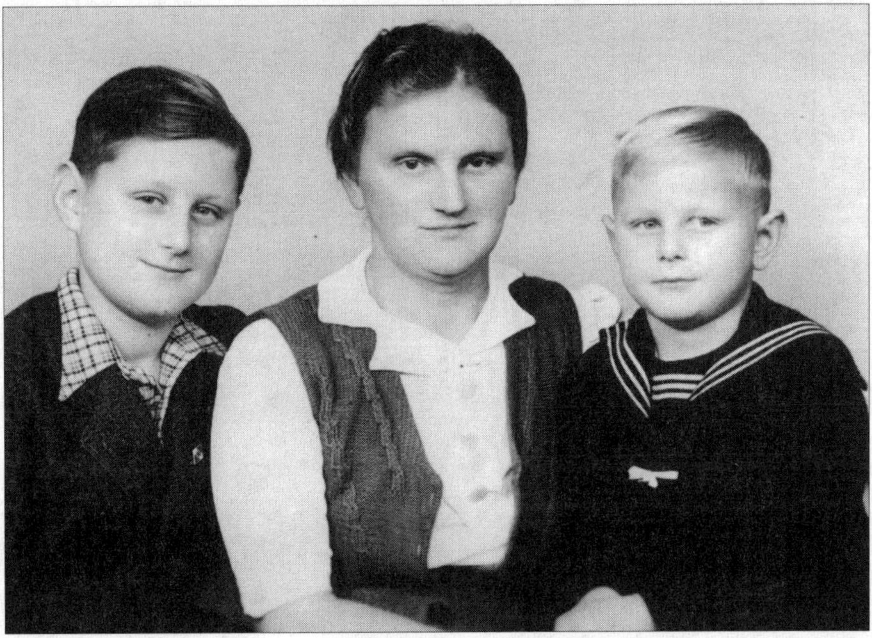

… und die Restfamilie

Teil I

1938 – 1945

Einleitung

Da war sie!

Durch die letzten stiebenden Regenschleier des sommerlichen Gewitterregens hindurch ist sie am hellen westlichen Horizont erschienen. Unverkennbar, der charakteristische Umriß des barocken Turmhelms, unverwechselbar zusammen mit den anderen Türmen und Dächern die Silhouette der Stadt bildend.

Die Stephanskirche in Tangermünde.

Überrascht von dem plötzlichen, eigenen Entschluß oder der Ahnung, daß die zweifelhafte „DDR-Idylle" nicht mehr lange Bestand haben würde, hatten mein Bruder Gerhard und ich uns im Juli 1988 auf den Weg gemacht. Seit der Autobahnabfahrt „Burg" ist die Dauerfrage der vergangenen 40 Jahre auch noch mit einer Art fiebriger Erregung versehen: „Wie wird es sein, wenn sich das Bild der Stadt zum ersten Mal zeigt?"

Zugegeben, der Augenblick ist von uns bewußt herbeigeführt worden in der Absicht, unsere Gefühle künstlich zu provozieren. Absichtlich haben wir die Anfahrt über Genthin und Jerichow gewählt, um die Stadt zuerst wieder von der Flußseite zu sehen, so, wie sie uns stets am liebsten war, eingebettet in das grüne Land an der Elbe. Was die Einleitung des Begleitbuches zur 1.000-Jahr-Feier empfiehlt – sich von Osten zu nähern –, ist auch unsere Absicht. Wir haben uns unsere Begeisterung vorgenommen, und sie soll uns auch nicht im Stich lassen.

Das ist kitschig, werden Sie sagen. Fahren da hin, um ihre eigenen Gefühle und sich selbst zu genießen. Aber das ist uns in diesem Moment egal. Der Augenblick ist in der Vergangenheit immer wieder im voraus erlebt und zur Kostbarkeit hinaufstilisiert worden. Und jetzt *muß* es auch so sein – Ästhetik hin und her!

Warum dann dieses Herzklopfen? Wir wußten doch, die Stadt war noch da. Freunde hatten es bestätigt, briefliche Kontakte sie beschrieben: vom Zahn der DDR-Zeit benagt, aber noch vorhanden. Jedoch ist da noch ein Rest Unerklärbares, welches uns weismachen will, Tangermünde habe sich durch einen heimtückischen Zauber bösartig und bei Nacht aus der Zeit gestohlen. Und darum ist die Spannung schier unerträglich.

Doch dann ist alles ganz anders.

Wir haben unsere Westkarosse am nördlichen Ortsausgang von Jerichow an den Straßenrand gelenkt und starren mit langen Hälsen und geröteten Wangen auf das oft beschworene Bild. Der nachmittägliche Sonntagsverkehr auf der vertrauten Reichsstraße 107 hindert uns daran, das Fahrzeug zu verlassen. Entschlossen wirkende Trabbi-Raser fahren ohne Verminderung der Geschwindigkeit kopfschüttelnd wilde Demonstrations-Bögen um das Hindernis und stören unsere Andacht.

Was soll's ... Taschentücher raus! Nase geputzt! Gerührt, ob der eigenen Rührung? – O. k.! Weiter, sehr vertrautes Terrain, Fischbeck, der Zustand? – Unsäglich, eine „Raststätte“ mit einem Pulk Autos davor, – unsäglich, die Kirche? – unsäglich. Die Insassen entgegenkommender Fahrzeuge sind sicherlich mit der Überzeugung weitergefahren, einem bekannten Dirigentenpaar begegnet zu sein. Es wird furchtbar in der Gegend umhergezeigt, und nur mit Mühe komme ich noch meinen Fahrerpflichten nach.

Am Ortsausgang von Fischbeck, zu Beginn der langen Geraden zur Elbbrücke, hält es uns nicht mehr im Wagen. Auf der linken Seite stand seit 1938 für uns „die modernste Tankstelle der Altmark“! Beton, Fliesen, Flachdach usw., 1945 ausgebrannt, Munitionsfahrzeuge explodiert. Die Ruinen sind weg. Wir halten an. Hier habe ich 1946 die Geschosse der geplatzten Patronen gesammelt – für die Schleuder – raus aus dem Auto ... Man atmet durch, hält Umschau. Die Stadt ist nähergerückt, Fotoapparate werden sichtbar, jeder Durchblick ein Motiv, es ist sehr schlimm, westdeutscher Perfektionierungsdrang. Das nächste Mal leihen wir uns eine Videokamera ...

Dann schiebt mein Fuß den Sand auf dem Beton beiseite. Stutzen, Staunen, doch es liegt tatsächlich da. – Ein Gewehrgeschoß, klumpig-verrostet, aber immerhin unleugbar vorhanden, 43 Jahre im Sand der Tankstelle von Fischbeck. Wir sehen uns an ...

In den kommenden acht Tagen machen wir viele solcher Entdeckungen. Wenn man den angewehten Staub beiseite schob, kam vielfach das zum Vorschein, was wir erhofft, manchmal kaum erwartet hatten. Häufig lädiert, aber immer erkennbar, manchmal traurig anzusehen, aber immer das Original, dann nur noch ein Rest, jedoch genug, um unsere Erinnerung neu zu beleben.

Wir haben von dem, was wir sehen wollten, das meiste gesehen, und oft waren beseligende Augenblicke dabei. Immer mehr jedoch wich das anfängliche Gerührt-Sein einem Berührt-Sein und einer tiefen Betroffenheit.

Jugendzeit ist nicht rückholbar, man weiß das ja. Aber diese herbeigesehnte, leib-haftige Begegnung mit den alten Bildern hatte die Farben belebt und die Spitzenlichter neu gesetzt.

Lebendiger als je geglaubt, hat diese „Rück-Kehr“ unsere Erinnerung werden lassen, Vergessenes oder Halbverschüttetes wieder zu Tage gefördert. Gestalten, Gesichter – Gefährten ... Originale beleben sich, stellen die Frage:

Wie war das?

Damals?

Vor dem Krieg?

In jener fernen, glücklichen Zeit?
Als wir unsere Abenteuer erleben durften?
Damals –
damals –
damals …

Links gehts nach Amerika – rechts nach Oma

Es ist ein Nachmittag im März 1938, da gehen wir die leicht geschwungene Straße hoch, die zur Elbbrücke führt.

Wir, das sind mein Vater, genannt Pabba, und mein Bruder Gerhard, Jahrgang 1929, also sechs Jahre älter als ich und die anerkannte Autorität in allen Sachfragen einer brüderlichen Gemeinschaft.

Endlich hat unsere Quengelei Erfolg gehabt, denn obwohl wir nun schon einige Wochen in dieser mitteldeutschen Kleinstadt wohnen, haben wir eins noch nicht zu Gesicht bekommen, jenes sagenhafte Gewässer, den Fluß, den Strom, denn diese Stadt hieß ja nicht einfach Tangermünde, sondern –

Tangermünde an der Elbe.

Von Anfang an war ich der festen Überzeugung, daß diese Elbe etwas Gelbes sein müsse. Sei es, weil man nur ein „G“ davorsprechen mußte, um die Farbe entstehen zu lassen, sei es, weil die Wasserfrau, die Elbin oder Elbisdirn, die Pabba mir in einem Buch gezeigt hatte, einen rätselhaften, gelbgrün geschuppten Fischschwanz besaß, wo normale Menschen Beine und Füße mit Salamander-Schuhen hatten.

Nun ist es also so weit. Links und rechts an Pabbas Hand gehen wir auf dem nobel mit Betonplatten statt des üblichen Kleinpflasters belegten „Trottoir“ auf das für meine Vorstellungen gewaltige, rundbogige Brückengebilde zu. Das Gefühl der Bedrohung durch die riesige Eisenkonstruktion steigert sich noch, als ich in Mannshöhe über dem Bogenansatz eine Stahlplatte mit gräßlichen, langen Eisenstacheln entdecke. Damit keiner raufklettert und rumturnt, verkündet Gerhard, ehe Pabba eine Erklärung abgeben kann. Ob Pabba dieses geheime Unbehagen auch fühlte, oder ob er unsere Wünsche kannte? Vor der Brückenschwelle geht es eine Treppe hinunter, durch eine kleine Grünanlage, wieder eine lange Treppe, und wir stehen am Ufer.

Für mich zunächst eine herbe Enttäuschung, die Elbe ist nicht gelb und auch nicht grün. Die Wasserfläche, die sich vor uns dehnt, ist schwarz-silbern unter dem grauen, wolkenverhangenen Himmel und gleitet lautlos in einer die ganze Breite des Stromes überspannenden Bewegung an uns vorbei.

Ich halte unwillkürlich die Luft an, denn in der Tat ist der Anblick für einen dreijährigen Jungen, dessen Spielplatz bisher eine bekieste Dorfstraße gewesen war, sehr beeindruckend.

Ich lasse die Spannung aus meinem kleinen Brustkasten, sauge die frische Märzluft tief ein und mache sofort eine neue Entdeckung. Jener merkwürdige Geruch, den ich beim Spielen auf der Straße schon des öfteren bemerkt hatte, hier unten am Elbufer ist er ganz intensiv. Es muß das Wasser sein, was so riecht, das charakteristische Aroma, welches Niederungsflüsse am stärksten im Frühjahr verströmen, wenn nach dem Hochwasser das Land trockenfällt. Verrottende Pflanzen, faulendes Holz, Schlamm, Modder, vielleicht ein paar tote Fische und im Sommer eine Prise Teer von den hölzernen Elbkähnen. Ich mag diesen Duft und rieche mich satt …

Gerhard ist zwischenzeitlich „mit Erlaubnis" und unter Androhung der fürchterlichsten Erziehungsmaßnahmen, falls er sich „einsauen" würde, eine grünglitschige Steintreppe hinuntergetappt, die in die schweren Steinquadern der Uferbefestigung eingelassen ist. Am Wasser angekommen, versucht er, mitgenommene flache Steine durch geschickten Armschwung über die Oberfläche zu schnellen, als sollten sie die hellen Sandstreifen erreichen, die vom jenseitigen Ufer herüberleuchten.

Jetzt macht mich Pabba auf die ganze Länge der Brücke aufmerksam, die, auf vielen Pfeilern ruhend, auch noch das Überschwemmungsland überspannt. Sie wirkt von hier aus auch weniger bedrohlich, eher verbindlich, was Brücken ja so an sich haben.

Einer der Pfeiler steht am diesseitigen Ufer, in die Uferbefestigung integriert, und Gerhard war „mit Erlaubnis" bereits unterwegs, um ihn aus der Nähe zu begutachten. Pabba und ich an seiner Hand folgen, so gut wir können, denn das Ufer ist hier mit zahlreichen Stechapfelsträuchern bestanden, und ich glaube, mehrfach den Kommentar „so 'n Quark" zu hören.

Unter der Brücke ist es schon ganz dämmrig, und der Brückenpfeiler ist aus der Nähe viel mächtiger, als wir glaubten. Vorn und hinten läuft er spitz zu, wegen der Strömung und des Eisgangs im Winter, erläutert Pabba. Wir lehnen uns mit dem Bauch gegen die Pfeilerwand, legen den Kopf in den Nacken und beklopfen den Beton mit der flachen Hand. Durch Bauch und Hand kann man fühlen, wie stabil der Pfeiler ist. Oben im Gewirr der Stahlkonstruktion ist es schon ganz dunkel. Ab und zu dringen ein gedämpftes Rumpeln und ein schwaches Klappern zu uns, dann fährt ein Pferdefuhrwerk über die Brücke. Wenn es in der Mitte ist, wird aus dem Geräusch ein vielfältiges Gemecker, fast ein Gelächter. Der Schall wird zwischen unserer Pfeilerwand und dem ersten Strompfeiler dauernd hin- und hergeworfen. Wir probieren unsere Stimmen aus. Es funktioniert großartig, und wir hätten diese Flachland-Echo-Probe sicherlich noch eine Weile fortgesetzt, wenn Pabba unserem Geschrei nicht mit dem unnachahmlichen Bootsmannspfiff der Kaiserlichen Marine ein Ende gesetzt hätte. Schade, aber immerhin ein schöner Abschluß.

Nein, von links, stromauf fahrend, nähert sich ein großes Motorschiff. Das müssen wir noch unter der Brücke hindurchfahren sehen und die Wellen abwarten. Unheimlich langsam kommt es heran und schiebt dabei ein mächtiges, schäumendes Bugwasser als Schnurrbart vor sich her. Bunte Lichter sind an Bord zu sehen, und als es, scharf gemustert, an uns vorbeifährt, dringen sogar die Rufe einiger Männer, die an Deck hantieren, zu uns. Wir erleben unser diesmal rauschendes Privatecho, und dann wird das Tschonk – Tschonk – Tschonk der Schiffsmaschine langsam leiser.

Es ist jetzt dämmrig, und das unruhig gewordene Wasser ist nun richtig schwarz. Innerlich etwas schaudernd, sehe ich auf die Reihe von Küseln (Wirbel), die sich an der Wasserseite unseres Pfeilers immer neu bilden, und als hätte er wiederum meine Gedanken erraten, höre ich Pabba: „Niemals von zu Hause weglaufen und zur Elbe gehen! Sehr gefährlich!"

Entschlossen wird meine kolani-ähnliche Oberbekleidung – mit echten Marineknöpfen aus Messing – am Hals zusammengerafft und die Pudelmütze über die Ohren gezogen. „Wo fährt'n der hin?" will Gerhard wissen. „Stromauf, wahrscheinlich nach Magdeburg, wo Oma wohnt!" – „Und wo kommt er her?" – „Stromabwärts liegt Hamburg, von dort kann man nach Amerika fahren!"

Zufrieden mit uns und der Welt, randvoll gefüllt mit Erzählbereitschaft, geht es an Pabbas Hand durch die Dunkelheit nach Hause, wo „Muddi" bestimmt schon mit dem Abendessen (angekündigt waren „Eierback" mit Brot und Tee) auf uns wartet. – Ja, ja, aber dieser Fluß und diese Brücke, das war schon etwas ...

Jetzt trink'n wia noch a Flascherl Wein

Die Erinnerung an den Umzug nach Tangermünde ist düster, unangenehm oder gar quälend. Wenige Augenblicke sind im Gedächtnis geblieben. Manche auch nur, weil meine Mutter, von mir Muddi gerufen, sie immer einmal wieder erwähnte.

Du? sagte sie und machte eine heftige Bewegung mit der Hand, als wollte sie sagen: Nicht auszudenken ... Du? „Brechdurchfall" hattest du, und dann mit dir armem Wurm die lange Bahnfahrt in diesem eisigen Januar.

Irgendwie waren mir die ganze Umzugsaufregung und die Nervosität der Erwachsenen auf den Darm geschlagen. Wer kommt auch auf die abstruse Idee, eine vierköpfige Zollbeamtenfamilie von der äußersten Westgrenze mitten im Januar nach Mitteldeutschland in Marsch zu setzen, zusammen mit einer kompletten Wohnungseinrichtung?

Wenn wenigstens das Familienoberhaupt mit dabeigewesen wäre, aber Pabba wurde zeitgleich zu einem Lehrgang beordert, und Muddi stand mit uns Kindern allein da.

In diesem glorreichen Staat ist alles möglich, soll Pabba laut Zeugenaussage kommentiert haben, wobei das „glorreich“ vorne mit einem „harten g“ gesprochen wurde, weil unser Vater eine sächsische Mutter aus Meißen hatte und so den Hitlerstaat sächsisch, mundartgerecht in eine „chlorreiche“, folglich gut desinfizierte Angelegenheit verwandelte.

In Mülheim an der Ruhr wurde unsere Weltreise unterbrochen. Hier wohnte Onkel Schorsch, Muddis leiblicher Bruder, mit seiner Familie. Er hatte ein eigenes Haus mit einem – oh, Wunder – exorbitanten, mit Ölfarbe gestrichenen Badezimmer.

Welch ein Alptraum, so mußte den armen amerikanischen Gangstern zumute sein, wenn sie von ihren Rivalen per Gelegenheitsunfall im Dampfbad verbrüht wurden.

Das winzige Badezimmer durch den Kohlebadeofen in die linke, vordere Zwischenhölle versetzt, die Anwesenden durch den Wrasen der zahlreichen Vorbäder nicht mehr erkennbar, Muddi mit puterrotem Gesicht, Haarsträhnen, die in der Stirn kleben und … das Badewasser viel zu heiß. Vergeblich der sehnsüchtige Gedanke an unsere beschauliche große Zink-Waschwanne in der großen Wohnküche der Zöllner-Dienstwohnung in Twisteden, Kreis Geldern. Durch das Dampfbad der Männer mußte man hindurch.

Doch das Schlimmste stand uns noch bevor. Nach der Hitzemarter gesellten sich zu der Aufruhr in meinen Niederlanden noch zwei Cousinen und ein Cousin, die nicht bereit waren, ihr Spielzeug zu teilen oder auf eine andere verbindliche Art von Kommunikation einzugehen. Die Vermittlungsversuche der Erwachsenen hielten den Abend über an, und ich glaube, sagen zu können, daß bereits im Januar 1938 die Grundlagen für eine lebenslange Spannung zwischen den Familien gelegt wurden.

An die Weiterfahrt mit der Eisenbahn erinnere ich mich nicht. 500 Kilometer mit dem Personenzug auf den üblichen Holzbänken dritter Klasse, mit Stopp an jedem „Haltepunkt“, na ja ….

Endlich, im Dunkeln, am Ziel, Bahnhof Tangermünde, Schneematsch. Ein befreundeter Kollege von Pabba, Herr Michelmann, holt uns ab. In seinem Haus in der Hünerdorfer Straße, Nähe Elbpark, empfängt uns seine unheimlich nette Frau, umsorgt und umhegt uns. Ein warmes, freundliches Zimmer mit trauter Hängelampe. Auf den Tisch kommt eine Riesen-Terrine mit heißer Nudelsuppe, streng nach ernährungsphysiologischen Richtlinien der damaligen Zeit zubereitet. Die Überlebenden berichten von ebensoviel Schweinefleisch wie Nudeln und obendrauf eine fingerdicke Fettschicht … also genau das Richtige für meinen keks- und apfeltrainierten Reisemagen.

In den folgenden Tagen nehmen wir Besitz von unserer zukünftigen Mietwohnung im Hause Roonstraße 44. Halbausgepackte Kisten, mühsam aufgeschlagene Betten, umherstehende Möbelteile, Pabba weilt immer noch fern, und unsere Muddi „wurschtelt“ sich so durch. Wenigstens ist es warm in der Wohnung, denn es gibt zwei große Kachelöfen, einer reicht beinahe bis an die Zimmerdecke.

Das alles gefällt dem Regisseur nicht, er schickt einen handfesten Ziegenpeter, auch Mumps genannt, für Gerhard, und beide zusammen ins Bett. Heiße Kamillensäckchen und schwach gesüßtes Zitronenwasser werden von Muddi und manchmal auch von mir gereicht, und so kommt es, daß ich am zweiten Tage neben meinem Bruder liege, selbzweit mit dicker Backe.

Ich erhole mich verhältnismäßig schnell, aber das gefällt diesmal dem Dramaturgen überhaupt nicht, er greift hart in die Speichen des Schicksals und schickt für Gerhard eine Gelbsucht (wahrscheinlich als Folge der Michelmannschen Qualitäts-Nudelsuppe) und, wie der herbeigerufene Dr. Hartwich konstatiert, noch die Masern.

Aus Magdeburg eilt Oma Bernard herzu, um unserer hartgeprüften Muddi beizustehen. Plötzlich ist auch Pabba wieder da, und gemeinsam versuchen wir, die Situation in den Griff zu bekommen. Ich möchte da nicht zurückstehen und vertraue auf meine Intuition. (Die Szene ist überliefert und verbürgt.)

Ich stehe verbotener Weise – Dramaturg hatte nichts dagegen – im verdunkelten Krankenzimmer am Bett meines Bruders und singe ihm ein Lied vor. Na, was wohl? Als Junge mit dreijähriger rheinischer Vergangenheit natürlich besages Lied vom „Flascherl Wein“.

Die herbeieilenden Familienmitglieder entfernen mich zwar schleunigst aus dem direkten Gefahrenbereich, doch die Rührung besiegt den Unwillen, und Oma schließt mich, ob meines opferbereiten Aufheiterungsversuchs für den Bruder, in die Arme.

Es muß auch etwas bewirkt haben, denn Gerhard wurde gesund, der Haushalt kam in Ordnung, und die Familie gewann Boden unter den Füßen.

Die Ära „Tangermünde“ konnte beginnen.

Ein Eiskeller ...

... diese Wohnung, verkündete Muddi nach einigen Wochen, und sie mußte es schließlich wissen. Frühzeitig mit Rückenleiden, rheumatischen Beschwerden sowie chronischen kalten Füßen ausgestattet, war sie das kompetenteste Familienmitglied.

Wahrscheinlich hatte sie recht, denn eine Parterre-Wohnung mit Holzdielen auf Lehm über gemauerter Kellerdecke, die Hälfte der Räume mit zwei zum Teil nicht verputzten Außenwänden, Steinfliesen (ohne Fußbodenheizung, ha, ha) in Küche und Korridor und zu allem Überfluß noch Wohnzimmer und Schlafzimmer nach Norden, da wird einem heute schon vom Zuhören kalt.

Wir Kinder merkten davon nicht allzu viel. Dafür sorgte unser großer Bewegungsüberschuß. Wenn schlechtes Wetter uns zwang, den Schauplatz unserer Spiele von draußen in die Wohnung zu verlegen, offenbarte sich jedoch eine weitere Schwachstelle, es war hellhörig. Tritt- und Raumschall konnten sich nahezu ungehindert im Haus bewegen. Die Decke zum Obergeschoß bestand aus Balken mit Dielenlagen von oben und Schilfmatten mit Putzbewurf von unten. Was dazwischen war, konnte auch nicht viel sein.

Und wie sollte auch eine solche Konstruktion den zahllosen Indianerüberfällen, Sturmangriffen, Entermanövern, Schiffsuntergängen und Flugzeugabstürzen einen wirkungsvollen Halt entgegensetzen?

Eines Tages, als die amerikanische Nationalmannschaft den Höhenrekord im Fallschirmspringen brechen wollte, kam es zum Eklat. Da die Teilnehmer des Versuchs sich von der Lehne der Chaiselongue stürzen und zunächst einmal rund 8.000 Meter in freiem Fall überwinden mußten, konnte der Fallschirm erst im letzten Augenblick geöffnet werden. Das erforderte Geistesgegenwart und schnelles Handeln, mißland jedoch gründlich, weil die Spitze des Regenschirms (Pabbas Parapluie) beim Hochreißen in der Schilfmattendecke steckenblieb und der rekordverdächtige Amerikaner sich auf den letzten 2.000 Metern zu Tode stürzte.

Das Haus erbebte bis in die Grundfesten, die Hauswirtin erschien und behauptete, sie habe die Wohnung scheinbar an eine Räuberbande vermietet, die im Begriff sei, das Domizil in die entsprechende Höhle zu verwandeln.

Das Loch in der Decke konnte von uns notdürftig mit gekautem, weißen Papier und Deckweiß aus dem Tuschkasten kaschiert werden. Die amerikanische Nationalmannschaft jedoch konnte ihre Rekordversuche nicht zum Abschluß bringen.

Eigentlich aber war ich mit unserem neuen Zuhause ganz zufrieden, manchmal sogar ein wenig stolz, denn es war ein großmächtiges Vierfamilienhaus mit künstlerisch verzierten Fensterbanksimsen, einem gestalteten Außenfundament mit Verblendputz, der Quadersteinstruktur aufwies, und gehörte so straßauf, straßab zu den stattlichsten Häusern.

Der Kalk-Zementputz war trotz der damals üblichen Kohlefeuerung und der Nähe der Bahnlinie noch ziemlich hell. Scharen von blauleibigen Schmeißfliegen ließen sich sommertags zur Ruhe darauf nieder. Das deutete einerseits auf die

Lage der Stadt im ländlichen Bereich hin, konnte andererseits die Existenz der „Chemischen Fabrik“ nicht leugnen, die alte Knochen verarbeitete und deren Produktenpalette bei Nordwind ziemlich gut überprüfbar war. Kalk-Zementputz ist ja nicht so hart, und mit einem Stöckchen, wie ein steinzeitlicher Feuerwerker händereibend bestätigt, konnte in Minutenschnelle ein Loch hergestellt werden. An einigen Stellen sah das Quadergestein-Imitat daher aus wie eine kleine Uferschwalben-Kolonie und rief erneut den Protest des Hauswirts hervor.

Mit zum Gebäude gehörte ein großer, grasbestandener Hofraum. Im Hintergrund befand sich ein viergeteilter, gemauerter Schuppen, dessen tatsächliche Bedeutung erst in der Nachkriegszeit als Kaninchen-Herberge offenbar wurde. Das ganze war von einer hohen Mauer mit zweiflügeliger Toreinfahrt umfriedet. Wenn man an der Fassade hochblickte, konnte das Haus Roonstraße Nummer 44 auch für dreigeschossig gehalten werden. Hinter den obersten beiden Fenstern war jedoch nur ein riesiger Dachboden, in welchem die Hausfrauen im Winter „die große Wäsche“ aufhängen konnten.

Die zugehörige „Waschküche“ befand sich im Keller, und hier fanden sich alle notwendigen Übel, mit denen so eine moderne Folterkammer ausgestattet war. In der Ecke ein gemauerter Kohleherd mit fest integriertem Waschkessel. Nebenbei das notwendige „Zubehör“ für jede Familie. Zinkwannen und Zuber, Schlauchrollen an den Wänden, „Waschböcke“ (kreuzartiges Dreibeingestell aus Kantholz, um Waschwannen in Bauchhöhe abstellen zu können) und, oh Wunder, eine hölzerne Bottichwaschmaschine mit „Wassermotor“ und Wringwalzen, die der Hauswirtin gehörte. Vier Holzflügel mit großen Löchern (wegen des Wasserwiderstandes), kreuzförmig angeordnet, hingen von oben in den Bottich. Man brauchte jetzt nur noch kochendheiße Waschlauge nebst zentnerschwerer eben gekochter Wäsche einzufüllen, den Wassermotor einzuschalten, und der via Schlauch herangeführte Wasserdruck bewegte die Hängeflügel. Wer sich diesen Ausbund an technischer Raffinesse nicht leisten konnte, mußte die Wäsche mit einem paddelartigen Holzstück im Kochkessel so lange hin- und herschlenkern, bis er die vage Hoffnung hatte, der Dreck sei raus. Jetzt mußte die Wäsche auf alle Fälle aus dem Kessel (siehe oben), denn wenn sie nicht sauber war oder es sich nicht um Kochwäsche handelte, mußte sie über das *Brett.*

Und hier entsteht, vollinhaltlich mit dem Motiv vieler Hausfrauen-Alpträume übereinstimmend, das klassische Bild der „Deutschen Hausfrau am Faß“ (gemeint ist Bottich oder Zuber, später auch Zinkwanne), wie sie fröhlich rubbelt, sicher des Erwerbs von puddingweichen Fingernägeln, wunden Fingerspitzen, offenen Knöcheln und weißbläulicher Wellblechhaut an den Händen.

Nun sind wir fertig, jetzt ist die Wäsche sauber, ja, von wegen, jetzt wird gespült, von Hand, von einem Bottich in den anderen, nicht immer mit warmem

Wasser, auch im Winter … Und Nun? nun wringen wir, meistens auch von Hand, von einer Wanne in die andere, übern Rand, daß die Gelenke krachen und die Hände später abstehen wie Seitenflächen bei einem Tragflügelboot.

Doch dann kam die Wende.

In einem Anflug von Genialität ersann ein märkischer Haushaltgerätetechniker die transportable, an Kreuzbalken arretierte, direkt im Kochkessel versenkbare Hängeflügel-Waschmaschine mit außenliegendem Schwunghebelarm für manuelle Betätigung.

Nun schlug doch noch meine große Stunde.

Wenn ich mich also am Waschtag anweisungsgemäß auf dem Hof bereithielt, bäuchlings auf dem Kellerlichtschacht-Lüftungsrost lag und versonnen auf die Geräusche achtete, die aus dem unterirdischen Nebelheim zu mir drangen, wurde ich zunächst einmal stark an die jüngste schulische Leistung meines Bruders Gerhard erinnert: August Kopischs Heinzelmännchen zu Köln, jene Stelle, wo er die Arbeit des Küfers beschreibt:

und schwenkten
und senkten
und gossen und pantschten
und mengten und mantschten.

Mit dem Unterschied, daß in der Waschküche nicht duftender Wein, sondern unsere Plünnen bearbeitet wurden.

„Helmut, … Wäsche!!!“

Helmut eilte nach unten, faßte Posto neben dem Wäscheherd und den Schwengel der neuen Behelfswaschmaschine. Fünf Minuten, zehn Minuten, 15 Minuten, 20 Minuten …

Als die zahlreichen geometrischen Figuren, die vor meinen Augen zu tanzen begonnen hatten, von roten Sternen zu schwarzen Vierecken werden, dringt Muddis Stimme zu mir …

„Gib noch 20 Schläge!“

Ben Hur in der Galeere?

Nichts!!!

Sylvester Stallone bei der Endausscheidung im Handdrücken in Las Vegas?

Nichts!

Uns märkische Jungen hat nie einer gefragt, aber man sollte uns nicht unterschätzen. Wir sind ernstzunehmende Gegner. Erprobt im Dunst der Waschküchen, gestählt an den Schwenkarmen der heimischen Behelfs-Waschmaschinen.

Übrigens – es ist ganz spaßig, wie die Kinder früher auf die beschauliche Tätigkeit am Waschtag vorbereitend eingestimmt wurden. Sie lernten das Lied von den Waschfrauen: „Zeigt her eure Füßchen …“

Spielanleitung: Kinder stehen im Kreis. Im ersten Liedteil strecken sie abwechselnd den linken und den rechten Fuß vor. Im zweiten Liedteil ahmen sie die entsprechenden Bewegungen nach.

Sie spülen,
sie wringen,
sie hängen,
sie legen,
sie bügeln,
sie ruhen,
sie *tanzen*
den ganzen Tag.

Unsere Muddi tanzte nicht mehr nach der großen Wäsche; sie suchte nur völlig zerschlagen ihr Lager auf, in der sicheren Gewißheit, daß sich das ganze in vier Wochen wiederholen würde.

Jetzt fährt sie und holt noch Schokolade

Ich werde davon wach, daß die eiserne Herdtür in der Küche geschlossen wird. Muddi ist schon aufgestanden und macht Feuer. Es ist werktags, Pabba muß in den Dienst und Gerhard zur Schule. Tassen und Teller klappern, Schubladen werden geöffnet, die Herdflamme bullert im Schornstein, denn unser Kinderzimmer liegt neben der Küche.

Auf mich warten noch keine Pflichten, kein Gedanke springt mich morgens an, um mich aus dem Halbschlaf zu reißen. Die anderen? Ja, die haben immer etwas zu tun, viele Dinge mußten erledigt werden, ich war noch nicht eingebunden in den Kanon der zahllosen Familiendienste.

Ich nehme die dicke wulstige Naht am Saum meines Nachthemdchens zwischen Daumen und Zeigefinger und „knorkele" sie, das mache ich immer vor dem Einschlafen, so daß Oma Bernhard behauptet, ich würde einmal Schneider werden.

Ich werde wieder wach, diesmal ist es das Spülklosett. Gerhard war vor dem Schulgang noch einmal auf dem Thron, und der Wasserkasten läuft zischend und gurgelnd voll. Jaa, wir haben eine Toilette mit Wasserspülung. In der Roonstraße ist das 1938 durchaus noch nicht selbstverständlich. Wenn ich mal bei meinen Spielkameraden war, mußte man „übern Hof" oder „nach hinten". Das war praktisch, denn die „Grube" wurde ja auch über den sich anschließenden Garten entsorgt.

Wenn man so ein Plumpsklo benutzen wollte und die Holzabdeckung über dem Trichter beiseiteschob, ertönte schlagartig ein vielfältiges Gesumm. Das kam von den Fliegen, die sich auf der schwimmenden Schicht des Grubeninhalts aufhielten. Bei solchen Anlässen lernt man Tempo.

Bei uns ist das ganz anders. Es ist ruhig, sauber, fliegenfrei, und die ganze Angelegenheit wird von Muddi regelmäßig mit „Ata", oder ähnlichem bearbeitet.

Aber ich war schon längst wieder in den morgendlichen Dämmerzustand zurückgeglitten, Dielenknarren ... Pabba linst durch die Stäbe meines Gitterbettchens, um zu schauen, in welchem Schlafzustand ich mich befinde. „Tut er noch fein bobeln (schlafen)? Artig sein und der Muddi folgen", höre ich schwach, und das Gesicht verschwindet. „Der Lork filzt noch!" Dann klappt die Korridortür.

In der Küche gießt Muddi sich jetzt Wasser in die große Emailwaschschüssel. Hier ist es warm, und die schwarz-weiß gesprenkelten Fliesen kann man schnell aufwischen, wenn geplanscht wird. Die Waschkommode im elterlichen Schlafzimmer mit weißer Marmorplatte wird meines Wissens nicht benutzt. Die Steingutgarnitur, aus Schüssel und Kanne bestehend, ist reiner Zierrat, außerdem würde man die lindgrüne Bettumrandung einsauen, und ein richtiges Badezimmer? Das war wohl noch eine Kategorie zu weit gedacht.

Aus dem Bett, barfuß durch den Flur ins Schlafzimmer. Betten sind ausgelegt, Fenster offen zum Lüften, vor dem Fenster ein Stuhl, rauf und rausgeguckt ...

Aaaah, unser Nordpanorama!

Die Schlote sind Orientierungshilfe. Ganz links, hinter der Kleinbahn, zum Greifen nahe, die Schokoladenfabrik, Hauptgebäude, Turm mit Aussichtsplattform, Maschinenhaus. Gedämpftes Rumpeln dringt herüber. „Sehr ordentlicher Betrieb, erstklassige Erzeugnisse, Handelsbeziehungen in alle Welt", konstatiert Pabba. Ich konnte ihm nur zustimmen. Die Schokolade der Marke „Feodora Falter" kannte ich bereits aus einer Reihe persönlicher Geruchs- und Geschmackserfahrungen. Wenn Nord-Westwind war, konnte man bereits vor der Haustür eine Nasevoll bekommen. Doch weiter, geradeaus hinter der Häuserzeile der Karlbauer Straße, Chemische Fabrik, s. o., Leim und Seife, na ja!

Doch dann, Konservenfabrik, hauptsächlich Marmeladen und Konfitüren, dort ist unser Hauswirt, Ernst Busch, als kaufmännischer Angestellter tätig. „Hatte neulich eine Abfertigung nach Bremerhaven, Norddeutscher-Lloyd, an Bord der 'Bremen' wird Tangermünder Erdbeerkonfitüre gegessen", ergänzt Pabba.

Eine Tür klappt hinter mir, Muddi erscheint. „Im Nachthemd und barfuß, du holst dir doch was weg, marsch, in die Küche!"

Nach Katzenwäsche (Gesicht und Hände), anziehen und Frühstückskakao darf ich nochmal ans Fenster, während Muddi hinter mir die Betten macht.

Wo waren wir? Ach ja, die Marmelade, die war bei uns Kindern besonders beliebt, weil die besseren Sorten in kleine goldfarbene Blecheimer verpackt waren, die man wunderbar zum Spielen im Sand gebrauchen konnte, wenn die Marmelade aufgegessen war.

Ganz hinten rechts steht eine ganze Gruppe von Schornsteinen, drei oder vier sind es. Einer hat in der Mitte eine Aufbauchung aus Blech, das sieht aus, als habe eine Schlange einen dicken Brocken verschluckt. Alle aber gehören zur Zuckerfabrik, besser gesagt, die Zuckerraffinerie. Dort macht man aus Rohzucker Weißzucker und viele andere süße Sachen, von denen noch die Rede sein wird. „Größte ihrer Art in Europa", erklärt Pabba, „mehrere Millionen Doppelzentner an Lagerkapazität." Und alle Fabriken gehören der Firma Friedrich Meyer's Sohn, die seit mehr als 100 Jahren ansässig ist und Zucker herstellt.

Und dieser ganzen süßen Pracht verdankt mein Pabba eigentlich seine Anwesenheit. Denn der Staat erhebt eine Zuckersteuer. Der Reichszollverwaltung obliegt die Steueraufsicht, und so hat die Kleinstadt Tangermünde an der Elbe ein richtiges Zollamt, auch wenn sie gar nicht an der Landesgrenze liegt, wie unsere alte Heimat im Westen. Pabba, seine Kollegen und der Zollamtsvorsteher, Herr Thielchen, müssen täglich aufpassen, daß der Staat nicht zu kurz kommt. Aber das verstehe ich alles noch nicht.

Doch jetzt belebt sich endlich das Bild. In der Ferne hat es gepfiffen, und nun dampft hinter Tuschers Garten, kaum 100 Meter entfernt, unsere Kleinbahnlokomotive heran. Gegenstand vieler Jungenträume, wie bist du schön! Wenn sie hinter dem ersten Stück der Begrenzungsmauer hervorkommt, sieht man ihre ganze Pracht. Schwarz ist sie, ein gepflegtes, glänzendes Schwarz, Simse und Kanten sind grün abgesetzt und Räder und Schubgestänge in leuchtendem Rot gehalten, Messingteile blitzen im Morgenlicht ... Mann!

Sie führt eine ganze Reihe Güterwagen und muß bremsen. Die Stadt liegt ja auf einer kleinen Anhöhe, und darum verläuft die Bahnlinie um den Stadtkern herum mit leichtem Gefälle zur Elbe und zum Hafen. Mit Brassenaugen spähe ich hinterher, wie sie rumpelnd, dampfend, zischend und quietschend in Richtung Bahnübergang Arneburger Straße verschwindet. Dann ist es wieder still. In der Familie hat man natürlich längst meinen gebremsten Eisenbahnfetischismus mitbekommen. Vielleicht wird der Weihnachtsmann von 1938 ein Einsehen haben? Wer weiß?

Ich lehne mich weit aus dem Fenster, um zu sehen, ob einer der Spielgefährten schon „draußen" ist. Aber keiner ist sichtbar. Das Beobachtungsfenster liegt zur Jordanstraße, denn das Haus Roonstraße 44 ist ein Eckhaus. „Sehr kinderfreundlich", würden wir heute sagen. Die Jordanstraße hat einen einspurigen, kopfsteingepflasterten Fahrweg, einen festgefahrenen Sandstreifen als Fahrradweg und die ganze Straße hinunter einen fünf Meter breiten Rasen (bis 1988 unverändert). Bei uns Kindern heißt das „auf Jras“. Es ist unsere Prärie, und hier werden viele Kinderspiele gespielt, die heute wahrscheinlich vergessen sind, über die wir aber noch hören werden.

An der Arneburger Straße bimmelt es, und die Schranken gehen herunter. Elegant, wie ich finde, kommt sie die Steigung hochgedampft, nun ihrer Wagen ledig, verschwindet hinter der Häuserzeile, um gleich danach auf dem Anschlußgleis der Schokoladenfabrik zu erscheinen und sich, beruhigend prustend, vor eine lange Waggonreihe koppeln zu lassen.

„Sie holt jetzt nur noch Schokolade für uns“, sagt Muddis Stimme ganz nahe an meinem Ohr, und ihre Haare kitzeln mich an der Backe. Aber das höre ich schon nicht mehr richtig. Um die Häuserecke kommen mit AK (das bedeutet nicht Aktienkapital, sondern äußerste Kraft) die Geschwister Wilfried und Wolfgang Deutsch mit ihrem blaugestrichenen, kettengetriebenen Dreirad. Wilfried trampelt, Wolfgang steht auf der Hinterachse, gibt ohrenbetäubende Signale und Fahrtrichtungsanzeige.

Runter vom Stuhl! Muddi lacht; sie weiß: Anziehen und raus!

Der Tag konnte beginnen.

Abdullah, Schultheiß-Export und grüne Brause

Schon sehr früh dringt an mein Ohr ein Wort, welches sowohl in der Welt kindlicher Phantasien und Träume, als auch in der Erinnerung des Erwachsenen einen besonderen Platz bekommen und für alle Zeiten behalten sollte. Ja, es wird in den vielen Jahren des Fernseins zum geheimnisvollen Bezugspunkt aller Gedanken, Gefühle und Sehnsüchte, die mit Tangermünde zu tun hatten, und steht stellvertretend für alles, was immer mein Bruder und ich als Inbegriff jugendlicher Unbeschwertheit und eines noch glücklichen Behütetseins verstehen wollten: „Onkel Toms Hütte“.

Gewiß konnte der bürgerliche Tangermünder den sonntäglichen Spaziergang durchs Wäldchen und in der Restauration in der Nähe des Schützenhauses Station machen. In Richtung Bölsdorf wurde im „Wiesenhaus“ eingekehrt oder, wenn es keine Wanderung sein sollte, war der schattige Garten des „Elbparks“ angenehm.

Wunschziel aller vorstellbaren sommerlichen Ausflugsfreude bleibt jedoch jenes Lokal am Flußufer in den südlichen Elbauen. Man „macht zum Stack rauf“ (gemeint ist ein alter Elbarm, der Bölsdorfer Haken), aber die älteren Tangermünder gehen zum „Störkasten“. Ja, man hat richtig gehört, dieser Fisch wurde in der Elbe nach dem Ersten Weltkrieg noch gefangen. (Der Fischereischein der

Fischerinnung Magdeburg von 1927 weist als Mindestmaß für gefangenen Fisch den „Stör“ mit 100 Zentimeter aus.) Das sind Bezeichnungen, die sich aus den örtlichen Gegebenheiten selbst erklären. Wie aber kommt ein bescheidenes Gasthaus mit Sommerbetrieb an den klingenden Titel von Harriet Beecher Stowes Bucherfolg aus dem vorigen Jahrhundert?

Der Name ist schon 1938 alt. Im Meßtischblatt der Preußischen Landaufnahme von 1882 ist er bereits verzeichnet, und es wäre legitim anzunehmen, daß ein belesener und beflügelter Tangermünder Geist, angeregt durch den obengenannten Roman (1852), der abgeschieden und romantisch gelegenen Tangermünder Jausenstation diese Bezeichnung gegeben hat. Wir selbst übrigens hatten nie Identifizierungsschwierigkeiten mit der Namengebung. Die Weite der Elblandschaft mit dem großen Flußbogen lieferte stets eine gut verwertbare Kulisse mit Südstaaten- oder Mississippi-Stimmung, jedenfalls nach unseren Vorstellungen.

Eigentlich war es ja nur eine größere Baracke, eine Balkenkonstruktion mit Bretterverschalung, die man auf ein solides Betonfundament (war im Juli 1988 noch vollständig erhalten) gesetzt hatte und die wegen des Hochwassers leicht auf- und abgebaut werden konnte.

Pfingsten 1939 sind Tante Käte und Onkel Artur aus Magdeburg zu Besuch. Sie sind genau das, was ich mir unter Verwandten diesen Grades vorstelle. Teils weil sie die einzigen sind, die sich uns gegenüber ihrer Rolle gemäß verhalten, teils weil sie in Aussehen und Verhalten einem bestimmten Idealmodell des jungen Ehepaares der dreißiger Jahre entsprechen.

Tante Käte: blond, freundlich, warmherzig, heller Sommerhut mit Schleife, geblümtes Musselin, seidene Strümpfe, halbhoher Absatz, elegant, aber nicht unbequem, riecht fremdartig, aber unheimlich gut (weiß ich genau, weil zahllose Male von Tante Käte gedrückt, nebst üblichem Beiwerk).

Onkel Artur: Typ Alfred Schönhals (Ufa), Pomade, Seidenkrawatte, eleganter Anzug, messerscharfe Bügelfalte, Erdal-Hochglanz auf Casalla mit geputztem Untersteg, Kölnisch Juchten plus Orient-Zigaretten, Zeiss-Ikon im Lederetui stets über Schulter baumelnd.

Sie sind kinderlos, beide um die Dreißig und wohnen im modernen Vorort Krakau. Hätten sie einen Fox-Terrier an der Leine gehabt, wären sie journalreif gewesen. Dieser Eindruck gerät etwas ins Wanken, wenn die Konversation einsetzt. „Machteborjah“ Dialekt, Thüringen und Sachsen waren ja nicht allzuweit.

Die Rolle der Ersatzkinder wird von Gerhard und mir mit einer Mischung von freundlicher Erwiderung und ein wenig Heroismus übernommen, weil wir spüren, daß die reichlichen „Gaben“ an Süßigkeiten, Büchern und Spielzeug erstens von Herzen kommen, uns zweitens aber auch für die Bereitschaft zur Geduld bei den oft heftig angetragenen Zuneigungsbeweisen entschädigen.

Wenn in den späteren Jahren Onkel und Tanten jedweder Herkunft aus der Versenkung auftauchten, mußten sie sich stets einen stillschweigenden Vergleich mit Tante Käte und Onkel Artur gefallen lassen.

Sie haben nie bestehen können.

Am schönsten der Besuchstage kommt der geplante Gala-Ausflugs-Spaziergang. „Onkel Toms Hütte". Blauer Himmel, weiße Wolken, das intensive Grün der Niederung, zur Linken den blinkenden Spiegel des Flusses, zur Rechten die imposante Kulisse der Eichenallee, die den Fahrweg säumt. Wir wandern geruhsam in der Mitte auf dem Sommerdeich. Es riecht nach Grün, Erde und Fluß und nach allem zusammen. Die Menschen sprechen halblaut und lachen, die Kleider von Muddi und Tante Käte flattern. „Cielito Lindo" am Elbestrand ...

„Ganz schön!" sagt Onkel Artur, öffnet die zweite 24er Packung Abdullah an diesem Tag und weist mit der frischen Zigarette auf die tiefen Narben, welche die Eisgänge in manchen Jahren in der Rinde der Alleebäume hinterlassen haben. In Mannshöhe sind die obersten dieser Gravuren zu sehen, künden von der Gewalt, mit welcher der Strom sich aus seinem Bett erheben kann. Mit leisem Schaudern denke ich daran, daß dann der Sommerdeich meterhoch überflutet ist und die Eisschollen sich knirschend gegen die Baumstämme schieben. Aber nicht jetzt und heute, das ist im Winter, wenn es kalt ist. Nun aber scheint die Sonne auf den Weg, es ist warm, wir sind alle zusammen, und das Ziel ist bald erreicht.

Die Familie wandert weiter durch die friedvolle Heiterkeit des Sommernachmittags.

„Laboe in Sicht!" (Erst Jahre später erfahre ich, wie der Vers zu Ende geht.) Gemeint ist natürlich „Onkel Toms Hütte", die rechts vorne auftaucht. Gerhard und ich laufen voraus und nehmen den besten Tisch für „uns" in Besitz. Die Familie akzeptiert unsere Wahl, man setzt sich, die Gartenstühle sind neu gestrichen, das Häuschen gepflegt, überholt in der Winterruhe, überragt und beschattet von riesigen Pappeln (standen noch 1988).

Es erscheint der gute Geist des Hauses, Vater Stappenbeck. Weißhaarig, gebräuntes Gesicht, drahtige Gestalt, pensionierter Kriminalbeamter. Sein Ruf als „der" erfolgreichste Aalangler ist Legende. Von armdicken Exemplaren ist die Rede, die stets mit geheimen Tricks und Methoden erbeutet werden. So wie er kennt keiner die Wasserwelt dieses Flusses mit seinen zahlreichen Stacks, Bracks und Löchern. Von den Berufsfischern, die es in Tangermünde auch noch gibt, einmal abgesehen. Erst viel später wurde mir klar, daß dieser Mann ein früher „Aussteiger" war, der in der Einsamkeit der Elblandschaft seine Vorstellung eines erfüllten Lebensabends auf eine äußerst angenehme Weise realisiert hatte. Werktags war nichts los, da pflegte er seine Passion, gab sich der Muße und stillen Beschaulichkeit in diesem Paradies der Ruhe hin.

Am Wochenende kamen die Menschen zu ihm, beteiligten ihn an dem Leben „draußen", hörten seine Geschichten und aßen seine Fische.

Zuvorkommend und freundlich rückt er das saubere, karierte Tischtuch zurecht und nimmt unsere Bestellung entgegeben. Gerhard und ich bestehen trotz der vorausgegangenen Süßigkeiten-Freß-Orgie des Morgens auf „grüner Brause-Limonade", die Pabba üblicherweise als das „reine Gift" bezeichnet, heute jedoch ausnahmsweise gewährt wird, der besondere Anlaß usw., man wird ja sehen. Die Brause ist zack-zack alle. Sofort noch eine zweite zu fordern, würde als unbescheiden ausgelegt, die augenblickliche Stimmung gestört, taktisch unklug. Aber solange stillsitzen? Darf ich aufstehen? Ja, aber nicht weglaufen! Nein, nur bis da vorne zu den Büschen. Und nicht ans Wasser, Gerhard soll mitgehen. (Gerhard kann seit einem Jahr schwimmen, Freischwimmerzeugnis oder so.)

Ein kaum erkennbarer Trampelpfad führt auf das Gebüsch zu, das Gras wird immer höher, jetzt ist es schon über meinem Kopf, Schilf ist darunter, Gerhard dreht sich herum, er lacht ... Wie oft sind wir geschritten auf schmalem Negerpfad! Heia, Safari, der Boden wird sandig, na also, dichtes Weidengebüsch, Beginn der elterlichen „Verbotszone". Gerhard hat ein Taschenmesser, ob man mal einen schönen Stock abschneiden sollte? Durch die Äste schimmert hell der Spiegel des Flusses. Da, ein schmaler Durchlaß, Angler, die von Buhne zu Buhne gehen. Wir blicken uns an, unausgesprochene Einigkeit, wir, Träger und Askarai, Kopf weg und durch.

Weit öffnet sich der Blick, eine Sandbuhne, oooooh, der nächste Buhnenkopf ist 80, vielleicht 100 Meter weit weg, der Strand 30 oder 40 m breit, feiner, weißer Sand. Wie am Meer, sage ich. Das kannte ich von vielen Bildern aus Pabbas Marinekalender. Wie die Südsee, übertrumpft Gerhard mich, und ich gebe ihm bereitwillig Recht. Gemeinsam gehen wir durch den feuchter werdenden Sand zum Wasser. Kristallklar und lautlos fließt es über den hellen Grund. Zehn Meter weit vom Ufer kann man noch den Kies sehen. Hier könnte man fein baden, und angeln, fügt Gerhard hinzu, dabei weist er hinaus, wo die Umkehrströmung in der Buhne an den verkrauteten Steinen der Uferbefestigung vorbeistreicht. Was meinste, was hier drin ist und wie die hier beißen! Wie breit die Elbe hier in der Kurve ist. Einzelheiten am andern Ufer sind nur mit Mühe auszumachen, auch dort Sand und Weiden, manchmal Bäume, bis da, wo weiter oberhalb alles flimmernd ineinanderfließt, irgendwo hinter der Sonne, die immer noch warm scheint, am Himmel, der immer noch blau ist, mit den weißen Wolken, die immer noch von Süden kommen, und dem Wind, der immer noch den Duft der Niederung trägt.

Es gibt ja jene Augenblicke, in denen man sich an eine Sache verliert, sich ihr hingibt und sich entschließt, sie zu lieben, ihr für immer verfallen ist. Oft weiß man gar nicht, daß der Augenblick da war, der einen geprägt hat, und daß die Einlaßstation für die Entdeckung einer persönlichen Neigung passiert ist. Die Dinge sind ja Legion, für die wir bereit sind, uns mit Haut und Haaren zu verschreiben, manchmal bis zur Selbstaufgabe. Landschaften gehören zweifelsfrei dazu.

Ich glaube, daß einer dieser Schicksalsmomente ein Sommernachmittag bei „Onkel Toms Hütte“ war.

Wir mögen den Fluß und das Land.

Als der Askari und der Träger, Mitglieder der Deutschen Schutztruppe, mit zwei schnellgekappten, grünen Schilfspeeren bewaffnet, am Tisch auftauchen, ist die Stimmung gut. Bier und Berliner Weiße haben ihr Schuldigkeit getan. Obwohl Onkel Artur „nich' soo mit'n Moochn“ kann (gemeint ist der Magen), steht auch vor ihm ein feuchtigkeit-überperltes Glasseidel mit Schultheiß-Export (Pils war noch nicht so „in“.)

Da wir uns nicht „eingesaut“ haben, ist die nächste grüne Brause-Limonade überfällig. Ich ernte von Gerhard anerkennende Blicke, da auch ich verstanden habe, auf unserer Erkundungstour meinen Sonntagsstaat beschädigungsfrei zu halten. Zur Feier des Tages hat man mich in den „Russenkittel“ gesteckt. Dunkelblaues Serge-Tuch, seitliche Knopfleiste, bunte Kreuzstichborte, roter Lackledergürtel, Länge rockähnlich, schwer mädchenverdächtig, hassenswert.

Wie braun die Kinder schon sind, die gesunde Gesichtsfarbe, du aber auch, Kätchen. In solchen Augenblicken fällt Muddi zurück in die alte Rolle der älteren Schwester. Kätchen schnappt mich, und ich werde gedrückt, an der Hand ergriffen, und gemeinsam mit Gerhard gehen wir durch die wenigen Tischreihen zu „Onkel Toms Hütte“. Der Wind über dem Fluß hat um eine Winzigkeit zugenommen und bewegt die vielen kleinen Blätter der Pappeln mit einer Art Rausche-Klappern, von uns als verstohlener Beifall gewertet. – Denn neben der Eingangstür hängt ein Automat, der eine stilisierte Henne zeigt. Wenn man besagte Henne mit Groschen füttert, legt sie ein Blech-Ei mit Überraschungsinhalt. Wir dürfen die Henne mehrfach frequentieren und zeigen stolz am Tisch unsere Minipräsente.

Onkel Artur hat, beschwingt durch die 36. Abdullah und Schultheiß-Export, die Zeiss-Ikon schußbereit gemacht. Auch ein Stativ ist zur Hand, und die Stunde des Familien- oder Erinnerungsfotos schlägt. Viel geschmäht, doch unbestritten, heute belächelt, in 50 Jahren Dokument (Zeitzeuge heißt das mittlerweile). Onkel Arturs Apparat hat einen Selbstauslöser, und er beherrscht außerdem die Grundlagen der Labortechnik. Bald nach Pfingsten erreichen uns 6 x 9-formatige Sonnenscheinabzüge, gemacht auf der Fensterbank in Magdeburg-Krakau. Tag, Stunde, Ort und Menschen sind festgehalten … gut getroffen.

Erst aber geht es nach Hause, durch den Abend, durch die Stadt. Zum Abendessen gibt es warmen Kartoffelsalat mit Speck, à la Muddi, plus Würstchen … und Malzbier, fast soviel man wollte …

Aal in Gelee – und Whisky

Noch im selben Jahr erfährt unser „Onkel-Toms-Hütte-Mythos“ eine weitere und letzte Steigerung. Das traditionelle Sommerfest des „Reichstreubundes“, dem auch Pabba angehört, findet selbstverständlich an der oben genannten Örtlichkeit statt.

Zwar sind wir zwischenzeitlich gereift, sind unaufhörlich bemüht, Wissen und Verständnis über unsere „Elbwelt“ zu erwerben, aber elterliche Fürsorge und die damit verbundenen Auflagen und Verbote hindern uns immer noch sehr, sich der Urlandschaft handgreiflich zu nähern.

Schul- und Spielgefährten sind befragt und gehört, Erfahrungen über Fluß und Buhnen ausgetauscht worden. Großvater Wilhelms Angelschnüre, von Pabba in dem hintersten, untersten Schreibtischfach aufbewahrt (wegen der großen, gefährlichen Drillingshaken), werden von uns heimlich auf Brauchbarkeit untersucht, verwendbare Kleinigkeiten konfisziert. Trotzdem stehen wir mit begehrlichen Blicken vor den Auslagen von Sporthaus Utescher und Seiler Meier, wo Angelutensilien angeboten werden.

Elbwasser haben wir mittlerweile gekostet. Mehrmals ist die Familie „baden“ gewesen. Sowohl die alte Badeanstalt in der Nähe der Bierstedtschen Baggerei als auch die „Neue“ an der Elbseite des Hafendeiches wurden besucht. Auch das ist schön und neu. Burgen, Häfen und Brücken werden im Sand gebaut. Eingeschmiert mit Nivea-Öl, baden wir in Sonne, Luft und Wasser. Unterbrochen wird das Ganze von Pabbas beharrlichen Versuchen, Muddi und mir das Schwimmen beizubringen. Tempo eins, zwei, drei, vier! Muddi gibt sehr schnell auf. Erstens hat sie eine tiefe Furcht vor offenem Wasser, zweitens ist dieses Elbwasser auch im Hochsommer noch „eisekalt“, „werde stucke-steif“, mein Rücken, hören wir die beständigen Kommentare. Als Pabba ihr im flachen Wasser den stützenden Arm wegzieht, riskiert sie mit aufgerissenen Augen, weit zurückgehaltenem Kopf und schwimmähnlichen Zuckbewegungen einen gut inszenierten Selbstertränkungs-Versuch, wirkt glaubhaft und entrinnt für alle Zeit dem Martyrium.

Bei mir glaubt man, Fortschritte zu bemerken, und ich darf auf Pabbas Rückken, unter strampelnden Beinen mit hinaus ins Tiefe, während Gerhard lachend nebenherschwimmt. Muddi bleibt erleichtert zurück und hält ostentativ den malträtierten Rücken in die Sonne.

Endlich ist der heißersehnte Tag gekommen.

Diesmal sind die Askaris und Träger auf ein Abenteuer vorbereitet und entsprechend ausgerüstet. Heimlich wurde das Taschenmesser an Muddis Küchenbimsstein geschliffen. Gerhard führt, um eine Überlebenschance in der „Wildnis" zu haben, eine Hilfsangel mit. Da die Monofilschnur (von uns Sehne genannt) noch nicht so verbreitet war, bestand Großvaters Hechtgeschirr aus „Zahnschnur", auf welcher alle zwei Meter ein kleiner Korken saß, um sie auf der Wasseroberfläche schwimmend zu halten und so einen einwandfreien „Anschlag" zu gewährleisten. Von diesen kleinen Korken waren in den letzten Wochen mehrere spurlos verschwunden. Mittels eines durchgesteckten Streichholzes, von Schulkameraden eingetauschter Seidenschnur plus „Ösenhaken", bilden sie die Grundbestandteile unserer Angelausrüstung.

Geheimhaltung war notwendig, weil Angeln ohne behördliche Genehmigung streng verboten war. Zudem befand sich unter den Teilnehmern des Sommerfestes der Leiter der Ortspolizeibehörde, Leutnant Krebs. Nicht auszudenken, wenn er mit Stahlblick unseren Gesichtern die böse Tat ansah, das tief in Gerhards Hosentasche verborgene Angelgerümpel erahnte und uns schon vorher des Fischfrevels überführte. Egal, es mußte durchgestanden werden. Versprechungen waren gegeben, „Geheimnisse" geschaffen worden. Die brüderliche Verschwörung stand vor ihrer Feuertaufe.

Erwähnter Leutnant Krebs, Herr Stephan (Vorsitzender des Ortsverbandes), Herr Loberdahn, Inspektor bei der Stadtverwaltung, Zollamtsvorsteher Thielchen mit einigen Zöllnerkollegen, zu denen auch Pabba gehörte, bildeten den harten Kern der Truppe, die sich an einem schönen Julitag aufmachte, um „Onkel Toms Hütte" in Besitz zu nehmen.

Wie wir bald feststellten, hat diese Unternehmung eine ganz andere Qualität. Das ist kein Spaziergang, kein Lustwandeln auf dem Sommerdeich. Hier wird „marschiert". Es gilt, die Position in den südlichen Elbauen zu erreichen, Stellung zu beziehen und in der zur Verfügung stehenden Zeit möglichst viel „Schultheiß Export" zu trinken.

Inspektor Loberdahn ist unser Nachbar. Unsere Familien legen den gesamten Anmarschweg gemeinsam zurück. Trotz des warmen Sommerwetters trägt Herr Loberdahn Anzug mit Weste (Taschenuhr mit Kette) sowie Hut und Spazierstock mit Stahlzwinge. Er besitzt schon beim Aufbruch meine unverhohlte Bewunderung, und ich gedenke, bis zum Ziel mich an seiner linken Flanke halten zu können. Dustin Hoffman mag der Marathon-Mann sein, Vater Loberdahn ist der Spazierstock-Mann schlechthin. Mit Kraft und Ausdauer stößt er die Spitze in den Kies, daß es nur so knirscht, macht mit der Hand eine Vierteldrehung, holt Schwung in unnachahmlicher Manier, und so taucht alle zwei Schritte die Lanzenspitze in der Nähe seines rechten Auges auf. Ich habe Mühe, Schritt zu halten, und muß manchmal ein paar Sprünge „Schweinsgalopp" einlegen, um nicht zurückzufallen.

In Höhe der „Schloßfreiheit" (Auffahrt zum Schloß) gewährt sich mein Vorbild „Marscherleichterung". Fasziniert beobachte ich, wie er die sommerliche Lüsterjacke öffnet, seinen Hut abnimmt und selbigen an einer kleinen Stahlklemme, die an einem Westenknopf befestigt ist, einhängt.

Als es weitergeht, begreife ich plötzlich die Geheimnisse der infanteristischen Marschausbildung. Man schafft sich das ganz persönliche Zeitmaß. Da Vater Loberdahn ja keine Knobelbecher mehr trägt, hat er die Dinge umfunktioniert. Jedesmal, wenn er einen Schritt macht, heben sich Hut und Uhrkette vom Bauch ab und schlappen beim nächsten wieder zurück (Schlapp-Klapp). Zusammen mit der Stockbewegung ergibt sich folgende rhythmische Ausrichtung.

Zisch (im Kies)-Schlapp-Auge-Klapp
Zisch-Schlapp-Auge-Klapp
Zisch-Schlapp-Auge-Klapp (usw.)

Mit solchen Hilfsmitteln ist es natürlich einfach, den Weg unter die Füße zu nehmen, da kann ich nicht mehr folgen und habe bei Ankunft endgültig den Gedanken an eine militärische Laufbahn bei der Infanterie aufgegeben. Das Loberdahnsche Privat-Metronom hat mich zur Strecke gebracht.

Auch Gerhard ist etwas groggy, aber ein großes Glas „grüner Brause" belebt schnell wieder und beflügelt den Unternehmungsgeist. Wir erwirken einen befristeten Einsatzbefehl für die Schutztruppe, und kurze Zeit später schlagen die Zweige des „Dschungels" hinter dem letzten Askari zusammen …

Welche Seligkeit! – Freiheit mit Genehmigung, unter Polizeiaufsicht – gewissermaßen, ha, ha!

Es geht stromauf, weiter nach Süden, immer weiter. Viele Buhnen sehen so aus wie unsere erste Sandbuhne. Wir gehen immer am Wasser entlang, dann über die befestigten Ansätze der Buhnenköpfe und weiter. Manchmal eine Schlammbuhne, verkrustete Oberfläche, regelmäßige Rißmuster, tückisch, Sicherheit vortäuschend, Umgehung möglich, Dickichte stellen sich in den Weg, giftige Schlingpflanzen (Nachtschatten) hemmen das Vordringen, kopfhohes Knäulgras, manchmal Zweimeter-Schilf …

In zunehmendem Maß wird die Landschaft uriger und unberührter. Die nächste Sandbuhne zeigt, daß nach dem letzten Regen keiner mehr hier war. Sandalen und „Söckchen" aus, um keine Spuren zu hinterlassen, gehen wir durch das seichte Wasser bis zu den nächsten Buhnensteinen, was ist in der nächsten?

Der Reihe nach tauchen Dr. Karl Peters und Lettow-Vorbeck, aber auch Rene Deltgen und Harry Piel auf, werden umgehend integriert und verstärken die Expedition. Meistens jedoch sind wir ganz wir selbst, doch haben alle Platz in unseren weiten Herzen.

Längst haben wir in der linken Hand ein Bündel kurzer Schilfspeere, rechts einen wurfbereit, denn nicht freundlich gesinnte Negerstämme stellen sich in den Weg, zischend fahren die Speere in den Sand, und der Widerstand ist gebrochen!

Da, vor uns ein Riesenbaum, in Ufernähe (Schwarzpappel), neben einem lehmigen Steilufer, die Wurzeln ragen bis ins Wasser. (Wir befinden uns hier ja am Prallhang der Elbe, und das Frühjahrshochwasser hat eine tiefe Ausspülung geschaffen.) In dem Kolk fließt das Wasser ganz langsam über die unergründliche Tiefe. Das ist unser Platz …

Das Haspelbrettchen mit der Überlebensangel heraus, eine Weidenrute geschnitten und einen rasch gegriffenen Heuhüpfer an den Haken. Das vollzieht sich mit unglaublicher Geschwindigkeit. Dann den Behelfsschwimmer so tief gestellt wie möglich, und rein damit. Mit angehaltenem Atem verfolgen wir die lautlose, kreisende Bewegung der Pose, jeden Augenblick gewärtig, daß sie mit einem nur von uns gefühlten Donnerschlag untertauchen wird. Wie mag es da unten in der geheimnisvollen Tiefe aussehen? Spielt nur das Wasser um ein paar Steinbrocken, oder steht mit leise fächelnden Flossen ein uriger Riese mit gräßlich bezahntem Maul da, bereit, den traurigsten aller Heuhüpfer zu verschlingen?

Als wir die Spannung nicht mehr ertragen können, zieht Gerhard die Angel nach oben. Der Hüpferling ist ersoffen und läßt die „Beene" hängen. Ein neuer muß her. Nach dem dritten Opfer macht es beim Einwurf plötzlich „plitsch", und ein blitzschneller Schatten verschwindet mitsamt dem Heuhüpfer in der Tiefe. Gerhard hat die Rute mit beiden Händen gepackt und gibt den Todesruck. … Der Anschlag ist so gewaltig, daß er die Beute in hohem Bogen über unsere Köpfe hinweg hinter uns in Sauerampfer und Hahnenfuß befördert. Der Haken hat sich schon gelöst, den Hüpferling hat der etwa 15 Zentimeter lange Flußbarsch als Tribut behalten. Er ist noch in derselben Minute zu seinen Vätern versammelt und liegt nun vor uns im Grün, prächtig anzusehen, mit seinen schwarzen Querbinden und leuchtend roten Flossen. Unser Stolz ist maßlos, wir haben es bewiesen, man kann überleben in dieser Wildnis.

Bei unserer Rückkehr stellen wir fest, daß der Reichstreubund Tangermünde „Onkel Toms Hütte" fest in seiner Hand hat. Unverwechselbar weht uns zusammen mit dem Elbsommerwind das charakteristische Ausflugslokal-Aroma in die Nase, jene Mischung aus Kaffee, Bier, Tabak und Frauenparfüm. Die Jacken hängen über den Stuhllehnen, Hemdsärmel sind aufgerollt, Oberhemden und die bunten Kleider der Frauen leuchten. Gewaltige Zigarren wurden entzündet, und der blaue Qualm steigt, manchmal von schallendem Gelächter begleitet, zum Blätterdach der großen Pappeln empor. Weiterhin zischt oder gluckert kühles „Schultheiß-Export" in die Frontkämpfermägen, und manche der Damen haben nach Kaffee und Kuchen sowie der obligaten „Berliner Weiße" auch schon das eine oder andere Likörchen intus. Die Wangen röten sich, die Stimmen werden lauter, und mühsam halten die Hosenträger (Marke Eisenstark) Hosen und Bäuche im Zaum ...

Das Fest ist in vollem Gange.

Die Enkel von Loberdahns, aus Stendal zu Besuch, von uns von Beginn an ignoriert, wollten eine unterhalb gelegene Schlammbuhne überqueren, brachen durch die trockene Oberfläche und sanken mit den Sonntagsschuhen bis zu den Knien ein. Die Rettungsaktion hatte viel Geheule, Geschimpfe, aber auch Gelächter gebracht. Jetzt saßen sie bedeppert und bewacht hinter ihren Brausegläsern. Geschieht ihnen ganz recht, den „Stendaler Uchtepissern". (Schimpfwort der Tangermünder für die Stendaler, die ihrerseits jene als „Tangermünder Wasserplömper" bezeichnen.)

Wir, verhältnismäßig wenig lädiert von der Exkursion zurückgekommen, dürfen uns frei bewegen, erscheinen am Männer- und Frauentisch, geben einige unserer Erlebnisse preis, verschweigen jedoch vorläufig die Angel und den Fisch. Wenn unsere altklugen Antworten fröhliches Gelächter auslösen, dürfen wir auch mal an Muddis „Weiße" zutzeln oder die letzten Tropfen aus Pabbas Bierglas trinken. Pflichtgemäß muß man sich dann schütteln, weil das für Kinder ja verboten ist und sooo bitter schmeckt.

Die Sonne steht schon ziemlich tief, als die Damen beschließen, das Abendessen „drinnen" einzunehmen. Die Männer bleiben draußen, weil die anwesenden Mücken noch kein brauchbares Mittel gegen die gewaltige Tabakwolke entwikelt haben, die unverändert vom Männertisch aufsteigt.

Mit offenem Mund sehen wir zu, wie Herr Stappenbeck einen toten Aal an einem Nagel im Pappelstamm befestigt und ihm mit wenigen Handgriffen die Haut abzieht. Jemand hat „Aal frisch" bestellt, gebraten oder gekocht. Die meisten jedoch ordern traditionsgemäß „Aal in Gelee", der, mit Kartoffelsalat als Beilage, in Tangermünde und Umgebung einen gewissen Ruf besitzt. Wir sind den substantiellen Aalgenüssen der Erwachsenen abhold, erhalten jedoch Brühwürstchen, die am Männertisch eingenommen werden.

Als von „drinnen" fröhliches Gelächter dringt, muß ich nachsehen, was anliegt. Hier sitzen die acht oder zehn Damen in dem verblassenden Abendlicht, welches durch das Westfenster dringt, beieinander. Die Gesichter scheinen zu glühen, und man befindet sich in bester Stimmung. Mein Erscheinen wird mit lautem „Hallo“ begrüßt, und man beginnt, mich mit hinterhältig gestellten Fragen über den Zustand einzelner Mitglieder der Männergesellschaft auszufragen. Meine Antworten scheinen treffend gewesen zu sein, denn sie rufen immer neue Heiterkeitsausbrüche hervor. Zwischenzeitlich hat sich Herr Stappenbeck mit einem Tablett kleiner Gläser genähert, in denen sich eine wasserklare Flüssigkeit befindet. „Was ist'n das“, will ich wissen. „Das?“ entgegnet er gedehnt mit listiger Miene und einem Seitenblick auf die Damen. „Das ist Whisky“, was bei der Weiblichkeit ein erneutes Gejuchze auslöst.

„Aber ... aber ...“, stottere ich entsetzt und bin dann sprachlos. Das sollte also jenes Getränk sein, von dem Gerhard aus dem einen oder anderen Schmöker schauerliche Dinge zu berichten wußte. Jede andere Farbe hätte ich erwartet. Schwefelgelb oder Höllengrün, aber wasserklar? Nein, ich war enttäuscht.

Ach was, deutet Herr Stappenbeck meine Betroffenheit falsch, die Damen vertragen schon einen Stiebel. Die stellen ohne viel Umstände den „Whisky“ oben auf den Aal in Gelee, und dann ist Aufbruch.

Heiter und in Gruppen plaudernd, manche ein wenig wacklig auf den Beinen, mit den Segenswünschen von Vater Stappenbeck versehen, macht man sich auf den Weg zurück über den Sommerdeich. Aus der Marschformation bei der Ankunft ist doch noch eine richtige gelockerte Ausflugsgesellschaft geworden.

Wir sind die Letzten und bleiben unmerklich hinter den anderen zurück, während unsere Familie gemeinsam durch die späte Dämmerung geht. Die Frösche in den zahlreichen kleinen Gewässern präsentieren ihre Begleitmelodie, während die Menschen nach Hause gehen. Einmal hebt sich hinter einem Weidenbusch eine lange acht-Meter-Angel-Rute und senkt sich langsam wieder, Gerhard und mich an die bestandenen Abenteuer des Tages erinnernd.

Die Familienstimmung ist bestens. Pabba, durch die launige Gesellschaft und Schultheiß-Export angeregt, reißt unaufhörlich Witze, wir bleiben nichts schuldig, und es entwickelt sich ein munteres Wortgeplänkel. Gerhard muß besonders herhalten, und auf dem Höhepunkt fordert Pabba Gerhard zum Wettlauf auf der schmalen Deichkrone heraus. Obwohl er schon über 40 ist, besitzt Pabba neben seiner Beleibtheit noch einen Teil ehemals gestählter Marine-Muskeln und bewegt sich so fix auf den Beinen, daß der Zeitnehmer bei der Prüfung zum SA.-Sportabzeichen an einen Irrtum glaubte und Pabba noch einmal laufen mußte. Jetzt aber gegen den zehnjährigen Sohn und mit einem Nachmittag voll Bier im Bauch? Der Start gelingt, Pabba ist schnell und behauptet ob seines Gewichts die Spur. Gerhard aber ist schneller, will außen auf der Schrägen vorbei, wird jedoch per Bodycheck von Pabba daran gehindert, doch dann kann dieser vor Lachen nicht weiterlaufen, und Gerhard gewinnt doch noch ...

Es war das letzte Mal für lange Zeit, daß ich meinen Vater so ausgelassen gesehen habe. Wenige Wochen später brach der Krieg aus, und er war der Familie, von vier kurzen Urlaubsaufenthalten abgesehen, für neun Jahre entzogen.

Die Männer und Frauen der Sommergesellschaft waren gewiß keine Dummköpfe, die „Lage“ war hier und da erörtert worden, wie man aus den aufgeschnappten Gesprächen entnehmen konnte. Waren sie zu naiv, zu leichtgläubig oder zu selbstgefällige Deutsche? Bestimmt nicht, aber mit dem Beginn einer Weltkatastrophe hat wohl keiner in jenen letzten Friedenstagen wirklich gerechnet. Der Krieg hat sich ihres Schicksals bemächtigt, sie in alle Richtungen zerstreut. Die meisten sind tot, einige bereits in den Kriegsjahren gefallen, umgekommen, verschollen ... Den Lebenden ist die Erinnerung geblieben.

Nur die Elbe fließt unbeirrt durch das grüne Land,
geschändet zwar und mißbraucht, aber sie fließt ...
Vorbei an den Riesenpappeln, von denen einige
der Zeit bis heute getrotzt haben
und vorbei an dem Platz, an dem
„Onkel Toms Hütte“ stand,

und wo es, wie glaubhaft
versichert wird,
„Aal in Gelee“
und „Whisky“
gegeben
haben
soll.

Roonstraße – Kinderseligkeit im Straßendreck

Als mein Jugendfreund, Klaus Garz, mir 1950 Glückwünsche zur Konfirmation schickte, teilte er gleichzeitig mit, daß „unsere“ Straße seit kurzem in Rosa-Luxemburg-Straße umbenannt sei, machte jedoch auch keinen Hehl daraus, daß das ihm und den anderen (unseren gemeinsamen Freunden) überhaupt nicht gefiele.

Ein Jahrzehnt lang war der Name „Roonstraße“ gleichbedeutend mit „zu Hause“ gewesen. Alle, die wir näher kannten, wohnten dort. Väter, Mütter und Geschwister lebten auch hier, gemeinsam sorgte man in schweren Zeiten füreinander und bekam meistens etwas zu essen. Man hatte am Status gearbeitet, durch

Taten, die sich unter den gleichaltrigen Jungen der Stadt herumgesprochen hatten. Wenn wir nach einem ausgedehnten Stromernachmittag zu viert oder fünft durch fremde Straßen nach Hause mußten, war damit zu rechnen, daß andere Jungen etwas dagegen hatten. Schon von weitem waren abfällige Äußerungen zu hören. Alles gipfelte in einem mit den Buchstaben unseres Alphabets nicht darstellbaren Grunzlaut und dem Straßennamen dahinter. Nicht also, da kommt dieser oder jener, sondern nur der Straßenname: Roonstraße!

Bei solchen Anlässen war das taktische Geschick der Anführer gefragt. Eigene Kampfkraft und die der Gegner mußten richtig eingeschätzt werden. Dann erst wurde entschieden. Ging man ruhig weiter, war der schnelle Durchbruch angebracht, kam es zur „Klopperei", oder wurde sofort der Rückzug angetreten? Wurde einer von den Gegnern „gekappt" (gefangen), war ihm nicht mehr zu helfen, und das bedeutete vielfache Schande und manchmal auch körperliche Torturen mannigfaltiger Art.

Ich erinnere mich noch an einen sehr frühen Triumpf, als die großen Jungen, die 1940 schon 16 Jahre zählten, noch zu Hause waren. Konni Kammholz, Horst Wortmann, dahinter ein starkes Mittelfeld, mein Bruder Gerhard, Nachbar Günter Witaszak, Gerhard Garz, Manfred Thäuer, gefolgt von einem breit wimmelnden Fußvolk, zu dem auch ich mich zählen durfte. Die „Straße" kam von einem internen Fußballmatch auf dem MTV-Platz am nördlichen Rand des Stadtwäldchens. Auf dem Rückweg mußten wir durch die sehr gefürchtete Meyerstraße. Die Großen vorneweg, bewegte man sich mit ausdruckslosen Gesichtern, ruhigen Schritten und glatten Händen an den potentiellen Gegnern vorbei. Wir hörten keinen Laut.

Von uns ist selten oder nie einer „gekappt" worden.

Dieser mühsam erworbene Nimbus ging nun verloren. Es ist ja verständlich, daß in der DDR von 1950 der Name eines kaiserlichen Kriegsministers als Straßenbezeichnung keinen Platz mehr hatte. Aber ich versichere Ihnen, daß wir Kinder nie einen Gedanken an den „ollen Preußen" verschwendet haben. Und darum möchte ich weiter „Roonstraße" sagen dürfen, heute wie damals natürlich völlig wertneutral.

Als meine Mutter im Januar 1938 die „untere" Roonstraße – vom Kolonialwarengeschäft Ernst Damm bis Ecke Jordanstraße – zum ersten Mal sieht, schwankt die verbürgt überlieferte Reaktion zwischen lauter Klage und dumpfen Lauten letzter Ergebenheit.

Das Haus Nr. 44 und die Wohnung? – Ja!

Aber die Straße? – Nein!

Dreckloch, Dreckecke und andere entstellende Bezeichnungen sollen genannt worden sein. Und warum das herbe Urteil?

Die Straße war *nicht* gepflastert, ja noch nicht einmal befestigt. Lediglich auf der linken Seite – von unten gesehen – führte an der Häuserzeile ein schmaler Bürgersteig aus Kleinpflaster vorbei. Der Rest befand sich im Urzustand. Ehemals Sand und Kies, hatte das Material sich im Zuge der Häuserbebauung eine grau-schwarze Farbe zugelegt, so, wie eben richtiger Straßendreck aussieht. Trotzdem war die Oberfläche beileibe nicht charakterlos. Das konnten wir Kinder, die wir ständig in innigem Kontakt mit dem Erdreich standen, sehr gut beurteilen.

Vor den Häusern der Familien Roper, Deutsch, Zabel, Schmidt war der Boden verhältnismäßig fest. Spätestens vor Hinze und Fitzak begann die „Sand-wüste", ging an der Mauer von Gärtner Törmer in eine schwache Erhebung aus Lehm über und endete noch vor Bäcker Behrendt in einer flachen Senke. Der Rest der Straßenbreite bestand aus einem äußerst flexiblen Material, welches sich je nach Jahreszeit und Witterung in die Pontinischen Sümpfe oder eine zusätzliche Sahara verwandelte.

Bei kräftigem Regenwetter konnte man, da die Straße etwas abschüssig war, in den Spuren der Pferdefuhrwerke von der Pfütze bei Bäcker Behrendt bis vor unsere Haustür Streichhölzer, Strohhalme oder schiffsähnliche Gebilde fahren lassen. Natürlich mußte die Begleitmannschaft nebenherlaufen, um die Fahrzeuge flottzuhalten, was zur Folge hatte, daß die Beteiligten, dem äußeren Erscheinungsbild nach, von den schwarzen Pocken gezeichnet am Ziel ankamen. Von Schuhen und Kleidung ganz zu schweigen. Im Sommer konnte man durch mehrmaliges schnelles Hochwerfen von Straßenstaub eine ganze Legion von Widersachern einschüchtern und zusätzlich das Maschinengewehrfeuer zuklappender Fensterflügel genießen, mit dem die Hausfrauen versuchten, Gardinen und Hausinneres vor dem Kunsttornado zu schützen.

Natürlich sollte kurzfristig Abhilfe geschaffen werden, und die Straße einen Belag erhalten, jawoll! Und die Bordsteine aus Granit wurden angefahren, und vor jedem Haus auf der ungepflasterten Straßenseite ein Stapel von acht oder zehn Stück errichtet, jawoll! Und da lagen sie nun - länger als 10 Jahre – …, denn dieser leidige Krieg kam dazwischen, und die Männer vom Straßenbau, welche die Arbeit hätten machen können, mußten alle zu den Fahnen eilen.

Mann, was hatten wir ein Glück!

Diese untere Roonstraße mußte unbedingt befestigt werden, der Zustand war ja unhaltbar, der Auftrag hatte Dringlichkeitscharakter, und darum brachte man die Bordsteine ja nicht sorgfältig zu stapeln.

Flach und hochkant, schräg und eingeklemmt, die Arbeiter hatten das nicht so genau genommen. Vor der Mauer von Gärtnerei Törmer hatten sie die Steine nur vom Wagen gekantet. Dort war Platz, weil noch kein Haus gebaut war. Das sah aus, wie eben so eine Steinwüste auszusehen hat und trug in den folgenden Jahren jedweden Namen aller uns bekannten Gebirge. Und welche Möglichkeiten boten sich da ??? Lücken, Spalten und Hohlräume, Schluchten, Gräben und Gipfel regten unsere Phantasie zu immer neuen Erfindungen an. Den Forderungen der Zeit gemäß, bezogen wir Stellung, und bauten Bunker und Unterstände für unsere Spielzeuge. Wunderbar konnte man die flachen Steine unterhöhlen, wenn man die Auflageflächen berücksichtigte, denn wo so ein Stück Granit von 1,20 m oder 1,50 m Arbeitslänge liegt, da liegt es.

Waren wir vom Spiel ermüdet, oder wurde es Abend, konnten sich alle an den geeigneten Stellen mit hochgezogenen Knien auf den von der Sonne erwärmten Natursteinbänken hinkauern, ausruhen und erzählen. Um es noch einmal zu präzisieren!

Eine wegen Ausbruch des 2. Weltkrieges vorläufig zurückgestellte straßenbauliche Maßnahme schafft für ein Dutzend Kinder in der unteren Roonstraße einen Abenteuerspielplatz erster Klasse.

Doch zurück zum eigentlichen Geschehen. Juli 1939. Es ist ein wunderbarer Sommermorgen. Vor dem Haus stehen Muddi, Gerhard und ich. Pabbas Abflug zum Zollamt Tangermünde steht unmittelbar bevor. Das „Gerät“ ist ein schwarzlackiertes Fahrrad, Typ „Stabilo“ (Gewicht ca. 15 kg oder so ungefähr). Hinderlich bei Startabsicht sind Pabbas Korpulenz und der Straßenzustand (heute Sahara). Bang sind unsere Augen auf den ansehnlichen Rücken und das Hinterteil des dienstwilligen Zollbeamten gerichtet, während dieser mit kurzen Stampfschritten versucht, eine gewisse Anfangsgeschwindigkeit zu erlangen, dann entschlossen den linken Fuß auf die „Aufsteighilfe“ setzt (das ist ein sechs Zentimeter langer, geriffelter Stahlbolzen, der links aus der Hinterradnabe ragt), sich mutig über den Gepäckträger erhebt, nach vorne fallen läßt und so den Sattel und die hochgestellte rechte Pedale erreicht. „Stabilo“ und der Pilot ächzen auf, Gottlob!

Mich hält nichts mehr. Mein „Roller“ (abgetakeltes Tretmodell ohne Trittfläche und Zahnstange, jedoch mit Holzrillenrädern und eingelegter Vollgummibereifung) ist bereit, und ich versuche, mit dem mühsam vorwärtsmülmenden Radfahrer auf gleicher Höhe zu bleiben. Bis zur Kolonialwarenhandlung „Ernst Damm“ gelingt das, dann gewinnt mein Konkurrent, begünstigt durch die hier einsetzende Pflasterung, an Vorsprung und entschwindet.

Mit milchzahn-lockerndem Geratter „rase“ ich über das Kleinpflaster zurück und komme gerade noch richtig, um die teilweise Haushaltsauflösung der Nachbarfamilie Witaszak zu erleben. Unter den Protestrufen der Hausfrau versuchen meine Spielgefährten, die Zwillinge Ilse und Edith, alle brauchbaren Gegenstände zu ergattern, die nötig sind, um „auf Gras“ Familie zu spielen.

Der Aufbau der Zweigstelle ist in vollem Gange. Decken, Laken und Kissen, alle Puppen nebst Wagen sowie Tiere und Teddys sind auf dem Trip. Schnüre werden gezogen und Zimmer eingeteilt. Sollten andere Mädchen von den Aktivitäten animiert werden, so gleicht der Platz bald einer Großbaustelle.

Wehe dir, wenn du in die Nähe kommst, du wirst unverzüglich als Familienvater ins Getümmel geschleppt. Das bedeutet ein ungeahntes Martyrium. Du mußt ins Wohnzimmer, auf die Decke, vorher Schuhe und Strümpfe ausziehen, hinsetzen, irgendwas in den Mund stecken und „ohne Feuer" rauchen; wenn du Pech hast, mußt du einen richtigen irgendwo aufgetriebenen, bereitgehaltenen Zigarrenstummel verwenden (alles überlebt), danach wirst du in ein Laken gerollt, bekommst ein Kissen unter den Kopf und eines auf das Gesicht, weil es ja Nacht sein muß für dich; wenn du den Erstickungsversuch überlebst, mußt du essen, meistens ein auf Miniaturblechherd mit Kerzenflamme in Schuhcremedosendeckel halb gegartes Stück Kartoffel oder Apfel. Wenn du das überlebt hast, kann es dir gelingen, deine Forderung, „auf Arbeit" zu gehen, durchzusetzen und dieser Frühform einer Weiberhölle glücklich zu entfleuchen.

Ich stoppe meine rasante Rollerfahrt, wende mein Gefährt auf der Stelle, lege drei Häuserbreiten Distanz zwischen mich und das männermordende Mädchenlager und lehne aufatmend den Roller an die Häuserwand. Hier wohnt der alte Tohms. Er sitzt, mit einem Kissen unter dem Hintern, vor der Haustür „aufm Tritt" und läßt die alten Knochen von der Vormittagssonne bescheinen. Tohms ist ein hagerer, wortkarger Mann. Der Legende nach hat er den Boxeraufstand in China, den Weltkrieg mitgemacht und genießt nun den verdienten Ruhestand sowie seine zahlreichen Auszeichnungen. Gerade bringt ihm seine „Haushälterin" eine große, geblümte Tasse mit Braunbier (Malzbier), auf dem ein Eigelb schwimmt. Fasziniert und leicht schaudernd beobachte ich, wie er bedächtig das rohe Ei in das Bier legiert, dann ohne jede Hast die Tasse zum Mund führt und einen großen Schluck nimmt. Mehrmals schmeckend und mümmelnd bewegt er den Unterkiefer, schiebt diesen dann blitzartig vor und saugt mit einem Ruck die Reste des Bier-Eigemisches aus dem Schnurrbart. – Brrrr …

Doch da klappt auf der anderen Straßenseite eine Haustür und erlöst mich aus meinen sinnenden Betrachtungen über die Gewohnheiten ehemaliger Frontkämpfer. Leben kommt ins Bild, die Geschwister Wolfgang und Wilfried Deutsch, bis dahin meine besten Spielkameraden, erscheinen. Wie so häufig, haben sie bereits Streit. Das ist kompliziert, weil Wilfried beim Heulen unaufhörlich weiterspricht. Da er zuviel Spucke produziert, bilden sich Blasen vor dem Mund, die zwar platzen, aber stets durch neue ersetzt werden, ein Vorgang, der auch tapfere Gegner abschreckt, mit ihm anzubändeln. Das Blasenstadium ist heute noch nicht erreicht, und als noch Hans Schmidt auftaucht, gelingt es uns, Wilfried zu beschwichtigen. Es soll „Pferd“ gespielt werden, und er darf Kutscher sein. Ein Stück Bindfaden ist zur Hand, wird mit blutabdämmender Sorgfalt um die Oberarme der Außenpferde geknotet, und los geht es.

Eine Langholzfuhre ist zu transportieren, schwer liegen die mächtigen „Belgier“ in den Geschirren. Der Wagen muß heute noch durch die „Sandwüste“ vor Krachts und Steiners Haus. Wilfried ist der geborene Kutscher. Er muß ja gleichzeitig auch die Fuhre imitieren und lenkt das Gespann geschickt um alle Hindernisse. Schwer stampfen die Pferde, stoßen die „Hufe“ vorwärts, daß der Dreck nur so spritzt. Nach Ankunft am Zielort (mehrmalige Durchquerung der Sandstrecke) ist die Szene von einer angemessenen Staubwolke überlagert, die langsam in das Sonnenlicht steigt. Die „Pferde“ lassen die abgestorbenen Arme sinken und werden ausgeschirrt. Doch unverzüglich wird die Sache umfunktioniert. Aus den Ackergäulen werden elegante Reitpferde, die, von zwei „Reitern“ mühsam gezügelt, im rasenden Tempo die Straße hintergaloppieren, auf das Zigeunerlager zu und ... daran vorbei. Die Pferde werfen die Köpfe in regelmäßigen Abständen (eigentlich unaufhörlich) in die Höhe und stoßen ein täuschend nachgeahmtes Wiehern aus, begleitet von immer neuen Anfeuerungsrufen der Reiter. Wenn es uns trotz des ungeheuren Lärms und nach mehrmaligem Passieren der Siedlung nicht gelingt, die Aufmerksamkeit der Mädchen zu erregen, nehmen wir all unseren Mut zusammen und galoppieren unter dem sich gellend erhebenden Fischmarkt-Geschrei der Familien einmal quer durch den Wohnbereich. Das wirkt. Mehrere Amazonen nehmen, bewaffnet mit Haushaltsgegenständen, die Verfolgung auf, die jedoch abrupt endet.

Irgendeiner hat es zuerst gesehen. Um die Ecke bei Fleischermeister Schmükker in der oberen Roonstraße ist ein breitausladendes Fahrzeug gebogen und kommt die Straße herunter.

Der Sprengwagen.

Das Mädchenlager entvölkert sich unter Zurücklassung der gesamten Habe, aus Pferden und Reitern werden ganz normale Jungen, und die ganze Kinderhorde rennt, so schnell jeder kann, dem „Sprengwagen“ entgegen. Eile ist geboten, denn der Wagen befährt nur den oberen gepflasterten Teil der Roonstraße und biegt dann in die Blumenthalstraße ab. Die meisten von uns sind bereits barfuß, der Rest versucht verzweifelt, halb hüpfend, halb laufend, die Sandalen loszuwerden. Das geht manchmal schwer, weil der Metalldorn nicht aus dem Halteriemen will. Schon vor Erreichen des Wagens werden im Laufen Vorbereitungen getroffen. Die Jungen raffen die Säume der damals noch sehr weiten kurzen Hosen nebst Unterhose bis über die Hüftknochen. Die Mädchen sind etwas vorsichtiger mit ihren Röcken, können jedoch nicht verhindern, daß rosa Schlüpferchen mit Pludercharakter und Gummibeinabschluß zum Vorschein kommen.

Egal, da schaut jetzt sowieso keiner hin.

Und dann ist er da!

Rauschend ergießt sich das ganze Wasser aus den breiten Sprühdüsen über den „Damm“ und das „Trottoire“. Begeistert schreiend versuchen wir, nebenherlaufend einen Platz im direkten Wasserbereich zu halten. Das ist schwierig, die Konkurrenz ist groß. Es wird geschubst und gestolpert. Manche sind bereits richtig naß, auch über den Hüftknochen. Man schenkt dem keine Beachtung, weiter! ... Mitlaufen! Wer nicht mitkommt, patscht im Rinnstein hinterher. Dann biegt der Wagen ab in die Blumenthalstraße, andere Kinder machen uns die Plätze streitig, wir bleiben stehen.

Langsam trotten wir zurück. Die Mädchen zu ihren Wohnzimmern auf den Decken, wir zu unseren Bänken auf den Granitsteinen zum Ausruhen. Pferde und Reiter wirken erfrischt, doch sind die Spuren der Wüstenpassage am Morgen nicht ganz beseitigt. Graue Ränder und Rinnsale zeichnen sich verräterisch ab. Keiner schenkt diesen Nebensächlichkeiten einen Blick. Wir strecken die nackten Beine in die Sonne, dösen und trocknen.

Klingelingeling! Mit wohltönendem Glockenlaut kommt der zweite Teil morgendlichen Verkehrsaufkommens in unser Blickfeld. Gemächlich erscheint der Wagen von Milchmann Kursawe, um den Hausfrauen und Omas den täglichen Bedarf zu liefern. Eigentlich ist der Milchwagen nichts anderes, als ein großer weißgestrichener Kasten, in den viereckige Behälter aus Zinkblech integriert sind. Ganz unten befinden sich die Zapfhähne für die Milch. Alle zwei Häuser hält der Wagen, die Frauen kommen mit Kännchen, Eimerchen und „Tuten“, verlangen einen Liter „Süße“ (Vollmilch) oder Buttermilch, manchmal auch „Schichtkäse“ (Quark) oder gute Butter. Eier sind kaum gefragt, denn hinter den Häusern laufen ja die eigenen Produzenten in Form von Rhodeländern, rebhuhnfarbenen Italienern oder Leghornhennen umher. Vor den Haustüren stehen die Frauen in kleinen Gruppen und halten einen Morgenplausch.

Auch wir vier Jungen brauchen uns nicht zu beeilen, denn den Milchwagen macht uns hier keiner streitig. Vor dem Wagen in der Gabeldeichsel geht das älteste und geduldigste Pferd, welches wir kennen, „Liese“ genannt. Liese geht zwar auch ohne Zügel und reagiert auf Zuruf, muß aber von uns trotzdem übernommen und „geleint“ werden. Zunächst wird sie, soweit wir hochreichen, zärtlich geklopft und gestreichelt. Langsam senkt sie den riesigen Kopf, schnobbert, gibt zarte Grunzlaute des Erkennens von sich und klappert auffordernd mit ihrer beweglichen Unterlippe. Manchmal kriegt sie nämlich eine verwahrte Brotrinde.

Dann aber hinauf auf den Kutschbock. Über mehrere eingelassene Trittstufen erreichen wir diesen Hochsitz auf dem Dach des Wagens, und nun wird Liese geleint, manchmal bis zum Ende der Jordanstraße über viele Haltestationen.

Unterbrochen wird die beschauliche Szene nur, wenn Liese im Zeitlupentempo den Schwanz hebt, etwas fallen läßt oder einen von uns stets aufs neue bestaunten satten Strahl pißt, daß es auf dem Boden schäumt und spritzt. Wenn wir gnädig sind, warnen wir die Hausfrauen, denn wir sehen es ja zuerst, wenn Liese etwas vorhat. Man flüchtet mit schlabbernden Milchkannen, unser Pferd muß weitergehen, und zurück bleibt der scharfe Ammoniakdunst von Lieses Geschäftchen.

Die Sonne ist höher gestiegen. Es ist warm geworden, und wir trödeln gemütlich „auf Gras" Richtung Heimat. Aber noch sollte das Quantum unserer morgendlichen Aktivitäten nicht erschöpft sein. Wir wissen ja nicht, daß es der erste Freitag im Monat ist, leben in jenem großen, kaum ermeßlichen Raum einer größtenteils unbeschwerten Jugend, in der alle Ereignisse sehr weit auseinanderliegen. Nächste Woche? Ach, ja, der Geburtstag? Fern, fern, der Winter und Weihnachten? Irgendwann, sehr fern ... noch nicht vorstellbar.

Heute? Das war klar, heute, das mußte gleich passieren, das war Wirklichkeit, die man anfassen konnte, und da hatte sie uns auch schon, dergestalt, daß es wieder ein Glockenton ist, der uns aus unserem Trödeltrott schreckt. Aber diesmal ist es nicht das melodische Gebimmel von Kursawes Milchexpreß. Ein voller Klang ertönt, der sich, von starker Hand gerührt, hoch über Mauern und Dächer erhebt und auf uns wirkt wie das Trompetensignal auf den Soldatengaul.

Bei Kohlenhändler Meyer kann man von der Jordanstraße in die Hohenzollernstraße hineinsehen, und da, ganz hinten, taucht er eben auf ... der Lumpenhändler.

Unser Start ist sehenswert. Die Fußsohlen scheinen den Straßendreck kaum zu berühren, und da alle vier den Kopf in den Nacken geworfen haben, „fliegen" wir die Straße hinunter (ebenfalls nicht gepflastert). Atemlos erreichen wir den Glockenschwinger, bremsen ab und „schreiten" nunmehr bedächtigt in gleicher Front mit dem Lumpenmann einher. Hoch hebt dieser die Glocke, bis fast über den Kopf, und dann, als sei er erleichtert, sie nach oben befördert zu haben, läßt er, nach einer winzigen Verweildauer im Zenit, den Arm mit dranhängender Glocke abrupt fallen und ... biding, biding, biding ertönt es laut und scheppernd. Neulinge, die das Glockenmanöver zum ersten Mal mitkriegen, erschrecken stets ein wenig, sieht es doch so aus, als müßten Arm und Glocke unter Zurücklassung des übrigen Lumpenmannes ein erkleckliches Stück ins Erdreich eindringen!

Weit gefehlt!

Dieser einfache Mann besitzt neben der Gabe, den Gesetzen der Schwerkraft zu trotzen, auch noch die Fähigkeit, während sich die Glocke am Scheitelpunkt ihrer Bahn befindet, seinen Werberuf auszustoßen.

„Hao … Ump!!!“

Ursprünglich hatte es wohl so etwas heißen sollen wie: „Holt die Lumpen!“ In den Jahrzehnten seiner beruflichen Tätigkeit hatte er den Slogan vom überflüssigen Ballast befreit und festgestellt, daß der Rest zusammen mit der Glocke immer noch ausreicht.

Hou … Ump – biding, Hou … Ump – biding!

Unsere Stunde ist gekommen. Dieser Mann hat nichts dagegen, daß wir ihn stimmlich entlasten, und während wir mit hervorquellenden Halsadern versuchen, ihn lautlich zu imitieren, schreitet er mit unbewegtem Gesicht weiter.

Pött, pött, pött … pött … pött, pött, pött macht es hinter uns, läßt uns unser Geschrei einstellen und bewahrt uns so vor dem drohenden Erstickungstod. Die zweite Hälfte der Altstoff-Verwertungs-Firma ist eingetroffen. Im Schritttempo fährt hinter uns ein Tempo-Dreirad-Kleinstlastwagen mit Einrad-Frontantrieb und unverkleidetem Kettenkasten. Baujahr nicht mehr feststellbar. Am Steuer sitzt der Bruder des Voraus-Herolds mit gleichfalls unbewegtem Gesicht. Würde er aussteigen und würden die drei (Auto und die beiden Männer) sich nebeneinanderstellen, würde man neben den beherrschten Gesichtern auch eine erstaunliche Übereinstimmung des sonstigen Erscheinungsbildes feststellen. Sowohl die „Samt-Manchester-Anzüge“ der Männer als auch der „Lack“ des Fahrzeugs weichen farblich nur unwesentlich voneinander ab (uni-grau-grün-braun).

Nur die Formen des LKW stören etwas neben den aufrechten Gestalten der Männer. Irgendwann einmal hat eine besonders ergiebige Lumpenfahrt einen bleibenden Eindruck im Gemüt des Gefährts hinterlassen und ihm einen nicht uneleganten Hüftknick verpaßt. Der Tiefpunkt der Karosse befindet sich direkt hinter dem Miniaturführerhaus und ist nicht zu übersehen. Der Vergleich mit dem durchgerittenen Kreuz eines alten Gauls drängt sich zwar auf, wäre aber zu spitzfindig. Wir mögen sie alle drei so, wie sie sind …

An Banniers Eckhaus wird noch ein Sack mit Lumpen herausgereicht, an der Hakenwaage geprüft und mit einigen Groschen vergolten. Etwas traurig bleiben wir zurück und sehen, wie das Dreigespann – pöttpött, biding und Hou … ump in die Arneburger Straße einbiegt, und wenden uns ab.

Es ist Mittag. Im Schatten der Häuser gehen wir die Jordanstraße hoch. Unsere bloßen Fußsohlen patschen auf die noch kühlen Steine des hier vorhandenen Straßenpflasters. Nach diesem aktionsreichen Morgen verspüren alle plötzlich ein hohles Gefühl in der Magengegend. Mal sehen, „was es gibt“. Es ist ja noch Frieden, und die Muttis und Omas sind in der Lage, ein nahrhaftes und schmackhaftes Mittagessen auf den Tisch zu stellen. Mit Sicherheit auch Kompott zum Nachtisch.

Etwas müde zockeln wir weiter und gelangen glücklich an die Schürzen unserer Mütter, bereit, die kindlichen Abenteuer des Vormittags erzählend noch einmal zu erleben.

„Vadda" kommt von „Arbeit"

Unserer kommt nicht von „Arbeit". Im Hause Roonstraße 44 kommt überhaupt keiner von „Arbeit". Die Mütter der vier Familien sind zu Hause, und die Väter gehen zum „Dienst" oder ins Büro. Herr Witaszak ist beim Wasserstraßenamt, Herr Thielchen und Herr Busch sind in der Verwaltung der Zuckerraffinerie beschäftigt.

Aber dieses scheinbare Privileg ist gar keins, schmilzt dahin, wenn die Väter und Mütter um 14 oder 16 Uhr von „Arbeit" oder „Schicht" kommen. Man kann ihnen entgegenrennen, die Jordanstraße und ein Stück auch die Arneburger Straße hinunter bis nach Metzger Mäder.

Die Schicht ist jeden Tag pünktlich zu Ende, denn die meisten Eltern meiner Spielgefährten sind Arbeiter oder Handwerker bei „Meyer", wie der große Arbeitgeber in Tangermünde genannt wird. Schon sehr früh wird dieser „Meyer" benutzt, um vor allem meinem Bruder Gerhard einen heißen Schreck in die müden Schülerknochen zu jagen. „Lern mein Sohn, sonst wirst du Sackträger bei Meyer", hieß die Parole. Gemeint war damit das Bewegen von Doppelzentner-Säcken, gefüllt mit Zucker, was bekanntlich nicht so viel Grips, dafür um so mehr Muskeln erfordert. Daß die in Aussicht gestellte Mühsal eines Arbeiterlebens meinen Bruder motivierte, glaube ich nicht, noch dazu, wo er sich als Zehnjähriger in einem Alter befand, wo der Besitz von Muskeln eine erstrebenswerte Sache war. Zudem machen die Betroffenen keinen traurigen Eindruck, wenn sie von ihren Kindern abgeholt werden. Der Arbeitstag ist ja zu Ende. Es wird gelacht. Meistens in kleinen Gruppen, die Frauen und Mädchen häufig untergehakt, kommen sie *uns* entgegen, denn ich habe meine Spielgefährten zu ihrem Abholritual begleitet, wenn auch nur als Mitläufer und Zuschauer. Hatten meine Freunde ihre Väter, Mütter oder Geschwister entdeckt, rannte man hin und konnte „Guten Tag" sagen, um nunmehr gemeinsam nach Hause zu gehen. Nicht selten kommt es vor, daß die Heimkehrer von irgendwoher eine Handvoll Kandis oder ein Tütchen goldbraunen Rohzucker zaubern. Er ist besonders begehrt, weil er so schön klebrig ist und sehr aromatisch schmeckt. Da ich als Begleitpersonal akzeptiert bin, werde ich in die Verteilungsaktion miteinbezogen. Daß das Mitbringen solcher „Freimengen" aus dem Produktionsbetrieb eigentlich verboten war, ist uns zu diesem Zeitpunkt nicht bewußt. Hüpfend und lachend genießen wir den „versüßten“ Nachhauseweg.

Nicht nur aus diesem Grunde beneide ich meine Spielkameraden ein wenig. Während meine Mutter doch recht häufig aus dem Fenster schaut oder sogar auf die Straße tritt, um nach mir zu sehen, sind meine Freunde doch mehr oder weniger sich selbst überlassen.

Gewiß existieren zu Hause Omas, Tanten oder ältere Geschwister, aber die haben mit sich selbst zu tun, und viele der etwas älteren Kinder tragen als deutliches Erkennungszeichen ihrer Selbständigkeit und Bewegungsfreiheit den Haustürschlüssel an einem Band um den Hals.

Besonders mein ein Jahr älterer Freund, Hans Schmidt, führt solch ein in meinen Augen vorbildliches Leben. Seine Großeltern waren aus Pommern zugewandert, um bei Zuckermeyer Arbeit zu finden. Wie die meisten in der Straße bewohnt die ganze Familie eines der kleinen zweigeschossigen Häuser in der reihenartigen Häuserzeile. Alle Grundrisse sind nahezu identisch. Ein langer Flur führt durch das ganze Haus bis auf den kleinen Hof, den ein Stallgebäude von dem großen Garten trennt. Hans hat zwar schon ein paar kleine Pflichten, macht aber im übrigen, wozu er gerade Lust hat. Wenn er will, stehen uns Hof, Stall und Garten zur Verfügung.

Hier treffen wir auf die Eckpfeiler einer ländlich-bürgerlichen Existenz: Hühner, Karnickel und – Schweine. Hans obliegt es, diese Viecherei zu betreuen, wobei ich ihm mit Begeisterung assistiere.

Nach vorheriger Abmeldung bei Muddi, „ich bin bei Hans“, geht die Sache los. Da wir von Mai bis September immer barfuß gehen, schlüpft man in ein Paar abgeschlurfter Holzpantinen, denn es ist manchmal unangenehm, wenn die Hühner- oder Schweinekacke zwischen die Zehen gerät. Dann aber kommt Schwung in den Laden. Meistens fangen wir bei den Hühnern an. Hier ist es dämmrig und im Sommer glühend heiß. Dort in der Ecke sitzt die Glucke auf acht Eiern, die lassen wir in Ruhe. Drei Hennen schicken sich an, zu legen. Eine ist mit gekrümmtem Hals in die Kniebeuge gegangen, und – zack – ist das Ei da. Das geht in Ordnung. Nebenan jedoch sitzen zwei verhaltensgestörte Exemplare, die in völliger Verkennung ihres Zustandes seit Tagen versuchen, das Ermunterungsei aus Gips auszubrüten. Hans kennt sie ganz genau. Sie werden kurzerhand gegriffen und mit Vehemenz durch die Auslauföffnung ins Freie befördert. Das geht nicht ohne gewaltigen Spektakel, aber Ordnung muß sein. Dann werden die Eier zusammengelesen. Die aus den normalen Legeplätzen haben wir ruck-zuck im Korb. Aber der Stall ist sehr verwinkelt, und da gibt es „wilde“ Nester, dic blind abgetastet werden müssen. Manchmal ist ein „Windei“ dabei, das hat keine Schale, sondern nur eine dünne Haut. Wenn du nicht vorsichtig genug bist, hast du – hoppla – die Matsche in der Hand. Wir lassen uns nichts anmerken und putzen das Geschlabber beiläufig mit Stroh ab. Draußen im Hühnerpferch herrscht schon gewaltige Unruhe. Unsere Pfleglinge wissen genau, daß sie gefüttert werden. Hans gibt reichlich Körner-Mischfutter mit Kalkeinlage. Wenn er Lust hat, schnappt er sich den dicken, behäbigen Rhodeländer Hahn und setzt ihn vor den rebhuhnfarbig Italiener. Fasziniert beobachten wir, wie die beiden sich – die Köpfe immer auf gleicher Höhe – mit Basiliskenblick belauern, aber es passiert nichts. Es endet mit Scheinpicken auf der Erde. Sie kennen sich zu gut. Noch frisches Wasser in die kleine Tränke, dann sind die Hühner erledigt.

Auf zu den Schweinen. Schmidts haben zwei. Ein großes, das im Winter dem Schlachtmesser verfällt, und ein Nachwuchsschwein. Der „Borch" wiegt bestimmt schon fünf Zentner, verkündet Hans fachmännisch, während wir die beiden Borstentiere mit einem Schrubber bearbeiten. Das haben sie gerne. Sie haben sich in der Buchte langgemacht und geben echt schweinische Laute des Wohlbehagens von sich. In der Waschküche nebenan hat Oma Schmidt am Vormittag schon einen großen Kessel mit Kartoffeln vorgekocht und mit dem Kochwasser auf dem Boden stehenlassen. Es ist noch etwas warm. Mit S-förmigen Stampfeisen werden die Kartoffeln grob zerkleinert und mit Kleie versetzt, mühsam vor den Trog befördert, und dann ergießt sich die halbflüssige Plempe platschend in den Trog. Mit quietschendem Eifer fallen unsere Tiere über den Fraß her, bereit, alles in rosiges Fleisch und blühendes Fett umzusetzen. Damals züchtete man noch kurze, runde Schweine, die sehr schwer werden konnten, nicht solche schmalrückigen, infarktgefährdeten Kotelettlieferanten wie heute. Je fetter desto besser. Fett wurde als hochwertiges Nahrungsmittel angesehen, und Schweineschmalz war ein beliebter und üblicher Dauerbrotaufstrich. Noch ausmisten, das geht mit Schippe und Kratzer direkt in die alte Holzschubkarre, und raus auf den Misthaufen.

Hühner sind spaßig, Schweine ulkig, Kaninchen aber nett. Sie sind Hans' und meine erklärten Lieblinge. Gewiß kann man auch Hühner streicheln, besonders abends auf der Stange, doch geben sie seltsame Jammertöne von sich und winkeln die Flügel so seltsam, als erwarteten sie von uns noch etwas anderes.

Bei Kaninchen ist das alles klar. Sie kennen uns und erwarten geduckt mit angelegten Ohren unsere stürmischen oder zärtlichen Liebkosungen. Familie Schmidt hat rund 20 Stück. Alle tragen Namen, und die meisten lassen sich auf den Arm nehmen. Dann hocken sie schnell atmend zwischen Schulter und Wange, und wir sehen in den weit offenen Augen von Bruder Tier unser Spiegelbild …

Wenn se ne durchgepißte Streu ham, wern se krank, verkündet Hans. Ja, Kaninchen müssen sehr reinlich gehalten werden. Alle Ställe auskratzen, neue Streu, Mist mit Schubkarre nach hinten, Weichfutter und eine Handvoll Haferkörner in die Steingutschalen, das ist ganz schön Arbeit, und hier kann ich Hans wirklich sehr gut helfen. Darüber wird nie ein Wort verloren, denn ich partizipiere sehr gern an diesem Stall voller Leben, das sich so ganz und gar von der Grasgartenwelt unseres Mietshauses unterscheidet.

Manchmal gibt es zum Abschluß noch einen kleinen Spaß.

Zu bestimmten Zeiten, die nur dem Eingeweihten bekannt sind – Hans gehörte selbstverständlich dazu –, kann man ein weibliches Kaninchen (Zippe) zu dem bösen Karnickelbock sperren. Der ist so übermütig, daß er häufig mit allen Vieren hochspringt. Wenn die Zippe bei ihm ist, rasen sie zunächst wie wahnsinnig im Kreis herum, wobei schwer festzustellen ist, wer wen verfolgt oder wer vor wem flüchtet. Dann hat es geschnackelt, der Bock hat die Zippe geschnappt und … rammelt sie am verkehrten Ende auf die Nase. Obwohl wir uns vor Lachen kaum halten können, muß Hans blitzschnell eingreifen, sonst ist es zu spät … wofür zu spät, das wissen wir nicht so genau. Hans schubst den Bock weg, und die wilde Jagd beginnt erneut. Diesmal hat der Held Erfolg, erwischt die Primaballerina richtig herum und …? Alles gelaufen, verkündet Hans. Was ist gelaufen, frage ich enttäuscht. Die Zippe ist gedeckt, bekomme ich die Erklärung. Ich habe nichts mitgekriegt, lediglich, daß der Bock mal für fünf Sekunden „gezittert" hat. Ob das schon gereicht hat? Hans muß es schließlich wissen.

Jetzt müssen wir für unsere Lieblinge noch Grünfutter holen. Wir schnappen uns einen Korb, und hinein kommt ein buntes Gemisch, bestehend aus geschossenem Salat, holzig gewordenem Kohlrabi, Kohlstrünken aller Art sowie Möhren mit und ohne Kraut. Wenn es früh im Jahr ist und der Garten noch nicht so viel hergibt, haken wir hinten eine Lücke im Zaun auf. Jetzt befinden wir uns auf Eisenbahngelände. Es ist der Streckenabschnitt, der zum Hafen führt. Der Aufenthalt ist zwar verboten, aber hier wachsen Löwenzahn, Kohldisteln (weiche Disteln) und auch einige große Flecke mit Weißklee. Nicht zuviel, mahnt Hans, sonst krieng se Kolik, und außerdem trampeln se allet fest.

Nun ist das Tagwerk vollbracht, jetzt kommt der richtige Spaß.

Abgeerntete Gartenstücke (beispielsweise Kartoffeln) werden umgegraben und neu bestellt. Wenn man es geschickt anstellt, kann man vorher jedoch einen Bunker bauen und sich in den Hinterhalt legen.

Mutterboden kreisförmig ausgestochen, seitlich gelagert und mit welkem Kartoffelkraut und Gurkenranken abgedeckt. Lehmsand ausgehoben, seitlich gelagert und ebenfalls abgedeckt. Tomatenknüppel besorgt, ins Loch geschmissen, hinterhergesprungen und Stellung wie gehabt getarnt, nunmehr schwer atmend auf eventuellen Gegner warten. Dieser erscheint programmgemäß in Gestalt der etwas schwerhörigen Oma Schmidt, die ein wenig Suppengrün im Feindgebiet holen will. Wenn sie gewußt hätte, daß sie von stählernen Blicken durch Gurkenranke und Kartoffelkraut über Tomatenstock anvisiert war, wäre sie sicherlich zu Tode erschreckt gewesen. Aber auch so genügen die beiden Abschüsse unserer Karabiner (kombinierter Grunz-Zischlaut = Schuß mit Echo in Schlucht), sich aufzurichten, unsicher umherzuschauen und dann, hink-hunk, rechts Küchenmesser, links Kräuterstrauß, den Mittelweg hinunterzuwackeln, unverständliches Zeug murmelnd, der festen Überzeugung, die Erdgeister durch unbotmäßiges Verhalten erzürnt zu haben.

Einen Augenblick bleibt es noch still in der Stellung. Dann gerät die Tarnung in verdächtige Bewegung. Wir richten uns auf, das Kraut fliegt zur Seite, wir prusten los und halten uns die Bäuche.

Immer noch glucksend, schieben wir den Sand ins Loch, den Mutterboden darüber und das Kraut wieder drauf. Gleich kommt Vadder „von Arbeit“, sagt Hans, erst ma kucken, watt die annern machen!

Die anderen, die sind schon auf der Straße, denn die gibt's ja schließlich auch noch, die „Roonstraße“.

Muddi, jib ma Stulle!

Es ist noch zu früh für das Abendessen, zu spät für irgend eine größere Unternehmung. Eigentlich jene Zeit, in der die Abholaktion der Eltern läuft. Wenn das nicht der Fall ist, fällt einem plötzlich auf, daß man von rasendem Hunger gequält wird. Schnell am Fenstersims zu unserem Wohnzimmer hochgezogen und durch die Gardine gespäht. Von hier aus kann ich das Zifferblatt der Wanduhr ausmachen, einem großmächtigen „Regulator“ mit Perpendikel und Bim-Bam-Schlag. Ich kenne die Uhr noch nicht richtig, aber 16 Uhr weiß ich. Der große Zeiger ist kurz hinter der zwölf, das geht gerade noch. Wenn man nämlich die 16-Uhr-Marke zu sehr überzieht, bekommt man die lakonische Antwort: „Nicht mehr vor dem Abendessen.“

Also los, um die Ecke gesaust auf den Hof ans geöffnete Küchenfenster und ich fordere das, was in diesem Augenblick wohl an einigen Küchenfenstern gefordert wird.

„Muddi, jib ma Stulle!“

Muddi erscheint und mustert mich kritisch, den Verschmutzungsgrad meines äußeren Erscheinungsbildes einschätzend. Wenn man sich zu sehr „eingesaut“

hat, ist es möglich, daß die „Stulle" verweigert wird. Heute scheint der Zustand akzeptabel.

„Aber nicht mit diesen Händen!" bekomme ich zugerufen.

Also muß ich doch rein und an dem gußeisernen Ausguß in der Küche, Spülstein genannt, die Hände säubern. Ich kriege ein Stück Sunlicht-Kernseife in die Hände gedrückt und höre noch Muddis Kommentar hinter meinem Rücken: „Die reinste Borke, wie machst du das bloß, Junge?" Sie hat ja keine Ahnung, welche unerhörten Arbeitsleistungen diese Hände heute Nachmittag auf dem Schmidt'schen Anwesen verrichten mußten.

Ich schweige.

Hinter meinem Rücken hat Muddi den Brotlaib vor die Brust gedrückt und schneidet zwei Scheiben „rund ums Brot", um eine der beliebten „Vaterstullen", dick mit Butter bestrichen, herzustellen. Sie darf nicht halbiert werden. Man muß sie mit beiden Händen packen und dann reinbeißen. Meine Hände hinterlassen beim Abtrocknen ein paar unerhebliche Spuren im Handtuch, egal – Stulle geschnappt – und rrraus.

Einige von uns sitzen schon auf den Bordsteinhaufen vor Tuschers Zaun. Jeder hat irgendwas Eßbares auf der Hand. Äpfel, Hände voll Kirschen oder Stachelbeeren, je nach Jahreszeit manchmal sogar eine Stange rohen Rhabarbers, Mohrrüben und geschälte Kohlrabi werden sichtbar. Die meisten aber haben eine Stulle auf der Hand. Die selbständigen Kinder erkennt man an ihren selbstgemachten Stullen. Meistens etwas schief geraten, dafür dick bestrichen mit Schmalz oder selbstgemachter Dosenwurst. Häufig haben die Mütter die ersten Gurken in die großen Steintöpfe gepackt, mit Salz und Dill sowie Brett und Wackerstein versehen. Die „saure Jurke" (Salzgurke) ist die anerkannte Delikatesse auf der Straße. Fast immer als Zukost bei den Schmalzbrotleuten zu sehen. Vorsicht ist geboten. Es kommt darauf an, wie weit die „Jurke" schon „durch" ist. Bei sehr alten, gut abgelagerten Exemplaren, die ein vielwöchiges Schwimmstadium hinter sich haben, ist die Schale häufig hart, das Innere weich. Bei Anbiß platzt die grüne Bombe, der Beißer wird bis unter die Haarwuzeln befeuchtet und auch die nächsten Nachbarn noch gründlich eingedeckt. Das wird jedoch kaum beachtet und schmälert den Genuß dieser deftigen Zwischenmahlzeit keineswegs.

Wir essen alle sehr bedachtsam, versuchen, unsere Gier musterhaft zu beherrschen, um möglichst lange etwas von dem Kaugenuß zu haben. Trotzdem sind fast alle schon fertig, da erscheint Hans Schmidt. Er hat den Vogel abgeschossen und einen Brot-Knust (Kanten) erwischt. Dieser ist zweimal so groß wie seine Hand. Wenn er ihn zum Mund führt, sind nur seine Augen über der fingerdicken Schicht „Griebenschmalz" zu sehen. Damit er von diesem Appetithäppchen überhaupt abbeißen kann, sind eine Reihe tiefer Einschnitte gemacht. Mit angehaltenem Atem verfolgen wir Hans' Bemühungen, sich das Jausenbrot einzuverleiben. Das ist in der Tat ein sehenswerter Anblick. Was ist eine kröpfende Anakonda gegen Hans Schmidt mit Schmalzknust.

Abel – Babel – Gänse-Schnabel

Ein zarter dünnstimmiger Gesang schallt zu uns herüber. Die Mädchen haben ihre Marmeladen- oder Pflaumenmusstullen längst intus und sind zur weiteren Gestaltung des Nachmittags übergegangen.

Sie spielen: Abends, wenn der Mond scheint …

Ziel ist es, Partner miteinander zu verkuppeln. Das macht vor allem Spaß, wenn sie nicht zueinander passen, sehr gut zueinander passen oder auffällig ist, daß sie gern miteinander spielen. Dabei können auch die Namen nicht Anwesender genannt werden. Die Wirkung ist noch besser.

Die Mitspieler stehen nebeneinander an die Hauswand gelehnt. Einer tritt vor die Reihe, faßt einen Spieler ins Auge, macht immer drei Schritte auf ihn zu und wieder zurück, dabei muß er nach der Melodie „Alle meine Entchen" singen:

Abends, wenn der Mond scheint
zum Städelein hinaus,
zum Städelein hinaus,
dann scheint er alle Tage
wohl über „Webers" (Familienname) Haus.
Darinnen wohnt ein Mädchen,
Rosemarie genannt,
Rosemarie genannt,
die hat sich ja verliebt
in den „Siggi" seine Hand.

Schallendes Gelächter belohnt den Vers. Rosemarie, die mit an der Wand lehnt, ist schon ein ziemlich großes Mädchen, Siggi aber ein Jahr jünger als ich. Rosemarie und das erste Mädchen müssen jetzt gemeinsam den Schritt-Sing-Sang aufführen, nicht jedoch, ohne vorher die Partner ausgesucht zu haben. Geheim natürlich. Das geht nicht ohne Gekicher, Gequietsche und Vorausgelächter ab. Die einzige Möglichkeit als eventuell Betroffener die Partnerzuteilung nicht allzu beschämend ausfallen zu lassen, ist – mitzumachen.

Sehr langsam, heute würde man sagen, absolut „cool", schlendert die Jungengruppe zu den singenden Mädchen. Selbstverständlich wird man gefragt, ob man mitmachen möchte, und willigt gnädig ein. Es ist ja nicht so, daß man irgend etwas zu befürchten hätte. Nun aber kommt Leben in die Bude. Die Möglichkeiten der partnerschaftlichen Verbindungen haben sich gewaschen. Je grotesker die Kombination ist, um so schallender das Gelächter. Die Sing-Schritt-Gruppe wächst zusehends. Der Gesang wird immer kräftiger. Oft können die Singenden vor Lachen nicht singen, wenn sie an das ausgesuchte Paar denken. Zudem hat die Sache neben Spaß nun auch Spannung und Witz bekommen. Manche Mädchen haben rote Backen und manche Jungen rote Ohren.

Und dann ist das Spiel aus.

Man könnte zwar noch einmal von vorne … Aber alle sind viel zu aufgedreht, der Bewegungsdrang war geweckt. Was machen wir denn jetzt? Glücklicherweise erscheint Erika Weidner mit einem Ball. Das ist die Lösung.

„Kaiser – König – Edelmann – Bürger – Bauer – Bettelmann“ oder „Abel – Babel – Gänse-Schnabel“ schallt es vielstimmig durcheinander. Wir einigen uns auf letzteres. Die Namen werden verteilt. Da wir mehr als vier sind, wird die Reihe einfach mit den Namen der Mitspieler erweitert. Jeder möchte gerne „Abel“ sein, denn Abel darf anfangen. Das geht nicht ohne lautes Geschrei. Dann gehts los. Abel schmettert den Ball gegen die Hauswand und ruft einen beliebigen Namen. Die Spieler laufen so schnell wie möglich auseinander. Nur der Aufgerufene muß stehen bleiben, den Ball fangen oder aufheben und „halt“ rufen. Alle müssen nun stehen bleiben, und der Fänger wirft, so kräftig er kann, auf einen Mitspieler. Wird dieser getroffen, ist er „raus“. Kann er den Ball fangen oder geht der Ball vorbei, ist der Werfer raus. Wer als Letzter übrig bleibt, ist erster Sieger.

„Kaiser – König – Edelmann“ ist so ähnlich. Nur dürfen die Spieler einen bestimmten vorher in den Sand gezeichneten Kreis nicht übertreten. Spieler, die raus sind, müssen ihren Kreis verlassen, werden jedoch sofort aus eventuell niedrigeren Rängen ersetzt. Der Kreis des Kaisers ist der begehrteste, er ist der größte und bietet somit die größte Bewegungsfreiheit und die größte Gewinnchance.

Die Spiele fordern von den Teilnehmern körperliche Beweglichkeit, Geschicklichkeit und gutes Reaktionsvermögen genauso wie Einfallsreichtum, Gemeinschafts- und Gerechtigkeitssinn. Alle Spiele sind so angelegt, daß eine beinahe beliebige Anzahl von Kindern mitmachen kann. Auch die Kleinsten sind schon dabei, sofern ihr Laufvermögen einigermaßen ausreicht und sie keine Spielverderber sind. Auf Befragen würde jeder von uns eine schier unerschöpfliche Reihe von Gemeinschaftsspielen und anderen kindgemäßen Beschäftigungen aufzählen, von den vielen möglichen Varianten und Feinheiten ganz abgesehen.

In der Roonstraße ist es Abend geworden. Ein warmer Abend. Die Erwachsenen, aus Gewohnheit oder durch die Aktivitäten von uns Kindern, sind vor die

Haustür getreten. Man sitzt „auf'm Tritt“ oder hat ein Kissen in die Fensterbank gelegt und kuckt raus. Der nachbarliche Schnack ist fällig.

Es ist auch die Zeit, wo viele vom „Plan“ nach Hause kommen. Der „Plan“ ist ein Stück Ackerland in der Feldflur vor der Stadt. Hier im Norden von Tangermünde liegen die Pläne am Weg nach Langensalzwedel. Meist einen halben bis einen Morgen groß, dienen sie der Erzeugung von Feldfrüchten zum Unterhalt des zahlreichen Viehzeugs in den häuslichen Ställen. Zugleich aber werden auch Obst und Gemüse für den Eigenbedarf angebaut oder auch preiswert an Nachbarn und Bekannte verkauft. Wer Obst in größeren Mengen zum Einmachen braucht, geht zu „Banniers“, Jordan-, Ecke Hohenzollernstraße. Die Familie besitzt innerhalb des Straßenvierecks Roon-, Jordan-, Hohenzollern- und Blumenthalstraße den größten Garten. Nicht umsonst hat die „Kolonialwarenhandlung“ Ernst Damm in einem Nebengelaß des Hofraums eine Dosenentrandungs- und Dosenverschließmaschine. In Tangermünde macht man in „Büchsen“ ein. „Ernstchen“, wie er genannt wird, hat stets zu tun. Im Sommer sind es Obst und Gemüse, im Winter nach dem Schlachten Wurst und Fleisch, die man zum „Zumachen“ bringt. Wir Kinder haben freien Zutritt, um die „Maschine“ in Aktion zu sehen, sofern „Duppi“, der Foxterrier, uns auf den Hofraum läßt.

Wer einen Plan besitzt, der hat auch einen „Handwagen“. Das ist die originalgetreue Kleinausgabe eines großen Leiterwagens, um Kartoffeln, Rüben und Mais, aber auch Holz und Kohlen zu transportieren. Fast alle in der Roonstraße besitzen ein solches Gefährt, nur in unserem „Beamtenhaushalt“ gibt es keinen, was sich später noch als sehr nachteilig erweisen sollte. Überhaupt zeigte sich die Lebenssituation der „Ackerbürger“ oder „Selbstversorger“, wie man sie später nannte, in der Kriegs- und Nachkriegszeit als äußerst krisensicher. Wer nur die Lebensmittelkarten als Deckung des Nahrungsbedarfs besaß und keine „Beziehungen“ hatte, der mußte schlichtweg hungern.

Eben kommt Opa Weidner um die Ecke. Er hat mindestens fünf Zentner Kartoffeln geladen. Vorn neben der Deichsel mit Kreuzgriff verläuft ein breiter Zuggurt, den sich Weidner über die Schulter gelegt hat. Hinten am Wagen schiebt seine Frau. Vor der Haustür wird bis auf zwei Zentner entladen und die Fuhre auf zwei ausgelegten Bohlen über den zweistufigen Haustritt in den Flur befördert, dort wieder beladen und problemlos in den Hof gefahren. Nachbarn und selbstverständlich wir Kinder haben beim Drücken geholfen.

Während der Aktion mangelt es nicht an freundlichen Zurufen und Ratschlägen: „Da bläste de Backen uff, wa!“ oder „Bewech dir, sonst wächst da dat Jras durch de Schuhsohlen!“

Der Uneingeweihte, welcher einen Tangermünder hört, wird ihn zunächst für einen Berliner halten. Die mundartliche Färbung des Märkischen ist unverkennbar. Die Tangermünder haben da sprachgeschichtlich noch einmal Glück gehabt, denn die Sprachgrenze zum Sächsisch-Thüringischen verläuft nur wenige Kilometer südlich. Bei einem Magdeburger kann man es bereits deutlich hören.

Einige der älteren Nachbarn hören sich dennoch ganz anders an. Die Konsonanten werden sehr hart gesprochen, besonders das „r“, und Artikel nur sehr sparsam benutzt, häufig gar nicht. Wenn man auf die Namensschilder an den Haustüren geschaut hätte, wäre vieles klar geworden. Neben deutschen Namen wie: Busch, Garz, Schmidt, Tohms, Wortmann, Zabel und Bieberstein stehen andere wie: Muscholl, Jagolski, Katczmarek, Jambor, Gerschewski, Minasch und Witaszak. Die Vorfahren waren im Zuge der Industrialisierung eingewandert, hatten bei der aufstrebenden Zuckerraffinerie Arbeit gefunden und sind in Tangermünde seßhaft geworden. Die Herkunft aus Ostpreußen, Schlesien und Polen war zweifelsfrei. Manchmal kann man es auch 1939 noch deutlich hören. In der Roonstraße lebten sie alle friedlich nebeneinander. „Zuckermeyer“ hatte allen Arbeit und Brot gegeben, der Aufbau eines kleinen Anwesens war geglückt, und man war eingedeutscht. Wenn nun auch noch die Straße ein richtiges Pflaster bekäme, wäre die Welt ganz in Ordnung.

Türen klappen, Rufe werden laut: „Ilse und Edith, Marlies, Luzi und Erika, Wilfried und Wolfgang, Heelmuuut – reinkommen!“ Wenn man in der Nähe der eigenen Haustür ist, kann noch etwas gequengelt werden. „Och, Muddi, noch ein bißchen, noch einen Augenblick!“ Muddi hält einen kleinen Plausch mit der Nachbarin, das ist noch eine winzige Galgenfrist. „Reinkommen“ bedeutet, daß der Tag zu Ende ist, das heißt, die verhaßte allabendliche Ganz-Körper-Wasch-Zeremonie, in der kleinen Wanne stehend, über sich ergehen lassen zu müssen, dann Abendessen und bald ins Bett. Die älteren Kinder dürfen nach dem Abendessen noch einmal auf die Straße, die „selbständigen“ sogar, bis es dunkel wird. Da bei mir jedoch die Gefahr besteht, daß ich mich erneut „einsaue“, ist jede Diskussion zwecklos.

Das Zu-Bett-Bringen wird meist von Pabba übernommen. Das bedeutet noch eine Viertelstunde Aufschub, bis das Licht ausgemacht wird. Pabba nimmt mich auf den Arm, und ich werde an seine breite Seemannsbrust gedrückt. Dann kratzt er mich absichtlich mit dem zwölf-Stunden-Bart im Gesicht, und ich kann in ein prächtiges, gespieltes Protestgeschrei ausbrechen, sodann sieht man sich hoch durch die Luft gehoben und mit Schwung über das Gitter meines weißen Kinderbettes befördert. (Welch eine Schande! Gerhard pennte mit seinen zehn Jahren bereits in einem riesigen alten Doppelschläferbett.) Von Pabbas Geschichte, die selbstverständlich von der Seefahrt handelt, erlebe ich wach nur die erste Hälfte, dann fordert dieser ereignisreiche Tag sein Recht.

„Er filzt schon“, sagt Pabba und macht das Licht aus.

Schlitten – Stahlhelm – Eisenbahn Friedens-Weihnachten 1938

Warum gerade diese Weihnachten?, werden Sie fragen. Nun, ich habe seitdem mehr als fünfzig Christfeste gefeiert. Traurige, einsame, bewegende, glückliche, zufriedene, ruhige, überschwängliche und satte. Bei keinem waren so viele Attribute versammelt, die notwendig sind, um es für mein Erleben und Empfinden richtig Weihnachten sein zu lassen. Eigentlich ist das nur in der Kinderzeit möglich, wenn die Welt noch klein ist und Störungen der Harmonie von Eltern und Freunden mit wenigen Handgriffen beseitigt werden können. Alles, aber auch alles ist dann stimmig. Die Menschen, die Umstände und man selbst ...

Und dann, viele Jahre später, wenn Sie die Möglichkeit haben, Vergleiche zu ziehen, wird immer klarer, wann für Sie die eigentliche Weihnacht gewesen ist, unauslöschlich eingeprägt mit allem Glanz und Jubel sicher ruhend in dem hellen, warmen Gefühl familiärer Geborgenheit.

Pabba – Fels in der Brandung, von unglaublicher Körperkraft, letzte Instanz. Muddi – stets Rat wissend, Fürsorge immerdar, sicherer Fluchtpunkt in allen kindlichen Nöten. Bruder Gerhard – heranwachsende Instanz, Helfer, Lehrer, Beschützer und ... Konkurrent. Oma Bernard – beschauliche Ruhe und Behaglichkeit. Alle zusammen – Bastion Familie, burgähnlich, unangreifbar. Wenn das Ganze dann noch berührt wird von der zufällig vorbeistreifenden milden Hand eines gütigen Schicksals, so kann daraus Weihnachten 1938 werden.

Eigentlich beginnt dieses Fest bereits Wochen vorher. Es ist Abend, schon dunkel. Pabba kommt nach Hause. Trotz der sparsamen 40er Glühbirne im Wohnungskorridor der Roonstraße 44 ist sein Gesicht hell. Schon hier, und meiner Meinung nach noch im Mantel, sagt er etwas, eine Mitteilung, Nachricht, sicheren Bescheid, der Muddi zunächst nur ein langes Oooohhh mit „Ch“-Beteiligung entlockt. Die Helligkeit von Pabbas Gesicht scheint sich in der Wohnung auszudehnen, erfaßt uns alle. Er sitzt mit breitem Lachen auf der Holz-Vorratskiste in der Ecke hinter dem Küchentisch, ich auf seinem Knie. Muddi hantiert mit glühendem Gesicht (man, hab' ich'n Kopp) am bullernden Kachel-Herd. Gerhard hat die Ellbogen auf dem Tisch, den Kopf aufgestützt und grinst wissend und verschmitzt. Seine furchtbare Frisur, Typ Eier-Bombe, hat vor dem Hintergrund der Ereignisse dieses Abends an Bedeutung eingebüßt. Die Eltern sprechen schnell miteinander, Wörter tauchen schlaglichtartig auf, werden wiederholt.

Anschaffungen –
Mutter kommen lassen –
Weihnachten ...

Die nächsten Wochen verbringt die Familie in einer ruhigen, erwartungsvollen Aufgeräumtheit. Erst sehr viel später konnte ich die Ursache des stillen Jubels verstehen und einschätzen.

Pabbas Einstufung in seiner Beamtenlaufbahn hatte irgend eine Aufwertung erfahren, eine Angleichung war erfolgt, verbunden mit einer gehaltsmäßigen Verbesserung, eine Nachzahlung wurde fällig: 800 Reichsmark.

Wenn man bedenkt, daß für ein bescheidenes Eigenheim in Tangermünde rund 6.000 RM nötig waren, unsere Mietwohnung mit drei Zimmern, Küche, Flur, Speisekammer, Spülklosett in der Wohnung, Keller, Waschküche und großem Trockenspeicher 28,- RM kostete und Pabbas Gehalt 180,- RM betrug, so kann man den Wert dieses Betrages richtig ermessen.

Ein warmer Regen ... Der Schatz im Acker ...

Nun war der Aufstieg der Familie in schwindelnde Höhen nicht mehr zu bremsen. Einrichtungsgegenstände tauchen auf, ein Schreibtisch für Pabba, dazu ein Bücherschrank in dunkler Eiche mit Vitrine, die Seitentüren in Hochglanz mit Wurzelmaserfurnier, nach langen Verhandlungen im Möbelhaus „Bernd", Ecke Schloßfreiheit, erstanden. Ein Teppich, Läufer, eine Bettumrandung bedekken die braunen Holzdielen. Eines Sonntagmorgens dürfen Gerhard und ich vor dem Frühstück zu den Eltern ins Bett. Am Schlafzimmerschrank hängt eine Kollektion von „Übergangs-Mänteln", welche die Firma Baum & Jakobsen zur Auswahl geliefert hatte. Die Familie beratschlagt, welcher Muddi am besten steht.

Dabei nähert sich Weihnachten mit Riesenschritten. Gerhard sortiert stillvergnügt und in froher Erwartung Bücher, Spielzeug und Schulsachen in Pabbas alten Bücherschrank, den er geerbt hat, ich kriege sein bisheriges Regal.

Dann ist Oma Bernard da, auf Einladung der Familie aus Magdeburg angereist, mit Koffer und hebammenwürdiger Reisetasche. Ich werde an Omas weitläufigen Busen genommen und ausgiebig gedrückt. Oma ist für mich noch nicht recht „erfaßbar". Das liegt nicht an ihrer Existenz, sondern an der Korpulenz. In der Reisetasche befindet sich frisches, knuspriges Waffelgebäck, welches man nur in Magdeburg kaufen kann. Es ist für uns als Begrüßungsgabe gedacht und darf mit Genehmigung sofort aufgefressen werden. Das geht in Ordnung. Als weiteres jedoch eine Tüte mit Johannisbrot. Das sind die getrockneten Schoten (Hülsen) des arabisch-syrischen Karobbaumes (Ceratonia siliqua), die von Oma vorsorglich auf dem Markt in Magdeburg erworben und schon längere Zeit eingelagert wurden.

Wir entfleuchen nebst Tüte in das Kinderzimmer und versuchen, durch hartnäckiges Klopfen der steinharten Schoten die zwischenzeitlich seßhaft gewordene Wurmkolonie zur Aufgabe ihres Winterdomizils zu veranlassen. Bisher waren wir immer erfolgreich, und auch diesmal versucht das Gros der Siedlungsgemeinschaft in einer Massenflucht die Tischkante zu erreichen.

Muddi weiß schon Bescheid, sie hat lediglich auf unser Klopfzeichen gewartet, entreißt unseren gierigen Händen die magdeburgisch-arabische Morgengabe, um diese Objekte unserer Verhaltensbeobachtung unauffällig in den Herd zu befördern.

Ja, die Vorfreude nimmt schier kein Ende. Die gesamte Familie geht einkaufen. Keine „Weihnachtseinkäufe", das kommt noch. Nein, das, was man zum Leben über die Weihnachtstage braucht. All diese Dinge kann man bei Kaufmann „Eschker", Ecke Roohnstraße/Moltkestraße, bekommen: Mehl, Grieß, Sago, Graupen ..., Eier, Butter, Käse, Senf, Gurken und Heringe ..., Puddingpulver, Rumaroma, Maggi ..., aber auch Wein, Bier und Spirituosen.

Bevor Gerhard und ich hinter Pabba und der mehlbestäubten Mütze von Kaufmann Eschker mit in den Keller dürfen, zeige ich in einer Anwandlung von Größenwahn auf einen der Pappbecher mit Sirup (Zuckerrübenkraut), und Muddi nickt freundlich Gewährung. Den Sirup kann man nämlich nicht nur aufs Brot schmieren, sondern den Pappdeckel, der den konischen Behälter verschließt, zu Hause abwaschen, bemalen, in einen Stock klemmen und zum Fahrdienstleiter bei der Reichsbahn avancieren.

Jetzt aber erst in den Keller. Drunten dehnen sich in Länge einige Gewölbegänge (um es mal zu reimen), Pabbas Augenbrauen haben sich im Angesicht der hier lagernden Schätze gehoben. Vater Eschker beginnt ein empfehlendes Verkaufsgespräch. Später zu Hause gesteht Pabba, daß er diese Auswahl und Qualität bei einem Vorstadtkaufmann in einer Kleinstadt nicht erwartet hätte. Mehrfach weist Pabba nach entsprechender Prüfung auf diese oder jene Flasche, von denen mir besonders die leuchtend-roten Stanniolkapseln der „Côtes du Rhone"-Weine im Gedächtnis geblieben sind. Die Flaschen werden in einer kleinen strohgefüllten Kiste verpackt und Kaufmann Eschker verspricht, diese morgen anliefern zu lassen. Vorher jedoch hat Pabba schmunzelnd eine Pulle „Rotspon" abgezweigt, um sie vorab schon einmal zu probieren.

Inzwischen ist auch Muddi fertig mit ihren Einkäufen. Über und über bepackt und behangen mit Taschen und Beuteln, machen wir uns auf den Heimweg. Als die Vorräte und sonstigen Schätze in der Speisekammer eingeräumt werden, sind alle zufrieden. Jeder hat eine Kleinigkeit außer der Reihe bekommen, als Weihnachtsfreuden-Vorausabteilung gewissermaßen. Ist doch schön, wenn man nicht so auf den Pfennig achten muß, höre ich Muddi in der Speisekammer murmeln, von meinem Sirup und der damit verbundenen Fahrdienstleiter-Tätigkeit ganz abgesehen.

Später, im Einschlafen, hören Gerhard und ich ein sanftes „Plop" aus dem

Wohnzimmer. Pabba hat den Rotspon entkorkt. Durch einen winzigen Spalt in der Tür dringt ein schmaler Lichtstreif zu uns. Gedämpft sind die Stimmen der Erwachsenen vernehmbar. Sie besprechen die kommenden Tage. Ich drehe mich auf die Seite.

Bald ist Weihnachten ...

Am anderen Morgen höre ich die Rolläden gehen, Pabba ist also schon im Dienst. Nord-Ost-Wind – es wird kaaahaaalt, hören wir Muddi wie einen Schiffsausguck aussingen. Mit sicherem Blick hat sie am Qualm der Fabrikschlote die Windrichtung abgelesen. Wir flitzen aus den Betten, bereit, die komplett ausgestattete Winterlandschaft entgegenzunehmen. Im elterlichen Schlafzimmer macht Muddi Betten. Außer einem grauen Himmel und einem eisigen Windhauch, der durch das geöffnete Fenster hereinströmt, ist nichts zu bemerken. Wir sausen mit flatternden Nachthemden wieder zurück in unser Zimmer, gemeinsam in Gerhards großes Bett unter die dicke „Zudecke".

„Sieht nach Schnee aus", eröffnet Gerhard die Unterhaltung. „Kriegn wir dann nen Schlitten?" will ich sofort wissen. Gerhard gibt zurückhaltenden Bescheid. Er meint, bei Pabbas Weggang heute morgen etwas von Verabredung bei „Büchner" und „Schlitten" gehört zu haben, sei aber nicht ganz sicher.

Der Schlitten war nicht als Weihnachtsüberraschung gedacht. Wir hatten die feste Zusage eines Erwerbs. Lediglich der Zeitpunkt der Anschaffung war noch fraglich. In Familienbesitz befand sich nur die Karrikatur eines Schlittens aus dünnen, verrosteten Eisenprofilchen mit einem winzigen Kindersitz und Armlehnchen, völlig ungeeignet für die Winter in Mitteldeutschland, hatte Pabba getönt. Nein, der Schlitten kam mit Sicherheit.

Der Rest der Familie (ohne Pabba) sieht sich am Frühstückstisch in der Küche. Weil Oma zu Besuch ist und Gerhard schon Schulferien hat, wird gemeinsam und in Ruhe gefrühstückt. Es ist warm und gemütlich. Trotzdem hat „Helmi", das bin ich, Hummeln im Hintern und keinen Appetit. „Ich mach da e ganz wunderbares Offiziersschnittchen mit Läborwurscht", versucht Oma mich für die Köstlichkeiten des Frühstückstisches zu begeistern. Nur ihrer Ruhe und Beharrlichkeit ist es zu verdanken, daß ich Nahrung in Form der sächsischen „Staatsbemme" zu mir nehme. Immer wieder aber schweift unser Blick über die Scheibengardine in den grauen Himmel, aus welchem nach Zeugenaussagen ein weißes Geriesel den Schnee ankündigen sollte.

Ich weiß nicht, wie wir den Vormittag überstanden. Oma leistete schier Übermenschliches. Unermüdlich ist sie bereit, uns vorzulesen (ich kann ja noch nicht), kleine lustige Spielchen zu machen oder aus ihrer Jugendzeit in Sachsen und Schlesien haarsträubende Begebenheiten zu erzählen. Muddi wirtschaftet in der Küche. Manchmal hören wir sie eine Liedstrophe aus ihrem legendären und unerschöpflichen Melodienschatz singen. Einmal wird es still, und sie kommt lächelnd ins Zimmer, ausgestattet mit einem Küchenmesser, Teller, drei Apfelsinen und einem Zuckerschälchen. (Die süßen Navelfrüchte waren noch nicht so verbreitet.) Kunstvoll und geschickt zerlegt sie die Früchte in mundgerechte „Reiterchen", die wir genußvoll in die Zuckerschale stippen – köstlich. Als sie geht, bleibt der aromatische Orangenduft im Zimmer zurück.

Pünktlich um 14 Uhr beginnt es zu schneien, sonst hätte das Jahr 1938 auch nicht die Chance gehabt, das Weihnachten der Weihnachten zu liefern. Mit großen Sprüngen eilen wir zum Fenster und schauen mit weit geöffneten Augen in das Geriesel.

Um 16 Uhr brechen wir auf. Schon liegt der Schnee einige Zentimeter hoch. Durch die helle Dämmerung gehen wir die Roonstraße hinauf, links die Moltkestraße und dann die Hünerdorfer Straße. Ich gehe bei Oma an der Hand auf dem schmalen Bürgersteig. Ab und zu fällt ein heller Lichtstreifen aus einem Schaufenster, und die Frauen bleiben stehen, um die Auslagen und die bescheidene Weihnachtsdekoration zu betrachten. Es gibt ja noch keine Neonbeleuchtung. Die Lichter dieser Weihnacht sind gelb und warm. Der fallende Schnee begrenzt unseren Blick und läßt die alten Fachwerkhäuser, verbunden mit den Bukkelsteinen der Straße, noch enger zusammenrücken. Wenn man den Kopf hebt, zeichnen sich die Umrisse des Eulenturms (Hünerdorfer Torturm) und die Stephanskirche vor dem noch hellen Himmel ab. In den Nischen der Gemäuer liegt schon Schnee.

Vor der Auslage von „Pelzhaus Röppke" bleibt Muddi stehen. Neugierig, aber ohne Begehren im Blick, mustert sie die Ausstellungsstücke. Ein Fuchs, die große Mode, aber das wäre wohl doch des Guten zuviel. „Komm, Dorle", sagt Oma zu ihrer Schwiegertochter, und leise lächelnd setzt Muddi den Weg fort.

Vor „Foto-Palm" ist Gerhard außerstande, weiter Kurs zu halten. Er bricht aus und hastet starren Blickes auf das Schaufenster zu. Die Auslage ist nicht statisch, die Firma Palm ist modern, denn hinter der Fensterscheibe ist Kino. Ein kleiner, knallroter Projektor. Mit Hilfe einer Endlos-Filmschleife läßt dieser die aberwitzigsten Verrenkungen eines Affen auf einer Miniaturleinwand ablaufen. Gebannt sind Gerhards Blauaugen auf den Vorgang gerichtet. Die Ecke im Bücherschrank, wo er einen Schatz dieser Güte aufbewahren könnte, hatte er schon ausgesucht. Es fehlt nur noch die nötige Einsicht von Muddi, dem Weihnachtsmann und den Göttern (genau in dieser Reihenfolge), um das Gerät unter dem Christbaum erscheinen zu lassen.

In der Auslage von Foto-Palm stehen noch andere Filmgeräte mit richtigen Filmspulen ausgestattet und lichtstärkere auch für größere Projektionsflächen. Da schaut Gerhard überhaupt nicht hin.

Er hat seine Chancen bereits sehr genau abgeschätzt.

„Gerhard, Helmut!“ Oma und Muddi sind vor dem Stadthaus stehengeblieben und warten auf uns. Von hier hat man einen schönen Blick auf den Markt mit Rathaus. Es ist der Mittelpunkt der Stadt. In den Häusern, die sich im Karree um den Platz gruppieren, sind ebenfalls eine Reihe von Läden und Geschäften, deren Beleuchtung der winterlichen Stadtszene das gedämpfte Licht und jene trauliche, anheimelnde Stimmung gibt, die wir weihnachtlich nennen. Über allem die Fassade des alten Rathauses, in dessen Giebelzierrat der Schneewind seine Spuren geweht hat und die Konturen sanft hervortreten läßt.

Es gibt sicherlich eine Reihe von Möglichkeiten für eine alte Stadt, sich vorteilhaft zu präsentieren, dies aber ist eine der schönsten. Noch wissen wir nicht, daß sich die Eindrücke dieses Dezemberabends nachhaltig eingeprägt haben. Das merkt man immer erst später.

Von St. Stephan hallen verschwommen fünf blecherne Schläge. Der Schneefall ist etwas stärker geworden. Die Schritte der Menschen klingen gedämpft. An der Fensterfront von Baum & Jakobsen vorbei, geht es weiter. Das Haus der Spielzeughandlung „Büchner“, unser Ziel, liegt etwas zurück in der Häuserzeile. Aber jetzt stehen wir davor. Mein Gott! Neben dem Eingang hängt ein ganzes Bündel Schlitten an der Wand des Fachwerkhauses. Alle möglichen Größen und Typen. Das wird schwer werden. „Wo er nur bleibt?“ setzt Muddi an.

Durch das Flockengewirbel kommt eine schneebedeckte Gestalt auf uns zu … Pabba! … und … zieht einen Schlitten hinter sich her, und was für einen Schlitten! Die Seitenholme sind sehr schräg angesetzt, die Kufen ebenfalls, breite Stahlbänder blitzen … und ganz flach ist das Gefährt. „’n richtiger kleiner Rennschlitten“, stellt Gerhard fachmännisch fest. Er muß das wissen. Im Nu ist das Angebot der Firma Büchner zur Bedeutungslosigkeit herabgesunken. Was ist das schon gegen „unseren“ Schlitten!

Schmunzelnd haben die Erwachsenen zugesehen, wie wir das Gerät in Besitz nehmen. Pabba sichtlich erfreut, daß seine Wahl unseren Beifall findet. Die Stimmung der Familie steigt spürbar, doch halt! Noch überschattet ein Programmpunkt den goldenen Glanz dieses Abends. Auch zu Hause bereits durchgekaut, um-und umgewendet wie ein alter Hut.

Oma soll Schuhe kriegen …

In Magdeburg soll er gesichtet worden sein, dieser Ausbund an Zweckmäßigkeit und Kleidsamkeit. Ein Halbstiefel ist es mit Blockabsatz, modische Spitzform, warm gefüttert und – das ist ein absolutes Muß – als Verschluß keine Bänder, sondern Knöpfe, die mit Hilfe eines schlingenartigen Hilfsinstruments in die Löcher gezogen werden müssen.

„Die hat Pohl auch“, verkündete Pabba, als er von dem geplanten Kauf erfuhr.

Schuhmacher Pohl hat seinen Laden gegenüber von Foto-Palm. Er führt die noblen „Mercedes-Schuhe“ (hat mit Daimler-Benz nichts zu tun), die einen sitzenden, schuhhaltenden Affen als Warenzeichen haben. Selbiges ist auf einem erleuchteten Glaskasten zu sehen, der über der Tür angebracht ist und von uns immer wieder bestaunt wird. Pabba kennt Pohl von irgendwoher. Ganze Familie rein, herzliche Begrüßung, vertrautes Terrain. Alle nehmen Platz, Pabba lehnt mit Herrn Pohl am Ladentisch bei einer Zigarette. Frau Pohl bedient. Sie ist einen ganzen Kopf kleiner als Muddi, und die ist 1,58 m. Der Ausgleich erfolgt durch die gestauchte Wucht ihrer rundlichen Gestalt, die in einem glänzenden, schwarzen Satinkittel steckt und aus der ab und zu eine feldwebelähnliche Kommandostimme hervorbricht. Sie beherrscht die Szene und rollt kanonenkugelartig durchs Gehäus.

Aber was ist das? Unruhe kommt auf, dann Betretenheit. Fachwörter sind verrauscht … bestes Material … beste Verarbeitung … trotzdem preiswert … echt Lamm … bequeme Metallschnallen … Senkel … Druckknöpfe … Ich sehe, wie in Omas gütiges Gesicht unter dem topfartigen Hutgebilde ein entschlossener Zug getreten ist. Die Knopf-Schlaufen-Schuhe waren in ihrem Sachsenschädel fest verankert. Da half nichts. Pabba winkt ab, er kennt seine Mutter. Abschied, etwas bedeppert, vielleicht ein andermal, das Schuhhaus Pohl kann nicht dienen.

Bautz – stehen wir auf der Straße im Schnee. Der Schlitten, den wir im Eingang abgestellt hatten und der durch die Glastür betrachtet werden konnte, beginnt, an Glanz zu verlieren. Gerhard wirft einen scheuen Blick nach gegenüber zu Foto-Palm. Unter diesen stimmungsmäßigen Umständen beginnt der Projektor nebst Affenfilm langsam aber stetig seine Gestalt zu verlieren.

„Ich geh’ mal zu Büttner“, sagt Muddi entschlossen. Büttner ist nur ein paar Häuser weiter. Aber die Firma führt „Bata-Schuhe“. Das ist bedenklich von wegen der Qualität und so. Langsam gehen wir hinter Muddi her, die vorausgeeilt ist. Als sie uns wieder entgegenkommt, kann man schon am Gesicht ablesen, wie das Ergebnis lautet: „Jetzt will ich’s aber wissen“, hören wir Muddi noch sagen. „Da unten ist noch ‘Spötter’“, und dann ist sie, die Handtasche unter den linken Arm geklemmt, an uns vorbei.

Bei Spötter angekommen, wartet Muddi schon. Sie schüttelt den Kopf. Zögernd setzt man sich in Bewegung. Muddi und Pabba haben Oma in die Mitte genommen. Wir schließen uns hintan, und unser Schlitten folgt uns wie ein müder Hund. Gebrochen wankt der Familien-Clan die Adolf-Hitler-Straße entlang Richtung Eulenturm. Kurz davor, schräg gegenüber von Buchhandlung „Haun“, bleibt die Formation betroffen stehen. Neben einem winzigen Geschäft mit Seifenartikeln ist ein etwas besseres Wohnzimmerfenster, in welchem zweifelsfrei Schuhe zum Verkauf angeboten werden. „Was’n das für’n Tütchenkrämer“, knarrt Pabba, aber Muddi ist schon die fünf (!) Stufen rauf, und die Tür schließt sich hinter ihr. Mit angehaltenem Atem bleiben wir zurück und sehen gebannt auf die schattenhaften Bewegungen hinter der Milchglasscheibe. Die Tür öffnet sich, Muddi erscheint auf der Empore und … lächelt.

Schlitten auf den Tritt, ganze Familie rein, drangvolle Enge, aber auf dem zierlichen Verkaufspult steht ein Schuh. Schwarz … glänzend … mit weißem Lammfellfutter und Schlaufen-knopf-verschluß.

Die nächsten Minuten sind ein Traum. Oma wird zum Sitzen genötigt, fünf funkelnde Augenpaare verfolgen, wie die Schuhe mit Durchknöpfhilfe geschlossen werden. Oma macht zwei Schritte vor, zwei zurück, setzt sich und lächelt.

Nach späterer Aussage beginnen zu diesem Zeitpunkt in Gerhards Kopf Glokken zu läuten, und ich glaube, für einen Augenblick einen Kreis rosiger Engelein um die 40 Watt-Beleuchtung kreisen zu sehen …

Und da geschieht es: Aus Pabbas Mantelärmeln wachsen seine vierkanten Taudrücker-Hände und nähern sich einem der mittlerweile abgestellten Schuhe. „Das ist ein Casalla-Schuh“, kann die Verkäuferin noch einwerfen, dann hat Pabba ihn ergriffen. Er packt die Seitenteile, biegt sie auseinander, drückt das ganze Gebilde wieder zusammen, packt den Absatz … wackelt und biegt die Sohle beinahe zu einem „U“. „Casalla“ ächzt wie Zwerg Nase bei der Entzauberung, aber er übersteht diese unerhörte Prüfung. Zwar hatte sich die Verkäuferin etwas entfärbt und Oma schaute ihren Sohn etwas ängstlich an, aber als Pabba mit hinterhältigem Grinsen den Schuh wieder auf die Theke stellt und einmal nußknackerartig nickt, ist der Bann gebrochen. Alle reden durcheinander, Papier raschelt, Geldscheine wechseln den Besitzer, vielen Dank, schöne Festtage, guten Abend.

Draußen ist alles noch festlicher als zuvor. Alle Menschen haben freundliche Gesichter. Dankbar blickt die Familie auf den zuvor geschmähten „Tütchenkrämerladen“. (1945 abgebrannt und nicht mehr aufgebaut.)

Zurück durch die „Lämmergasse“ (Fußweg, zwischen Oberschule und Gärten der Hünerdorfer Straße verlaufend). Hier liegt schon viel Schnee. Pabba zieht Gerhard und mich auf dem Schlitten, dann Gerhard mich alleine. Er schnappt den Schlitten, drückt ihn vor die Brust und wirft sich mit Anlauf drauf. Perfekte Bauchlandung. Die Erwachsenen lachen, ich staune, und Oma trägt ihr Schuhpaket am Bande nach Hause.

Hier wird zur Feier des Tages im Wohnzimmer der Abendbrottisch gedeckt. Die große, rosa Hängelampe mit Kabelzug ist weit heruntergelassen, und mit ihrem begrenzten Schein schlingt sie ein helles Band um die Familie.

Auf dem Tisch ist alles zu finden, was so ein friedensmäßiger Abendbrottisch nur bieten kann. Muddi hat im Vorbeigehen bei Fleischermeister Schmücker eine Portion „Hackepeter“ (frisches, fertiges Gehacktes zum roh Essen) mitgebracht, dem alle eifrig zusprechen. Es gilt als besondere Delikatesse. Pabba behauptet bei jeder Tasse Tee, sie sei entschieden zu heiß, und versucht dann stets, durch mehrere Schüsse Jamaika-Rum eine angemessene Trinktemperatur zu erzeugen. Es gelingt immer, und wenn man den aromatischen Dampf, der aus seiner Tasse aufsteigt, einatmet, wird einem fast schwindelig.

Gegen Ende des Abendessens verschwindet Pabba beiläufig nach draußen, man hört es klappen, die Wohnzimmertür öffnet sich zögernd, und es erscheint ... der Kopf einer Gans, gestützt von Pabbas Hand, dem dann sein lachendes Gesicht und der vollständige Vogel folgen. Oma und Muddi „juchen“, und wir Kinder schreien: „Eine richtige Gans, die Weihnachtsgans!“

Ganze Familie raus in die Küche. Gans anfassen, streicheln, Schnabelzähne befühlen. Muddi muß sie schätzend hochheben. „Donnerwetter!“ ist die gewichtig. Dann kommt sie wieder in die Speisekammer, diese hat direkte Außenlüftung und ist eiskalt.

Hinter der Wohnungstür auf den Fliesen des Flures steht stolz aufgerichtet mit dem Heck auf dem Boden unser Schlitten. Pabba hatte bei Eintreffen besonders die Kufen mit einem Lappen getrocknet. Wir dürfen ihn mit ins Wohnzimmer nehmen. Hier wird noch einmal alles betastet, beklopft, die Konstruktion und Verarbeitung gelobt. Pabba empfiehlt, die Kufen nach der Saison einzufetten, um Flugrost zu vermeiden. Dabei stellt er die Benutzung der großen Dose gelben Waffenfetts in Aussicht, die als Schatz im Keller gehütet wird.

Doch es ist Schlafenszeit. In der Küche ist der Rolladen noch oben. Zwischen „Anrichte“ und Spülstein kann man sich durchzwängen und aus dem Fenster gucken. Durch den Lichtschein des Küchenfensters wirbeln immer noch Schneeflocken, und, was viel wichtiger ist, der Schnee bleibt liegen.

Eigentlich gehn wir heute gerne ins Bett. Je eher wir einschlafen, desto früher ist Morgen ... und der Schnee ist sicher noch da ... und wir haben einen neuen Schlitten ... und noch einen Tag ... dann ist Weihnachten!

Der nächste Tag ist so, wie wir ihn uns vorgestellt haben. Nach dem mühsam eingehaltenen Frühstücksritus dürfen wir raus. „Aber nur für zwei Stunden!“ Muddi ist vorsichtig. Gerhard und ich sind beide sehr erkältungsanfällig. Gerhard ist Spezialist für Mandelentzündung und ich für Ohrenschmerzen. „Die bläst der Wind an, und dann hab’ ich sie da liegen über die Feiertage“, das ist Muddis Argument. Wohlverpackt gehen wir auf die Straße.

Alle Welt ist beschäftigt, die Gehwege freizumachen. Aber „auf’m Damm“ liegt genug Schnee, Verkehr gibt es keinen, also los, die Straße gehört uns. Die meisten Spielkameraden sind schon draußen. Unser Schlitten wird angemessen bewundert, und alles, was man mit so einem Gefährt anstellen kann, wird an diesem Morgen ausprobiert. Ziehen, schieben mit und ohne lenken, sitzend, liegend, stehend mit runterfallen, Schleuderprobe mit festhalten und auch runterfallen, Belastungsprobe mit vier Mann, zusammenbinden und abschleppen.

Vor „Thäuers" Haustür ist die eine Straßenseite einen Meter höher als die andere. Sie ist noch nicht bebaut. Eine zehn Meter lange Schlittenbahn? Das reicht fürs erste. Also, alle Übungen noch einmal von vorne. Als Muddi uns um zwölf Uhr ruft, sind wir rechtschaffen müde und über und über schneeverkrustet. In der Küche, wo wir „ausgehost" werden, herrscht tropische Hitze. Nachmittags soll gebacken werden. Es gibt weder einen Gas- noch Elektroherd. Dafür steht hier eine gewaltige Koch-Kombination. Ein Stein-Schamotte-Block, weiß gekachelt, der gut ein Viertel des Küchenraums einnimmt. Links unten kombinierte „Bratröhre"-Backofen, darüber die „Grude", eine weiter- oder zu Ende-Koch-Einrichtung, beschickt mit kleingekörntem „Grudekoks", einem Glimmkoks unter Rost, daneben der Kohleherd mit zwei Kochstellen, die durch schwere gußeiserne Ringe abgedeckt sind.

Backen und Braten sind ein „Vabanque-Spiel". Die Temperatur ist nicht regulierbar. Entweder ist das Produkt halbwegs genießbar, oder du lieferst Holzkohle. Dies ist der wahre Prüfstein, das „Golgatha" der Küchenbediensteten. Honigkuchen, Zimtsterne und Butterplätzchen, die gehn ja noch, aber da ist die Forderung des Hausherrn:

Der „Mohnstrizel" (schlesische Mohnstolle).

Die „BABE".

Nach überliefertem, geheimen Familienrezept wird sie zubereitet. Sie ist die Krönung von Pabbas Vorstellungen einer weihnachtlichen Kaffeetafel, und er ist in der Lage, unfaßliche Mengen dieser Festtagsspeise zu vertilgen. Mißlingen die Backversuche, wird es sein, daß Düsternis über die Welt fällt und das Weihnachtsfest in Agonie versinkt.

Muddi ist nervös, Oma die Ruhe selbst. Nach dem spartanischen Mittagessen (Rest vom Vortag) verdrücken wir uns mit AK (äußerster Kraft) aus dem Spannungsfeld Küche in unser Zimmer. Mit Beschäftigung haben wir keine Schwierigkeiten (wird später erläutert).

Nach zwei Stunden klappt die Küchentür. Oma erscheint mit gebremstem Triumph in den Mundwinkeln und lädt uns in die Küche. Auf dem Küchentisch ruht ein Backblech mit dem glockenförmigen Gebilde eines knusprig-braunen Backwerks in der Größenordnung eines Schweineviertels und dahinter Muddis verklärtes Gesicht der Siegerin.

Nun ist alles leicht. Wir werden aktiv beteiligt. Wiegen, schütten, rühren, kneten, formen, stechen und die Schüsseln auskratzen. Den Höhepunkt bildet das

Spritzgebäck. Wenn der Teig ausgerollt auf der Tischplatte liegt, fährt man mit einer kleinen Spezialwalze darüber, und es verbleiben dahinter Sterne, Herzen und Phantasiegebilde weihnachtlicher Art. Die Reste können wiederverarbeitet oder mit Genehmigung bis zu Übelkeitserscheinungen gegessen werden.

Irgendwie wird es Morgen, und der Vormittag des „Heiligen Abends" vergeht . Längst befindet sich die Gans in der „Röhre". Zu dem noch leise vorhandenen Backduft von gestern gesellt sich nun das würzige Aroma von Majoran und Beifuß, welche dem Braten nicht nur den Geschmack geben, sondern den fetten Vogel auch leichter verdaulich machen sollen.

Schon um zwölf Uhr hat Pabba heute Dienstschluß. Wegen des Schnees hat er den Weg vom Zollamt (Ecke Stendaler-/Lindenstraße) durch die ganze Stadt zu Fuß zurückgelegt und erscheint mit rotem Gesicht, wie eine kleine Sonne leuchtend, an der Wohnungstür. Von Gerhard und mir tatkräftig unterstützt, schält er sich aus den „Glamotten" und gibt dauernd lautliche Beifallskundgebungen ob der Wohlgerüche, die aus der Küche kommen, von sich. Für uns ist die Küche nach wie vor Sperrgebiet, aber er muß da mal hinein. Pabba ist der Freund einer deftigen, schmackhaften, reichlichen Küche, und die Lobpreisungen und Anerkennungen sowie eine Vielzahl spontan ausgestoßener Urlaute dauern uns viel zu lange.

Zwar waren die meisten Hausfrauen der damaligen Zeit es gewohnt, aber gerade die Feiertage bedeuteten eine ununterbrochene Folge mühseliger Vor- und Nacharbeiten. Man bedenke: keine elektrischen Geräte, Herd oder Küchenmaschinen, so gut wie keine vorbereiteten Lebensmittel-Konserven oder Tiefkühlprodukte –, keine Spülmittel, kein heißes Wasser aus dem Hahn. Alles, aber auch alles mußte erst erstellt werden. Wie spült man fettige Töpfe, Pfannen und Bleche? Mit sehr, sehr heißem Wasser, in welchem Stückensoda aufgelöst wurde. Die so im Laufe der Jahre entstehenden „Spülhände" waren sehenswert und konnten nur durch Massen von „Kaloderma-Gelee" in einen menschenwürdigen Zustand versetzt werden.

Nach dem Mittagessen tritt der Tag in jene Phase, in welcher die Verrichtungen unserer Meinung nach einen direkten Bezug zu Weihnachten bekommen. Schon vor einer Woche war die „Weihnachtskiste" unter dem Gemurmel tradierter Beschwörungsformeln und Einlegen von Gedenkminuten aus der Bodenkammer geholt und in einer Ecke des Wohnzimmers deponiert worden, für uns Kinder ein sicheres Zeichen dafür, daß Weihnachten nicht mehr fern war. Allein Existenz und Anblick der Kiste, die in Wirklichkeit ein Karton war, belebten die Erinnerung an die bescheidene Anzahl der hinter uns liegenden und die Vorfreude auf das zu erwartende Weihnachtsfest. Geöffnet durfte die Kiste nicht werden, das geschah erst jetzt. Sie enthielt alle Bestandteile, die zum Schmuck von Tisch und Baum nötig waren. Pabba hatte zwischenzeitlich seinen neuen Schreibtisch von den dort lagernden Arbeitsutensilien befreit, denn er sollte Weihnachts- und Gabentisch werden.

Zügig sind Gerhard und ich zum Grund der Weihnachtskiste vorgedrungen. Dort ruht ein gußeiserner Christbaumständer, mit dem Pabba in die Waschküche entschwindet. Das „Einstielen“ ist eine schwierige Sache. Liefert man einen Baum mit „Schlagseite“, so kommen fatale Gedanken an Schiffsuntergänge oder den zügellosen Genuß von Alkohol auf, und man erntet Kritik von der Mannschaft. Nur das küchenseits in Aussicht gestellte Probeessen der „Mohnbabe“ – nebst Kakao – nach dem Schmücken der Christtanne befähigt Pabba, das Problem anzugehen und zu lösen.

Kaum ist der Baum mit zufriedenstellendem Neigungswinkel auf dem Schreibtisch gelandet über den Muddi eine schöne Decke gebreitet hat, da stellt sich eine neue Schwierigkeit. Wachskerzen müssen gerade stehen, sonst brennen sie nicht richtig, und der Baum sieht auch nicht aus. Pabba, der gewohnt ist, alle Verrichtungen mit „Kraft“ zu erledigen, hat Mühe, seine Finger zu bändigen und den nötigen Ausgleich zwischen dem Kerzengewicht und der Biegebereitschaft des Fichtenastes zu finden. Die gesamte Crew arbeitet angestrengt, und schließlich ist es geschafft. Nur noch das Lametta. „Nur noch?“ Haben Sie schon einmal versucht, Lametta mit „Kraft“ in einem Weihnachtsbaum zu drapieren? Pabba starrt zunächst das Objekt, welches sich seinen Schmückversuchen so hartnäckig widersetzte, bösartig an. Seine rechte Faust umklammert eine Ladung Lametta. Dann fixiert er einen imaginären Punkt, es folgt eine blitzschnelle Bewegung, hart, kurz und trocken, völlig ansatzlos, wohl imstande, den Marinemeister im Mittelgewicht auf die Bretter zu schicken, und ... das Lametta hängt im Baum, aber wie? Traurig, wie verirrtes Sauerkraut bedeckt das schmückende Beiwerk die Zweige. Mit vorgeschobenem Kinn und zusammengekniffenen Augen mustert Pabba seine Schöpfung, während seine „Griffels“ (Finger) eine neue Ladung Lametta vorbereiten. Da tritt Oma, die uns schon eine ganze Weile schmunzelnd zusieht, neben ihn, entfernt mit wenigen Handgriffen den verunstaltenden Zierat und nimmt ihrem Sohn das Lametta aus den Händen. Mit geschickten Bewegungen hängt sie Faden für Faden auf, und bald ist die Illusion einer vereisten Zweigspitze perfekt.

„Ihr könnt das zu Ende machen“, bekommen wir den dienstlichen Auftrag, und Pabba entfernt sich, Unverständliches murmelnd, in Richtung Küche. Lediglich die Fachwörter: Tinnef ... Talmi ... Humbug und Mumpitz kann man deutlich heraushören. Innerhalb kürzester Zeit bietet der Baum einen überaus festlichen Anblick, und sogar das „Zuckerzeug“ ist in reichlicher Menge untergebracht.

Die Familie trifft sich zu einer improvisierten Mahlzeit in der Küche. Pabba sitzt entspannt hinter einem daumendicken Stücke „Babe“, das er zu allem Überfluß reichlich mit Butter bestreicht. Alles kann man heute bekommen, ja, auf Wunsch erhalte ich sogar die von mir so heißgeliebte Leberwurstsemmel. Süßigkeiten gibt's nachher in Massen, und der Festtagsbraten wird traditionsgemäß am ersten Feiertag zu Mittag serviert.

Muddi „schnappt“ uns, zieht irgend etwas von Bleyle darüber, wir werden gekämmt und auch sonst auf „Vordermann“ gebracht. Dann ab ins Kinderzimmer.

Licht wird nicht gemacht, „Schummerstunde“. Die Ofenwärme hat die gefrorenen Fensterscheiben getaut. Draußen geht der dunkle Dezembertag in die helle Schneedämmerung über. Wir sind still geworden und schauen durchs Fenster.

Irgendwie erfühlen wir, daß in diesen Tagen für uns sehr viel geschieht. Die drei Erwachsenen sind ununterbrochen tätig, das Weihnachtsfest so schön wie möglich zu machen, vor allem für uns. Noch ganz unklar spüren wir, daß wir ein Mittelpunkt im Denken und Handeln unserer Eltern sind, empfinden verschwommen, daß sie sich bemühen, das Weihnachtsfest in Glück und Sorgenfreiheit zu einem unvergeßlichen Kindheitserlebnis werden zu lassen. Unmerklich nimmt dieses Gefühl von uns Besitz mit der leisen Mahnung, Frieden und Harmonie der Stunde nicht zu stören. Lautes Getue und Gehabe unterbleiben wie selbstverständlich. Wir halten die unter Omas und Gerhards Aufsicht erstellten oder besorgten Minigeschenke in Händen und warten …

Durch persönliches Erscheinen beehrte uns der Weihnachtsmann nicht mehr, seit Gerhard ihn bereits vor drei Jahren an seinen Stiefeln erkannt hatte. In unserer Familie wußte er vorläufig nur von einem, der zur See gefahren war, und das war Pabba und nicht der Weihnachtsmann. Wie aber kam selbiger zu Pabbas Seestiefeln?

Schnapp!!!, sagt der dicke Bakelit-Schalter im Wohnzimmer, und nach kurzer Zeit ertönt ein silbriges Gebimmel. Die Wohnzimmertür öffnet sich, eine gedämpfte Flut goldenen Kerzenlichts kommt uns entgegen, wir gehen mitten hinein in diesen Glanz und bleiben nach ein paar Schritten stehen. Gewiß ist es unser Baum, aber mit den vielen, nun brennenden, Lichtern wirkt er unerwartet neu und festlich. Die Erwachsenen stehen seitab und sehen uns an. Heute weiß man das ja. Ein Kindergesicht am Heiligen Abend mit Kerzenschimmer in den Augen kann den, der zu „sehen“ versteht, für vieles entschädigen.

„Fröhliche Weihnachten!“ – „Fröhliche Weihnachten!“

Umschichtig beginnt ein allgemeines Gedrücke, und ab und zu gibt's auch mal einen Schmatz. Jetzt werden Weihnachtslieder gesungen. Muddi und Oma singen am liebsten alle, die sie kennen, und das sind nicht wenige. Man hat sich auf drei geeinigt, dafür aber alle Strophen. Am Weihnachtsbaume …, Oh, Tannenbaum und Stille Nacht erklingen. Muddi stimmt an, wir fallen ein, und Muddi übernimmt nach wenigen Takten die zweite Stimme (in Terzen und Quinten nach Gehör, geschult im Freikirchlichen Gesang-Verein „Magdeburg von 1903 e.V."). Dorle (Abkürzung von Dorothea) hat 'ne Bühnenstimme, sagt Oma manchmal.

Während des Singens haben Gerhard und ich, ohne die Andacht zu vernachlässigen, die Geschenke unter dem Weihnachtsbaum gemustert. Ich bemerke deutlich, daß Gerhards Blinkauge die in Frage kommenden Päckchen der Reihe nach anhebt, zweimal umdreht und einer genauen Vermessung unterzieht. Er muß fündig geworden sein, denn er atmet beim Singen an der falschen Stelle. Das zweite vierkante Gebilde *muß* den Affenprojektor enthalten.

Endlich – der letzte Vers. Die Familie erhebt sich. Tage und Wochen mit Wünschen, Hoffen und Träumen bleiben zurück und versinken.

Die Bescherung ...

Mit einem Mal bin ich befangen. Oma nimmt mich bei der Hand und bugsiert mich vor die Geschenke. Ein flacher Gegenstand, das ist ein Buch. Bücher waren immer dabei. Darunter aber ... eine beträchtliche Schachtel ... beim Hochheben klirrt es leise ... auspacken ... Oma geht mir unmerklich zur Hand ... das Geschenkpapier wird verwahrt ... Deckel ab ...

Aus dem Innern leuchtet mir ein hellgrauer, metallischer Glanz entgegen. Gedankenschnell habe ich zugefaßt und ... halte einen Stahlhelm in den Händen. Einen richtigen Infanteriehelm mit Hoheitsadler auf der einen und Wappenfarben auf der anderen Seite. Ein Kindermodell zwar, aber aus Metall und mit echtem Lederfutter. Es gab genug Stahlhelme unter den Jungen in der Roonstraße, aber jene waren aus Preßpappe, dieser aber hier – manomanoman!!! In der Schachtel glänzt noch etwas. Gürtel aus Lackleder-Imitat mit Dolchgehänge einschließlich Holzdolch in Silberbronze. Der Leser muß das verstehen, man schenkte solche Sachen damals!

Einen Augenblick Sprachlosigkeit ... dann Helm auf ... Dolch um ... salutiert ... die Familie salutiert geschlossen zurück, nur Gerhard nicht. – Der hebt gerade mit zusammengekniffenen Augen den roten Filmprojektor aus der Verpackung. Ich will mich gerade zum Salutieren vor ihm aufbauen, da höre ich hinter mir ein zischendes Surren.

Ich drehe mich herum. – Pabba ist verschwunden. – Jetzt taucht er wieder auf ... hinter dem Wohnzimmertisch und schiebt diesen ein Stück zur Seite. Es gibt da eine Teppichecke, die leuchten die Weihnachtskerzen nicht aus, jetzt wird sie sichtbar.

Auf einem geschlossenen Schienenkreis dreht eine wunderschöne dunkelgrüne Uhrwerkeisenbahn mit rotem Räderwerk, abkoppelbarem Kohlentender und vier

Wagen ihre Runden. Jedesmal passiert sie eine Station mit Bahnübergang und Läutwerk … Pabba nickt mir lächelnd zu, der eben vereidigte Wehrmachtsangehörige sinkt vor der Eisenbahn in die Knie.

Eine Stunde später, die Szene hat sich belebt. Der Stationsvorsteher hat zwar einen Stahlhelm auf und einen Dolch um, in der Hand aber die Abfahrtskelle Typ Sirupdeckel mit Holzscheit. Er liegt Honigkuchen kauend bäuchlings neben der Bahnlinie, das Gesicht etwa zwei Millimeter von den Schienen entfernt der entgegenkommenden Lokomotive zugewandt. Wenn sie vorbeifährt, spürt das Bahnpersonal einen richtigen Luftzug an der Backe. Dann muß man sich beeilen … rumwälzen und mit der Kurbel das Läutwerk am Übergang betätigen (Zeichen für Bescherung wird nun erklärlich), dann zum Ende der Strecke, Lokomotive mit der Hand stoppen – was für Kraft sie hat – und den Antrieb ausschalten. Die Attraktion neben Kesselwagen, geschlossenem Güterwagen und Personenwagen ist ein flacher, offener Pritschenwagen, der bequem zu beladen ist. Der Gütertransport ist an diesem Abend ausschließlich auf alle gängigen Nußarten beschränkt. Jetzt wird die Zugmaschine nicht etwa abgekoppelt und umgesetzt, sondern der Rückwärtsgang eingeschaltet, denn selbstverständlich kann meine „Lok“ auch rückwärts …

Hinter mir ist ununterbrochen Kino. Auf der Tür zum Schlafzimmer (weiß lackiert) treibt der wohlbekannte Affe seine Späße. Die Familie ist als Publikum immer willkommen, und der Vorführer ist stets für eine Zugabe bereit. Dann rast der Affe entweder in wahnwitzigem Tempo durchs Programm oder macht Zeitlupe mit Zusatzpausen, so daß wir ihn mal richtig anschauen können …

Pabba sitzt am Tisch. Aus seinem Gesicht ragt zur Feier des Tages eine ungeheure Zigarre mit demonstrativ belassener Bauchbinde. Er macht „Dampf auf in allen Kesseln“ und ist manchmal nur durch die hin und wieder aufleuchtende Glut zu orten. Seine Hände umklammern einen immensen Metallnußknacker, und in regelmäßigen Abständen zeigt ein scharfes Krachen, daß er wieder eine „Paranuß“ zur Strecke gebracht hat. Muddi ißt Paranüsse besonders gerne. Der Nachschub stockt keinen Augenblick, und häufig geht Muddi rüber und holt sich frisch geknackte. Neben Oma steht auf dem Nähmaschinen-Tischchen ein Tellerchen mit mürben Apfelstückchen und weichem Lebkuchen, wegen der falschen Zähne. Die beiden Frauen sitzen in unseren bequemen Korbsesseln, haben in ihrer unnachahmlichen Art die Hände im Schoß übereinandergelegt und schauen uns zu. Unter Omas langem, schwarzem Rock lugen die Knopfstiefeletten hervor. Sie hat sie anprobiert und fürs erste einmal anbehalten. Die Erwachsenen haben sich praktische Kleinigkeiten geschenkt, vielleicht ein Stück Seife oder noch ein Duftwässerchen. Ansonsten aber sind es die schönen neuen Einrichtungsgegenstände, über welche sie sich sehr, sehr freuen.

Muddi gähnt verstohlen. „Kommt mal, morgen ist auch noch ein Tag!“ sagt sie. Alle scheinen der gleichen Meinung zu sein. Gerhard läßt den Affen ruhn. Pabba legt den Nußknacker beiseite und bringt die Schüssel mit den Schalen zum Kohlenkasten. Dann trinkt er den Rest Rotspon mit einem Schluck aus, kommt um den Tisch und nimmt den Soldaten-Fahrdienstleiter, der auf dem Teppich neben der Strecke in Schlummer gefallen ist, auf den Arm. Muddi knipst das Licht an und geht zum Weihnachtsbaum, um die letzten drei Kerzen zu löschen. Sie sieht nach, ob kein Docht mehr glimmt, geht zur Tür und dreht sich noch einmal um.

Merkwürdig – so viel Freude, Zufriedenheit und Glück waren heute abend in diesem Zimmer gewesen, hatte das Schicksal geduldet. Und nun? Schon wieder vorbei, zerflossen, nicht mehr greifbar, wie der Rauch einer verlöschenden Kerze. Nur eine Reihe der goldenen Bilder dieses Abends, die blieben ihr erhalten, geborgen im sicheren Gewahrsam ihrer Erinnerung.

Über dem Schirm der Stubenlampe schwebt ein kleines blaues Wölkchen sachte zur Decke, um sich dort mit den übrigen Ingredienzien des Weihnachtsabends zu vereinen. Der Tannenduft ist längst da zusammen mit dem trocknenden Holz hinter dem Kachelofen, Honigkuchen und ein Schuß Bordeaux reichen sich die Hände, Kerzenduft und Pabbas gute Havanna umschlingen einander, überflattert von einem Hauch „Mouson Lavendel mit der Postkutsche“. Sie schweben aufeinander zu, umarmen und durchdringen sich und zerfließen wieder.

Muddi schnuppert ein bißchen und lächelt. So ein Weihnachtszimmer riecht ja auf ganz besondere Weise. Sie weiß noch nicht, daß es ungewöhnlicher Duft war, den sie riechen durfte.

Das Aroma der Friedensweihnacht von 1938.

Es sollte zehn Jahre dauern, ehe die Familie ein ähnliches Weihnachtsfest feiern durfte.

Das aber wissen wir zum Glück alle noch nicht …

Es ist so schön, Soldat zu sein, Rosemarie
Nicht jeder Tag bringt Sonnenschein, Rosemarie …

Der Zweite Weltkrieg beginnt für die Familie am 4. September 1939. Hart, knöchern und ungeduldig klopft die Faust des Schicksals an die Holzrolläden der Wohnung Parterre rechts, Roonstraße 44, in Gestalt des alten Briefträgers, der als Telegrammbote fungiert. Ungeduldig, weil sich nur an den Wohnungstüren

Klingeln befinden, die verschlossene Haustür aber keine gangbare Klingel besitzt, viele Telegramme müssen in dieser Nacht in Tangermünde zugestellt werden, und das alles morgens um drei Uhr.

Es ist Pabbas Gestellungsbefehl, der da übermittelt wird. Er ist zur Indienststellung eines „Sperrbrechers“ (großes Minensuch- und -räumschiff) nach Hamburg kommandiert. Doch das erfahren wir alles erst viel später. Die Zeit bis zur Meldung am Standort ist kurz bemessen. Es muß gepackt werden. Die Erwachsenen gehen stumm und schnell durch die Wohnung. Muddi hat verweinte Augen. Im Morgengrauen zieht Pabba zum zweiten Mal in seinem Leben in den Krieg, genauer gesagt, er fährt mit der Kleinbahn nach Stendal zum D-Zug nach Hamburg. An diesen Abschied habe ich keine Erinnerung, aber wir durften nicht mit zum Bahnhof …

„Er ist gern in Krieg gezogen!“ sagte Muddi später immer einmal dann, wenn die Gesprächssituation ihren Kommentar forderte, wobei der Vorwurf, der in ihrer Stimme mitschwang, nicht zu überhören war.

Wir konnten Muddis Meinung so nicht teilen. Unser Pabba war ein „Held“. Mittelpunkt einer patriarchalisch getragenen Familienordnung, der stärkste Mann, den wir kannten, Geschützführer auf einem Linienschiff in der Skagerrak-Seeschlacht, Teilnehmer aller Ostseeunternehmungen, Einnahme von Riga, Übernahmegruppe der Russischen Schwarzmeerflotte, Räumkommando der Minensperren in der Nordsee (Doggerbanksperre), Überlebender von Minentreffern und Schiffsuntergängen, Kenner aller Wald- und Wiesenpilze und deren Fundstellen; ganz ohne Zweifel war er ein Held, und Helden gehören in den Krieg.

Und Muddi hatte doch recht. Im Jahre 1939 hatte Pabba zwölf Jahre Beamtendasein in Grenzdörfern und Kleinstädten hinter sich, ein Mann, dem das Berufssoldatentum bisher in harten Bewährungsproben nur Anerkennung und Wertschätzung seiner menschlichen und charakterlichen Befähigungen gebracht hatte.

Wenn dann so ein scheinbar frisch-fröhlicher Krieg am Horizont erscheint, dann ist er hochwillkommen.

Jedenfalls zunächst einmal.

Für uns Kinder und die meisten Tangermünder ist der Krieg weit weg und wird weitgehend aus der Betrachterperspektive erlebt. Selbstverständlich sind die Deutschen überall auf dem Vormarsch. Man hört es auf der Straße von den älteren Jungen oder von unseren Müttern, wenn sie einander beim Putzen oder anderen Verrichtungen im Hausflur begegnen. Manchmal bekommen wir den Krieg auch bildhaft vorgeführt, wenn wir mit ins Kino dürfen und die Soldaten im „UT“ (Union Theater) oder „Rali“ (Rathaus-Licht-Spiele) über die Leinwand marschieren.

Einmal hatten wir sie schon richtig ansehen können, die deutschen Soldaten, nämlich als im Zuge des Aufmarschs für den Krieg gegen Polen Truppenverlegungen durchgeführt wurden. Da strömten sie einen ganzen Nachmittag lang mit Autos, Motorrädern und Pferdegespannen über die Tangermünder Elbbrücke nach Osten. „Auch in der Nacht konnte man die Autos noch hören", sagt Muddi und hat ein ernstes Gesicht. Viele Menschen stehen an der Moltkestraße und Arneburger Straße bis zur Brückenauffahrt. Viele winken, und die Soldaten winken zurück. „Wohin?" wird gefragt. „Ins Manöver", sagen die Leute, aber etwas Genaueres weiß niemand.

Alle werden aber nicht gebraucht. Sie sind draußen untergebracht in einem Barackenlager an der Kirschallee. Selbstverständlich marschieren sie auch. Entweder die Ulrichstraße hinunter Richtung Sportplätze und Wäldchen oder auf der Arneburger Straße Richtung Weinberg. Sie sind gut zu hören, denn wenn sie marschieren, dann singen sie auch. Wir lassen unser Spielzeug fallen oder deponieren es blitzschnell im Hausflur eines Freundes. Man muß die Roonstraße hinaufrennen bis Metzger Schmücker oder, wenn wir sie zu spät gehört haben, die Blumenthalstraße bis Drogerie Mathies. Da kann man den Vorbeimarsch angucken oder in späteren Jahren bis Bäcker Damm mitmarschieren und singen:

Es ist so schön, Soldat zu sein, Rosemarie.
Nicht jeder Tag bringt Sonnenschein, Rosemarie.
Doch du, du bist mein Talisman, Rosemarie,
du gehst in allem mir voran, Rosemarie.
Soldaten sind Soldaten,
in Worten und in Taten,
(alternativ: und keine Herzpiraten)
Sie kennen keine Lumperei,
sie sind nur einem Mädel treu.
Vallerie, vallera, vallerallalla,
Rosemarie.

Die Soldaten kennen viele Strophen, wir meistens nur die erste. Später im Krieg, als wir älter sind, marschieren wir auch mit bis auf die Übungsplätze. Hier traineren die Soldaten im Gelände. Sie lernen, sich einzugraben, und schießen mit Platzpatronen. 1944 standen am Schützenhaus und auf dem Weinberg auch Panzerwracks, an denen mit Blindladungen der Umgang mit Handgranaten und Minen geprobt wurde. Wenn die Soldaten am Abend – wieder singend – abmarschieren, suchen wir die Stellungen eilig nach Patronenhülsen ab und laufen dann wieder hinter dem Gesang her. Diesmal ist es ein anderes Lied:

Auf der Heide blüht ein kleines Blümelein,
und das heißt Erika.
Heiß von hunderttausend kleinen Bienelein

wird umschwärmt Erika.
Denn ihr Herz ist voller Süßigkeit,
zarter Duft entströmt dem Blütenkleid.
Auf der Heide blüht ein kleines Blümelein,
und das heißt Erika.

Manchmal marschieren wir nicht mit zurück, sondern nehmen die nun verlassenen Stellungen in Besitz. In einem Ein-Mann-Deckungsloch kann man völlig verschwinden. Nur ein kreisrundes Stück Himmel, von Grashalmen umrandet, zeigt, daß man noch auf der Erde ist. Vorsichtig muß man den Kopf über die Deckung heben, um nach dem Gegner zu spähen. Ist einer zu sehen, wird er beschossen, entweder mit dem Karabiner (Kch, Kch, Kch), mit Repetieren oder mit dem Maschinengewehr (äää-äääääää). Häufig genügt uns so eine Trockenübung nicht. Bald fliegen Grasbulken, Erdbrocken und Steine durch die Luft, dumpf dröhnen die Abschüsse der Artillerie. Dreck rieselt auf den Kopf und in den Kragen. Man, das ist ja wie in Wirklichkeit, aber in so einem Mannloch kann einem tatsächlich so schnell nichts passieren!

Zu Hause, in der Roonstraße, sind die älteren Jungen „draußen". Von der Lehrstelle, dem nachmittäglichen Schulunterricht oder „Dienst" (Jungvolk, HJ) zurückgekehrt, gehen die Sachen nahtlos ineinander über. Auch hier wird „Dienst" angesetzt. Treffpunkt „auf Gras" in der Jordanstraße. Die meisten spritzen nach Hause, um die „Ausrüstung" zu holen, meistens eine alte Jacke als Uniform und den bewährten Tomatenknüppel als Gewehr.

Auwei, auwei, auwei! war das eine Truppe, die sich da formierte. Rangabzeichen, Hoheitsabzeichen, Achselstücke jeder Art und Waffengattung, zu große und zu kleine Kopfbedeckungen, Mützen, Käppis (Schiffchen), Papp- und Papierhelme, die schon einmal naß geworden sind, Erster Weltkrieg, Feuerwehr und Zoll erscheinen kampfbereit, aber auch Burkhardt Gnotke, der einen alten Marmeladeneimer ohne Boden aufgeschlitzt und als Ritterrüstung umgebunden hat, wird nahtlos in die Armee integriert. Jede mexikanische Buschklepperbande wäre widerspruchslos zurück in die Sierra Madre geflüchtet, wenn sie unser ansichtig geworden wäre. Mit Muddis Hilfe hatte auch ich eine alte „Seppeljacke" nach meinen Wünschen und Möglichkeiten ausgestattet.

Pabbas alte Achselstücke vom Wasserzoll in Emmerich, Signalgast- und Feuerwerker-Aufnäher aus dem Ersten Weltkrieg und drei Luftwaffenschwingen plus Stern (konnte man im Sporthaus Utescher kaufen) hatten Verwendung gefunden. Mein blechernes Stahlhelmimitat aber rundete das militärische Erscheinungsbild vollendet ab.

Der Größe nach – angetreten! (wimmel-wimmel)
Richt' euch! (schurch-schurch)

Augeeen gerade – aus! (nicht angelaschte Pickelhaube aus dem Ersten Weltkrieg fällt zu Boden).

Das Geweeehr – über! (Tomatenknüppel knallen auf die Schultern).

Jetzt erst tritt Konni Kammholz herzu. Er ist der anerkannte Führer und Anführer, trägt einen belgischen Stahlhelm vorne mit einem silbernen Wappen und benötigt wegen der unerhörten Ausstrahlung dieses Beutestücks keine weitere Ausstattung.

Achtung!!!

Ein Ruck geht durch die Gruppe, daß Gnotkes Marmeladeneimer scheppert.

Meldung!!!

Erster Zug, eins zu acht Mann angetreten!

Danke!

Jetzt geht's los. Alles, was vom Kasernenhof vertraut ist, wird gemacht. Marschieren, grüßen, natürlich hinlegen, sprung auf, marsch marsch und wieder antreten. Zum Schluß der Angriff auf eine angenommene feindliche Stellung. Der Luftwaffen-Zöllner-Marinesoldat, genannt „Emmi" (weil Muddi mich immer „Helmi" ruft), ist wegen seines Blechhelms zum MG-Schützen 1 befördert worden. Täuschend ähnlich imitiert er mit Schulter und Tomatenknüppel die ratternden und rüttelnden Abschüsse des Maschinengewehrs. Die Rückstöße sind so stark, daß der Stahlhelm dauernd über die Augen rutscht und dem Schützen die Sicht nimmt. Der Helm muß mit der linken Hand festgehalten und das MG einarmig bedient werden. „Emmi" schießt auch so den Gegner zusammen, die Kameraden stürmen den Bunker, und dann ruft Muddi zum Abendbrot.

Für heute ist der Krieg aus ...

Doch was fängt man morgens mit einem Krieg an, wenn die „Großen" nicht da sind ...? Er findet im verkleinerten Maßstab im Straßendreck statt. Wozu haben wir eine ungepflasterte Straße und Berge von Bordsteinen, die am Straßenrand lagern.

Also los, Spielzeug nach draußen. Panzer, Kanonen, Lastwagen, Gespanne, Scheinwerfer und Flackgeschütze erscheinen, dazu Soldaten aus Blei und „Plastilin".

Die Plastilin-Figuren (etwa sechs bis acht Zentimeter groß) waren sehr begehrt. Es gab alle Waffengattungen. Marine, Heer und Luftwaffe, aber auch Parteiuniformierte. Für unsere Zwecke war die Infanterie am brauchbarsten. Marschierende, Stehende, Kniende, Stürmende usw., auch verwundete, aber keine toten Soldaten ... Es gab auch Sitzende, denen ragt ein Drahtstift aus dem Hintern, sonst wären sie vom Pferd oder vom Auto gefallen. Die Figuren sind mit kleinsten Einzelheiten der Ausrüstung versehen und naturgetreu bemalt. Die Kaufpreise bewegen sich je nach Typ zwar im Pfennig-Bereich, aber Adolf Hitler in Grußstellung mit Ähnlichkeit im Gesicht kostet im Kaufhaus „Finger" fünf Reichsmark. Das war sehr viel Geld. In unserer Straße hatte keiner einen Hitler. Man konnte zu wenig mit ihm anfangen …

Bei uns ist Mobilität gefragt. Stundenlang werden Stellungen, Straßen, Flugplätze, Bunker und Festungen gebaut, uneinnehmbare Anlagen konstruiert, verworfen und neu erstellt. Unsere Soldaten sind unaufhörlich unterwegs, um ihre Bereitstellungsräume zu erreichen. Wieder erweisen sich die Bordsteinhaufen als unschätzbare Hilfe. Bombensichere Unterstände können so erstellt werden. Schließlich ist alles an Ort und Stelle.

Es wird Ernst, der Krieg beginnt.

Da es keine feindlichen Soldatenfiguren gibt, ist es immer so, daß Deutsche gegen Deutsche stehen. Der Feind ist natürlich zahlen- und ausrüstungsmäßig sehr schlecht ausgestattet, der Feldzug eigentlich schon vorher von den Deutschen gewonnen. Aber es kommt meistens ganz anders.

Erste Kampfhandlungen finden statt, Vorgefechte, Stoßtrupps sind unterwegs. Wir liegen bäuchlings auf dem Schlachtfeld und geben unaufhörlich eine Fülle von Geräuschneuschöpfungen von uns, um den Kampflärm zu simulieren. Es sind furchtbare Laute, einige Erwachsene bleiben auf der Straße stehen und verfolgen stirnrunzelnd unsere Unternehmungen. Soeben läßt Hans Schmidt ein feindliches, aber vom Vater selbst angefertigtes Holzflugzeug abstürzen. Geschickt benutzt er hierbei in lautmalerischer Absicht fast die gesamte Skala unserer Vokale – aber in umgekehrter Reihenfolge:

Uuuuuuuuuooooooooaaaaaaaaa !!!

Zweifellos hat Hans mal gehört, wie auf einer Männertoilette Bier aus Platzmangel wieder zurückbefördert wurde, sonst hätte er das nie so hingekriegt. Wir alle sind ziemlich begabt auf diesem Gebiet und versuchen, uns gegenseitig zu übertreffen. Zwischenzeitlich ist die feindliche Armee in ziemliche Bedrängnis geraten. Sie legt zunächst noch zaghaftes Sperrfeuer zwischen die Linien.

Man benutzt einen Stock oder besser eine federnde Messerklinge, die in den Boden gestoßen und nach vorne geschnellt wird. Schon spritzt der Dreck.

Der Gegner hat Erfolg. Einige deutsche Soldaten fallen um. Pferde werden getroffen. Hans läßt seinen schwersten Bomber starten, die Tragflächen sind mit Brocken beladen. Sie hinterlassen eine breite Spur der Zerstörung beim Feind. Doch dessen Flak ist nicht tatenlos und beschießt den Bomber mit der Dreckspritze in höchster Feuergeschwindigkeit. Dabei wird das Gesicht des Flugzeugführers getroffen. Dieser wird sehuntauglich, der Bomber kann nicht mehr landen, weil der Pilot ihn unter den linken Arm geklemmt hat und augenreibend über das Schlachtfeld irrt.

Das ist zuviel! Das zusammengefaßte Feuer von drei Artilleristen zwingt die

Gegner zur Aufgabe. Blitzartig bringen sie Menschen und Material in die bombensicheren Unterstände. Wir auch, denn wir wissen, was kommt.

Plötzlich sehen wir in der wallenden Staubwolke, die uns bereits umgibt, keinen Feind mehr, dafür tauchen drei Ärsche auf, die sich rückwärts schreitend auf uns zubewegen, aber zwischen den gespreizten Beinen zweifellos die umgedrehten Gesichter unserer Widersacher tragen. Doch dieser Anblick ist uns nur wenige Sekunden beschieden, dann fliegt uns der Dreck um die Ohren. Die Angreifer kratzen ihn mit beiden Händen zwischen den Beinen hindurch nach hinten. Blitzschnell haben wir uns gebückt, die selbe Position einnehmend, und tun desgleichen. Die Auseinandersetzung eskaliert zusehends. Arsch an Arsch nähern wir uns bis auf Arschesbreite. Wir sehen alle schon lange nichts mehr. Wenn man trotzdem einen Blick riskiert und eine volle Ladung erwischt, ist man kampfunfähig.

Als beide Konfliktparteien nichts mehr sehen können und augenreibend auf den Steinen sitzen, ist der Krieg aus.

Auch Rufe dringen zu uns. Dreckschweine, Ferkel, unerhört, wollt ihr wohl aufhören! Wir sind viel zu sehr mit uns selbst beschäftigt, als daß wir davon beeindruckt werden könnten. Da der Sand auch im Mund sitzt, muß viel ausgespuckt werden. Wenn es nicht mehr allzusehr zwischen den Zähnen knirscht, kann die geordnete Rückbewegung der Armeen eingeleitet werden.

Am Abend muß Muddi das Waschwasser drei- oder viermal wechseln. Die Haare sind in Ordnung, der Stahlhelm hat das Ärgste abgehalten. „Wie machst du das bloß?" höre ich Muddi murmeln, „in den Ohren kann man Kartoffeln pflanzen. Wenn du noch mal so erscheinst, gibt's drei Tage Stubenarrest." So ein Krieg bringt für jeden eine Menge Komplikationen.

Bei Eschker „jibt et watt ßu"! „Saure Jurken" und Brause-Pulver

Einkaufen – gewiß, das war eine vertraute Sache. Die Erwachsenen kauften alle möglichen Waren ein. Muddi brauchte für den Haushalt viele Dinge und „ging einkaufen". Zunächst blieb man mehr oder weniger passiv nicht mehr als ein Zuschauer. Väter und Mütter kauften in Läden scheinbar notwendige Artikel. Geld wurde hoch über unseren Köpfen hingereicht, dann bekam man das Gewünschte, konnte es mitnehmen und nach Hause tragen. Die Passivität schwand bald, denn mit fortschreitendem Alter wurde man zum Subjekt innerhalb des Ablaufs dieses wichtigen Vorgangs befördert.

Es beginnt damit, daß ich Muddis Stimme beim Spielen auf der Straße höre. „Heelmuut!“ und sie winkt lebhaft mit der Hand. Ich muß sofort hin. Muddis Stimme um diese Zeit bedeutet meistens die Erledigung eines Auftrages. „Geh mal nach Eschker, und hol mir ...“ Das konnte vieles sein, häufig ein kurzfristig aufgebrauchtes Lebensmittel. Ich bekomme einen kleinen Münz-Stapel, fest in Papier gefaltet, in die Hand gedrückt, höre noch mit halbem Ohr die üblichen Ermahnungen „Nicht verlieren, ... nicht trödeln, ... sofort nach Hause kommen“, und los gehts. Manchmal fragt ein Spielgefährte: „Wohin musse?“ Die Frage ist mit einem Hintergedanken gestellt, denn man konnte als Begleitung eines „Einkäufers“ an dessen einmaliger Vorzugssituation teilhaben.

Die 300 Meter zu Kaufmann Eschker Roonstraße, Ecke Moltkestraße sind schnell zurückgelegt. Unter dem Gebimmel des Glöckchens an der Ladentür patschen Wolfgang und ich – natürlich barfuß – über die geölten Bodendielen des Verkaufsraums. Dämmerlicht umfängt uns. Die Rolläden sind wegen der Sonne „auf Schlitz“ heruntergelassen, wir bleiben stehen ...

Während ich mich erinnere, stelle ich mir vor, wie irgend ein kritisch-subtiler, supermarktverwöhnter Bundesbürger des Jahres 1995 durch Zauberhand an unsere Stelle versetzt würde. In Sekundenbruchteilen stünde er mit deutlichen Anzeichen des Erstickungstodes und tränenden Augen wieder vor der Tür im Sonnenschein. Seine romantisch-nostalgischen Vorstellungen eines „Tante-Emma-Ladens“ wären auf der Strecke geblieben und lägen bei Eschker im Heringsfaß. Das Geruchserlebnis ist in der Tat infernalisch. Eine Salzheringstonne im Sommer, auch wenn sie einen hölzernen Klemmdeckel mit Griffloch hat, liefert da ein solides, bodenständiges Fundament, unterstützt und gefestigt von einem schnellgewordenen Limburger im Anschnitt, gefolgt von dem etwas benachteiligten Romadour, abgesichert von den sparsam abgedeckten Bücklings- und Sprottenkisten und der bereitwilligen Beihilfe der Gurken- und Sauerkrautfässer. Jetzt steht einem weiteren Aufbau dieser Duftkonstruktion nichts mehr im Wege.

Aus der offenen Flur-Kellertür schwebt die herbe Note des Weinkellers, durchgeistigt von einem Hauch Petroleum, das im Hof abgefüllt wird, zaghaft durchweht von Zimt, Nelken, Kardamom, Lorbeer, Minze und Kümmel, die dem gewagten Aromagebäude den Touch des Gewöhnlichen nehmen.

Wir bleiben von all dem unberührt, kennen es nicht anders, genauso wie die sechs oder acht Hausfrauen, die vor uns dran sind und wie eine Mauer zwischen uns und der Bedienungstheke aufragen. Es ist zehn oder elf Uhr, beste Einkaufszeit, da muß mit solchem Andrang gerechnet werden. Wer jedoch meint, daß uns jetzt eine längere Wartezeit bevorstünde, sieht sich getäuscht, denn hinter der Theke agiert Vater Eschker nebst Ehefrau und Tochter. Obwohl wir nichts sehen können, dringen ununterbrochen die Geräusche der Verkaufsaktivitäten zu uns.

Alle Waren müssen geholt, gewogen, gemessen, eingepackt oder eingetütet werden. Himmelhoch ragen Schubladen-Regale an zwei Seiten des Raumes bis unter die Decke. Unten sind die großen Fächer für die Kilo-Waren. Mehl, Zucker, Reis, alle Sorten Hülsenfrüchte von der großen weißen Bohne bis zur „Peluschke". In mittlerer Lage folgen Stärke, Haferflocken, Sago und „Kälberzähne" (Graupen), unterbrochen von einer Glasvitrine, in der – welche Wonne – Bonbons und Schokolade verführerisch ausgebreitet sind, gekrönt von einer Reihe winziger Fächer, in denen Aromen, Gewürze und Puddingpulver auf ihre Kunden warten.

Blechschaufeln zischen in die Erbsen, Mehl plumpst in Tüten, Margarine und Butter wird in knisterndes Pergament verpackt, Salzheringe aus der Lake gefischt und in acht Lagen Zeitung gewickelt. Es wird geklopft, gestaucht, geknifft und gefalzt. Hier die Spitztüte, dort die große Flachbodentüte. Geschicklichkeit, Fingerfertigkeit, Techniken werden offenbar. Eben erscheint Vater Eschker neben der Hausfrauenmauer an einer Seitentheke. Hier steht ein weißer Emailkübel mit der Aufschrift „Mostrich". Jemand hat ein Wasserglas mitgebracht und „fürn Jroschen Senf" verlangt. Eine raffinierte Pneumatik wird mit Zugstange betätigt, und aus einem kleinen Hahn füllt der Senf, plitsch-platsch, das Gefäß. Da es keinen Deckel hat, krimpt der Senfzapfer blitzschnell ein kleines Stück Pergament an den Rändern zusammen und stülpt es über das offene Glas – paßt!

Während der ganzen Zeit ist es beileibe nicht still im Laden. Lebhaftes Stimmengewirr herrscht. Neueste Neuigkeiten werden ausgetauscht, alter Tratsch aufgewärmt, Prognosen gestellt und Befürchtungen geäußert, Zurufe für das Bedienungspersonal, „Nachrufe" für den in den Keller enteilenden Vater Escher. Da! – es entsteht eine Bresche in der festgefügten Bastion der Hausfrauen. Mit Vehemenz drängen Wolfgang und ich uns in die entstandene Lücke und legen die Hände und die Nasen auf den unteren Thekenrand. Über einem erheblichen, weißbeleinten Busen taucht vor uns das freundliche Gesicht von Frau Pockrandt auf, Eschkers Tochter, die absolute Säule des Unternehmens. Den flinken Bewegungen ihrer rundlichen Hände mißlingt nichts. Nichts platzt, nichts läuft über oder aus, und es fällt nichts um. Wenn man ihr einen Bestellzettel gibt, türmt sich die Tütenpyramide in atemberaubendem Tempo auf der Theke. Wer dann noch zusieht, wie sie eine dreistellige Zahlenkolonne mit 20 Posten aufaddiert, der hält unwillkürlich die Luft an. In fließender Bewegung gleitet der fingerdicke, gelbrote Bleistift mit der Aufschrift „Maggi" die Reihe hinauf. Kein Zögern, kein Verweilen. Es will fast scheinen, als erfasse sie die Zahlen in einem Guß und füge sie zusammen, noch ehe sie sich auf den Vorgang des Summierens eingelassen hätte. Noch nach vielen Jahren wurde das Lob von Frau Pockrandt gesungen und mußte als Vergleich herhalten. „Rechnen? – Ja, aber nicht wie Frau Pockrandt. Und in der ganzen Zeit (zehn Jahre) keinen Fehler", ... erklärte Muddi dann.

„Na, ihr zwei?" lächelt sie. Ich lasse Muddis Münz-Papier-Päckchen auf die Theke plumpsen, und Frau Pockrandt entfaltet geschickt die Umhüllung, auf der Muddis Wünsche notiert sind. Ehe wir uns versehen, hat sie eine Reihe kleiner Tüten erstellt und in eine größere gesteckt. Das Wechselgeld liegt daneben.

Und dann ist er da, der Augenblick der Augenblicke, weswegen wir Kinder gerne einkaufen gehen, weswegen wir Weg und Wartezeit in Kauf nehmen und Wolfgang mich bereitwillig begleitet hat.

Jetzt „jibt et wat ßu".

Das kann in Eschkers Laden alles mögliche bedeuten. Vom noblen, verpackten Sahnebonbon (Karamelle) über die Handvoll Kandiszucker, eine leuchtend rote Zuckerkirsche an giftgrünem Holzstil bis zum Dauerlutscher aus Schaumzucker. Im Herbst konnte es auch sein, wenn die „Jurken" in dem geöffneten Gefäß schon „recht durch" waren, daß so ein grünes, triefendes Ungetüm in Pergament eingeschlagen und über die Theke gereicht wurde. Zu Hause angekommen, war sie verspeist, aber der Saft war in den Ärmel gelaufen, und Muddi konnte an dem „Hautgout", der mich umgab, feststellen, was die Gratisgabe gewesen war.

Jetzt aber ist Sommer, draußen scheint die Sonne und Frau Pockrandt kennt die geheimen Wünsche ihrer kleinen Kunden. Sie steuert auf den flachen Karton mit dem „Brausepulver" zu. Beglückt nehmen wir je zwei der begehrten kleinen Tütchen entgegen und verlassen den Laden.

Die Gestaltung des Heimwegs ist nun gesichert, denn Brausepulver kann man auf sehr verschiedene Art und Weise zu sich nehmen. Wir unterscheiden da drei Möglichkeiten. 1. „Fingertupfmethode" (nasser Finger in Tüte und ablecken), 2. „Leckmethode" (Pulver in Hand und Zunge reintauchen), 3. „Ganzheitsmethode" (gesamter Tüteninhalt auf einmal in Mund schütten). Damit es keinen Streit gibt, haben wir beide Himbeer- und Waldmeistergeschmack bekommen. Gemütlich durch die Sonne zockelnd, wird in stillschweigender Übereinkunft „Himbeere" geöffnet, und unsere Zungen schwelgen genüßlich nach Methode eins. Trotzdem ist bereits in Höhe von Tischler Paetzolds Werkstatt kein Krümel mehr in der Tüte.

Die Einkaufsgenossenschaft bleibt stehen, blickt einander in die Pupille. Eiserne Entschlossenheit leuchtet aus den Augen des anderen. Der Augenblick der Wahrheit ist gekommen, der Kampf der Titanen steht bevor, „High Noon" in der oberen Roonstraße. Schweigend aber mit völlig synchronen Bewegungen greifen wir in die Taschen, ziehen die „Waldmeistertüten" heraus, reißen den Rand ab und schütten das grüne Pulver nach einem kurzen Blick des Einverständnisses mit einem Ruck in den Mund ...

Erstarrt bleiben die Kontrahenten stehen, den Mund zusammengepreßt, nach innen lauernd, wie sich die programmierte Explosion entwickeln wird. Trotzdem läßt keiner den anderen aus den Augen. Die Regeln sind klar, die Gefahren bekannt. Wer schluckt, hat verloren, die Platz-Eruption durch den Mund liefert den sichtbaren Beweis der Aufgabe. Wehe, wer sein Gaumensegel nicht in der Gewalt hat! Die Blasen steigen in die Nase, kitzeln, jucken ... niesen ... aus.

Inzwischen hat die Schaumorgie sich in den Mündern voll entfaltet, versucht, die zusammengepreßten Zähne auseinanderzudrücken. Doch vergeblich. Erfahrene Kämpen stehen sich leicht vorgebeugt mit aufgeblasenen Backen gegenüber. Die Zunge ist fest an den Gaumen gepreßt, um das wahnsinnige Kitzeln etwas zu vermeiden. Da!! ... einer wankt, er atmet mühsam in winzigen Zügen durch die Nase. Ein grüner Schimmer ist in seinen aufgerissenen Augen erschienen, jetzt!! Der andere auch, in seinen Mundwinkeln haben sich grüne Tröpfchen gebildet, er taumelt, seine Hände verkrampfen sich in Törmers Gartenzaun, aber er gibt nicht auf ...

Eine Sekunde ... zwei Sekunden ... drei Sekunden.

Die Backen werden dünner, die Gestalten richten sich auf, ein gegenseitiges Nicken ... Schluuuck ... Es ist vollbracht.

Mund auf ... Luft rein ... Gelächter raus. Mensch, haben wir gewiehert, wanken umeinander, hauen uns auf die Schultern, daß Muddis Tüte beinahe in den Sand fällt. Jetzt aber los, nach Hause, im Eiltempo. Ab und zu bleiben wir stehen, sehen uns auf die grünen Münder und müssen erneut furchtbar lachen. Lachend fallen wir in einen leichten Trab, laufen die Straße hinunter, fallen erschöpft, immer noch glucksend, auf unsere Sitz-Bordsteine. In unseren Bäuchen feiert der Schaum fröhliche Urständ, sich ab und zu mit einem grünstichigen Rülpser bemerkbar machend, stets mit erneuter Heiterkeit begrüßt, glücklich über den Spaß, den wir miteinander und zwei kleinen Tüten Waldmeisterbrause gehabt haben. Beinahe vergessen, ruht Eschkers Einkaufstüte neben uns. Muddi erscheint in der Haustür, winkt mir scheinbar erleichtert und geht zurück ins Haus, nicht ahnend, welche unerhörte Vormittagsbelustigung sie uns mit ihrem Einkaufsauftrag beschert hatte.

Hausmusik und die Marmeladen-Knack-Brötchen – knack – Vogelsonate – knack, knack –

Hausmusik, du eine der deutschesten Tugenden – Reich der Töne – Gesang und Saitenspiel beim Kerzenschein in der heimeligen, winterwarmen Stube – in der Familie hochgelobt, hochverehrt – in der Praxis bisher jedoch nur „hochgesungen“. Wehmütig betrachtet und herbeigesehnt, doch stets versagt, scheiternd an den fatalen Lebensumständen der elterlichen Familien in den letzten 50 Jahren.

Doch waren einige Familienmitglieder nicht ohne weiteres bereit, dieses schicksalhafte Unrecht einfach hinzunehmen. Ab und an war die musische Begabung hervorgebrochen, hatte sich Gehör verschafft ...

War doch da die Saga von dem Autodidakten „Onkel Schorsch“, der klampfeschlagend die Heide rauf und runter singen konnte, den „Zupfgeigenhansel“ stets bereit, und der auch alle Fährnisse und Forderungen der Kaiserlichen Marine mit „einem Lied auf den Lippen“ gemeistert hatte, wurde auch von der frühen Existenz einer „Akkordzither“ berichtet, welche einige Mitglieder der Familie mit Hilfe einer unterschiebbaren Zupf-Tabulatur zu spielen verstanden, und war da nicht letztlich unsere Muddi als lebendiges Beispiel, geschult im „Gesangverein der Freikirchlichen Gemeinde zu Magdeburg“, deren Stimmung und Aufenthaltsort in der Wohnung stets an Text und Melodie aus einem unerschöpflichen Liedervorrat ablesbar waren?

Nein, hier waren Schätze verborgen, lagen Talente brach, die geweckt werden wollten. Die Elternseite fühlte sich zu alt für einen gezielten Neubeginn in musikalischer Unterweisung. Aber nun waren ja die „Kinder“ im entsprechenden Alter. Je früher, desto besser, sagte man ja.

Ahnungslos stolperten die „Opfer“ in das Schicksalsjahr 1940 ...

Eine „Ziehharmonika“ taucht auf, aus zweiter Hand preiswert erstanden. Sie ist schon etwas betagt, diatonisch gestimmt und macht „hie-hä – hie-hä“, wenn man einen Knopf drückt und den Balg betätigt. Dieser Balg ist von den Tränen der vergangenen Spielergenerationen oben etwas angeätzt, folglich undicht, jedoch mit „Leukoplast“ ausreichend repariert, kann aber bei erhöhter Kompression einen geringfügigen, zischenden Luftverlust nicht leugnen.

Pabba gibt nach wenigen Versuchen auf. Wie üblich ist auch zu befürchten, daß das Instrument den Seemannsmuskeln nicht gewachsen ist und vorzeitig die Flagge streicht.

Aber da ist nun der ältere Sohn, auf dem die suchenden Augen der Familie haften bleiben. Gerhard ist frischgebackener Oberschüler (Gymnasiast) mit ziemlich gefestigtem Status im Clan, folglich jetzt auch geeignet, hier den Beginn einer musikalischen Karriere zu setzen.

Schon früh blitzt sein musikalisches Genie auf. An einem Sonntagmorgen hockt er sich ohne viel wenn und aber auf die Chaiselongue, klemmt die Zunge zwischen die Zähne und beginnt, das „Instrument“ zu betätigen. Noten gibt es nicht, und Gerhard hätte sie auch noch nicht lesen können. Gespielt wird nach „Gehör“. Gegen Mittag sind „Hänschen klein“, „Alle meine Entchen“ und „Ein Männlein steht im Walde auf einem Bein“ gut erkennbar. Auf unseren Geburtstagsfeiern im Frühjahr 1940 spielt Gerhard vor den Gästen die Glückwunschmelodie, welche morgens aus allen Volksempfängern schallt …

Ich freue mich,
daß ich geboren bin,
und hab Geburtstag heut'.

Alles aus dem Kopf … nach Gehör … ist begabt der Junge … man sollte das fördern, ist die einhellige Meinung. Gerhard avanciert, macht Fortschritte, spielt bei Heimabenden und Geselligkeiten Lieder zum Mitsingen.

Einen Haken aber hat die Sache, das ist das „Gerät“, auf welches Gerhard angewiesen ist. Die Dürftigkeit ist unübersehbar, die Möglichkeiten auf den 18 Melodieknöpfen und acht Baßknöpfen stark begrenzt.

Wünsche erwachen, werden gehegt und kultiviert, zaghaft geäußert. Reklame für den Instrumententyp selbst ist überflüssig. Das „Akkordeon“ und seine Varianten ist seit den 20er Jahren das Volks-, Mode- und Unterhaltungsinstrument schlechthin, wie die zahlreichen korrekten aber auch spöttisch-liebevollen Bezeichnungen unterstreichen: Ziehharmonika, Handharmonika, Akkordeon, Quetschkommode, Hobel usw. Nur an den höheren Schulen hofiert man hartnäkkig das klassische Dreigestirn Klavier, Geige, Cello und nennt das Akkordeon vorzugsweise und verächtlich „Schifferklavier“. Gerhard aber bleibt bei seinem Instrumentenwunsch, findet er doch in dem Musikszenarium der Zeit eine überwältigende Bestätigung seiner Neigung.

Da benutzt nicht nur irgend eine Volkstanzgruppe oder der Nachbar um die Ecke dieses Instrument, nein, jedes Tanz- und Unterhaltungsorchester, die Jazzbands in Berlin, Duke Ellington und der berühmte Paul Whiteman in Amerika haben es ein- oder mehrfach im Instrumentarium. In Deutschland kommt dazu eine erhebliche Anzahl von Orchesterleitern und Solisten, die das Akkordeon als „Lead-Instrument“ führen: Heinz Munsonius, Kurt Drabeck, Fred Rauch, Herbert Schittenhelm, Alber Vossen und der unvergessene Will Glahé sind glänzende Vorbilder, denen man nacheifern möchte.

Von den zahlreichen Tangoorchestern, die das „Bandoneon“ verwenden, ganz abgesehen. Akkordeon spielen ist hochmodern. Eine Fülle von Noten-Literatur ist vorhanden, jeder Tagesschlager als Akkordeon-Ausgabe erhältlich. Das Akkordeon hat meistens eine Klaviertastatur, schräge Harmonien können gegriffen werden, es wird „geswingt“ und „verjazzt“ (bald verbotenerweise). Die Spieler waren häufig „lässige“ Typen mit langen Haaren, von ihren Gegnern mit „Tangojüngling“ abqualifiziert.

Egal – trotz Geige und Klavier sympathisierten viele junge Leute mit dem Akkordeon, war es doch Symbol und Ausdruck eines bestimmten Lebensgefühls in dieser Zeit, zu welchem sowohl Volkstümlichkeit und Bodenständigkeit, als auch Schick, Schmiß und Eleganz gehören konnten.

Als Gerhard in späteren Jahren für die obligatorische „Zwei“ in Musik mit Genehmigung des Lehrers vorspielt, bricht die Oberschulklasse nach „Antje, mein blondes Kind“, aber auch „Roter Mohn“ und „Stern von Rio“ in frenetischen Jubel aus. Die Beschwichtigungsversuche des Musiklehrers fruchten nichts. Protest 1943? Ja, wenn auch verhalten …

Doch zurück zu den Wurzeln. Gerhard brauchte ein anderes Instrument, koste es, was es wolle …

Es gab da einen Laden auf der Hünerdorfer Straße an der Ecke zum Zollensteig, unmittelbar an der Salzkirche, der ungewöhnlichen Mischung seines Warenangebots nach überhaupt nicht einzuordnen und dennoch dazu angetan, die meisten Jungenherzen schneller schlagen zu lassen. Mit diplomatischem Geschick wurden Eltern oder Begleitpersonen zu dem kleinen Umweg veranlaßt, der nötig war, um einen Blick in die Auslagen von „Ernst Hollands“ Geschäft werfen zu können. Zwei große Schaufenster, eine Außenvitrine an der Hauswand und weitere in den Seitenteilen des Eingangs boten eine Auswahl jener Schätze, die hier bereitgehalten wurden.

Zunächst einmal das zeitgemäße Spielzeug: Kanonen, Panzer, Autos, Scheinwerfer, Schiffe, Motorboote, Eisenbahnen aus Blech, Holz oder Bakelit in den verschiedensten Varianten. Wem es zu friedlich zuging, der konnte Knallinstrumente aller Art betrachten. Angefangen vom einschüssigen Zündplättchen-Revolver für fünf Pfennig über den „Hundertschuß“ mit Knallröllchen, aber auch eine Terzerol-ähnliche Pistole mit Fallhebel-Verschluß für sechs-Millimeter-Platzpatronen. Wer dann noch nicht durchgeatmet hatte, warf einen Blick auf den vernickelten, sechsschüssigen Trommelrevolver mit Abzugsspannung, ebenfalls für Platzpatronen.

Brauchte man aber etwas für Herz, Phantasie und Gemüt, mußte schon der Laden selbst betreten werden. In der rechten Hälfte in einem Seitenregal konnte man Stapel von kleinformatigen (12 x 15 Zentimeter) Heftchen erkennen, sogenannte „Schmöker“, von Lehrern und Eltern vielfältig gescholten und geschmäht, als Schund verteufelt (und heimlich selbst gelesen).

Allen voran „Rolf Torrings Abenteuer“ sowie „Jörn Farrows U-Boot-Abenteuer“, gefolgt von den Detektiven „John King“ und „Tom Shark“, abgerundet von „Sun Koh – dem Erben von Atlantis", konnte man hier für 20 Pfennig auf jeweils 60 Seiten die haarsträubendsten Erlebnisse der Titelhelden mitverfolgen. Die Neuanschaffung war stets eine lohnende Investition, denn sie bedeutete ein begehrtes Gegentauschobjekt für andere, gleichartige Heftchen, die zu Hunderten unter den Tangermünder Jungen im Umlauf waren.

Doch Schluß mit den Kindereien. Hollands linkes Schaufenster weist eindeutig darauf hin, daß sich hinter allem Krims-Krams eine – wie sich noch zeigen sollte – sehr leistungsfähige „Musikalienhandlung" verbirgt. In gedrängter Formation auf verschiedenen ansteigenden Ebenen werden hier die meisten gerätetechnischen Voraussetzungen als Zugang zum Reich der Töne angeboten. Den Mittelpunkt bildet – wie sollte es anders sein – eine solide Anzahl Akkordeons. Besonders in abendlicher Beleuchtung bieten sie einen umwerfenden Anblick. Leuchtend blau, seegrün, rubinrot oder schneeweiß schimmern die Zelluloidauflagen, glänzt verhalten das Perlmutt und läßt der Flitter vermessene Gedanken an eine fabelhafte Virtuosen-Karriere wachsen, deren Auslöser letztlich hinter „Hollands" Schaufenster zu suchen ist. Auch von Gerhard sind schon eine ganze Reihe von Nasen- und Handabdrücken an Hollands Fensterscheibe, und die klangvollen Namen Hohner, Hess, Schuster und Admira geistern nun durch seine Träume.

Aber die Entscheidung zum Erwerb eines solchen Instruments kann Muddi nicht allein fällen. Kostet ein brauchbares Akkordeon doch mehr als ein Monatsgehalt. Da mußte doch die Genehmigung des Familienoberhauptes abgewartet werden. Dieses aber schippert in der Nordsee umher und hilft, Dänemark und Norwegen zu besetzen. In der Zwischenzeit aber kann man schon klären, ob in Tangermünde Musikpädagogen existieren, denen man „die Kinder" anvertrauen kann. Denn, das ist eine weitere Frage, „der Kleine", das bin ich, darf selbstverständlich nicht leer ausgehen. Doch wo liegen die Talente und Neigungen eines fünfjährigen Jungen?

Meine Wahl ist rein intuitiv. Immer, wenn im Radio eine „gestopfte" (mit Dämpfer) Trompete gespielt wird, habe ich ein warmes Gefühl in der Magengegend, das sich bis den Rücken hinauf fortsetzt. Ich weiß noch nicht, daß das ein „Wonneschauer" ist und wie diese Töne erzeugt werden. Aber der scharf akzentuierte Rhythmus und die Art und Weise, wie das Melodieinstrument die (erfahre ich später) punktierten Noten spielt, begeistert mich. Gerhard bringt die Lösung. Er hat in einem „Harry Piel-Film" irgend eine Pseudo-Jazzband gesehen und gehört. Meine Wunsch- und Wonne-Töne kamen eindeutig aus einer „präparierten" Trompete. Auch Gerhard fand die Sache „zackig", aber ich hatte mich da auf bereits verlorenes Terrain begeben. Die volkstümlichen geschmacks-ästhetischen Vorstellungen liefen in eine ganz andere Richtung, und unsere Muddi bildete da keine Ausnahme.

Ihr Lieblingsinstrument war die Zither. Nicht so einen schnöden Apparat mit unterlegbaren Griffbildern, sondern eine richtige „Konzert-Zither“, jenes alpenländische Instrument, das, wie ich fand, nur weinerliche Töne hervorbringen konnte. Aber nur damit konnten viele von Muddis bevorzugten Liedern treffend interpretiert werden. Zum Beispiel:

Hoch vom Dachstein an,
wo der Aar noch haust,
bis zum Wendenland, am Bett der Saav,
wo die Sennerin,
frohe Jodler singt
und der Jäger kühn sein Jagdrohr schwingt,
dieses schöne Land ist der Steirer Land,
ist mein liebes, teures Heimatland,
dieses schöne Land ist der Steirer Laaaaaand,
ist mein liebes, teures Vaterland.

Doch wir wohnten in der Altmark, nicht in München, Salzburg oder Wien. Wo sollte überhaupt ein Instrument herkommen und ein befähigter Lehrer bereitstehen? In der Zwischenzeit setzte Muddi erstmal auf Berieselungstaktik. Die gestopfte Trompete und die damit verbundene „Negermusik“ erfuhren Ächtung und wurden im Radio bis zur Unhörbarkeit gedrosselt. Volksmusik mit Zitherklang lautstärkenmäßig ziemlich ausgeschöpft. Man würde ja sehen ...

Doch jetzt ist zunächst der „Große“ dran. Nicht weit, in der Arneburger Straße, wohnt „Frau Jetter“. Sie ist in Tangermünde die anerkannte Fachgröße für Klavier und kommt ins Haus. Muddi mag keine Hausbesuche. Da muß die „Räuberhöhle“, in die wir die Wohnung häufig verwandeln, immer erst auf „Vordermann“ gebracht werden. Das ist auf die Dauer belastend. Es gibt da noch eine andere Möglichkeit, von der sie gehört hat.

In der ersten Etage von „Möbelhaus Berndt“ an der „Schloßfreiheit“ wohnt noch nicht lange Musikdirektor Drews mit seiner Frau, Mitglied der „Reichsmusikkammer Berlin“. Er hat sich schon zur Ruhe gesetzt, aber er und seine Frau erteilen noch Unterricht. Wir können ja mal hingehen, meint Muddi.

Der Hausflur ist dunkel, das Treppenhaus düster, der Blick in den Innenhof trostlos, das blonde, freundliche Dienstmädchen aber, welches öffnet, ein Lichtblick, und als die Tür zum Musikzimmer aufgeht, treten wir in den hellen Glanz der Vormittagssonne, die durch zwei hohe Fenster hereinströmt. Mitten im Licht steht eine zierliche Frauengestalt im blauen Kleide. Trotz der hochhackigen Schuhe ist sie noch eine Winzigkeit kleiner als Muddi, und ihr weiches, weißes Gesichtchen unter dem dunklen Haarkranz lächelt einnehmend. Die Begrüßung ist liebenswürdig. Wir hören Muddis Stimme, die ihre Wünsche vorträgt. Gerhard und ich sehen uns im Raum um. Der Blick bleibt auf einem riesigen Bild haften. Es reicht von der Sofalehnte bis dicht unter die hohe Zimmerdecke. Es zeigt einen schlanken, strenggesichtigen Herrn mit Brille, vor dem die engelhafte Erscheinung eines Mädchens im weißen Ballettkleid am blumengeschmückten Flügel lehnt. Das Gesicht ... Himmel ... das Gesicht. Unser Blick geht zurück ... zweifellos ... es gehört zu der netten Dame, die uns gegenübersteht, etwas älter zwar, aber unverkennbar. Unser Blick geht zwischen Original und Abbild hin und her ... und der Mann? ... Kommt gerade zur Tür herein, zwar wie uns scheint, schon erheblich älter, aber dennoch ...

Herr und Frau Drews.

Man bittet uns in den Salon ... überwältigend ... blau ... scharlach ... silber, das sind die Farben in diesem Eckzimmer mit vier großen Fenstern und einem großen Erker, auf dessen angehobener Fußebene ein weißes Teetischchen nebst Stühlen steht ... alles sonnenüberflutet ... alles harmonierend ... Tapeten ... Teppiche und wieder große Bilder ... und vor uns auf dem blauen Sofa Frau Drews, deren Kleid auf das Vorteilhafteste mit allen Dingen zusammenklingt ...

„So, so, das ist also der junge Mann, der Zither lernen will“, reißt mich Herrn Drews Stimme aus meiner mauloffenen Betrachtung. Mein Widerstandswille ist stark beeinträchtigt, zu weit hat mich das Erscheinungsbild dieses musikpädagogischen Instituts in die Sprachlosigkeit verschlagen, wehmütig sehe ich geschmähte Jazzbands und gestopfte Trompeten in blauem Plüsch und Kolossalgemälden untergehen. Ich hole Luft und nicke heftig mit dem Kopf. Ja, Gerhard könne bei seiner Frau Akkordeon-Unterricht erhalten, und ich könne von ihm selbst in der Kunst des Zither-Spiels unterwiesen werden, doch würde sich die Beschaffung eines passenden Instruments für den angehenden Zither-Virtuosen sehr schwierig gestalten. Man müsse mal sehen. Muddi stellt die Zusage für einen Lehrauftrag in Aussicht, und wir verabschieden uns in freundlichem Einvernehmen.

Der Heimweg sieht unsere Teilfamilie in unterschiedlicher Stimmung. Muddi beeindruckt, Gerhard froh beschwingt, hat gut lachen, eine Quetschkommode, beinahe nach seinen Wünschen, ist ihm sicher. Und ich? Schwankend zwischen dem Stolz, in der blauen Pracht des Drew'schen Salons unterwiesen zu werden und der Scham, den wirklichen Wunsch nicht nachdrücklich geäußert zu haben. Doch eine Hoffnung blieb. Woher sollte in diesen Zeiten (der Frankreichfeldzug war gerade beendet) eine Zither kommen? Wer sollte im Herzen Deutschlands jemals den Wunsch gehabt haben, Zither zu spielen, und ein gebrauchtes Instrument im Kämmerlein bereithalten??

Nichts da! Der letzte Trumph würde stechen.

In der Altmarkt wurde noch nie „gezithert“ ...

Doch die Ereignisse eskalieren. Unversehens taucht der seefahrende Teil der Familie auf. Man hat ihm Heimaturlaub gewährt, bevor er an die Atlantikküste auf einen anderen Sperrbrecher muß. Das weiß er aber noch nicht so richtig. Jetzt ist er erstmal da. In jeder Hand einen unförmigen, mit Segeltuch bespannten Koffer und diversen Zusatzpaketen behangen. Wahre Schätze kommen zum Vorschein. Kaffee, Kakao, Schokolade, Bisquits, Ölsardinen, Dauerwurst aber auch für jeden ein Paar Schuhe, für Muddi eine schwarzseidene Bluse mit bunter Stickerei und echtes französisches Parfum nebst passender Seife. Die Bluse wurde zum Kultgegenstand. Muddi trug sie nur zu ganz besonderen Anlässen. Sie überstand alle Kriegs- und Nachkriegswirren und konnte auch noch 1970 im westdeutschen Kleiderschrank besichtigt werden.

In Dänemark hatten bei der Besetzung noch friedensmäßige Zustände geherrscht. Nichts war rationiert, und man konnte beinahe alles kaufen. Pabba betont mehrmals nachdrücklich, daß keines seiner Mitbringsel requiriert worden sei. Wir glaubten ihm aufs Wort, denn er war korrekt bis auf die Knochen. Nach Berichten von Kollegen hatte er bei Zollabfertigungen auf den märkischen Gütern in der Umgebung das obligate Frühstück nebst zugehörigen Alkoholika stets ausgeschlagen.

All die guten Sachen, die er mitbringt, und seine Seemannsklamotten verbreiten einen neuen, fremdartigen Geruch in der Wohnung. Wahrscheinlich riecht ein Krieger so, wenn er von einem erfolgreichen Feldzug heimkehrt.

Am schönsten sind die Nachmittage, wenn Muddi im Wohnzimmer den Tisch zu einer späten Vesper oder einem frühem Abendbrot gedeckt hat. Der Duft von Bohnenkaffee und Kakao zieht durch die Stube, später vermischt mit Pabbas Pfeifenqualm. In einer solchen Stunde unterbreitet Muddi ihm auch die Pläne für unseren Musik-Unterricht und den nötigen Erwerb von Instrumenten. Pabba ist in Urlaubslaune, er gewährt alles, ja, die Käufe sollen gleich in der nächsten Woche gemeinsam getätigt werden.

Es ist ein regnerischer Nachmittag, als sich die Familie auf den Weg macht. Pabba in Uniform, Muddi mit neumodischem Sommerhut und nach französischem Parfum duftend. Trotz des trüben Wetters ist die Stimmung hervorragend. Große Ereignisse zeichnen sich ab, der Einbruch der Musen in das Haus Roonstraße 44 steht unmittelbar bevor. Gerhard und ich müssen nebeneinander vorausgehen, Gerhard „wie auf Draht" mit geschwellter Brust. Heute ist er die Hauptperson. Auf seinen Schultern ruhen alle Hoffnungen. Ungeachtet dessen geht er erhobenen Hauptes einher, bereit, die Tangermünder Musikprovinz das Fürchten zu lehren.

Der Blick in Hollands Schaufenster ist nur noch flüchtig. Diese Phase ist vorbei. Entschlossen betreten wir, begleitet vom melodischen Läuten des Türglockenspiels, den Laden. Dämmrig ist es hier. Herr Holland erscheint. Er kommt aus der Glaserei, die er als zweites echtes Standbein seines Unternehmens betreibt, und trägt eine fleckige, grüne Arbeitsschürze. Einigermaßen erstaunt ob der Invasion an diesem Nachmittag, fragt er nach unserem Begehr. Ein Akkordeon – für den großen Jungen – ja.

Die Wirkung ist erstaunlich. Helles Licht flammt auf, verwandelt den Laden in jenes glänzende Paradies, welches wir erwartet haben. Die grüne Schürze verschwindet. Blitzartig avanciert der biedere Handwerker zum qualifizierten Verkäufer, den sachkundigen Händler. Seine kühne, nach vorne orientierte Haarrest-Frisur verleiht dem Gesicht einen Ausdruck von aufmerksamer Konzentration, andienlicher Beflissenheit. ... Akkordeon, ... Klaviertastatur, ... ja ...

Hollands Geschäft bietet eine Fülle von Schätzen zum Anschauen, und während hinter meinem Rücken das Verkaufsgespräch beginnt, inspiziere ich schüchtern das Angebot. Mit halbem Ohr höre ich das Fachvokabular ... Klangfarbe, Tonfülle, Ton, Schmelz, Resonanz, Verarbeitung, Solidität, Ausstattung und Aussehen. Vor allen Dingen Muddi läßt sich gründlich informieren. Aus ihrer Familie stammt die über drei Generationen überlieferte und hartnäckig immer wieder aufgewärmte aber auch bestätigte Legende von „Händlern“, die ihre Kundschaft „anschmieren“. Das darf auf keinen Fall geschehen. Gerhard soll keinen „Ladenhüter“ bekommen. Als ich mich der Gruppe wieder zuwende, ist man beim Geld. Summen werden genannt, die mein Vorstellungsvermögen übersteigen. Ich sehe, wie Gerhards Augen Abschied nehmen von einem 80bässigen Instrument mit Register. Das wäre dann doch zuviel. Mein Interesse ist sowieso stark beeinträchtigt. Schon seit geraumer Zeit muß ich dringend einmal ..., aber ein unbestimmtes Gefühl sagt mir, daß ein jetzt auf dem Höhepunkt der Verhandlungen vorgetragenes Pinkelbedürfnis mit Dringlichkeitsstufe die Stimmung ungünstig beeinflussen würde.

So zupfe ich Muddi nur am Kleid ... mal nach draußen? Geistesabwesend nickt sie Gewährung, und ich verdrücke mich schleunigst. Hinter der benachbarten „Salzkirche“ finde ich ein stilles Plätzchen ... Erleichterung ... aber nur kurz. Scheinbar hat mit der Befreiung vom Ballast mein überschwemmtes Gehirn seine Tätigkeit wieder aufgenommen. Die Erinnerung kehrt zurück. Man wollte doch auch wegen mir ... wegen dieses Zitherinstruments? Eine heiße Welle steigt in mein Gesicht. Aufgescheucht drehe ich ein paar Runden, aber die Taschenmesser im Stahlwarenladen schräg gegenüber haben ihren Glanz verloren. Mit einer bangen Frage im Herzen betrete ich wieder Hollands Laden.

Hier hat sich die Lage entspannt. Die Stimmung ist gelöst. Man lacht. Die Entscheidung ist gefallen. Auf der Verkaufstheke steht nur noch ein einziges Instrument. Wunderbar anzuschauen. Die Flächen in tiefem Rot ... schwarze Tasten mit Gold eingelegt ... die 60 Baßknöpfe haben einen Perlmuttkern ... Die Möglichkeiten von Pabbas Geldbeutel und Gerhards visionäre Vorstellungen haben sich irgendwo getroffen, denn mein Bruder mustert die Neuerwerbung mit Besitzerblick.

Schlußphase. – Zum Instrument gehört ein eleganter Formkoffer ... selbstverständlich übernimmt das Musikhaus Holland auch Reparaturen ... das Gewicht? Sattlermeister Klitzing wird ein Paar breite Traggurte annieten. Ein elfjähriger Junge kann so etwas dann auf dem Rücken transportieren. Die Lösung, wunderbar praktisch. Man wendet sich türwärts. Handgeben ... Diener ... in meiner Seele keimt eine zage Hoffnung ...

„Sagen Sie mal, Herr Holland“, dringt Muddis Stimme wie durch Watte an mein Ohr, „so eine Konzertzither, wäre die sehr schwer zu beschaffen?“ ... Bautz!!!

Im letzten Augenblick war Muddi in die Realität zurückgekehrt, und der „Aar begann um den Dachstein zu kreisen“. Beklommen blicke ich auf den Musikalienhändler, auf dessen Gesicht ein feines und, wie mir scheint, überlegenes Lächeln getreten ist.

„Hab' ich da, Frau Grüttner, hab' ich da!“

Der Boden weicht unter den Füßen, ein Wetterstrahl zuckt durch mein Gehirn. Lebt wohl, liebe Gefährten und Kumpanen der Roonstraße, wir sehen uns niemals wieder. Helmut „Emmi“ Grüttner wird Mitglied im Alpenverein.

Die nächsten Augenblicke erlebe ich nur traumartig, nebulös. Pabba hat mich auf den Arm genommen. Auf der Theke steht ein geöffneter schwarzer, mit grünem Filz ausgeschlagener Holzkasten, in dessem Inneren ein flaches Gerät ruht. Eine Unzahl von Saiten wartet darauf, angerissen zu werden. Alle sind begeistert. So ein Zufall, so eine Gelegenheit, zwar ein gebrauchtes Instrument, aber sehr gut erhalten. Klangprobe? Überflüssig, es ist ja sowieso das einzige Exemplar in Mitteldeutschland. Herr Drews wird es in der ersten Unterrichtsstunde stimmen.

Und während ich düster rätsele, welch unerhörtes Schicksal den schwarzen Holzkasten an den Elbestrand verschlagen hat, sind wir schon auf dem Heimweg. Alle sind guter Dinge. Pabba malt heiter karrikierend die musikalische Zukunft der Familie. Er trägt leichten Fußes den noblen Akkordeon-Formkoffer, von dem Gerhard kein Auge läßt, und an seiner Hand wiederum hängt unheilverkündend mein künftiges Geschick, die „Zither-Box“. Muddi summt heiter ein Liedchen, in welchem sicher der Dachstein vorkommt, die dunklen Wolken jedoch auf meiner Stirn bemerkt vorläufig niemand ... Und doch stand ich erst am Anfang meines Leidensweges.

Jeden Dienstag müssen Gerhard und ich jetzt zum Musik-Unterricht. Die

Stunden liegen parallel. Vorher Erstellung des äußeren Erscheinungsbildes mit Muddis Hilfe. Scheitel naß gezogen, Klamotten gebürstet, Schuhe geputzt, Hände und Fingernägel in brühheißem Wasser gebürstet. Bei jedem Wetter tappen wir sodann den Kilometer Fußweg zum Hause Drews. Gerhard, das Akkordeon vereinbarungsgemäß auf dem Rücken, schleppt auch noch die Zither. Zeitweise kann ich ihn schon entlasten und trage mein Instrument selbst. Schwer ist es nicht, aber die Unterkante schwebt nur drei Zentimeter über dem Boden. Jetzt im Sommer erreichen wir bereits leicht erhitzt unser Ziel. Gerhard sitzt (wegen des Instrumentengewichts) auf einem Stuhl vor einem Notenständer, ich muß in den „Blauen Salon“ an ein winziges Tischchen mit Holzpult. Gerhard quetscht und drückt sich, und ich zirpe und wimmere mich durch die Stunde. Dann nach Hause, Bericht geben, häufig auch Demonstration des Erlernten. Jeden Tag „das Pensum“ üben …

Eine Zither hält für den Anfänger eine ganze Liste von Bösartigkeiten und Fallstricken bereit. Am unteren Teil, direkt vor dem Spieler, befindet sich ein Griffbrett mit 20 Metallbünden und fünf dünnen Stahlsaiten, darüber, frei schwingend, 30 (!) weitere. Auf dem Griffbrett wird die Melodie gespielt, die 30 übrigen bieten Akkordvarianten für die Begleitung. Die linke Hand drückt die Melodiesaiten. An der rechten trägt man kleidsame Ringe mit Dornfortsätzen, um das Anreißen von oben zu ermöglichen. Der rechte Daumen spielt nur Melodie, die übrigen „rechten“ Finger setzen die Akkordsaiten in Schwingungen. Melodie- und Akkordsaiten können gleichzeitig, aber auch alternierend, mit Vor- oder Nachschlag gespielt werden, und um das Ganze etwas kurzweiliger erscheinen zu lassen, schneiden die Griffsaiten tief in die kindlichen Finger, hinterlassen rote, wunde Rillen, ehe sich nach Wochen eine schützende Hornhaut bildet.

Langsam mache ich Fortschritte. Da keine Notenkenntnisse vorhanden waren, werden die entsprechenden Werte und das Umsetzen auf das Instrument in einem Arbeitsgang bewältigt. Tapfer kämpfe ich mich durch Etüden und Arpeggio-Übungen, lerne Flageolett und Glissando, erwische einen Ländler hier und einen Marsch dort und benutze die ersten Akkordsaiten … na ja! Zu Hause ernte ich Anerkennung von Muddi … na ja!

Nach acht Wochen, als meine musikalischen Produkte melodisch und rhythmisch stimmig geworden sind, mache ich eine gräßliche Entdeckung. Meine Widersacher sind weder das Instrument noch der Lehrer. Als erklärter Feind erscheint aus dem Nichts ein namenloser Zahnarzt, der Vater Drews früher einmal in Berlin eine schlechtsitzende Vollprothese verpaßt hat.

Ich muß erläuternd einfügen, daß ich ein äußerst rhythmischer Mensch bin. Gleichmäßig laufende Schiffsmaschinen oder Eisenbahngeräusche begeistern mich. Ich lernte Gedichte spielend, wenn sie rhythmisch waren, und meine Schuhe kannten alle meine Rhythmen. Wenn ich aber stark rhythmisierte Musik höre, haut es mich vom Stuhl, genauer gesagt, benutzte ich schon frühzeitig Muddis Haarbürste auf der Sperrholzfläche eines Küchenstuhls als Jazzbesen, und Peter Kreuder war nicht nur mein Lieblingskomponist.

Ich brauche keine Millionen,
mir fehlt kein Pfennig zum Glück,
ich brauche weiter nichts als nur: Musik! Musik! Musik!

– Endergebnis zwanzigjährige erfolgreiche Mitgliedschaft in der Rhythm-Section einer Jazzband. –

Doch zurück zu den Anfängen.

Mit dem miserablen Zahnarztprodukt mußte Vater Drews schließlich selber fertig werden. Für mich bestand das tödliche Handycap darin, daß die Kunstzähne beim Kauen Geräusche erzeugten … sie knackten … und zwar unüberhörbar.

Jeden Zither-Nachmittag um 15.30 Uhr erschien das Dienstmädchen und brachte zwei halbe Marmeladenbrötchen und eine Tasse Kaffee für meinen Lehrer, der sich anschickte, diese während des Unterrichts aufzuessen. Immer waren diese Backwerke von einer niederträchtig zähen Beschaffenheit und veranlaßten meinen Beisitzer, der Vesperspeise mit vielen kleinen Müffelbissen zu Leibe zu gehen, um sie schlucken zu können. Naturgemäß erzeugte er so ganze Salven von Knackgeräuschen und verstand, sie an den unmöglichsten Stellen meiner Musikdarbietung unterzubringen.

Nun ist ein nicht-rhythmisches „Fill-In“ für einen versierten Schlagzeuger ein echter Genuß. Für einen musikalischen Anfänger jedoch, der sein rhythmisches Empfinden zusätzlich vergenotwendigen muß, eine kaum lösbare Aufgabe.

An einem schönen Sommernachmittag gelang uns folgendes Werk:

Knack … kommt ein … knack, knack … Vogel geflogen knack, knack, knack …

Setzt sich … knack … nieder auf … knack … mein … knack, knack, knack … Fuß

Hat ein … knack, knack … Zettel im Knack, knack Schna … knack … bel …

Von … knack … der … knack, knack … Mutti … knack, knack, knack … einen … knack, knack, knack … Gruß … knack, knack, knack …!

Schweißgebadet stiere ich auf meine Hände, die das Unmögliche vollbracht haben, fühle Vater Drews’ Hand auf meine Schulter freundlich klopfen: „Gut gemacht … knack … junger Freund!“ knack … knack …

Ich schweige und gehe in die innere Emigration. Zu Hause stellt Muddi fest, daß ich schlecht aussehe und Ringe unter den Augen habe. Ich schweige weiter, ziehe Schuhe und Strümpfe aus, gehe auf die Straße, die Roonstraße rauf, einen Fuß auf dem Bordstein, den anderen in der Gosse … rhythmisch natürlich …

Bei einem Wirte wundermild
da war ich jüngst zu Gaste,
ein goldner Apfel war sein Schild
an einem langen Aste …

So lautet die erste Strophe des ersten Gedichts, welches die Schüler der ersten Klasse im Herbst 1941 lernen. Die Unterrichtsinhalte sind situationsgerecht zu gestalten und sollen einen jahreszeitlichen Bezug haben. Trotzdem schleppen wir am ersten Schultag alle eine „Ostertüte" durch die warme Septembersonne. Der Begriff wird von den Erwachsenen gebraucht, die im Frühjahr eingeschult wurden. Meine Tüte ist grünsilbern und halb so groß wie ich selber. Sie wurde im Schokoladengeschäft „Peters" gekauft und wäre in Friedenszeiten dort auch bis zum Rand mit mannigfaltigen Süßigkeiten gefüllt worden. Aber Muddi muß mit den „Zuckermarken" vorsichtig umgehen. Darum ist die Tüte unten mit Papier ausgestopft, und nur oben drauf liegen 500 g weißrosa Fondant-Pralinen, die nach dem Schulgang wieder entfernt und später portionsweise verabreicht werden.

Die „Volksschule" liegt an der „Hauptmann Loeper Straße" (Lindenstraße), Ecke Ernststraße und ist ein mächtiger Bau aus roten Ziegeln und vier Giebeln, die alle eine gewisse Ähnlichkeit mit der Fassade des UT-Kinos haben, wie ich finde. Aber das war nur rein äußerlich, wie ich später feststellte.

Das Klassenzimmer befindet sich im Parterre und ist mit 50 Schülern und dazugehörigen Müttern überfüllt. Die Väter sind verhindert, sie sind an der Front. An der Kopfseite des Raumes steht auf einem zweistufigen Podest ein hoher kanzelartiger Pultaufbau. Das Katheder. Rektor Reiner und Klassenleiter Zielke haben dort Aufstellung genommen und sprechen die Begrüßungsworte. Wir werden in alphabetischer Reihenfolge aufgerufen, und auch so in die Bänke verteilt. Als Erster sitzt Aal, als Letzter der Schüler Ziemer. „A" ist ganz hinten, „Z" ist ganz vorne. Grüttner sitzt im ersten Drittel, das ergibt sich so. Später sitzen wir „nach Fleiß", dann ändert sich das Bild. Die Mütter stehen ringsum an den Wänden und blicken stolz auf ihre Söhne, denn wir sind an einer reinen Knabenvolksschule. Dann ist der Unterricht für heute aus, und wir gehen alle nach Haus'.

Am anderen Tag wird es ernst. Wir haben auch einen Klassenkameraden, der mit Familiennamen „Ernst“ heißt. Er trägt den dicksten grünen Pullover, den ich je gesehen habe, und hat den schlimmsten Husten, den ich je gehört habe. Sein Bruder habe „Diphtheritus“ gehabt, und er hätte sich da wohl ein wenig angesteckt, erklärt er uns. Alle müssen am ersten richtigen Schultag ihr Handwerkszeug vorzeigen: Schiefertafel mit Lappen, hölzerne Griffeldosen mit Schiefergriffeln und eine Lese-Fibel, in welcher Geschichten von „Hans und Lene“ stehen. Die Tafel steckt in einem „Tafelschoner“, damit das Geschriebene nicht verwischen kann, und das nasse Schwämmchen befindet sich in einer Schwammdose mit Schraubverschluß. Muddi hat diese Dinge vorsorglich beschafft, denn wenn ein freundlicher Banknachbar den Schwamm ausdrückt, kannst du deine Tafel nicht richtig säubern und kriegst „n’ Rüffel“.

Jeden Morgen werden alle 50 Schüler namentlich aufgerufen und so die Anwesenheit festgestellt. Dann ruft Herr Zielke: „Wer sparen will, kommt her!“ Am Katheder kann man gelbe Zehn Pfennig- und braune 50-Pfennig-Schulsparmarken bekommen, auf vorgedruckte Karten kleben und bei der Sparkasse später auf ein Konto gutschreiben lassen.

Herr Zielke macht einen klaren, verständlichen Unterricht, dem man gut folgen kann. Wir haben Lesen, Schreiben und Rechnen. Die Schrift ist vorläufig noch „Sütterlin“, später „Latein“. Geübt werden, dem graphischen Charakter nach, Aufstrich, Abstrich, Blitze und Winkel, Oberbogen, Unterbogen, Krückstöcke und Regenschirme. Immer eine „Tafel voll“. Rechnen kann ich schon. In einem Kinderbuch konnte man den Umgang mit den Zahlen Eins bis Zehn lernen. Schreiben ist schwer. Zwar sind die Schiefergriffel mit schönem farbigen Papier beklebt, aber sie sind mir zu dünn, viel dünner als meine gewohnten Buntstifte, und lassen sich schlecht anfassen und führen. Es gibt harte und weiche Griffel. Die weichen werden schnell stumpf, und man kann keine guten Auf- und Abstriche – fein und dick – mehr machen. Die harten quietschen (etwa 13.000 Hertz) und hinterlassen auf Dauer tiefe Rillen in der Oberfläche. Das verhilft dem Schriftbild zwar zu einer persönlichen Note, wird aber vom Lehrer nicht gern gesehen. Griffel werden auf einer „Griffelreibe“ geschärft. Das ist ein Holzblöckchen, in welchem sich eine winkelartige Einkerbung befindet, die wiederum mit einer feilenartigen Metalloberfläche belegt ist. Ist der Griffel geschärft, kann man den Schieferstaub dem Nachbarn auf die Backe blasen, so daß er aussieht, als habe er sich an einem Sprengstoffattentat beteiligt.

Herr Zielke hat es nicht leicht mit den 50 Jungen. Wer sich nicht benimmt oder sonst auffällt, kriegt Backpfeifen, Kopfnüsse, wird an Ohr oder Haar gezogen, und manchmal gibt es auch den Rohrstock, von denen drei im Klassenschrank stehen. Das ist Ersatz, wie wir später feststellen, denn einige Lehrer haben die Angewohnheit, ihren unterrichtlichen Abfolgen mit Schlägen auf die

Bank Nachdruck zu verleihen. Mit der Zeit nimmt diese Behandlung selbst ein „Spanisches Rohr“ übel, zerfasert und wird für den eigentlichen Zweck unbrauchbar. Herr Zielke ist kein „Schläger“, und unsere Rohrstöcke sind immer in Ordnung.

In den Pausen spielen wir auf dem Schulhof Kettenkriegen. Du mußt einen Mitspieler anschlagen, bei der Hand nehmen und weiterlaufen. Dreierketten sind noch erlaubt, Viererketten teilen sich wieder. Der Letzte hat gewonnen.

Beliebt ist auch Kreisziehen. Auf die Erde wird ein Kreis gezeichnet – der Schulhof ist selbstverständlich ungepflastert –, dessen Größe von der Anzahl der Mitspieler abhängt. Alle fassen sich bei den Händen und versuchen, einander über den Kreis zu ziehen. Wer in den Kreis tritt, scheidet aus. Manchmal geht dieses Spiel in die „Schlange“ über. Man faßt sich wieder bei den Händen und rennt los. Der Erste und Stärkste in der Reihe schlägt einen Haken und schleudert den Nachfolgemann aber weiter, welcher das seinerseits auch versucht. Wenn alle festhalten, kriegt das Ende der Schlange so viel Schwung, daß die letzten drei oder vier loslassen müssen und in den Dreck fliegen. Welch ein Spaß. Da wir alle Kniestrümpfe tragen, haben wir Schrunden und Schürfungen, aber wen kümmert das schon.

Kniestrümpfe werden bis weit in den Herbst hinein getragen, solange man sich gegen die mütterlichen Forderungen behaupten konnte. Lieber blaufrieren, als die verhaßten „langen Strümpfe“ anziehen. Der Erste, der welche anhatte, den traf auf der Straße und in der Schule unweigerlich eine Woge von Hohn und Spott. Um den verfrühten Strumpfträger bildete sich ein Kreis, der unaufhörlich im Chor brüllte:

Lange Strümpfe stecken an,
morgen fängt der Winter an!

Das war aber auch ein Kleidungsstück, welches uns die Vorfahren beschert hatten. Meistens aus dicker Wolle, häufig selbstgestrickt, und mit einem (!) Knopf am oberen Rand versehen, wurden sie von einem Gummiband gehalten, welches im Hosenbein verschwand und an einem „Leibchen“ befestigt war. Da Wollstrümpfe immer einliefen, war zwischen Hose und Strumpf häufig ein freier Raum, wo das Fleisch zu sehen war. Bei unserem Bewegungsüberschuß war dies der Platz, um sich in der kühleren Jahreszeit sehr schnell einen brauchbaren „Wolf“ zuzulegen.

Egal, damit muß man leben. Lange Hosen gibt es erst, wenn man aus der Schule kommt, oder für die Jungen, welche die Oberschule besuchen. Meistens sind dies im weiteren Verlauf des Krieges auch die Schihosen der Winteruniform von Jungvolk und Hitlerjugend.

In den eisigen Wintern 1941/42 und 1946/47 tragen viele lange Strümpfe und lange Unterhose und Schihose ohne Scheu. Zwanzig Grad unter Null lassen Schamhaftigkeit und Sportgeist verschwinden.

Wir aber rasen immer noch wie die Wilden auf dem Schulhof umher. Ungefähr 800 Kinder versuchen sich Bewegung zu verschaffen und vollführen dabei einen ohrenbetäubenden Lärm. Laufspiele sind eigentlich verboten, werden jedoch stillschweigend geduldet. Nur Lehrer Heisig verteilt diesbezüglich manchmal Ohrfeigen auf dem Schulhof.

Ruhig ist es nur an den Aschenkuhlen. Diese breiten gemauerten Schächte sind mit großen eisernen Abdeckplatten versehen, an denen sich nebeneinander viele Handgriffe befinden. Da die Abdeckungen nach vorne etwas Gefälle haben, kann man eine ganze Reihe von Kuller- und Treffwettbewerben spielen, bei denen die Handgriffe eine wichtige Rolle spielen. Das geht mit Knickern, begehrt aber sind die Kugeln aus alten Kugellagern. Für uns Erstklässler ist das nichts, die „Großen“ jagen uns sofort weg, weil sie unaufhörlich Wettbewerbe und Meisterschaften austragen.

Auf dem Nachhauseweg trödeln wir rum und betreiben unsere Art von Wettbewerb. An Törmers Zaun wird stets ein Turnier im Weitschiffen organisiert. Boettcher aus der Blumenthalstraße siegt immer. Er hat den sattesten Strahl und den meisten Druck. Er verfügt auch über eine Technik, die er selbst „Bruskanne“ nennt und mit der er einen von uns stets bewunderten, flächendeckenden Berieselungseffekt erzielt.

Eines Tages ist Herr Zielke krank. Die Klasse hat Vertretungsunterricht bei Herrn Sieg, genannt „Papa Sieg“. Man hat ihn sicherlich wegen des kriegsbedingten Lehrermangels reaktiviert, denn er erscheint wesentlich älter als die übrigen Mitglieder des Lehrkörpers.

Papa Sieg ist ein Verfechter der Lautierungsmethode bei den Leseübungen, das heißt, bevor man ein Wort ausspricht, muß es vorbuchstabiert werden. Bei den Selbstlauten bleibt alles so wie gewohnt. Bei den Mitlauten jedoch verlangt er, daß sie eben ohne Mitlaut gesprochen werden müssen. Die erleichternden „e“ bei be, ce, de, ef, ge usw. werden kurzerhand entfernt, und die Buchstaben des Alphabets verkommen zu einem Sammelsurium von Grunz-, Zisch-, Fauch- und Muhlauten. Manchmal, wenn es gar nicht geht, merkt er nicht, daß wir Kinder uns selbst helfen, indem wir ein kleingehacktes „ö“ an die Buchstaben setzen. Also nicht ge, ha, ka, pe, te, sondern gö, hö, kö, pö, tö. Ein Satz, der da lautet: „Tante Gusti kommt heute zu Besuch“ hörte sich etwa folgendermaßen an:

töaanntöee göuusstöii köoommtö höeeuutöee zzuu bössuucöhö …

Das wäre alles nicht so schlimm gewesen, wenn Herr Sieg vor dem Einzellesen auf einer gemeinsamen Chorprobe im Klassenverband bestanden hätte. Die Sternstunde für die Rüpel in der Klasse naht. Papa Sieg will das Unternehmen von vorne mit wuchtigen Armbewegungen dirigieren. Da er sehr klein von Statur ist, nimmt er den Rohrstock zu Hilfe. Alle Rüpel grölen mit Inbrunst und voller Lungenkraft, andere werden animiert, der Rhythmus droht aus den Fugen zu gehen. Einige Rüpel forcieren durch Zwischenrufe an falschen Stellen, ziehen vor, hinken nach, döö, röö, möö erschallt es, Wortneuschöpfungen werden hörbar, möckel, höppel, pöppö, pöckel sind die beliebtesten. Jetzt hat Pappa Siegs bebrilltes Auge einen Störrufer erfaßt, drei Sätze, ein Hieb mit dem Rohrstock, einen Augenblick zweifelhafter Ruhe, schon steht der Lehrer wieder vorne, drischt nun den Takt mit dem Rohrstock auf die erste Bank. Die Schüler haben die Köpfe über den Text gebeugt und brüllen mit Begeisterung weiter.

Als die Stunde zu Ende ist, verleugnet der Rohrstock seine Struktur und geht als Faserbündel in Pension.

Am nächsten Morgen sind die Ersatzrohrstöcke nicht auffindbar. Pappa Sieg schickt Boettcher und noch zwei Jungen in die Parkanlagen „Stöcke holen". Sie kommen verhältnismäßig schnell wieder und bringen jeder zehn Holunder-Schößlinge mit. So ein Schößling hat kein Rückgrat. Er ist eigentlich hohl, und der Hohlraum mit weißem Mark gefüllt.

Schon der erste Taktschlag auf die Bank gleicht einer Explosion. Rindenfetzen, Holz und Mark sprühen weit umher. Zögernd läuft die Lautier-Übung an. Die Schüler der ersten Reihe rücken ängstlich zur Seite, wenn der Schlagzeuger naht, doch der drischt unbeirrbar den Holunder-Takt weiter. Ist ein Schlegel aufgebraucht, greift Pappa Sieg zum nächsten, und als es zur Pause klingelt, sieht die Klasse aus wie nach einem Hagelschlag.

Ein ungeheures Gaudium, eine Groteske? Vielleicht hätte man mit der Reaktivierung von Pappa Sieg noch ein paar Jahre warten sollen, bis sein Temperament endgültig verbraucht gewesen wäre. Im Jahre 1941 hatte er jedenfalls noch viel zu viel. Ich aber bin froh, als Lehrer Zielke wieder gesund ist.

Der Goldfasan und seine Diphterie

Jäh wird meine schulische Laufbahn unterbrochen. Am Morgen des Sylvestertages 1941 bekomme ich Halsschmerzen. Sie werden zunächst einmal ignoriert, um nicht ins Bett gesteckt zu werden. Es ist ein klarer, kalter Frosttag, und ich helfe Gerhard auf dem Hof beim Holzhacken. Aber die Ablenkung hilft nichts. Gegen Mittag sind die Schluckbeschwerden so stark geworden, daß ich jedesmal meinen ganzen Mut zusammennehmen muß, bevor ich die Spucke runterschlucke. Die Kehle ist glühend heiß und brennt wie Feuer. Am Küchenfenster mache ich Muddi Mitteilung von meinem Leid. Also reinkommen und in den Hals kucken. Um die Zunge runterzudrücken, wird extra ein Silberlöffel vom Taufbesteck geholt. Das übliche „Alpaka" hinterläßt immer einen unangenehmen Geschmack im Mund. Die Diagnose ist eindeutig. Eiterige Mandelentzündung. Die übliche Familien-Krankheit. Der Vater und beide Söhne bekommen sie regelmäßig. Muddi kriegt so etwas nicht. Sie ist ein „Brustkind".

In der Küche muß unverzüglich mit „essigsaurer Tonerde" gegurgelt werden. Ausgespuckt wird nicht in den Spülstein, sondern in einen Eimer, dessen Inhalt später ins Klo kommt. Auf dem Herd „zieht" schon der Kamillentee, weil die Tonerde den Mund so gräßlich zusammenzieht. Wie die meisten Frauen handhabt Muddi die bekannten Hausmittel mit Selbstverständlichkeit und im festen Vertrauen auf die bewährte Wirkung.

Dann ab ins Bett und das Fieberthermometer unter den Arm. 39,0 zeigt die Skala. Ich werde in Gerhards großes Bett verfrachtet, und das Kinderzimmer ist fortan Sperrgebiet. Die bekannte Tortur beginnt. Im Bücherschrank steht ein Krankenbuch der „Naturheilkunde" unter besonderer Berücksichtigung von „Wasserkuren". Ganze Legionen von fieberkranken schlesischen Webern wurden auf diese Weise kuriert, und auch einige Ahnen der Bernard-Grüttner-Familie verdanken dem Wasser und dem unermüdlichen Nachteinsatz der Angehörigen ihr Leben. Die Fama überstrahlt beinahe ein Jahrhundert und wirkt bis in mein Krankenbett.

Es gibt Wadenwickel und Brustwickel sowie ein Gebirge von zusätzlichen Decken. Es wird unsäglich geschwitzt. Ich habe Kopfschmerzen und fühle mich hundeelend. Gegen Abend steigt das Fieber auf über 40,0 Grad. Muddi macht mir unbeirrt eine Ganzkörperpackung. Das geht die ganze Nacht hindurch, unterbrochen von Tonerde-Gurgelprozeduren. Das Fieber steht.

Gegen Mitternacht steckt Gerhard den Kopf durch die Tür. Er versucht, mich mit der Ankündigung aufzumuntern, daß gleich das „Feuerwerk" begänne. Es war ihm gelungen, in der Drogerie Mathies eine Miniatur-Kriegs-Ersatzrakete nebst drei Sparheulern zu ergattern. Als er wieder durch die Tür lugt, winke ich ihm matt Bestätigung.

Den ganzen 1. Januar über bleibt der Zustand unverändert. Die Schluckbeschwerden werden schier unerträglich. Essen kann ich überhaupt nicht und nur mühsam Kamille schlucken. Muddi macht ein besorgtes Gesicht. In der zweiten Nacht beginne ich wirr zu reden und phantasiere. „Du hast mich nicht mehr erkannt", kriege ich noch Jahre später gesagt, als Veranschaulichung für meinen kritischen Zustand.

Am Morgen wird Dr. Hartwich gerufen. Schon an der Tür zum Krankenzimmer sagt er: „Ha, Diphterie!" Der Kranke hat einen charakteristischen unangenehmen Mundgeruch, der sich im Raum verbreitet. Er sieht mit Hilfe unseres Silberlöffels in den Hals und läßt sich von Muddi den Krankheitsverlauf schildern, während er an seiner Arzttasche hantiert.

Mit Brassenaugen und steigendem Puls beobachte ich, wie eine für meine Begriffe ungeheure Injektionsspritze vorbereitet wird und Dr. Hartwich ankündigt, daß er das Ding in meinen Hintern jagen will. Wahrscheinlich ist es das Fieber, welches meinen Widerstandswillen aufflammen läßt. Unter Mitnahme aller Dekken und Kissen flüchte ich in die entfernteste Ecke des weiträumigen Doppelschläferbettes und verbarrikadiere mich.

„Komm, mein Goldfasan, komm!" murmelt Dr. Hartwich mit drohend erhobener Spritze. Wahrscheinlich eine bewährte Zauberformel in ähnlichen Situationen. Aber vergeblich. Hart bedrängen mich der Heilkundige und die eigene Mutter. Stück für Stück wird meine Bastion demontiert. Ich fühle mich gegriffen, festgehalten, schändlich entblößt, und Dr. Hartwich haut mir triumphierend einige tausend Einheiten Antitoxine in den linken „Achtersteven".

Ermattet von Kampf und Niederlage hört der Kranke mit halbem Ohr die Anweisungen, die Dr. Hartwich gibt. Er bestätigt Muddis Methoden, aber das dicke Ende kommt. Ein Diphteriefall gehört in die Isolierstation eines Krankenhauses. Tangermünde und auch Stendal aber sind überbelegt, vor allem auch mit verwundeten Soldaten. „Sie müssen das allein durchstehen, Frau Grüttner", sagt Dr. Hartwich, „ich behandele das hier im Hause!" Und die Kriegerfrau und Mutter gehorcht widerspruchslos ...

Unser Hausarzt ist sehr starker Raucher. Er leidet entsetzlich unter den Einschränkungen, welche ihm die „Raucherkarte" aufnötigt. „Haste nich ne Sziarette für mich?", fragt er Muddi im Hinausgehen, das kameradschaftliche „Du" gebrauchend, in der Hoffnung, die Frau gnädig zu stimmen, der er gerade sechs Wochen Sklavenarbeit mitverordnet hat. Muddi hat, und auch noch ein paar für Vormittag. Dr. Hartwich „dampft" gutgelaunt in seinem Zweitakter DKW davon. Später werden ihm die Volksgenossen oder nach 1945 die Alliierten das Auto wegnehmen.

Nach einer Woche geht es mir besser. Das Fieber und die Schluckbeschwerden sind weitgehend eingestellt. Aber ich muß vorerst im Bett bleiben. Die Krankheit ist noch im Körper und ansteckend. Muddi achtet auf peinlichste Sauberkeit. Täglich werden Korridor und Krankenzimmer mit einer Desinfektionslösung gewischt, alle Türklinken abgerieben. Auf ihren Einkaufsgängen ist sie vorsichtig, hält Abstand, atmet verhalten und gibt keinem die Hand. Zwar murren die drei anderen Mütter im Haus wegen der Ansteckungsgefahr, aber nichts passiert. Weder die Nachbarn noch Muddi oder Gerhard stecken sich an.

Es kommt der angenehme Teil einer Kinderkrankheit. Man ist zwar „krank", fühlt sich jedoch völlig gesund und kann Wünsche äußern, die fast alle erfüllt werden. Vor dem Bett steht der Spuckeimer, der immer noch desinfiziert wird, aber sonst merke ich nichts von der Krankheit. Ein ganzes Einkaufsnetz voll Apfelsinen und Zitronen bringt Muddi nach Hause. Eine Sonderzuteilung für mich. Auf Wunsch wird gesüßte Limonade geliefert. Ich soll ja viel trinken. Die von mir gehaßten Eintopfgerichte wie Graupensuppe oder Möhrengemüse werden nicht serviert. Dafür gibt es Pfannkuchen, Hefeklöße mit Backobst, Kartoffelbrei und Frikadellen sowie Vierfruchtmarmelade (V 4) auf Reibekuchen.

Meine Rolle gefällt mir immer besser. Da ich Bücher sehr mag und viele habe, entsteht keine Langeweile. Noch kann ich nur mühsam Schreibschrift lesen. Aber Bilder ansehen ist auch schön. Ich kriege alles, was in der Familie existiert. Gerhard muß seine Schätze herausrücken, und auch Pabbas Bücherschrank bleibt nicht verschont. Von Albrecht Dürer bis zu Köhlers Flottenkalender nebst Marinezeitschriften in vielbändigen Exemplaren erscheinen an meinem Bett.

Nachmittags ist es am schönsten. Dann lesen Muddi oder Gerhard mir vor. Der Weihnachtsmann hatte eine sehr schöne Ausgabe von „Hauffs Märchen“ gebracht. Ende Januar kann ich die bekanntesten fast wortgetreu auswendig. Wenn ich allein bin, bringe ich meine Sprache und die Wortbilder in Deckung. Eines Abends „lese“ ich der Familie zunächst einen bekannten, später einen unbekannten Text vor. Das holpert noch tüchtig, und geraten wird auch, aber Muddi ist richtig stolz.

Helmi kann Gedrucktes lesen.

Welche Seligkeit. Nun vergeht der Tag im Fluge. Sichtbare Fortschritte werden vermerkt. „Man hört ihn den ganzen Tag nicht“, sagt Muddi. In regelmäßigen Abständen versorgt sie mich mit Leberwurstbroten oder Butterschnitten, auf denen gezuckerte Apfelreiterchen aufgebaut sind … dazu Zitronenlimonade, Malzbier oder heiße Milch mit Kunsthonig … welch ein Leben …

Gerhards altes Lesebuch aus Twisteden (3. Schuljahr) muß her. Ich lese „Lüttchemann und Püttcherienchen“ von Hermann Löns, Lonilora – Dourandora und die drei Wünsche. Nachts im Traum werden Zwerg Nase und der Kleine Muck, aber auch der Holländer Michel und Das Glasmännlein meine treuen Weggefährten. Besonders das letztere hat es mir angetan.

Ich weiß zum ersten Mal im Traum, daß ich träume. Wenn ich etwas denke, fürchte oder wünsche, geschieht es auch. Immer häufiger treten die Traumfiguren in meine Dienste. Ja, auf dem Höhepunkt der nächtlichen Visionen gelingt es mir, in ihre Gestalten zu schlüpfen und einer der ihren zu werden. Natürlich bin ich das Glasmännlein, mit allen Fähigkeiten ausgestattet. Ich schaffe Ordnung in meiner Traumwelt und schicke den Holländer Michel märchen- und rollengerecht in den Tabak.

Als die Schule für mich wieder anfängt, verschwinden meine Gefährten aus den nächtlichen Phantasien und kehren niemals zurück.

Ein paar Stunden täglich darf der Patient jetzt schon aufstehen. Wolfgang Deutsch ist in meiner Klasse und bringt täglich die Hausarbeiten vorbei. Sie sind jetzt beim „g“ angelangt. Ich mache alle Übungen mit, so zum Spaß, denn die Fibel habe ich längst aus, Muddi hat mir „Milchgriffel“ mitgebracht. Sie sind holzverkleidet, können in einem normalen Bleistiftspitzer gespitzt werden und zerkratzen die Tafel nicht.

Zum „Wirte Wundermild“ stößt ein zweites Gedicht, diesmal von Matthias Claudius:

Der Winter ist ein rechter Mann,
kernfest und auf die Dauer;
sein Fleisch faßt sich wie Eisen an,
er scheut nicht süß noch sauer.

Aus Blumen und aus Vogelsang
weiß er sich nichts zu machen,
haßt warmen Sang und warmen Klang
und alle warmen Sachen.

Wenn Stein und Bein vor Frost zerbricht
und Teich und Seen krachen:
Das klingt ihm gut, das haßt er nicht,
dann will er tot sich lachen.

Da ist er denn bald dort, bald hier,
gut Regiment zu führen,
und wenn er durchzieht, stehen wir
und sehn ihn an und frieren.

Der Winter 1941/42 ist eisigkalt. Er ist so kalt, daß die Soldaten in Rußland fürs Überleben einen Orden bekommen, den sie trefflich mit „Gefrierfleischorden“ bezeichnen. Auch bei uns in Mitteldeutschland sind Temperaturen bis 20 Grad unter Null keine Seltenheit. Eines morgens liegt an der Hausecke unter Witaszaks Wohnzimmer eine zwei Meter hohe Schneewehe. Ich beobachte neidvoll, wie meine Straßenfreunde große Höhlen hineinbauen, darf aber nicht raus.

Am 31. Januar 1942 gibt es die ersten Zeugnisse. Das, was Wolfgang pflichtgetreu bei uns abliefert, ist aber kein Blatt, sondern ein braunes „Zeugnisheft“. Vorne ist der Reichsadler drauf mit Hakenkreuz. Der Reichsadler bescheinigt mir, daß die Leistungen bis zu meiner Erkrankung befriedigend waren.

Noch dreimal kommt Dr. Hartwich. Er fährt mit einem wattebewehrten Stäbchen in meinen Rachen und steckt es unverzüglich in ein Glasröhrchen. „Abstrich“ nennt er das. Nach dem dritten Mal bin ich gesund. Für die Familie, die Schule und für die Gesundheitsbehörde.

Kinderpost und „Kalte Schnauze“

Jedesmal, wenn der Paketbote die Straße herunterkommt, weiß ich schon, daß er viel bei uns abliefert. Alle Pakete für uns sind in stabiles, gelb-braun gestreiftes französisches Packpapier geschlagen und seefest mit Hanfschnur verknotet. Wenn der Bote das Haus verläßt, hat er kaum noch Pakete. Im Haus und in der Straße wird geredet, aber Pabba ist an der Atlantikküste, und Frankreich hat immer noch Vorräte. Manchmal fahren die Sperrbrecher auch Unternehmungen, bei denen sie einen „Blockadebrecher“ hereinakkompagnieren, dann gehen die Besatzungen der Sicherungsfahrzeuge nicht leer aus.

Ganz erstarrt und klamm ist der Postmann immer, wenn er in Roonstraße 44 ankommt. Muddi bittet ihn dann herein ins warme Wohnzimmer. Auf der Zauberflasche ist ein Leuchtturm in stürmischer See zu sehen. Darunter steht: „Windstärke Zwölf“. Mit Hilfe des Flascheninhalts und des grünen Kachelofens gelingt es, den Bediensteten wieder ins Leben zurückzurufen und seinen Schnurrbart aufzutauen. Manchmal, beim Herausnehmen, mustert Muddi mißtrauisch den Flaschenspiegel. Aber der Winter ist kalt, mein Bruder Gerhard 13 Jahre und sein Vater Seemann. Außerdem sind noch mehr von den Pullen da. Was soll's also …

Wenn die Post weiter muß, bleibe ich gleich mit drin. Das Auspacken ist spannender als die beste Geschichte. Was kamen aber auch für Köstlichkeiten zum Vorschein!

Bisquits in Blechdosen, Schokolade, Ölsardinen, Rindfleischkonserven, große Blöcke mit Palmfett, Sauerrahmbutter, bauchige Flaschen mit breitnäsigen Pfropfen, auf denen „Benediktine“ oder „Suce“ steht. Manchmal sogar ein Karton Eier, von denen immer nur die Hälfte überlebt. Trotz stoßsicherer Originalverpackung kann der Zustand schon von außen beurteilt werden. Pabba sorgt für uns. Der Familie geht's gut.

Am 20. März werde ich sieben. Im Wohnzimmer herrscht beim Reinkommen ein unverwechselbarer Duft. Muddi hat die Tüte von der blauen Hyazinthe genommen, und sie blüht programmgemäß.

Im Zentrum des Gabentisches – auf der versenkten Nähmaschine – liegt ein unausgepacktes Päckchen von Tante Käte und Onkel Artur. Ausnahmsweise darf ich den Bindfaden durchschneiden und brauche das Papier nicht zusammenzufalten.

Deckel ab …? Papier, bedrucktes Papier, vielfältiger, farbiger Zettelkram? „Das soll wohl eine Post sein", sagt Muddi an meinem Ohr, „eine Kinderpost". Wühle, wühle, kram, kram, raschel, raschel, ganze Schachtel umgestülpt. Jetzt wächst das Bild zusammen. Richtige Geldscheine, richtige Briefmarken, Formulare, gelbe Paketkarten, rote Anweisungen, blaue Zahlkarten, richtige Postkarten und Briefe, richtige Pappmünzen in Stanzbögen … und … ein richtiger Stempel … alles richtig … nur in klein … für Kinder … für das Geburtstagskind … Welch ein Schatz!

Trara, Trara, die Post ist da! Los geht's! Ja, denkste! Suchen, schieben, hochheben … Blick in den Karton … Es wird zur Gewißheit … Verzweiflung … Katastrophe … Es gibt kein „Stempelkissen". Was aber soll ein Schalterbeamter ohne Stempelkissen anfangen?

Die Buch- und Schreibwarenhandlung Wiedenhöfer in der Arneburger Straße macht an diesem Morgen ein unerwartetes Geschäft. Auf dem Rückweg von den nötigen Einkäufen, die heute viel zu lange dauern, wird für 1,20 RM ein Stempelkissen erworben. Fasziniert beobachten Muddi und ich, wie Frau Wiedenhöfer das Gerät mit einer schwarzen, sauer riechenden Flüssigkeit aus einer großen Flasche tränkt, und nehmen die Warnungen vor der Farbkraft des Saftes entgegen.

Ich darf die Poststelle noch nicht sofort in Dienst stellen. Auf neutralem Papier muß das Stempeln geübt werden. Es erfolgt auch die Drohung, daß bei Mißbrauch auf Tischdecken, Wänden und Tapeten das Amt geschlossen und die Dienstsiegel beschlagnahmt würden. Auch sollte das Verbrauchsmaterial den nachmittäglichen Geburtstagsgästen noch möglichst vollständig und unbeschädigt vorgeführt werden.

Die Gäste, das sind Ilse und Edith Witaszak, die Nachbarn, und Marlies Busch, die einzige Tochter des Hauswirts. Ilse und Edith sind viel zu früh. Sie sind Zwillinge und erscheinen als gibbelndes und kicherndes Knäuel. Unverzüglich werde ich in diese Amüsier-Maschinerie miteinbezogen. Der Geburtstagstisch wird begutachtet. Ha, ha, ha, ha, hi, hi, hi, hi. „Das riecht wie Omas Gurkenpott!" (neuer Anfall). Die Kinderpost, wunderbar, alles richtig nachgemacht, ja, „jetzt können wir an Erdfried Fitzak schreiben!" (neuer verstärkter Anfall, mit Zusammenknicken). Erdfried mußte sich aus unerfindlichen Gründen einmal Totalhaarschnitt (Glatze) unterziehen, um den Scheitel richtig „einzuvisieren", wie er behauptet. Trotz dieser einleuchtenden Erklärung hat er auf der Straße einiges auszuhalten. Muddi steckt den Kopf ins Zimmer. „Schon zehn nach drei, wo

Marlies nur bleibt? Geh mal nach oben, Damen muß man abholen", entscheidet Muddi.

Treppe rauf, einmal drehen, Tür auf??? Da steht Marlies, vielmehr ihr filmreifes Ebenbild. Rosa Tüll über rosa Satin, rosa Schleife im blonden Haar, rosa Söckchen und schwarze Lackschühchen. Sie ähnelt verteufelt der „Hanni", der weiblichen Hauptperson aus einer bekannten Kinderbuchreihe. Etwas beklommen nehme ich Marlies bei der Hand und geleite sie die Treppe hinunter. Frau Busch kommt lächelnd hinterher, um den „Auftritt" an der Wohnungstür mitzukriegen. Die ganze Gesellschaft platzt auf den Hausflur, Laute des Entzückens, Marlies muß sich mehrfach um sich selbst drehen, dann alle rein. Mutter Busch geht nach oben. Sie lächelt immer noch. Wozu hat sie schließlich einmal Schneiderin gelernt?

Die Attraktion der Kaffeetafel ist nicht die große Kirschtorte, sondern eine dunkelbraune Zeitbombe in Rehrücken-Form, die sich „Kalte Schnauze" nennt. Eigentlich ist das kein Kuchen, denn er wird nicht gebacken. Seine befristete Existenz vor den begehrlichen Kinderaugen verdankt er dem Erfolg eines deutschen Blockadebrechers und dessen Palmfettladung. Muddi verflüssigt selbiges und dosiert Zucker und Kakao hinein. Normalerweise kommt jetzt schichtweise Leibnitz-Keks in die Form, stets neu begossen mit der Schokoladenpampe. Leibnitz gibt's nicht mehr. Die Produzentin „mußte" auf französische Butterbisquits ausweichen.

Muddi ißt ein Stück, wir Kinder jeder zwei, Gerhard, der zu uns gestoßen ist, murmelt „sollst nich' leben wie'n Hund" und angelt nach dem vierten, ehe ihn der mütterliche Bannblick trifft. Alles vor der Kirschtorte versteht sich, aber die ist ja nicht so mächtig.

Da in dem Schokoladen-Ersatz-Geburtstagskuchen (nach Geheimrezept) auch ein Teelöffel gemahlener Bohnenkaffee enthalten war, sind wir nach dem Kuchen gar nicht müde. Der Eröffnung der Post steht nichts mehr im Wege, und das „Geld" wird verteilt. Bald herrscht ein erhebliches Gedränge am „Schalter". Der Beamte hat alle Hände voll zu tun mit der Ausgabe von Formularen und Briefmarken. Zudem muß alles entwertet werden. Es wird gestempelt, daß dem Bediensteten der Schweiß auf die Stirn tritt. In jeder Zimmerecke werden Karten und Briefe „geschrieben", die nur der Schreiber lesen kann, denn von den Kunden geht noch keiner zur Schule. Ungeheure Geldbeträge werden eingezahlt oder überwiesen, und dann muß die Post vorübergehend schließen, weil die Sendungen auch zugestellt werden müssen. Da alle Briefe codiert sind (Typ Krikel-Krakel) lesen die Absender den Empfängern den Inhalt vor. Größter Nonsens wird hier übermittelt. Die Phantasie kennt keine Grenzen. „Edith muß nach Hause, die Puppe kotzt und hat das Bett naßgemacht. Marlies muß sich

Sorgen machen. Der Teddy hat acht Junge gekriegt.“ Der Postmann selbst kriegt auch einen Brief. Da steht angeblich drin: „Ich liebe Dich, besonders Deine grünen Haare und Deine roten Augen.“ Der Schalter wird geschlossen, weil der Beamte die Schreiberin um den Wohnzimmertisch verfolgt, um ihr den Poststempel auf die Backe zu drücken.

Gerhard kommt, denn der Lärm, den wir vollführen, ist beträchtlich. Auf einem großen Faltkarton spielen wir ein Würfelspiel nach „Mensch ärger Dich nicht“-Prinzip. Es heißt aber „Reise durch Deutschland“. Städte, Länder, Flüsse und Gebirge werden durchquert. Wer in den Bodensee fällt, muß zurück. Alle werden mal naß, und dann bittet Muddi uns, den Tisch fürs Abendbrot zu räumen.

Wir helfen alle reintragen. In der Küche war alles vorbereitet. Es gibt Schnittchen mit Wurst, Käse oder Dosenrindfleich. Dazu warmer Kartoffelsalat mit Speck. Malzbier wird gereicht, auf Wunsch aber auch Kakao. Wer möchte, kriegt von Muddi ein Ölsardinenbrötchen frisch gemacht. „Mit oder ohne Öl?“ wird gefragt. Wer will, kriegt einen Teelöffel Dosenöl über die Sardine. Das geht immer erst kurz vor dem Genuß, weil sonst das Brötchen durchgeweicht ist. Das übriggebliebene Öl kriegt Gerhard. Er lebt nicht schlecht an diesem Tag.

Wir haben sogar eine Tischdekoration. Sie besteht aus einer Anzahl bunter Papierblumen in Gestalt von Miniatur-Faltgirlanden an Holzstäbchen. Wenn die Rückseiten der Deckblättchen aneinandergelegt werden, entsteht eine herrliche Phantasieblüte, die geschüttelt werden kann und immer neue Farbkombinationen liefert. Wir dürfen alle ein paarmal schütteln, und dann geht es in die Küche zum Händewaschen, weil die „Blumen“ auch im Käse gesteckt haben.

Die Gäste werden verabschiedet. Jeder bekommt ein Tellerchen mit einem dikken Stück „Kalte Schnauze“ für die Mamas oder für morgen. Morgen, ja, morgen spielen wir wieder „Kinderpost“. Morgen ist ja Sonntag. Dann klappt die Tür.

Im Wohnzimmer hatte die Hyazinthe zwar schon Oberwasser und Ölsardinen, Rindfleisch und Stempelfarbe neutralisiert, aber Muddi öffnet trotzdem das Fenster.

„Ganz schönes Remmidemmi!“ kommentiert Gerhard mit etwas Vorwurf in der Stimme. Aber dazu hat er kein Recht. Als er „Neun“ wurde, durften er und seine Freunde sich den halben Tuschkasten ins Gesicht schmieren, um ihrem Indianertum die nötige Echtheit zu verleihen. Und gegen die nachfolgenden kriegerischen Auseinandersetzungen war meine „Kinderpost“ ein sanftes Säuseln.

„Ach was“, sagt Muddi und drückt mich, „schließlich wird man nicht jeden Tag sieben Jahre alt, und dann in diesen Zeiten“. Spricht's, schließt das Fenster und läßt den Rolladen runter.

Der Hyazinthenduft bleibt im Dunkeln zurück.

Eisen, Lumpen, Knochen und Papier, ausgeschlagene Zähne sammeln wir

Nach den Sommerferien 1942 komme ich in die zweite Klasse. Wir behalten Lehrer Zielke, kriegen aber einen neuen Klassenraum. Er liegt in der ersten Etage mit Blick auf die Kastanien am alten Friedhof.

Geschrieben wird jetzt in Schreibhefte DIN A5. Erst mit Bleistift, später mit Tinte. Als Schreibfeder ist zunächst nur „Pfann“ erlaubt, später auch „Zyto-Fein“ oder „Original Bremer Börsenzack“. Die schriftlichen Hausarbeiten sind eine echte Konzentrationsübung. Das Heftpapier ist grau, hat kleine Holzeinschlüsse und starken Löschblattcharakter. Ein bißchen zuviel Tinte gibt einen Klecks mit Breitenwirkung, hakt die Feder, verbreitet sie einen leichten Sprühregen in nördlicher Richtung. Füller gibt es nicht, ist auch im zweiten Schuljahr verpönt. Radieren geht überhaupt nicht, gibt sofort ein Loch. Also? Aufpassen, aufpassen! Aufpassen!

Unsere Bänke sind aus einem Stück, das heißt, Pult, Bank und Lehne bilden eine Einheit. Oben, neben der Bleistiftrille, ist ein Porzellan-Tintenfäßchen mit Deckel eingelassen. Im Klassenschrank steht eine Tintenkanne zum Nachfüllen.

Wenn auch diese leer ist, gehn zwei Mann zum Hausmeister. Der hat größere Mengen in Reserve. Bis 1944 ist die Tinte kräftig und dunkelblau oder violett und riecht säuerlich. Lehrer Zielke sagt, sie würde aus den Galläpfeln gewonnen, die unter den Eichenblättern sitzen. Später wird die Tinte zu einer charakterlosen Substanz. Sie hat keinen Geruch mehr und ist wäßrig. Der Hausmeister macht sie aus Tintentabletten, die mit Wasser aufbereitet werden. Scheinbar haben die Gallwespen in Deutschland aufgehört, Eier zu legen, und verweigern so den Nazis die Gefolgschaft.

Wir lernen jetzt „lateinisch“, die Verkehrsschrift, die die ganze Welt schreibt. Jede Woche ist einmal „Schönschreiben“. Übungsabschnitte müssen fehlerfrei und ohne Verschreiben ins Schönschreibheft übertragen werden. Wer Pech hat, muß den Abschnitt erneut abschreiben. Ein Klecks, gleich durch welche Umstände entstanden, kostet den Hieb mit dem Rohrstock. In der Klasse ist es reichlich still. Nur das Kratzen der Schreibfedern und ab und zu ein schwerer Atemzug sind vernehmbar. Hin und wieder steht einer auf, um sich in die Gruppe vor dem Katheder einzureihen und seine Arbeit überprüfen zu lassen. Wenn es still bleibt, ist alles gut gegangen, wenn's klatscht, war der Rohrstock fällig. Bei dieser Art „Abstrafung“ wird die Hose nicht stramm gezogen, man braucht sich nur zu bücken. Da die Beinkleider ziemlich weit geschnitten sind oder man sie vom großen Bruder geerbt hat, trifft der Stock manchmal „nur Hose“. Lehrer Zielke merkt das sofort, dann muß man sich noch einmal bücken.

Meine Nachbarn im zweiten Schuljahr sind: Geißler, Karschevski und Haffmann. Wir vertragen uns gut und helfen einander, wo es geht. Besonders Karschevski tut sich hervor. Er kommt aus „Kleinasien“ und wiederholt die Klasse. „Kleinasien“ ist eine Barackensiedlung an der Lüderitzer Straße und beherbergt arme, kinderreiche Großfamilien. Dementsprechend sind die Zustände. Die Jungen aus dieser Gegend sind gefürchtet. Sie sind rücksichtslos und schlagen sich hart. Karschevski gehört einer gemäßigten Linie an und läßt uns an seiner Erfahrung teilhaben. Es gelingt ihm, mit einem winzigen Federmesser im Schönschreibheft eine Rasur vorzunehmen, die Vater Zielke nicht bemerkt. Außerdem kennt er eine Unmenge Roll- und Butzelwettbewerbe, die man auf der Bankschräge austragen kann, und wenn alles auf Anweisung unter die Bank muß, amüsiert er sich grinsend mit einem Popel.

Karschevski haftet fremdartiger Geruch an, den ich noch nicht einordnen kann. Unserer gut nachbarschaftlichen Beziehung tut dieser „Hautgout“ keinen Abbruch, denn erst viel später wird klar, daß der Duft eine Mischung aus nichtgewaschenem Körper und ungelüfteten Klamotten war.

Wenn wir nach einer Schönschreibstunde nach Haus gehen, fassen wir uns zu dritt oder viert um die Schultern und singen lauthals:

Und so geht der Tangermünder
Marsch, Marsch, Marsch,
und so saust der Knüppel übern
Arsch, Arsch, Arsch.

In unserem Vers liegt das Wissen um die Möglichkeit dieser unwürdigen Strafe, aber auch unsere Verachtung, indem wir sie laut lachend bekennen.

Eines Tages quillt zusammen mit Herrn Zielke ein ganzer Pulk dunkel gekleideter Männer ins Klassenzimmer. Der Schulrat ist da, heißt es. Lehrer Zielke hat Revision. Die Unterrichtsstunde ist eine bunte Mischung aus „Naturkunde, Naturlehre und Erdkunde“. Die moderne Pädagogik würde sagen: „Freies Unterrichtsgespräch“ in der Umgangssprache „von Höcksken auf Stöcksken“.

Auf verschlungenen Pfaden gelangen wir zum Erdöl. Wo kommt das Erdöl her? Aus heißem Wasser, aus Griebenschmalz! Kopfschütteln der Kommission. Ich melde mich. Man bohrt tief in die Erde, dann kommt es heraus. Murmeln der Kommission. Die Klasse 2 c staunt und zieht ohrenschlackernd erneut in den Stundendschungel. Keiner weiß, daß im Kleinen Brockhaus von 1932 der Querschnitt einer Bohrstelle abgebildet ist. Vater Zielke erreicht eine neue Lichtung, und wir sind jetzt bei der Elektrizität. Die Lichtung aber erweist sich als zu groß, der Lehrer kann sie nicht abdecken mit seiner Methodik.

Da tritt der Schulrat herfür. Unversehens blockiert der unseren Blick auf Herrn Zielke, als wollte er ihn vor einer unbekannten Bedrohung schützen. Eisiges

Schweigen entsteht. Plötzlich winkelt der Schulmann die Arme an, die Handflächen nach oben, die Finger gespreizt. Er schüttelt die Arme in krampfartigen Stößen und dröhnt mit gurgelndem Baß in den Raum: „Drrr Strrroooam fliiiescht!"

Die Klasse 2 c ist zu Tode erschreckt. Der Herr Rat steht mit zuckenden Armen weiter an seinem Platz. Dann eilt er mit langen Schritten den Mittelgang hinunter, verhofft vor der Rückwand ... Kehrwendung ... zuck, zuck ... „Drrr Strrroooam fliiiescht!"

Die 2 c ist erstarrt. Auf der Stirn des Pädagogen entsteht eine Sorgenfalte. Sein Blick irrt über die halb zu ihm gewendeten Schülergesichter, bleibt an meinem hängen ... ich höre auf zu atmen ... wahrscheinlich erinnert er sich an meinen Ölbeitrag ... und kommt auf mich zu ... streng blickt das Auge des Erziehers aus Himmelshöhen auf mich nieder ... „Drrr Strrroooam fliiiescht!"

Nimm alle Kraft zusammen,
die Lust und auch den Schmerz!
Es gilt uns heut zu rühren
des Schulrats steinern Herz ...

fällt mir Muddis Uhland-Lied ein, und es gelingt mir, mühsam mit dem Kopf zu nicken ... und als der Schulrat bei der diskutierenden Kommission ankommt, verklärt immer noch ein heller Schein sein Gesicht.

Wir singen noch:

Tra – ri – ro ...
der Sommer, der ist do!

Von Herrn Zielke mit der Geige begleitet ...

und dann ist der Schulrat wieder weg ...

Häufig empfängt uns morgens beim Betreten des Gebäudes eine unangenehme Geruchswoge. Das ist diesmal aber kein Schüler-Angstschweiß und auch kein Körperpflege-Manko. Sie stammt vielmehr von den Altmaterialien, die im Kellergeschoß des Treppenhauses gelagert werden. Alle Volksgenossen sind aufgerufen, Altmaterial zu sammeln und dem Wiederverwendungsprozeß zuzuführen. Selbst im Kassenraum der Sparkasse steht eine Holzkiste, in welche leere Zahnpastatuben und Niveadosen geworfen werden können.

Meistens aber nehmen die Schulkinder die Sachen mit, und so kommt es, daß viele von uns morgens neben dem Tornister noch einen Stapel alter Zeitungen, ein Bündel Lumpen oder eine Tüte mit ausgekochten Knochen schleppen. Eisen ist seltener dabei, wird auch wegen des Gewichts nicht gerne mitgenommen. Reichsweit und im Keller der Tangermünder Volksschule wurde 1942 schon das praktiziert, was heute mit „Dualem System" und einer gelb-blau-grünen Tonnenvielfalt erreicht werden soll. Die Absichten sind unterschiedlich.

Wir wollten keine Müllawine kontrollieren, sondern helfen, den Krieg zu gewinnen …

Darum ist der Hausmeister morgens im Keller beim Altmaterial. Ordentlich kommen die Knochen in den Kübel, die Zeitungen auf den Stapel und die Lumpen auf den Haufen in der Ecke. Bis es abgeholt wird, mieft und dunstet alles vor sich hin, vermischt sich und steigt als Aroma-Konglomerat nach oben in den Treppenflur.

Eigentlich hätten einem Zweifel kommen können beim Anblick dieser Müllhaufen, von denen es mit abhängen sollte, den „Endsieg" zu erringen. Aber solcherlei Gedanken belasteten uns noch nicht. Im Gegenteil. Wenn einer es während des Sortierens anstimmt, fallen die anderen ein. Das Lied der „Sammler". Nicht sehr laut, eher verhalten, doch durch den schönen Nachhall im Treppenhaus intensiviert:

Lumpen, Eisen, Knochen und Papier,
ausgeschlagene Zähne sammeln wir,
Eisen, Lumpen, Knochen und Papier,
ja, die sammeln wir.
Ja, ja, ja …

Immer nach der Kehrreimmelodie von „Schwarzbraun ist die Haselnuß" (ju-vi-ju-vi-di, ha, ha, ha) läßt man uns stillschweigend gewähren, denn das gemeinsame Lied fördert den Gemeinschaftssinn.

Eines Abends finden Rudi Heinze und ich beim Buddeln in der Ecke zwischen Tuschers Zaun und „Gärtnerei Gut" eine verrostete eiserne Kugel, so groß wie ein Tennisball, etwa fünf Pfund schwer. Welch ein Spielzeug. Schnell wird der Fund bekannt. Auch die größeren Jungen kommen dazu. Wettbewerbe entstehen. Stoßen und kullern, Ziel- und Weitwurf. Bei einer besonders gelungenen Aktion verläßt die Kugel den kontrollierten Bereich und passiert glatt die Scheibe des ebenerdigen, unvergitterten Kellerfensters der Familie Witaszak.

Ratlosigkeit, Betroffenheit … Wir müssen uns melden und die Scheibe bezahlen, sonst ist die Kugel futsch. Ein Glück, daß Günther, der älteste Sohn der betroffenen Familie, mit dabei war. Er wird vorgeschickt, um die Lage zu klären. Bald kommt er zurück, hat die Kugel … läßt aber die Ohren hängen. Die Scheibe, das wäre nicht so schlimm, hat seine Mutter gesagt, und wir könnten heute auch noch damit spielen, aber morgen müsse das Ding zum Altmaterial in die Schule.

Der Transport wird stilgerecht zum Gemeinschaftswerk. In Zeitung gewickelt, in ein Einkaufsnetz gesenkt und an jedem Henkel ein Schüler, wird unser Schatz der Wiederverwendung zugeführt.

„Wo haban det Ding her?" will der Hausmeister wissen. „Jefunn'!" antworten wir wahrheitsgetreu. „Mann, dat bringt richtich watt“, meint er dann und wiegt das Sportgerät prüfend in der Hand. „Nur weita so!“ und klopft uns anerkennend auf die Schultern. Und während eine ganze Reihe Schüler uns bewundernd anstarrt, weicht unser Kummer über den Verlust immer mehr einem „stolzen Gefühl“. Wir scheinen doch einen außerordentlich kriegswichtigen Beitrag für die Wirtschaft geleistet zu haben. Einer stimmt es an, und die anderen fallen ein. Nicht das übliche Lied, sondern eins, was die großen Jungen singen, wenn sie durch die Straßen marschieren:

Es zittern die morschen Knochen
der Welt vor dem großen Krieg.
Wir haben den Schrecken gebrochen,
für uns war's ein großer Sieg.
Wir werden weitermarschieren,
wenn alles in Scherben fällt,
denn heute (ge)hört uns Deutschland
und morgen die ganze Welt.

Ob die Knochen der Welt beim Weitermarschieren die eigenen oder jene im Kübel für Altmaterial sein werden, ist zu diesem Zeitpunkt noch ungewiß. Doch der Krieg rückt unmerklich näher, wird in vielen Bereichen spürbar.

Kurz vor Kriegsausbruch hatte die Familie noch ein brauchbares Radiogerät, Typ „Nora Walküre“, im „Elektrofachgeschäft Zoel“ gekauft. Keinen Volksempfänger. Der Apparat empfängt die meisten deutschsprachigen Sender. Jeden Abend kommen um 18 Uhr die „Frontberichte“. Noch siegen die deutschen Armeen an allen Fronten, aber es sind jetzt, Ende 1942, schon sehr viele.

Im Wartezimmer von Zahnarzt Haun hängt eine Zeichnung. Sie zeigt einen Tangermünder Soldaten, der auf einen durchgebrochenen russischen Panzer aufgesprungen ist und in Ermangelung von brauchbaren Waffen Sehschlitze und Zieloptiken mit Staufferfett verschmiert. Die Besatzung wird zur Aufgabe gezwungen.

Die Tangermünder Soldaten scheinen tapfer zu sein. Die Gefallenen-Anzeigen im „Tangermünder Anzeiger“ mit den schwarzen Eisernen Kreuzen werden immer zahlreicher ...

Nachts gibt es jetzt manchmal Fliegeralarm. Im Hause Roonstraße 44 ist der Eckkeller zur Straße luftschutzmäßig ausgestattet worden. Sitz- und auch Liegemöglichkeiten für alle Hausbewohner. Die Decke ist abgestützt, und die Stützen sind in dem unbefestigten Lehmboden des Kellers verankert. Bei einem eventuellen Bombeneinschlag in der Nähe hebt sich die Decke und sackt dann wieder zurück. Wenn die Stützen umkippen, kommt die Decke herunter. Elektrisches Licht gibt es nicht im Keller. Kerzen sind knapp. Das „Hindenburglicht“ wird neu kreiert (Deckel von Schuhcremedose mit Dochthalter). Alle Wachsreste werden dort hineingeworfen. Das machen wir Kinder. Wir sind eigentlich nicht böse auf den Alarm. Wann dürfen wir schon einmal nachts auf sein? Wir genießen die Ausnahmesituation, das Geheimnisvolle. Nachts bei Kerzenschein im Keller ... Huuu! Es wird gelacht, geärgert und erschreckt. Manchmal dürfen wir nach oben auf den Hof. Hier stehen der Luftschutzwart, Herr Busch, und die großen Jungen, Gerhard und „Wietsch“. Da Tangermünde keine Flak hat, ist alles totenstill und die Häuser sind stockdunkel.

Manchmal dringt fern, aus unerreichbaren Himmelshöhen, Motorengeräusch zu uns, aber es ist ganz dünn, und man muß schon genau hinhören.

In Tangermünde passiert nichts: Hartnäckig hält sich bis zum letzten Kriegstag das Gerücht vom „Englischen Kapital“, welches angeblich in der Zuckerraffinerie investiert ist. „Die werden doch nicht ihre eigenen Fabriken bombardieren.“

Der Luftkrieg findet woanders statt. Man spricht von Lübeck und Rostock, von Köln und Essen. Aber das ist weit weg am Rande des Reichsgebietes. Überraschungserfolge sind das. Zwar gibt es einige evakuierte Familien in Tangermünde, aber die werden wohl bald wieder zurückkönnen. Wenn unsere Jäger erstmal loslegen. Die Me 109 und Me 110, dann wolln wir mal sehen ...

Die Erwachsenen sind eher unwillig über die gestörte Nachtruhe als ängstlich. Immer dasselbe. Die kommen ja doch nicht. In Ecken, Fluren und auf dem Dachboden stehen Eimer mit Wasser und Sand, Feuerpatschen und Einreißhaken, was also soll's ...

Die Entwarnung kommt kurz vor 24 Uhr. Nun sind wir doch alle sehr müde. Gute Nacht ... gute Nacht. Muddi bringt mich ins Bett. Gerhard hört noch einmal Radio. Soldatensender „Belgrad“, mit Richtstrahler nach Deutschland. Zum Sendeschluß singt Lale Andersen das Lied von „Lili Marleen“. Jede Nacht. Alle Soldaten an allen Fronten hören, wenn sie können, zu. Und in Tangermünde kann man es auch hören.

Ich höre nur noch die dritte Strophe, und dann bin ich eingeschlafen:

Schon rief der Posten:
„Sie blasen Zapfenstreich.
Es kann drei Tage kosten!“
Kamerad, ich komm ja gleich.
Da sagten wir auf Wiedersehn,
wie gerne wollt ich mit dir gehn,
mit dir, Lili Marleen ...

Sonne – Baden – Elbe

Das sind die Worte, welche mit großen Lettern über den Sommertagen der Jahre 1942 und 1943 stehen. In dieser Zeit beginnen mein Bruder und ich eine neue Beziehung zum Fluß und seiner Landschaft zu entwickeln. Das vollzieht sich ganz sanft und spielerisch. Die Veränderung merken wir erst später.

Von Anfang an hatte uns das Wasser magisch angezogen. Die Begegnungen jedoch bewegten sich stets im Rahmen der elterlichen Aufsicht, für unsere Begriffe sparsam dosiert. Es ist immer noch eine Art Zuschauer-Betrachter-Verhältnis. Wir spüren verschwommen, daß wir diesem Strom, seinem Wesen, seinen Stimmungen, Farben, Bildern aber auch seiner Kraft und Gewalt noch ferngeblieben sind …

Das ändert sich. Was solln wir bei diesem Wetter hier zu Hause, sagt Muddi und geht mit uns fast jeden Mittag ans Wasser. Längst haben wir der „Alten Badeanstalt" oberhalb der Stadt den Rücken gekehrt. Unser Bade-Dorado befindet sich stromab, hinter dem „Weinberg" Richtung Hämerten.

„Anne Buhnen" ist das Kürzel für ein ganzes Bündel von erstrebenswerten Bedingungen, Zuständen und Tätigkeiten, die ein wildes, sommerliches Strandparadies ausmachen.

Mittags, das heißt, nach den Schularbeiten oder in den Ferien nach dem Mittagessen, geht es die lange Arneburger Straße hinunter. Barfuß patschen wir auf die herrlich kühlen Pflastersteine im Schatten der großen Lindenbäume, deren wunderbarer Blütenduft einen vergessen läßt, daß es eine Industriestraße ist, die wir entlanggehen. Zweieinhalb Kilometer sind es zu unserem Badeplatz. Am Ende der Fabrikanlagen wird die Straße übergangslos zur Chaussee. Die Linden bleiben zurück, kein Schatten mehr. Die Äppelbäume stehen jenseits der Grabenböschung. Der Boden glühend heiß. Schwache Steigung zum Weinberg hinauf, erste Schweißtropfen, die Höhe flimmert im Sonnenglast, dann oben.

Zwischen den zurücktretenden Deichen liegt breit und grün die Elbaue. In der Mitte der Fluß, bis in die dunstige Ferne von einem ununterbrochenen Band Weidenbüsche gesäumt. Weiß leuchten die Sandstrände der jenseitigen Buhnen. Jetzt aber los, es geht bergab. Am Fuße des Weinbergs … ein Feldweg … der geht in den Wiesenweg über … Sand … meterhohes Gras, … rechts schimmert der Fluß durch die Weiden. Erste Buhne? – Schlammbuhne, zweite Buhne? – ähnlich, dritte Buhne? – brauchbar – fünf Leute, vierte Buhne? – zu steile Ufer, fünfte Buhne? – breiter Sandstrand, Treffpunkt, bevölkert, sonntags voll, nichts für die Elite, sechste Buhne? – brauchbar, leer, siebente Buhne? – Sandstrand, leer,

Unsere Buhne …

Bin vorausgelaufen durch den mülmigen Sand, durch Kletten, Schilf und Buschwerk, dann über den Strand. Im Flug werfe ich das Hemd unter den Busch, wo Muddi immer sitzt. Dann zurück ... die Wasserfläche kommt näher ... endlich ... „Abkühlen, nicht zu weit", höre ich Muddi rufen.

Platsch ... untertauchen ... Kinn und Handflächen dicht über dem hellen Grund ... Augen auf ... gelbgrünes Glitzerlicht ... kühl ... kühl ... kühl ... Elbe, du hast mich ...

Dann unter Wasser auf die Hacken gesetzt ... abgestoßen ... hochgeschnellt ... die Oberfläche durchstoßen direkt in die Sonne ... von einem Wasserschwall umgeben ... wieder hingeklatscht ... einmal, zweimal ... zehnmal. Noch kann ich nicht schwimmen, aber ich weiß, das Wasser ist mein Element. Ich höre Muddi lachen und sehe Gerhards Stapellauf. Er rast über den 20 Meter breiten Sandstrand und dann im aufspritzenden Wasser der Flachzone weiter ... ein Hechtsprung ... tauchen, auftauchen ... lange Schwimmstöße ... dann wirft er sich auf den Rücken, imitiert eine Schiffsschraube mit gewaltiger Fontäne und schwimmt einen weiten Bogen durch die Buhne. Sehnsüchtig schaue ich ihm nach, doch nicht lange. Gewiß, ich kann noch nicht schwimmen, aber im flachen Wasser von einem Buhnenende zum andern rasen, das kann ich ... einmal ... viele Male ... Wenn Gerhard rauskommt, auf den Bauch in den heißen Sand, mit beiden Armen einen Hügel herangeschoben und das Kinn draufgelegt ... zu Atem kommen ...

Die Elbe ist auch im Sommer häufig noch verhältnismäßig kalt. Wer zu lange drinbleibt, kriegt blaue Lippen und eine Gänsehaut. Das ist nicht jedermanns Sache, vor allem nichts für unsere Muddi (sofort stuckesteif und so ...). Sie hat ein blau-weißes „Strandkostüm" an, bei Baum & Jacobsen erworben, Friedensqualität. Behaglich hat sie den von 20 Jahren Hexenschuß malträtierten Rücken der Sonne zugewandt und tankt Wärme für den Winter in ihrer fußkalten Küche.

Schnell sind wir trocken, der Sand kann leicht abgestreift werden, und dann stehen wir da mit glänzender Haut, am ganzen Körper braun, denn aus der Sonnenbrandphase sind wir längst heraus.

Jetzt darf man auf der Lagerdecke sitzen, und ein beschaulicher Teil des Nachmittags beginnt. Gereicht werden zunächst einmal Stullen, einmal ums Brot mit Leberwurst oder Teewurst von Schmücker.

Das berühmte „Aufstrichgut" hat zwar längst keine Friedensqualität mehr, aber nach einer Stunde Wassertoben und in Verbindung mit einem Schluck kaltem, schwachgesüßten „Kathreiners Malzkaffee" aus der Feldflasche nehmen wir das nicht so wahr.

Behaglich kauend, mit angezogenen Knien schauen wir auf den Fluß und auf

„unsere Buhne“ … Ruhe … mal eine Fliege … die Nachmittagsbrise in den Weidenblättern … verschwommene Geräusche aus Buhne fünf … Frieden …

Die Familie mag diese Art von „Buhnenstimmung“, braucht weder Gesellschaft noch Trubel, ist sich hier selbst genug, hat die siebente Buhne zur privaten Zuflucht erklärt. Ängste, Bedrohungen und die zeitgemäßen Dauerforderungen des Krieges sind für Stunden ausgesperrt und zurückgeblieben. Nur unsere Muddi schaut manchmal etwas wehmütig auf den behäbig dahinziehenden Strom. Unser Pabba ist ja nicht dabei …

Die Szene belebt sich. Erst sind es ein paar helle und dunkle Köpfe auf dem Wasser, schon ziemlich weit drüben. Dann steigen die zugehörigen Figuren an Land. Rufend und winkend läuft die Jungengruppe, die nach „jenseits“ geschwommen ist, durch den Buhnensand, immer weiter stromauf. Sie sind ganz schön abgetrieben worden bei ihrer Überquerung. Das muß ausgeglichen werden.

Uns hält das nicht länger auf der mütterlichen Decke. Rein ins Wasser und rumgetobt, dann raus, die obligate Wasserburg-Großanlage muß gebaut werden. Hockend und kniend sind gewaltige Wühl- und Schiebearbeiten nötig. Eine umfangreiche Hafenanlage muß erstellt, Fundamente und Mauern geschaffen werden. Zuerst grob, dann weiter mit der „Zuckerbäcker-Wasser-Sand-Trauftechnik“ (Wasser mit Sand durch zusammengehaltene Hände laufen lassen). Das Wasser versickert, der Sand bleibt stehen und trocknet. Im Schutze der Hafenbefestigungen wächst eine vielgiebelige Stadt mit spitzkrummen Phantasietürmen. Eine lange Mole zieht sich ins „Meer“, gedacht als Fisch-Leitlinie. Sie schwimmen daran entlang und werden automatisch in das Hafenbecken geleitet. Wenn wir im „Hinterland“ arbeiten, steht manchmal schon eine kleine Gruppe still über dem hellen Sandgrund.

Da! – erste Bewährungsprobe, ein kleines Motorschiff in flotter Fahrt stromab, und dahinter ein dicker, blauschwarzer Tanker. Das erste macht nichts, aber der Tanker zieht das Wasser an … drei vier Meter wird der Buhnenboden sichtbar … dann die Flutwelle.

Ach, du grüne Neune! Eine mittelprächtige Katastrophe. Die Mole verschwunden, der Hafen versandet, die Bewohner der Stadt noch einmal dem Verhängnis entgangen, und alle Fische fort.

Unverzüglich müssen umfangreiche Instandsetzungsarbeiten eingeleitet werden. Das ferne Dröhnen einer Schiffssirene hat uns aufgescheucht. Vor der Hämertschen Eisenbahnbrücke steht eine dunkle Rauchwolke, die aus zwei langen, dünnen Schloten quillt … Ein großer Raddampfer … wahrscheinlich acht Schleppkähne. Das ist die große Prüfung, die Heimsuchung. Aber wir haben noch mindestens eine Stunde Zeit, je nachdem, was der Dampfer schleppen muß.

Von der Buhnenkopfbefestigung werden Quadern herangewuchtet. Bollwerke entstehen, Verstärkungen angebracht und Mauern unterfangen, die Mole diesmal ganz aus Stein.

Muddi hat ihr Buch weggelegt und schaut uns lächelnd zu. Das Buch hat einen hellblauen Einband mit dunkelblauen Möwen. „Winke, bunter Wimpel", Buchgemeinde, Berlin 1932. Als ich es 1947 lese, erfühle ich, warum Muddi es mit an die Buhnen genommen hat. Frauenschicksal ohne Mann, der Sand der Kurischen Nehrung, Ähnlichkeiten der Schicksale, die andere schafft es, Trost? Zuversicht? ... Du schaffst das auch!

Dann ist der Dampfer da. Schwarz ist er mit roter Wasserlinie, hat ein langes Bugsprit, von dem aus ein in Gold gemaltes Rankenwerk den Rumpf entlangläuft. „Barbarossa" heißt er. Das steht im großen Halbkreis auf dem uns zugewandten Radkasten. Schwer hängt er in der Schlepptrosse, gewaltig arbeiten die mächtigen Schaufelräder, dabei eine ununterbrochene Reihe meterhoher Wellenberge an den Bordwänden vorbei nach hinten sendend. Acht Schleppkähne, das will geschafft sein. Fünf bis sechs Stundenkilometer, mehr macht er nicht. Langsam gewinnt er Raum.

Alle Kähne haben Gesichter, jeder ein anderes, und die meisten einen Anker im Auge. Spitze und flache Nasen, schaumige Münder, hochmütig, gierig, freundlich oder geduldig lassen sie sich von dem schwarzen Ungetüm die Elbe hinaufziehen.

Alle Ruderanlagen sind besetzt. Es muß mitgesteuert werden. Manchmal nur eine großmächtige Pinne, von Hand gehalten. Dann wieder richtige Aufbauten mit Speichenrad. Lustig flattert Wäsche an Oberdeck, geblähte Hemden und Hosen, bellende Hunde im Laufgang von vorn nach achtern, manchmal Kinder ... angelascht ...

Jedes Frachtschiff schleppt am Heck ein kleines Beiboot, für viele Jungen das Ziel eines kühnen Schwimmausflugs. Ganz schön wagemutig, an die lange Reihe der Kähne heranzuschwimmen. Es muß genau abgepaßt werden, denn das Beiboot läuft ja zwischen dem Heck des vorderen und dem Bug des nachfolgenden Schiffes. Wer zu spät kommt oder beim Ergreifen des Bootsrandes abgleitet, läuft Gefahr, unter den Kahn zu geraten. Nur die sichersten und mutigsten Schwimmer getrauen sich, das Manöver in der Mitte des Schleppzuges zu versuchen. Darum ist ein Platz im Boot des Schlußkahns auch sehr begehrt. Hier kann nichts passieren.

Richtig – eine ganze Anzahl Köpfe ist jetzt auf dem bewegten Wasser zu sehen. Einigen gelingt es, in der Mitte klarzukommen, andere sind nur mitgeschwommen und treiben achteraus. Am Schlußboot aber hängt eine ganze Traube. Stolz lassen sie sich mitschleppen bis in Höhe des Weinbergs, dann lassen sie los, und der Strom trägt sie wieder zurück. Eigentlich ist die Sache nicht gestattet, und die Schiffer schimpfen häufig vom Kahn herunter. Aber es ist üblich und wird jedes Jahr mit Eifer betrieben.

Der Schleppzug entschwindet. Die Luft riecht nach Kohlenqualm und Teer. Unser Blick kehrt zurück in die Buhne. Ach, ja! – die Haftenstadt. Längst haben die Dampferwellen ihr zerstörerisches Werk vollendet. Nur noch die Mole und einige der anderen Quadern sind zu sehen. „Vineta“ aber, „die Vieltürmige“, ist im Meer versunken …

Die Sonne steht schon ganz schön tief, die ersten Mücken machen sich bemerkbar, von den grünschillernden Bremsen ganz abgesehen. Die gibt's tagsüber auch. Ins Wasser darf man nur noch einmal, wenn wir mit Überhose gekommen sind. Heute nicht, sonst muß man in der nassen Badehose nach Hause gehen.

Sonnendurchglüht, womöglich noch eine Spur brauner, mit erneut gebleichten Haaren und Augenbrauen, müde und nach Elbwasser riechend, gehen wir durch den warmen Sand des Buhnenweges. Der Duft der Linden in der Arneburger Straße ist jetzt am Abend noch intensiver und begleitet uns, bis wir bei Bäcker Damm in die Jordanstraße einbiegen.

Nach dem Waschen und Umziehen in der Küche fegt Muddi auf den schwarzweißen Fliesen immer ein kleines, gelbes Häufchen zusammen.

Elbsand.

Umba, Umba, wir sind Neger – aus dem Land der Hosenträger …

In den Sommerferien 1943 lerne ich schwimmen. Zuerst auf Gerhards Arm, dann mit Schwimmkissen, von Muddi aus Segeltuch selbstgemacht (Herkunft des Materials: Kaiserliche Marine), und eines Tages schwimmt Gerhard ins Tiefe, dreht sich um und sagt: „Komm!“ Ich komme, und wir landen ohne Hilfsmittel seitlich am Buhnenkopf. Gerhard grinst, und ich kriege nachträglich ein bißchen Angst vor der eigenen Courage. Trotzdem, dasselbe nochmal, zurück, hin, zurück, noch zwanzigmal an diesem Tag. Mein Stolz ist maßlos, und am Abend wissen es alle Gefährten in der unteren Roonstraße:

„Emmi“ kann schwimmen.

Doch ehe man in Tangermünde „elbtauglich“ ist, müssen noch einige Prüfungen bestanden werden. Am Weinberg gehen wir ins Wasser und lassen uns „runtertreiben“. In der achten oder zehnten Buhne gehen wir an Land. Zahlreiche Wiederholungen folgen.

Und eines Tages kommt dann das, wovor ich doch noch Bammel habe. Gerhard schwimmt voran, hinaus aus der vertrauten siebenten Buhne in den Strom … und ich hinterher … Eigentlich geht es ganz leicht. Wenn man sich nicht allzu schräg zur Strömung hält, um nicht zu sehr abgetrieben zu werden, strengt es nicht sehr an. Aber wie weit ist das jenseitige Ufer aus der Schwimmperspektive entfernt? O wei, o wei. Schnell drehen sich Strände und Buhnenköpfe an uns vorbei. Dicht bleiben wir zusammen von wegen Krampf und so … Warme Stellen wechseln plötzlich mit eiskalten. Der Dampfergraben in der Mitte ist sehr tief …

Unmerklich kommen wir voran, noch eine Buhne zieht vorbei, dann mit dem Rücklauf in die nächste hinein, mit wackeligen Beinen durch das flache Wasser und plums in den Sand. Mein Gehirn ist leer, aber zusammen mit den tiefen Atemzügen sauge ich ein noch nie erfahrenes Freiheitsgefühl in mich hinein. Gerhard lacht, auch er ist erleichtert und stolz, er ist der Lehrer gewesen.

Wir wandern stromauf, die Rückkehr das reine Vergnügen ohne Angst. Dem neuen Elbbezwinger nebst großem Bruder haben sich alle Ausfalltore in die große Flußfreiheit weit geöffnet. So schnell kann nun nichts mehr passieren … aufgenommen in den erlauchten Kreis … halb Schimpfwort … halb Bewunderung …

Ein „Tangermünder Wasserplömper!“

Häufig gehe ich jetzt mit Gerhard allein baden, und diese Aufenthalte gestalten sich ganz anders als bisher. Wir sind mit dem Fahrrad unterwegs. Ich sitze vor Gerhard auf dem Längsstreben. Der Transport von notwendigen Ausrüstungsstücken wird erleichtert. Angeln nebst ordentlicher Bambusrute, alte Brotmesser als Machete, Spaten, Zeitungspapier, Proviant und Streichhölzer.

Aus dem Befehlshaber der Schutztruppe und seinem Askari sind ein Paar Buschklepper geworden, die an der siebenten Buhne stets ums Überleben kämpfen. Dabei steht der Nahrungserwerb mit der „Hungerpeitsche“ im Vordergrund. Gerhard ist jetzt 14 Jahre alt und hat über das Landratsamt in Stendal einen Jugendangelschein bekommen. Erlaubt sind zwei Handangeln. Häufig darf ich auch eine halten. Um dieses Privileg zu erlangen, muß ich vor jeder Exkursion zum städtischen Komposthaufen (unterhalten von der Parkpflege und der Friedhofsgärtnerei). Er liegt zwischen der alten Stadtmauer und dem Elektrofachgeschäft „Sprössel“ an der Grete-Minde-Straße, ist sechs bis acht Meter hoch und beherbergt etwa 25 Millionen Rotwürmer. Einige davon nehmen wir mit. Sie sind besonders lebhaft, und ihre Ermüdungserscheinungen in aufgespießtem Zustand am Angelhaken setzen sehr spät ein. Dagegen ist so ein bleicher Gartenwurm eine tote Spaghetti.

Die Uferbefestigungen, die nun mit Hilfe des Spatens angelegt werden, sind so dauerhaft, daß sie auch höchste Springfluten überstehen. Das wird langweilig.

Um so mehr lockt nun, der Daueraufsicht von Muddi entfleucht, die grüne Uferwelt der Elbaue.

Bei jedem Winterhochwasser vom Eis zu Boden gefegt, zerschrammt, geschält, vom Strom gebeutelt, hat das Weidengebüsch im Laufe der Jahrzehnte ein meterhohes Dickicht gebildet. Zur Vervollständigung kommen noch Schilf, Brombeerbüsche, mannshohe Brennesseln, riesige Dieseln und ungeheure Wülste dicht verfilzten Treibgutes aus Gras, Ästen und entwurzelten Bäumen. Dazwischen lauern manchmal, tückisch verborgen, tiefe Unterspülungen, in die man unversehens spagatübungsgleich abglitscht und sich dabei trockene Zweige in alle wichtigen und unwichtigen Körperteile spießen kann.

Doch das hält die Gummisucher vom Rio Negro nicht zurück. Unerschrocken dringen sie vor. Hindernisse werden durchbrochen, manchmal umgangen. Mükkenumsurrt, schweißüberströmt, werden die blitzenden Brotmesser gehandhabt. Ihr Schein wetteifert mit dem Glanz des Abenteuers in den Augen der „Männer".

Gegner stellen sich in den Weg. Personifizieren sich. Werden mit den furchtbarsten Flüchen aus „Yangtsekiang" (Ernst F. Löhndorff) bedacht: „Seht ihn an, den Abkömmling von Hühnern, Wanzen und Schaben, wie er riecht ... Sein Vater fraß schon aus der Gosse ... Faustgroße Hämorrhoiden ... An jedem Finger ein Blutgeschwür ..."

Die Widersacher trifft das hart, sie bleiben zurück. Wir aber stoßen weiter vor und genießen ungehemmt unsere romantisch überhöhte Amazonaswelt in Elbformat.

Später dann ... angeln. Die versteckte Ausrüstung wird hervorgezerrt, zusammengesetzt, und schon sinken die stadteigenen Kompostwürmer auf den Grund. Nach heutigen Maßstäben sind unsere Methoden noch recht simpel. Aber ein paar Ükel, Rotaugen und hier und da eine Jüster können wir vorweisen. Versuche, die Beute sofort vor Ort genießbar zuzubereiten, haben nur zweifelhaften Erfolg. Fisch am Stock, Fisch in Weißblechdose, Fisch „nature", ungeschuppt im Lehmmantel, entsprechen nicht unseren Erwartungen, und das Kaugut wird zähneknirschend (Elbsand) wieder in das ursprüngliche Element zurückbefördert. Lediglich das kleine Lagerfeuer und ein Schluck „Kathreiners Malz" trösten uns ein wenig.

Aber an einem Spätnachmittag hat Petrus dann doch ein Einsehen. Gerhard hat eine wunderschöne, neue Antennenpose. Grün-weiß-rot. Erst bewundert, jetzt ausprobiert. Vom Steilufer in der achten Buhne aus hat das Gerät ersten Elbkontakt. Kaum drin ... Biß, raus ... Barsch ... schöner Kerl (für unsere Verhältnisse) ... neuer Wurm ... Biß ... raus ... Barsch ... etwas größer ... der neue Schwimmer kommt nicht zur Ruhe. Die Fischereigenossenschaft hat rote Bakken und feuchte Hände, nimmt atemlos wahr, welcher Segen da aus dem Wasser kommt. Nach dem zehnten Barsch ist Schluß, wie abgeschnitten. Erst jetzt merken wir, daß es dämmrig geworden ist. Hastiger Aufbruch.

Gerhard muß die Fahrradlampe anmachen. Vor Friseursalon Liesegang auf der Arneburger Straße kommt uns Muddi zu Fuß entgegen, allein. Nur vier Worte: „Was soll denn das???"

In der heimischen Küche entlädt sich das Donnerwetter. Einschränkung der zu großzügig gewährten und mißbrauchten Bewegungsfreiheit wird angedroht.

Die zehn schüchtern vorgewiesenen Barsche finden keine Gnade. Sie fallen unter der Glut des mütterlichen Bannstrahls in einer alten Emailleschüssel unter dem Spülstein unverzüglich in Todesstarre.

Am nächsten Mittag werden sie in brauner Butter nebst Petersilienkartoffeln serviert … sandfrei …

Da ich nun ein sicherer Schwimmer bin, darf ich immer häufiger auch mit den Straßenkameraden an die Buhnen. Jetzt gewinnen diese Aufenthalte noch eine andere Qualität. Keiner fühlt sich kontrolliert. Jeder für sich, alle für die Gruppe. Manfred und Siggi Thäuer, Rudi Heinze (Strulli) und Hans Schmidt sind mit von der Partie.

Die Geschichte beginnt mit dem üblichen Wasser- und Strandgetobe. Schwimmen, tauchen, unter Wasser bleiben, den anderen döppen – Füße auf die Schulter – tief tauchen, Kies hochholen, ausruhen, im Sand aalen, dann auf Schultern reiten, mit Schilfspeeren und Steinen schmeißen. Langeweile gibt es nicht.

Irgendwann gelangt der Haufen in eine oberhalb gelegene Schlammbuhne. Es dauert keine zehn Sekunden, da klatscht die erste Ladung des schwarzen Segens auf die nackte Haut, keiner bleibt dem anderen etwas schuldig. Material ist genug da. Wer flüchten will, fällt im knietiefen Modder unweigerlich auf die Schnauze. Einer hat sich ein kleines Privat-Schlammloch angelegt. Man kann mit Vehemenz darin umhertrampeln, daß es weithin spritzt (Sauerkohl treten). Ein anderer entdeckt eine Stelle, wo sich Schlamm und Ton mischen. Den kann man kneten und formen … Kugeln und Batzen zischen heran … Schlamm zeigt in der Luft sonst zu früh Zerlegungserscheinungen … das Manko ist ausgeglichen. Wer die Augen aufreißt oder das Maul aufmacht, lebt gefährlich … Die Stimmung ist nahe dem Höhepunkt …

„Umba, Umba", brüllt einer …

„Wir sind Neger aus dem Land der Hosenträger", fallen die anderen ein. „Umba jöööjahiaöööööö".

„Umbaumbarassa, umbaumbarassa, umbaumbarassa", dumpf und drohend dröhnt vielstimmig der Kriegsruf über das Wasser.

Das isses! Wir sind wer! – Wer sind wir denn?

Die Auswahl ist beträchtlich. Ovambo, Herero, Bantu, Zulu, Aschanti, ist doch egal, nur keine Hottentotten, das sind immer die anderen. Nur bei einem ist die Zugehörigkeit eindeutig klar. Er hat die Haare mittels Schlamm zu einer spitzen Tüte geformt. Er ist ein „Maschukolumbwe". Die Mitglieder dieses Stammes benutzen als Haarfestiger Tierfett. Das wird ranzig. Der Stamm ist stets gut „ruchbar".

Erst noch mal Toilette machen. Gegenseitig schmieren wir uns die Rücken ein. Dann soviel Tonschlamm auf die linke Hand, wie jeder tragen kann, und schweigend im Gänsemarsch verschwindet die afrikanische Völkergemeinschaft im Dickicht. Weh dem, der es wagt, sich ihr in den Weg zu stellen.

Irgendwann spießt „Strulli" (das ist der Wissenschaftler unter uns – er baut die besten Schleudern, Pusterohre, Knallerbüchsen, aber auch Weidenflöten) eine Tonkugel auf eine nicht zu schwippige Weidenrute, holt aus und schnellt das Gerät nach vorn. Mit offenem Mund verfolgen wir die Flugbahn und den Einschlag 100 Meter draußen im Strom. Der „Knippel" ist meine Zündung, erklärt Strulli, meine „Lunte". Im Handumdrehen haben alle eine „Lunte".

In der dritten Buhne lagert ebenfalls eine Jungenhorde. Sie liegen auf dem Bauch und haben die Köpfe zusammengesteckt. Als die Lunten-Fernkampfbatterie sie aus gesicherter Entfernung hinter Büschen verborgen unter Beschuß nimmt, fahren sie auseinander wie die Hühner. Ratlosigkeit, die Gesichter sind zum Malen. Hans Schmidt beißt sich in den Unterarm. „Die behaupten heute abend, sie wären von Tieffliegern mit Elbmodder angegriffen worden", gurgelt er mühsam. Einmal bringen wir noch eine Salve an, dann geht es vor Lachen nicht mehr.

Der Stamm bricht durch die Büsche und verabreicht dem flüchtenden Gegner nachsetzend eine sehenswerte Packung. Gemeinsam kommen die Kontrahenten an der ersten Buhne an, und da gibt es auch Schlamm in Hülle und Fülle.

Die Amerikaner hätten für das, was folgt, sicher schnell einen klingenden Namen gefunden, etwa: „The battle of little big modder creek" oder so ...

Wir brauchen das nicht. Als keiner mehr den Freund vom Feind unterscheiden kann, erlahmt das Gefecht. Friede wird geschlossen, das Geheimnis der „Lunte" enthüllt und die Orgie endet in einem gemeinsamen Waschgelage in Buhne fünf.

Abends beim Waschen entdeckt Muddi dann doch ein paar dunkle Punkte in den Poren. „Wohl wieder tüchtig eingesaut gewesen", murmelt sie eher beiläufig als drohend.

Ich ignoriere die Bemerkung. Bedenken kann ich nicht begreifen. Elbmodder ist für uns nichts Ekliges, er riecht genauso wie die Elbe selbst.

Und die mag ich.

Die traurige Fracht der „Auguste“

Jäh wird die immer noch vorhandene kleinstädtische Idylle Tangermündes gestört. Der Krieg bringt sich in Erinnerung. Er klopft mit knöchernen Fingern an die Tore der alten Stadt und begehrt Einlaß. Zwar ist häufig nachts Fliegeralarm, aber bei uns „passiert ja nichts“. Stalingrad liegt ein halbes Jahr zurück, und eine Reihe Tangermünder Männer wird von dort nicht zurückkehren, aber immer noch stehen die deutschen Soldaten tief in fremden Ländern, und die „Führung“ hat geschworen, alle Schlappen auszuwetzen.

Über 1.293 Flugzeuge kann das britische „Bomber Command“ im Juli 1943 verfügen. Rund 900 Maschinen greifen in der Nacht vom 25. zum 26. Juli die Stadt Hamburg an. Die Absicht ist klar. Die Stadt soll vernichtet werden. Unternehmen „Gomorrha“ nennen die Engländer dann auch ihre Angriffe, die sie bis Mitte August fortsetzen.

Die Nazi-Propaganda versucht zwar, die Tatsachen zu verschleiern, aber es gibt zu viele Augenzeugen. Ein neues Wort taucht auf: „Feuersturm“. Erst nach dem Krieg erfahren wir, daß 40.000 Menschen getötet und 900.000 obdachlos werden. Furchtbare Gerüchte gehen um. Viele Tangermünder kennen die Stadt, denn Hamburg liegt ja auch an der Elbe.

Bis zum 8. August 1943 werden aus Hamburg 700.000 Menschen evakuiert oder flüchten. Einige davon bekommen die Tangermünder zu sehen …

Gerhard und ich sind an den Buhnen. Wir betreiben die üblichen Spielchen. Die Stimmung ist nicht gedrückt, aber anders. Uns Kinder erreicht das alles noch nicht so richtig, aber die Betroffenheit der Menschen ist dennoch fühlbar.

Es kann ja auch am Wetter liegen. Der Himmel ist grau und die Elbe auch. Auf dem Wasser stehen kurze, kabbelige Wellen, denn der Wind kommt gegen den Strom aus Nordwest und ist nicht sommerlich. Im Wasser ist es wärmer als an der Luft.

Etwa gegen 17 Uhr kommt ein kleiner weißer Raddampfer stromauf. So eine Art Bäderschiff. Wir schätzen ihn auf 300 oder 400 Tonnen. Er heißt „Auguste“ (?) und ist uns unbekannt. Wir sehen deutlich, daß er vollgepropft ist mit Menschen. Selbst an Oberdeck stehen sie wie die Heringe.

Gerhard schaltet sofort. Das Hamburger Inferno liegt nur wenige Tage zurück. Minuten später sind wir mit dem Rad auf dem Weg in die Stadt, zum Hafen.

Oh – wir sind rechtzeitig da, um mitzubekommen, wie die Menschenladung gelöscht wird. Das Schiff ist angekündigt, die Sache organisiert, und viele Tangermünder Bürger sind aus den verschiedensten Gründen zum Hafen gekommen.

Was sie alle still werden läßt, ist die Tatsache, daß die „Fracht“ aus Kindern besteht. Ein ganzes Schiff voller Kinder … und die Art und Weise, wie sie an

Land kommen, läßt uns beiseitetreten und zwingt uns dennoch, hinzuschauen. Gewiß, die Kleidung, das ist klar, beschmutzt, kaputt, andere in Uniform, Jungvolk, HJ, mitgenommen, wenig Gepäck.

Das, was an die Nieren geht, sind die Gesichter. Alles, was an Kummer und Elend in Kindergesichter hineingeht, kommt da auf uns zu. Weinen und Schluchzen … stille Tränen … andere verlegen … Ruhige und auch Trotzige … ein paar Naßforsche …

Uns wird blitzartig klar, daß viele dieser Gleichaltrigen die Eltern verloren haben oder das Schicksal ungewiß ist, es kein Zuhause mehr gibt. Und einen Augenblick lang steigt es brennend hoch, was wäre, wenn … du … Gerhard … Muddi oder Pabba …?

Die meisten der 300 oder mehr Kinder werden in den Saal des „Elbparks" geleitet. Unterkunft und Verpflegung sind bereit, heißt es. Viele Tangermünder aber nehmen Kinder auf, für diese Nacht, ehe sie am andern Tag weiterfahren in die „Gaue" Thüringen und Bayreuth.

Am nächsten Morgen in der Schule wird erzählt, die Kinder hätten die „Grüne-Bohnen-Suppe", die verabreicht wurde, nicht aufgegessen – verständlicherweise. … Insbesondere wir Kinder sind aufgerufen, zu erscheinen und mit dafür zu sorgen, daß keine Reste bleiben, Löffel sind von zu Hause mitzubringen. Alles vorgesehen für den Tag, an dem die „Auguste" beim nächsten Mal in Tangermünde anlegt.

Bohnensuppe essen wir alle gern. Am fraglichen Abend stehe ich mit anderen im Torweg, der zum Seiteneingang des Elbparksaals führt. Da kommt ein Mann über den Hof, links und rechts zwei Jungen, denen er die Hände auf die Schultern gelegt hat. Sein Kopf ist gesenkt, denn er spricht hinunter in die tränenüberströmten Gesichter.

Die Bohnensuppe bleibt in der Gulaschkanone und der Löffel in unserer Hosentasche. Wir gehen schweigend nach Hause.

In den Schulklassen erscheinen in den nächsten Tagen einige fremde Gesichter, die bei uns bleiben, als Mahnung an die „Fracht" der Auguste …

Es lebe der Ersatzstoff – Apfelschnee – Milei – Kunstwurst

Eines Tages wird es offenbar. Das, was Muddi und die Erwachsenen immer behaupten, stimmt. Die Bäcker hauen Kartoffeln in den Brotteig. Bei Bäcker „Daendel" in der oberen Roonstraße darf ich in die Backstube, zukucken. Und dann liegt er einfach da, ein großer Haufen Kartoffeln, bereit, den Mehlteig zu „verlängern".

Man weiß das längst, noch aus dem Ersten Weltkrieg. Der breite Klitsch-Streifen im Brot ist unverkennbar. Trotzdem schmeckt mir das Brot prima. Noch besser riecht es, wenn es frisch ist. Wer sich vorsichtig bewegt, darf zusehen, wie Bäcker Daendel mit langen Schubstangen die beiden großen, gemauerten Backöfen bedient. Fertiges Brot wird mit einem nassen Handbesen abgeklascht. Das gibt eine glänzende, knusperige Kruste. Was bekommt man da für einen Appetit! Anfangs schenkt uns Frau Daendel dann ein Plätzchen, später im Krieg versiegt die Quelle.

Meistens am Samstag gibt es Zusatzbetrieb. Die Bäckereien halten in großen Gerüsten viele Backbleche bereit, die man ausleihen kann, mit dem Kuchen seiner Wahl bestückt, und zum Backen bringt. Im Teig steckt ein Pergamentzettel mit Namen. Deutlich ist an den später in Regalen abkühlenden Kuchen zu sehen, wer noch „was hat". Während einige Kuchen bleich und trocken erstarrt sind, ist bei anderen das Zettelpapier durchgefettet. In großen Tonformen werden „abgerührte" Napfkuchen gebracht, deren Farbe den Legefleiß der Ackerbürgerhennen bestätigt.

Da Pabbas Paketsegen ausbleibt, haben wir keine Eier. Wer nicht verzichten will, greift, wenn vorhanden, auf Trockenei (Milei) zurück. Mit Wasser vermengt, trocknet die Masse in der Pfanne zu einem grauen, topfuntersetzerähnlichen Fladen. Bei Genuß ist der Magen zunächst so von dessen Härtegrad beeindruckt, daß er seine revolutionären Gedanken vergißt.

Hat man *Fett*, gestaltet sich die Produktion von Mahlzeiten und Gerichten wesentlich versöhnlicher. Bis weit in die Nachkriegszeit rückt das „Fett" in den Mittelpunkt allen Denkens des ernährungsbewußten Bürgers. Fett macht lange satt.

Fett gibt's für die meisten nur auf Lebensmittelkarten. Aber nicht immer. Nur dann, wenn ein Markenabschnitt aufgerufen war und der Kaufmann „Zuteilung" erhalten hatte. Deswegen war jeder Kunde auch bei einem Händler „eingetragen", um eine planmäßige Verteilung zu gewährleisten.

Muddi ist unter anderem bei der Metzgerei Schmücker eingetragen. Weiße Kacheln, weißer Marmor und Glas. Hinter der Theke der Meister selbst, ein frischgesichtiger Berg von unbekannter Ausdehnung, für den ein klösterlicher Kuttenmacher sicherlich fünf Ellen Tuch angesetzt hätte. Dazu reinlichstes Weiß, daß von Schürzen und Blusen strahlt. Frau und Schwiegertochter verkaufen, der Meister schwingt das Beil auf dem gescheuerten Hauklotz und reicht dann mit Handschuhgröße 65 das Gewünschte herzu.

Der Glanz des Geschäfts bleibt bis in die Kriegs- und Nachkriegsjahre erhalten, leidet jedoch darunter, daß jetzt auch hier „zugeteilt" wird. Schmückers feine Kalbsleberwurst und „Hackepeter", Begriffe mit Geltung, das war einmal. Die Frage: „Darf's etwas mehr sein?" gerät in Vergessenheit.

Wenn Muddi zu Hause die fettfreie „Krümelkalkleberwurst" und gummiartige „Expanderwurst" in der Speisekammer verstaut, murmelt sie regelmäßig: „Fast in den Finger geschnitten hat se sich!" Nur wenn Frau Schmücker ihrer alten Kundin verstohlen zwei gute Markknochen und einen kleinen Klatsch Schweine-Flomen ins Päckchen steckt, hebt sich die Stimmung.

Aus dem Flomen brät Muddi Griebenschmalz, und das bedeutet unter Verwendung von Zwiebeln, Majoran, Lorbeerblatt und eventuell einem Apfel für eine Woche einen köstlichen Brotaufstrich. Doch das ist selten der Fall.

Irgendwann beim Rückweg aus der Stadt ersteht Muddi im Feinkosthaus „Kaschelniak" eine Flasche markenfreie Hamburger Würzsoße. Die Soße gibt vor, nach Curry zu schmecken, und Gerhard mag sie sehr. Während die Flasche den Besitzer wechselt, entdecke ich im Hintergrund des Ladens ein Regal, gefüllt mit „frisch" abgezapften Limonadenflaschen. Mit Genehmigung entreiße ich dem Balinesischen Sonnenuntergang die Farbe Rot. Bis Metzgerei Schmücker bin ich ganz glücklich. Aber Brause allein macht nicht satt. Und so geht Muddi kurzentschlossen zu Bäcker Daendel und kauft 50 Gramm Hefe.

Vor dem Abendessen schaut sie erst in das Mädchendiarium von 1916 und erscheint dann als Hexe „Kräuterweis" mit ihrer Kasserolle vor dem Herd. Ein winziges Stückchen Rationsmargarine wird zerlassen, ein Löffel Mehl, die „gegangene" Hefe und eine Tasse warmes Wasser folgen, abgerundet von einigen kräftigen Prisen Salz und Thymian.

Gespannt beobachtet die Familie die Reaktion des Pfanneninhalts, und das Wunder geschieht. Zauberische Kräfte sind am Werk und heben den Pegel der blubbernden, aromatisch duftenden Masse stetig an. Als sie den oberen Rand erreicht, zitiert Gerhard Schillers „Taucher" (… wallet, siedet, brauset und zischt), und die Kunst-Kräuter-Koch-Leberwurst ist fertig.

Beherrscht überwinden wir die Abkühlungsphase, und dann darf jeder soviel essen wie er kann. Eine Kasserolle voll Leberwurst, das will bewältigt sein. Gerhard verleiht seinen Gabelbissen hin und wieder durch einen Klecks „Hamburger Soße" die besondere Note und schlägt uns alle.

Aber das Produkt ist gut gewürzt. Rechtzeitig fällt mir mein Brauseschatz ein, und unverzüglich zischt das „Balinesische Rot" in Gerhards und meinen Magen. Muddi bleibt bei Pfefferminztee.

In der Nacht erwache ich davon, daß Herzog Alba in meine Niederlande einmarschiert und die bedrängten Frühbelgier einen Ausbruchsversuch nach oben versuchen.

Nur mit Mühe erreiche ich den Bottich, versinke in Andachtshaltung und erstatte mit Muddis Hilfe das Abendessen zurück.

Als ich wieder das Bett finde und versuche, den Thymiangeschmack zu vergessen, pennt Gerhard immer noch friedlich. Vermutlich hat die Ersatzsoße aus den Vorzeitlabors der „Essig-Kühne"-Forschung Herzog Albas Hilfstruppen eine empfindliche Schlappe zufügen können.

Am Sonntagnachmitag gibt es eine kleine Entschädigung. Muddi macht „Kriegsaufläufer". Gekochte Kartoffeln, Grieß, Haferflocken, Quark, etwas Milch und Zucker vermengt und mit Sparfett in der Pfanne gedörrt. Dazu empfiehlt das Hausblatt der NS-Frauenschaft „Apfelschnee".

Man nehme: eine Waschschüssel (weil's so spritzt), ein Eiweiß, einen halben Eßlöffel Zucker und eine Tasse Apfelsaft. Als Schlagwerk benutzt man keinen Schneebesen, sondern einen spiralfederartigen „Schneeschläger". Nach einer halben Stunde ist die Waschschüssel voll, und alle Kinder jauchzen.

„Was, schon wieder so viel?" werden Sie fragen, und das finde ich etwas befremdlich.

Was ist schon eine Waschschüssel voll „Apfelschnee"!

(Alle Rezepte sind echt. Der Verfasser)

Wir sind tapfre Italiener,
unser Land wird immer kleener,
Sizilien habn se uns jenommen,
nach Rom da werdn se ooch noch kommen.
den Duce habn se uns jestohlen,
Den König werdn se ooch noch holen
Giovinezza, Giovinezza ...

Die Zeichen mehren sich. Auch in Tangermünde. Die älteren Menschen haben witternd die Nasen erhoben und stecken dann die Köpfe zusammen. Gerhard sagt: „Die Frauen im Hausflur und bei Kaufmann Eschker reden sich um Kopf und Kragen."

Den obigen Liedvers singen wir auf offener Straße nach der Melodie der italienischen National-Hymne. Keiner nimmt Anstoß. Es ist zwar ein Spottvers, aber sagt auch aus, daß der Achsenpartner den gemeinsamen Kriegswagen verlassen hat.

Auf einem Nachbargrundstück des Schulgeländes arbeiten „italienische

Kriegsgefangene". Sie sind Anhänger des neuen italienischen Ministerpräsidenten „Badoglio". Ihr Emblem ist der rote Badoglio-Stern. Manche haben ihn noch in der Hosentasche, geben ihn aber für Zigaretten an uns ab. Sie sind „Verräter" und müssen den neuen Löschteich ausschachten.

Die Männer, die auf Urlaub kommen, bringen auch Verse mit, und die Söhne erzählen sie in der Schule. Ursprünglich lautete der Text:

Eine Insel aus Träumen geboren
ist Hawai, ist Hawai!
Wer sie sieht, ist für alle Zeiten verloren
an Hawai, an Hawai!
Übers Meer, übers Meer klingt ein Lied,
und das ruft ihn zurück …

Eines Nachmittags singt Gerhard nach der schmissigen Peter Kreuder-Melodie stattdessen:

Eine Insel im Laufschritt verloren
ist die Krim, ist die Krim.
Wer sie kennt, bleibt für alle Zeiten verloren.
Das ist schlimm. Das ist schlimm.
Übers Meer, übers Meer,
kommt seit langem kein Nachschub mehr her …

Die Väter und Brüder, die aus Rußland kommen, haben im Oktober 1943 die Krim und auch Kursk schon hinter sich. Der Afrika-Feldzug ist verloren, die Amerikaner stehen tief in Italien, und die Japaner im Pazifik geben eine Insel nach der anderen auf.

Als Pabba im Juli 1943 zum letzten Mal in Urlaub ist, erzählt er von einem neuen Funkortungsgerät, über das der Gegner verfügt. Die „Treffs" der deutschen U-Boote mit den Sperrbrechern, welche das Geleit durch die Minensperren in die Atlantikhäfen übernehmen, werden immer seltener. Von zehn hinausgeleiteten Booten kehren nur zwei zurück. Bei Nacht und durch die Wolkendecke hindurch werden sie angegriffen und häufig versenkt.

Der Anblick von hohen Orden und Ehrenzeichen im Straßenbild wird vertraut. Sogar in meiner Klasse sitzt der Sohn eines Ritterkreuzträgers. Aber von drei Schülern sind die Väter gefallen.

Tangermünde ist immer noch Ausbildungsplatz. Stets sehen die Gesichter der Neuankommenden jugendlicher und kindlicher aus. Die Unterkünfte an der Kirschallee sind stets belegt. Wenn Ausgang ist, gehen sie vorzugsweise ins Café Utescher und in die Eisdiele Brückner auf der Arneburger Straße. Eines morgens ist die Frauenfigur in der Grünanlage vor der Oberschule obszön beschmiert und teilweise mit Dessous ausgestattet. Von vielen frischgepflanzten Maulbeerbäumchen (?) an der Kirschallee sind die Kronen abgebrochen. Die Soldaten fahren immer mit dem letzten Zug von Stendal in die Kaserne nach Tangermünde. Von den Wagen ist nur einer beheizbar. Da sitzen immer schon die Tangermünder selbst drin. Eines Nachts kuppeln die Soldaten den Wagen ab, und die beheizten Tangermünder bleiben stehen. Wer morgen sterben soll, will noch etwas Spaß haben.

Wenn die Soldaten „ausgebildet“ sind, stehen sie in Güterwagen auf dem Abstellgleis zwischen Schokoladenfabrik und Roonstraße. Viele haben noch kleine Wünsche und Reisemarken. Alle Jungen sind unterwegs. Bier ist am meisten gefragt, aber auch Brötchen und Wurst. Durch die Gärten von Ernst Damm, Tuscher, Hans Schmidt und Gärtnerei Törmer kann man sowieso. Aber keiner sagt etwas, wenn wir über Zäune klettern. Manchmal dürfen wir mit in den Güterwagen sitzen, und die Soldaten schauen uns etwas wehmütig an. Die Posten gestatten stillschweigend unseren Aufenthalt auf dem Bahnkörper.

Schon im Juni mußten wir zum Kartoffelkäfersuchen auf die Felder. Finstere Gerüchte gehen um. Die englischen Piloten schütten nachts säckeweise die Käfer auf die deutschen Felder, um die Ernte zu vernichten. Wir finden viele Käfer, aber auch eine ganze Reihe schmaler Stanniolstreifen, die von den „Feinden“ stammen. Selbstverständlich sind sie vergiftet. Lehrer Zielke beguckt die Angelegenheit mißtrauisch, zwischen zwei Stöckchen haltend, und steckt sie dann zu den Kartoffelkäfern in die mitgebrachten Flaschen.

Gerhard und seine Mitschüler müssen im Herbst zum Ernteeinsatz. Er kommt in das Dorf Buch zu Bauer Segelitz, Kartoffeln roden. Bei einem märkischen Kartoffelacker sieht man das andere Ende häufig nicht. Die Kartoffeln werden ausgepflügt, und das Bodenpersonal liest sie in Drahtkörbe und Säcke. An allen Stellen klappt das nicht, also von Hand. Rechte Hand Hacke, linke Hand packt Kartoffelkraut. Hau-ruck ... Der Acker muß auf Knien überquert werden, während der Herbstregen vom Himmel strömt, gegen den man einen Sack über Kopf und Schultern gestülpt hat.

Das Essen ist gut, berichtet Gerhard weiter. Riesige Stullen von einem Sechs-Pfund-Brot mit Wurst oder Schmalz. Abends Pellkartoffeln mit Speckstippe. Die Kartoffeln liegen in einer Mulde auf dem Tisch. Der russische Kriegsgefangene ißt mit. Er schmeißt eine Hand voll Salz über die Stippe-Kartoffeln. Hals und Genick sitzen voller Geschwüre. Das mit dem Beköstigen ist zwar verboten, aber viele Bauern tun es. Bauer Segelitz hat zwei Söhne an der Front, er braucht den Russen, der abends wieder ins Lager muß.

Auch Gerhard findet Anerkennung. Er ist jetzt fast 15 Jahre, aber sehr kräftig für sein Alter und zeigt sich im Umgang mit Ein Zentner-Säcken anstellig. Er hilft mehrfach auf dem Hof aus, was sich in der Nachkriegszeit noch auszahlen sollte, und auch die Einkellerungskartoffeln für 1943/44 werden, reichlich bemessen, von Gerhard mit Pferdewagen in der Roonstraße angeliefert.

Die Frauen müssen immer mehr Zeit darauf verwenden, Lebensmittel und Dinge des täglichen Bedarfs zu beschaffen. Blitzschnell spricht es sich herum, wenn die Aufrufe erfolgt sind, und schon muß man sich anstellen, um die Zuteilung abzuholen. Besonders belastend ist das Besorgen von Kohlen und Holz. Längst ist die Lieferung frei Haus nicht mehr üblich. Da wir keinen eigenen Handwagen besitzen, muß einer geliehen werden. Dann stehen Muddi und ich oder Gerhard stundenlang im kalten Wind für zwei Zentner Briketts oder Braunkohlen bei Wienecke am Hafen oder bei Lauenroth und Gädicke im Carlbau an. Wenn man nicht alles anzieht, was möglich ist, erstarrt man zum Eiszapfen. Wer mit der Warteschlange in den Schuppen gerückt ist, hat das Schlimmste überstanden. Dann wird der Wagen die Schloßfreiheit raufgezogen und gedrückt. Wenn wir oben ankommen, sind alle wieder warm. Bevor der Handwagen zurückgegeben wird, schmieren wir die Achsen aus Pabbas unerschöpflicher Waffenfettdose. Dafür dürfen wir wiederkommen.

Die Fliegeralarme werden häufiger, auch manchmal tagsüber. Eines Nachts dürfen wir nach der Entwarnung auf die Straße. In die Elbwiesen sind Phosphorbomben oder Kanister gefallen. Der Schein des Feuers leuchtet über die Dächer der Häuser. In einer anderen Nacht gibt es einen furchtbaren Knall, und ganz Tangermünde wackelt. In der Nähe des Dorfes Miltern ist eine „Luftmine" gefallen. Schaden ist keiner entstanden, aber bei so vielen 100 Kilo Sprengstoff bebt auch unsere alte Stadt. Das sind alles Notwürfe, wird gesagt.

In Tangermünde passiert ja nichts.

Zwischen Arneburger und Meyerstraße befindet sich ein Gefangenenlager. Es hat zwar einen doppelten Stacheldrahtzaun und Posten mit Gewehr, aber ein ziemliches Maß von Bewegungsfreiheit ist sichtbar. Viele Franzosen sind nach dem Frankreichfeldzug dageblieben oder verpflichtet worden. Sonntags spielen die Gefangenen auf dem Plateau des Weinbergs Fußball, und sie tauchen auch als Badegäste an den Buhnen auf. Sie müssen früh wieder im Camp sein, und wenn wir später vorbeikommen, herrscht dort häufig laute und ausgelassene Stimmung. Tagsüber arbeiten die meisten in der Zuckerraffinerie.

Man hat ihnen auch den Besuch eines Kinos ermöglicht. Sondervorstellungen oder ähnliches sind eingerichtet. Aber so ganz scheinen die „Gäste" mit ihrem Schicksal nicht einverstanden zu sein. Mehrfach stehen nach solchen Veranstaltungen Siruppappbecher, zweckentfremdet mit Scheiße gefüllt, morgens auf unserer Fensterbank. Muddi schimpft und entfernt die „Morgengabe" unauffällig.

Frau Thielchen, die Bewohnerin der vierten Mietwohnung in Roonstraße 44, begleitet uns jetzt häufig zum Baden. Sie hat kurz vor Kriegsausbruch den Sohn des Zollamtsvorstehers, Pabbas Chef, geheiratet. Ich finde sie jung, hübsch und modern. Außerdem kann sie gut schwimmen und Schlittschuh laufen. Offenkundig geht sie aber auch wegen uns Kindern mit.

„Die Wohnung ist ein Putzkästchen", sagt Muddi. Und wofür? Die letzte Nachricht von ihrem Mann kam aus Stalingrad. „Vermißt", hieß es dann.

Sie hat nie wieder etwas von ihm gehört.

Flaggen-Appell im Kiefernwald

Es kommen härtere Tage.
Die auf Widerruf gestundete Zeit
wird sichtbar am Horizont.
Bald mußt du den Schuh schnüren ...

Unser Pabba hat diese Verse von „Ingeborg Bachmann" nicht gekannt. Keiner der Männer, die in jenen Tagen auf Urlaub kommen, kennt sie. Frau Bachmann schreibt sie erst nach dem Krieg.

Und trotzdem hat sie das Gefühl der Lebensangst der Menschen jener Tage mit einem Griff gefaßt und mit dem Wurf ihrer Worte einzigartig gezeichnet.

Denn hinter der Dauerangst steht die Dauerfrage: Was kommt jetzt, nachdem du mir noch einmal ein Stück meines alten Lebens gezeigt hast? Ist es der letzte Ablaß, den ich vom Schicksal kaufen konnte, oder beginnen die Götter schon nach 14 Tagen neidisch zu werden? Die Urlauber-Soldaten der Kriegstage haben sicherlich alle Erfahrung gehabt mit dem Gespenst der „gestundeten Zeit", und jeder mochte seine Methode gefunden haben, ihm zu begegnen.

Entspannung, Fatalismus, Familie, Partner, der andere Mensch, nicht weiterdenken, Konzentration auf den Augenblick, lügen, saufen, vergessen als Training für die Fähigkeit, die Bedrohung ignorieren zu können.

Unser Pabba hatte auch seine Rezepte. So von jedem etwas.

Das Urlaubswetter Anfang September 1943 hatte uns nicht verwöhnt. Warme Regenschleier waren übers Land gezogen, Schwüle und Gewitter folgten. Dann Tage mit blankgeputztem Himmel und Spätsommerwetter.

Schon morgens hatte der Heimaturlauber den Kopf aus dem Fenster gesteckt und mit zusammengekniffenen Augen Witterung aufgenommen. „Es muß doch Pilze geben", war dann auch der Kommentar, und am Tonfall war deutlich zu hören, daß es sich um eine Feststellung, Drohung und Forderung handelte.

Als Sohn eines Schlesiers, im Thüringer Wald aufgewachsen, ist er ein „Pilzkundiger", und die Jagd nach den braunköpfigen Gesellen in den märkischen Wäldern um Tangermünde war vor dem Krieg seine Lieblingsbeschäftigung.

Es geht Richtung Staffelde in die sonnenerhellten Kiefernwälder auf Arnim zu. Muddi muß an diesem Vormittag zu Hause bleiben, der Haushalt. Vater und Söhne aber entschwinden für eine kurze Spanne jugendlicher Unbeschwertheit auf dem Pfad der Abenteuer.

Wenn Pabba von der Zeit „nach dem Krieg" spricht, ist diese Situation oft in den Zukunftsträumen beschworen worden. Nur die Ziele waren etwas höher angesetzt. Das Gebirge des Thüringer Waldes, das er, mit den Söhnen auf dem „Rennsteig" wandernd, erkunden wollte. Oder noch eine Stufe höher, die Ostsee mit „son' Sampan" (Segelboot) abschippern.

Wir brauchen heute morgen weder das eine noch das andere, denn die bescheidene Pilzpirsch auf den flachen Waldhängen bei Staffelde ist mehr als nur ein Ersatz. Es ist die Vorausschau auf jene ferne, glückliche Zeit, in der alle Familien-Träume wahr werden ...

Der Pilz-Erfolg hält sich in Grenzen, doch hat das nichts zu bedeuten. Mußte sich doch jedes Suchergebnis in der Familie an Waschkorb-Massenernten der Thüringer Berge messen lassen, und das lehnten wir ab.

Auf dem Heimweg Richtung Langendudeldei (Langensalzwedel) biegen wir vor dem Bahnübergangs rechts in ein kleines Waldstück. Pilze? – Na, ja! Aber etwas anderes entdecken wir. Bleiben wie auf Kommando stehen.

Eine winzige Mulde, eine flache Vertiefung, vielleicht zehn Meter im Geviert. Die Kiefern fügen sich zu einem natürlichen Kreis, der Boden völlig eben, nicht begrast, sondern mit einem Teppich glatter, glänzender Kiefernnadeln bedeckt. Brombeerbüsche verwehren den direkten Einblick.

Wir denken alle dasselbe, aber Gerhard sagt es zuerst: „Was für ein Lagerplatz!"

Die Idee zündet auch beim zurückgebliebenen Küchenpersonal, und die Mannschaft trifft begeistert die Vorbereitungen für das morgen angesetzte Sommer-Camp. Bereits in den frühen Abendstunden hat die beschreibende Darstellung des Lagerplatzes eine derart hymnische Überhöhung erfahren, daß auch Muddi gespannt ist.

Gegen neun Uhr mülmt das Expeditions-Chor auf schwerbepackten Fahrrädern am MTV-Platz vorbei durch den Sand. Ich sitze auf dem Gepäckträger hinter Pabba und habe Schwierigkeiten, bei Laune zu bleiben.

Vor mir versperrt die Rückseite des Seemann-Radlers in Seppeljacke die Sicht. Auf meinem Schoß schwankt mit links gehalten ein dickes Paket, und mit rechts halte ich mich an der Spiralfeder des Sattels fest. Zu allem Überfluß aber verströmt der Pilot eine wahrlich „atemberaubende" Duftwolke des universellen Marine-Körperpflegemittels „Nivea-Ultra-Öl mit Nußextrakt". Nach Pabbas Aussage wird es von allen Einheiten benutzt. Vor der Rasur zum Hautschutz, nach der Rasur zur Pflege. Vor dem Sonnenbad als Vorbeugung, nach dem Sonnenbad zur Linderung, vor dem Landgang, um dem geruchlichen Erscheinungsbild des Benutzers Ausdruck und Harmonie, der Frisur Akkuratesse zu verleihen, und nach dem Landgang als Intimpflege, wenn die Kolben der Maschine heißgelaufen waren.

Gerhards Frage, ob ein Schuß des Elexiers nicht auch den abendlichen Bratkartoffeln zu einer neuen, ungewöhnlichen Geschmacks-Nuance verhülfe, erntet einen strafenden Blick.

Egal, betroffen stehen wir schließlich vor unserem Lagerplatz. Unsere Beschreibungen waren dürftig, er ist noch viel schöner! „Das sieht ja aus wie hergerichtet", sagt Muddi, und es stimmt.

Ankunftsentspannung, Gelöstheit, ... Aktivitäten entwickeln sich, die Einrichtung des Basislagers beginnt. Proviant wird sichergestellt und seitlich (ameisensicher) gelagert. Mücken und Fliegen gibt es anscheinend nicht, die Elbe ist heut weit.

Wer bei Muddi vorbeikommt, kriegt irgend eine Kleinigkeit zugesteckt, bis Mittag ist es noch lange. Pabba öffnet das Sonderzubehör und entnimmt ein Bündel mittleren Tauwerks. Vorher verstaut er die „Mauser HSc, 7,65 mm" in der Hosentasche. Wir wissen, daß wir sie nachher alle einmal in die Hand nehmen und auf Bäume zielen dürfen. In der Wohnung ist das nicht gestattet, da liegt sie während der Urlaubstage an geheimem Ort (Nachttischschublade).

„Tampen braucht ein Seemann immer", meint Pabba und drückt uns die Taue in die Hand. „Lagerplatz sichern", lautet die Anweisung. Das ist nicht schwer. Wir gehen einfach den Kranz der Randbäume ab und machen um jeden eine Schlinge. Nur ein kleiner Durchgang bleibt, und wie Kinder, die nun auch das Haus oder die Bude, welche sie gebaut haben, bewohnen wollen, sitzt die Familie plötzlich auf den Decken, die Muddi ausgebreitet hat. Ihre Hände liegen im Schoß, und sie schaut uns lächelnd an. Sie war das organisatorische Zentrum und hat mit Sicherheit die meiste Arbeit gehabt. Das aber würde sie nie eingestehen oder gar aufrechnen.

Die Familien-Andachtsminute hält mich nicht so lange auf der Decke. „Ich dreh' mal ne Runde", sage ich und verlasse den Lager-Bann durch den Ausgang. Vorne der südliche Waldrand, Sonnenschein, dahinter ein Feld. Moosige Bodenwellen gibt es, wie Ruhebänke nebeneinander. Aber Birken, die gibt es doch gar nicht hier, denke ich noch und mustere die kleinen gelben „Blätter", die wie gesät den Boden bedecken.

Pfifferlinge !!!

Gedacht und gerufen, das war eins, während ich noch staunend auf das gelbe Gewimmel starre … Pfifferlinge, das war eine begehrte Beute. Kernig und aromatisch, für mich der schmackhafteste aller Waldpilze.

Aus dem Lager kommt zunächst keine Reaktion, dann unbestimmte Laute, schließlich Pabbas Stimme: „Du bist wohl selbst son' Pfifferling!" „Doch, doch!" Irgend etwas in meiner Stimme muß wohl überzeugend geklungen haben. Gerhard kommt durch die Büsche, barfuß auf Kiefernadeln, und die Eltern.

Staunen, Freude, Wundern … wie gesät … ausgerechnet heute … hier … vor unserer Nase … warn' doch gestern hier …??? Muddi muß Brotbüchsen und Keksdosen herausrücken. Vater und Söhne bemühen sich, den „Segen des Waldes" einzuheimsen.

Als wir ins Lager zurückkehren, ist das Mittagessen angerichtet. Neben dem befohlenen Hauptgang, Kartoffelsalat und Frikadellen, gibt es nette Kleinigkeiten, Überbleibsel aus „Frankreich-Beständen". Das fließt 1943 auch nicht mehr so.

Wir sitzen im Kreis, reichen uns die Hände und blicken einander an. „Mahlzeit, Mahlzeit, Mahlzeit." Überlieferter Familienbrauch, Beschwörung des Friedens der Mahlzeit, Bitte, die Tafelrunde möge unversehrt sein, wenn der Kreis sich wieder schließt … Wir lassen die Hände sinken, da steht Gerhard auf. Er geht auf eine der Randkiefern zu. Über einen der oberen waagerechten Äste hängt eine Leine. Gerhard nestelt an etwas und zieht dann, ritsch-ratsch, eine Reichskriegsflagge in die Höhe …

Die Familie vergißt die Frikadellen und starrt auf das Flaggentuch. Zwar nur eine Miniaturausgabe, ein Mitbringsel von Pabba, aber immerhin. Muddi macht eine ungehaltene Bewegung, ich bin begeistert, und Pabba schaut seinen ältesten Sohn an, der in den Kreis zurückkehrt. Dann wandert sein Blick wieder zu dem blutroten Zeichen, das nicht ausweht, sondern sich nur leise rührt unter den märkischen Kiefernkronen. Ein unmerkliches Nicken … Verständnis … Vater und ältester Sohn … Wissen und Eingeständnis …

„Die gestundete Zeit hat ihn eingeholt."

Doch die Beklemmung dauert nur noch wenige Sekunden, dann zerbröselt der Geist der zeitgerechten Beschwörung vor der Bastion des Familienbundes und dem Frikadellen-Hügel. Gabeln und Geschirr klappern, und Muddi sagt: „So'n Quark!" und da kann ich nun wirklich nicht zustimmen, denn die Frikadellen sind ne Wucht.

Schräge Sonnenstrahlen … Flattermuster der Wipfelschatten auf dem Waldboden … Ruhe …

Es hält ihn nicht länger, „Panis Staffeldis", der zuständige Waldgeist, Ortsgruppe 341, nördlicher Bahndamm, tritt herfür. Er beobachtet sie ja schon eine ganze Weile, aber jetzt sind sie alle eingeduselt. Er schickt noch eine Welle Harzgeruch, Beerenduft und Pilzaroma über die Menschen, läßt sie tief einatmen und kommt noch einen Schritt näher.

Eigentlich hat er sich ja gefreut, als sie ankamen. Sein Freund, der grüne Nöck von Buhne sieben, hatte ihm erzählt, daß sie sonst immer an der Elbe sind. Aber heute sind sie zu ihm gekommen. Besonders der kleine Bursche mit den hellen Haaren, dem er auch die Pfifferlinge geschenkt hat, gefällt ihm. Wenn der in Tangermünde bleibt, könnte ein richtiger Waldläufer aus ihm werden. Na, ja – notfalls kann man ihn einer anderen Ortsgruppe überweisen.

Den Vater bewundert er seit vorhin ein wenig. Wie der die Sache mit der Fahne pariert hat, um die Stimmung nicht zu verderben! Als Gott kann man schlecht gegen seine Gefühle. Stimmungen verdrängen, das bringt man uns erst gar nicht bei. Man ist ja belesen und kennt seinen Heidegger.

Der ältere Junge? Der wird es schwer haben, hin- und hergezerrt zwischen seinem Naturell und den Tricks dieser modernen Bauernfänger … hmm … aber er hat ja gute Anlagen …

Und die Frau? Er neigt den Kopf zur Seite, um ihr ins Gesicht zu sehen. Vor kurzem, 1908, bei einem Besuch in Thüringen hatten er und seine Freunde über sie geschmunzelt. Hatte immer Angst allein im Wald, sang aber immer laute Lieder … Loblieder … Lieder, die er mochte … seine Lieder … Waldlieder … Heute muß er sich anstrengen, sie kennt fast so viele wie er selbst, und das wollte etwas heißen. Sogar sein Lieblingslied, das ihm sein Onkel, der „Schwyzer Huegi“, neulich 1870 geschickt hatte. Jemand namens „Chottvried Chellr“ soll es geschrieben haben:

Aber auch den Föhrenwald
laß ich mir nicht schelten,
wenn mein Jauchzen widerhallt
in dem sonnerhellten.

Heiter ist's und aufgeräumt
und das Wehn der Föhren,
wenn die Luft in ihnen träumt,
angenehm zu hören.

Schlanken Riesenkindern gleich
stehn sie da im Bunde,
jedes erbt ein kleines Reich
auf dem grünen Grunde.

Aber oben eng verwebt
EINE Bürgerkrone,
die Genossenschaft erhebt
stolz zum Sonnenthrone.

Schmach und Gram umfängt sie nie,
nimmer Lebensreue;
schnell und mutig wachsen sie
in des Himmels Bläue.

Wenn ein Stamm im Sturme bricht,
halten ihn die Brüder;
und er sinkt zur Erde nicht,
schwebend hängt er nieder.

Lieg' ich so im Farrenkraut,
schwindet jede Grille,
und es wird das Herz mir laut
in der Föhrenstille.

Weihrauchwolken ein und aus
durch die Bäume wallen –
bin ich in ein Gotteshaus
etwa eingefallen?

Doch der Unsichtbare läßt
lächelnd es geschehn,
wenn mein wildes Kirchenfest
hier ich will begehen.

Versonnen mustert „Panis Staffeldis“ seine Schützlinge. Haben sie gut gemacht mit dem Lager. Besonders die Sache mit der Seilabgrenzung gefällt ihm. Haben sich hier in seinem Reich ihren eigenen Bannkreis geschaffen, für die Dauer ihres Verweilens die Wirklichkeit nach draußen geschubst, einfach aber wirkungsvoll.

Traurig wird er sein, wenn sie gleich aufwachen und weggehen. Er kennt ja etwas aus der Zukunft. Gewiß, er wird sie wiedersehen. Aber der Kleine ist dann ein „Halbstarker“ und der Große ein junger Mann. Viel von der Unbefangenheit und Freimütigkeit der beiden kann verloren gehen …

BIM – A – Bim – A – Bim

„Staffeldis“ rutscht vor Schreck von seinem Sonnenstrahl und fällt mit dem göttlichen Hinterteil auf die Kiefernnadeln. Dieser Bahnübergang hat ihn doch wieder zu Tode erschreckt. Seitdem die Feuerwagen durch seinen Wald fahren, geht ihm alles zu schnell.

Berge von Blech und anderem zukünftigen Schrott schieben sie durchs Land, und auf dem ersten Wagen steht „Räder müssen rollen für den Sieg“, was für'n Sieg?

Es gelingt ihm, den Gedanken abzubrechen und in die Keksdose mit den Pfifferlingen zu schlüpfen. Klappt auch nicht mehr so mit dem Gestaltwandel, Abnutzungserscheinungen.

Die Waldgäste sind zwar noch etwas bedröselt von dem erbaulichen Zinnober, den er ihnen verpaßt hat, aber sonst ist der Eindruck positiv. Ziemlich schweigsam packen sie ihren Kram zusammen, und als sie nach vielen wehmütigen Blicken zurück den Sandweg runterschieben, geht er im Schutz der Bäume neben ihnen her.

Bis zum Bahnübergang darf er mit, ohne Sondergenehmigung. Dort ist halt. Bevor seine Gestalt in der Abendsonne zerfließt, tritt er hinter die Menschen. Er legt ihnen die Hände auf die Schultern und dem Kleinen eine Hand auf die hellen Haare. Aus dem Dunst der Ebene wächst in der Ferne ein großmächtiges Kirchenschiff mit hohem spitzem Turm.

„Ach ja – eine von den Konkurrenz-Parteien in Tangermünde, aber heute konnte ja wohl einiges Terrain zurückgewonnen werden ...“

Denkt's – und tritt zurück ...
in den Schatten
der Bäume.

Tangermünder Heimatfront – oder „Butterschmalz ersetzt die beste Butter“ ...

Noch im Jahre 1988 stand die Parole auf dem Lehmbewurf eines Fachwerkhauses Lange Straße, Ecke Reuter-Straße. Man muß sich das vorstellen. Auf der Hauptstraße, die ja 1988 Leninstraße heißt, übersteht eine Nazi-Parole vierzig Jahre SED-Herrschaft?

Spätestens jetzt ist die Zeit gekommen, das Motto der alten Stadt an der Elbe zu zitieren:

„De Tangermünder hebben den Moot“, heißt es da.

Oder anders: „Nimm die Zeitläufte nicht so wichtig!“

Oder anders: „In Tangermünde hat das alles nur bedingt Gültigkeit!“

Oder anders: „Die Stadt ist älter als alle Parolen!“

Unter dem „Butterschmalz“ hing versöhnlicherweise ein roter, verglaster Holzkasten mit der Kinoreklame von „Rali“ und „Ute“. Für uns Kinder Erfahrung in einer neuen Dimension, lautete die Begrüßung häufig: „Haste schon jesehn?“

Gerhard ist Vorreiter und Betreiber in der Familie, kennt bereits Titel, Schauspieler, Handlung und besorgt häufig die Eintrittskarten. Man ist nicht wählerisch. Es wird alles angesehen, was das Programm bietet. Auch viele Kriegsfilme: Der Feldzug im Westen, D-III-88, Stukas, U-Boote westwärts, begeistern uns. Als in „Wunschkonzert“ der Orgelspieler in den Trümmern der französischen Dorfkirche zum letzten Mal Bach spielt, fühle ich, daß mein erster Schneidezahn durch das Zahnfleisch kommt. Bei „Lumpaci Vagabundus“ mit „Rühmann und Hörbiger“ muß ich auf dem Mittelgang mitagieren, werde von Muddi jedoch eingefangen und nun auf dem Sitz festgehalten.

Wie viele Frauen, mag Muddi Zarah Leander. Die „Röck“ ist ihr zu „freizügig“. Als Gerhard einen Röck-Text in zeitgemäßer Übersetzung wiedergibt: „Für eine Nacht voller Seligkeit ... zerreiß ich mir mein Hemd“, kriegt er 15jährig von Muddi noch eine gefeuert. Die Kinos sind schlecht geheizt, man zieht sich warm an. Wenn Fliegeralarm kommt, geht das Licht an, man muß die Eintrittskarte aufbewahren und kann den Film an einem anderen Abend zu Ende sehen. So sehen wir „Zehn Millionen suchen einen Erben“, mit Heinz Rühmann, insgesamt dreimal.

Sonntag morgen ist Jugendfilmstunde. Carl Zeiss, Ohm Krüger, Robert Koch, Friedrich Schiller und der „Alte Fritz“ (Otto Gebühr), erscheinen regelmäßig auf der Leinwand.

Die Familie geht lieber ins „Rali“ (Rathaus-Lichtspiele). Es verfügt über eine angeschrägte Sitzebene, hat Sperrsitz, Logen, hellbraune Polstersitze, Teppichboden, eine bessere Wiedergabeanlage als „Ute“, und wenn der Film anfängt, geht das Licht ganz langsam aus, und es ertönen Gongschläge.

Bei Nachmittagsvorstellungen ist schon früh Einlaß. Der Krach erreicht stets Orkanstärke. Plätze müssen „freigehalten“, erkämpft oder ertauscht werden. Häufig muß die Platzanweiserin eingreifen. Als es ihr gelingt, sich in einer Sturmpause tatsächlich Gehör zu verschaffen, gipfelt ihr Beschwichtigungsversuch in den Worten: „Wenn ihr die große Liebe mit Zarah Leander erleben wollt, müßt ihr ruhig sein!“ Worauf die Vorausovationen mit voller Stärke erneut einsetzen.

Muddi nimmt mich fast immer mit in die Stadt, und ich gehe gerne mit. Ziel ist meistens die Post oder die Stadtsparkasse, die liegen aber am anderen Ende schon kurz vor dem Neustädter Tor.

Erst wird eine Blechkanne auf den Hof von Metzger Schmücker gestellt. Ein Geldpäckchen liegt drin. Wenn wir Glück haben, ist abends beim Abholen „Wurschtsuppe“ oder sogar „Lose Wurst“ (Blut mit Grütze) drin. Vorläufig noch markenfrei. Im Eckhaus gegenüber ist eine Vertriebsstelle für „Leuchtgas“. Mit Glück kriegt man Feuersteine für Gasanzünder. Am Eingang ist das schönste Türglockenspiel, das ich kenne.

Jetzt haben wir die Möglichkeit, links herum über die Hünerdorfer Straße oder geradeaus weiter durch die Anlagen des „Alten Friedhofs“ zu gehen. Hier liegt am Ende ein eiszeitlicher Findling, und weiter unten kann man im E-Werk das Schwungrad des Generators sehen. Über die Notpforte gelangt man dann ans Stadthaus.

Geschäfte und ihre Auslagen sind nur zum Betrachten da. Teils, weil nichts zu sehen ist, und teils, weil es „außer der Reihe“ nichts gab. Die Familie spart eisern. Nach dem Krieg soll in Tangermünde „das Häuschen“ gebaut werden.

Bücher sind eine Ausnahme. Bei Wiedenhöfer, Haun oder Doelle kann man immer mit dem Finger zeigen. Das bringt dann etwas Bescheidenes, ein Malbuch oder so. Buntstife sind kriegswichtig und Bleistifte Mangelware.

In der Drogerie Törmer kann Muddi bis Kriegsende „Mate-Tee“ kaufen. Er ist schwach anregend und hilft etwas gegen die kalten Füße. Weiß der Deibel, wie der Drogist in dieser Zeit seine südamerikanischen Kontakte aufrecht erhalten konnte.

Ich gehe lieber zur Drogerie „Mathies“ Blumenthal, Ecke Arneburger Straße. Auf dem Regalsims in der hintersten linken Ecke steht die Porzellanbüste eines Modellpharmazeuten. Doppelkinnig, rotnäsig und blauädrig gleicht er verteufelt dem Inhaber selbst. Dieser scheint aber nicht zu ahnen, daß er schon zu Lebzeiten ein Denkmal besitzt.

Bei „Naverma“ kann man fünf ausgetretene Sandsteinstufen hochgehen und in den Laden gucken. Im Süßwarengeschäft „Peters“ geht es eine Stufe hinunter. Die geballte Kraft von zehn Mangeljahren haben es nicht vermocht, den Duft von Kaffee, Schokolade, Kakao und Bonbons aus dem Laden zu vertreiben. Wir gehen hinein, um mit der Besitzerin vor den leeren Regalen zu plaudern, den märchenhaften Duft zu genießen oder an „Führers Geburtstag“ 75 Gramm hartherziger Fondant-Beton-Pralinen auf Zuckermarken zu erstehen.

Einziger Lichtblick ist das Sporthaus „Utescher“. Hier gibt es alle Orden und Ehrenzeichen, Uniformzubehör jeglicher Art, Sportgeräte und Angelausrüstung, sofern überhaupt lieferbar. Einmal hat das Kaufhaus „Baer“ Holzkämme anzubieten, ein anderes Mal gibt es bei „Finger“ Bastelscheren.

Ansonsten muß man für alles Marken, Punkte oder Bezugsscheine vorweisen. Mein Traum sind Gummistiefel. Das Amt befindet sich in der alten Schule in der „Neue Straße“. Für Nachmittag hat Muddi ihr Domizil vor dem Bezugsscheinamt aufgeschlagen. Dann ist sie zum Sachbearbeiter vorgedrungen und hat Erfolg. Eine Nacht lang träume ich von der wasserdichten, glänzend schwarzen Fußbekleidung … vergeblich. Die ersten Gummistiefel kaufe ich mir selbst mit der Angelausrüstung 1963.

Auf der Hünerdorfer Straße befindet sich das Etablissement des Textilhauses „Dreckmann“. Der Inhaber sieht nicht nur aus wie Willi Birgel, er hat den gleichen Bart, die gleiche Frisur und bemüht sich mit weich knarrender Samtstimme um seine Kundinnen. Selbst wenn er nichts zu bieten hat als Gummiband und Druckknöpfe, fällt er nicht aus der Rolle. Ein Gentleman. Muddi kauft gerne Druckknöpfe bei ihm. „Man fühlt sich unwillkürlich etwas erhoben“, behauptet sie.

Im Frühjahr 1944 gelingt es Herrn Dreckmann, Muddi einen kurzhosigen Knabenanzug für mich auf Kleiderpunkte zu verkaufen. Nougatbraun mit gelbem Karo. Der Anzug hat stark gerundete Ecken und Revers, so daß ich aussehe wie „Mickefett“ von Wilhelm Busch. Das Kleidungsstück erntet von Anfang an meine ganze Verachtung.

Als wir mit Familie Witaszak und Ilse und Edith bei Verwandten in Baben/Goldbeck Obst holen, machen alle, bei Tieffliegergefahr, volle Deckung im Kartoffelacker. Nun entspricht das Äußere des Anzuges dem Namen des Verkäufers. Das stimmt uns heiter.

Wenn bei „Schmücker“ die Kanne etwas gefüllt ist, sind wir fast entschädigt für den leeren Nachmittag. In Muddis Handtasche befindet sich etwas, das sie nie mitzubringen vergißt. Es sind Vordrucke für „Feldpostbriefe“ mit Kleberand. Man kriegt sie bei „Haun“.

Bis zum Schluß sind sie ohne Bezugsschein zu haben.

Die schwarze Wollhandkrabbe

Der Reiz, das Verbotene zu tun, der Wunsch, ein gemeinsames Geheimnis zu besitzen, die Verschwörung zu genießen, Neugier und Forscherdrang waren wohl unsere Motive, ein Familien-Tabu zu brechen.

Wir wußten ja um seine Existenz in der Dachbodenkammer, jenes längliche Futteral aus braunem russischem Segeltuch (Linienschiff Wolga, Sawastopol 1917/18), bergend die Angelruten von Großvater Bernard …

Das ist der Mann, welcher die „Großfischtradition“ in der Familie begründete, der seiner Frau die Hechte auf den Küchentisch legte, die er bei Dömitz in der Elbe gefangen hatte, und auf dessen Magdeburger Fischereischein der Stör mit 100 Zentimeter und der Lachs mit 35 Zentimeter als Mindestmaß eingetragen waren. Welch eine Zeit, und welch ein Mann!

Natürlich sollte das später alles kultiviert, die großväterliche Tradition mit der „heiligen“ Ausrüstung fortgesetzt werden – nach dem Krieg. Aber irgendwann war mein Bruder nicht mehr bereit, auf den „Endsieg“ zu warten.

Gerhard hat sicher auf der Oberschule etwas von Bismarcks „Politik der vollendeten Tatsachen“ gehört, und so knien wir denn an einem Nachmittag im Frühjahr 1944 auf den staubigen Dielen des Dachbodens und begehen die Entheiligung gemeinsam.

Der Einsatz lohnt sich. Großvater hatte gute Qualität gekauft. Kein gewöhnlicher, gelber Bambuskram. Braunes, schwarzgeflecktes Pfefferrohr ziehen Gerhards behutsame Hände hervor. Die Steckhülsen aus glänzend poliertem Messing (Handarbeit) fügen sich saugend ineinander, und als sie zusammengesetzt sind, liegen zwei vollständige Ruten auf dem Boden. Dazu gesellt sich, an geschmeidigem, lederumwickelten Stiel befestigt, ein stählerner, handgeschmiedeter Landehaken (Gaff), wohlgeeignet und würdig, auch den größten Elbriesen seinem Element entreißen zu können.

Der Gedanke, daß diese Schätze weiterhin schmählich im Staub der Dachkammer vergammeln sollten, schockiert uns und gibt Mut. Gerhard nimmt zwei Rutenteile mit nach unten und deponiert sie sichtbar in unserem Zimmer. Ob und warum keine Reaktion von Muddi erfolgt, ist nicht mehr bekannt. Lebensumstände und die Zeiten hatten sich geändert. Stillschweigen bedeutet Zustimmung. Die Ausrüstung wird konfisziert.

Und nun merkt auf, Geschöpfe der grünlichen Tiefen, Gerhard der Barschmörder und Helmut Pfifferling der Plötzenschreck werden euch das Fürchten lehren!

„Gulki auße Kolonie“ angelt auf Aal. Fast ausschließlich. Er hat auch die größten Erfolge. Wenn er vom Angeln aufbricht, bewegt sich sein Rucksack immer noch, wenn er zu Hause ankommt. Bevorzugter Angelplatz ist eine Abwassereinleitung aus der Raffinerie an der Einfahrt zum Meyerschen Werkshafen. Wassertemperatur, nahrhafte Stoffe, die aus der Fabrik kommmen? Viele und auch große Friedfische werden hier gefangen. Krönung ist der mehrpfündige „Aland“ und die große Güster (Jüster). Vor allem aber Aal, immer wieder Aal. Es ist ja ein fetter, schmackhafter Fisch und nicht nur als Beute, sondern als Nahrungsmittel hoch willkommen.

Der Fang wird ganz simpel betrieben. Einfach eine feste „Zahnschnur“ mit mehreren Seitenhaken (Paternoster) beködern und Grundblei versehen und ohne

Rute ins Wasser. Irgend ein Stock wird in den Boden gesteckt und die Schnur um die Spitze gewickelt. Häufig ist der Aalbiß vehement, und die Schnur wird Hand über Hand ans Ufer gerissen. Wenn es dem Aal gelingt, sich um ein Hindernis zu legen, zieht man einen leeren, geradegebogenen Aluminiumhaken (Kriegsfertigung) an Land.

In all den Jahren haben wir nie einen großen Raubfisch zu Gesicht bekommen, Hecht oder Zander. Nach heutigen Maßstäben wurde aber auch alles falsch gemacht oder unterlassen, was an Mitteln und Methoden Erfolg gebracht hätte. Keine Wurfangeln, kaum Rollen, selten Köderfische, nur Sitzangelei und vor allem keine Kunststoffschnüre. „Sehne" bestand aus kriegswichtigem Material und war kostbar.

Erst 1947 sehe ich bewußt den ersten Hechtangler. Köderfisch mit Rückenköderung am Eingang zum „Bölsdorfer Haken". Auch er hat keine Rolle, sondern eine „Haspel" (Wickelbrettchen) zwischengeschaltet, um Schnur „geben" zu können. Vielleicht wird Erfolg auch verschwiegen, um fängige Plätze oder angewandte Tricks und Kniffe nicht preisgeben zu müssen, was bei der Weitläufigkeit der Elblandschaft nicht schwerfällt.

Doch solche Überlegungen belasten uns nicht. Unser Enthusiasmus kennt keine Grenzen. Vor die Angelbeute und um glückliche Angelstunden zu trüben, hat Petrus an der Elbe noch ein anderes Hindernis gesetzt: die Wollhandkrabbe.

In „Old Jamaica Rum" von Ernst F. Löhndorff wird der böseste aller Piraten auf Trinidad von den großen gelben Krabben bei lebendigem Leibe gefressen. Man hört ihn stundenlang schreien … schrecklich.

In einem Magdeburger Museum betrachten wir scheu das ausgestellte Exemplar. Der Körper ohne Beine hat den Durchmesser eines Suppentellers, und in Gerhards Biologiebuch steht, daß auch 40 (vierzig!) Zentimeter erreicht werden … furchterregend.

Seit 1910 ist sie schon hier, die Wollhandkrabbe. Aus China eingeschleppt, da wo diese hinterhältigen, gelbfalschen Schlitzaugen wohnen. Die Krabbe ist auch hinterhältig. Zerstört heimlich Fischernetze und Reusen, frißt Laich und Brut, unterhöhlt die Ufer, kneift dich in die Zehen und … frißt unbemerkt den Angelköder … häufig auch, indem sie den kostbaren Stahlhaken einfach abschneidet …

Das ist an Niedertracht und Tücke nicht mehr zu überbieten, und die Krabbe treffen gerechterweise Zorn und Verachtung jeden Anglers.

Wer mag schon Spinnen? Brbrbrbrbrbr !

Wer mag Spinnen, die auf acht spitzen Beinen blitzschnell laufen können, im Wasser und an Land? Brbrbrbr!

Wer mag Spinnen, die hart und wehrhaft gepanzert sind? Brbrbrbrbr.

Wer mag Spinnen, die als Freßwerkzeuge zwei starke, weißbezahnte Armscheren besitzen, bedeckt mit einem rosa-schwarzen Haarbüschel? (Wollhand)

Wollhandkrabben und Spinnen sind verwandt. Beide sind Gliederfüßler. Modelle für frühe Horror-Visionen.

Abstoßend, ekelhaft, furchterregend …

In der Elbe gibt es sie in den 40er Jahren in unglaublichen Mengen. Oft liegen die abgestreiften Schalenpanzer nach der Häutung massenhaft zwischen den Ufersteinen. Eine Plage, sie schädigt das Volksvermögen …

In der „Alten Elbe“ in Magdeburg ist in eine steinerne Überlaufschwelle ein metertiefer Kachelschacht eingearbeitet. Da können die Krabben nicht mehr hinaus. Wenn der Wasserstand es zuläßt, wird die vielbeinige, kribbelnde Masse mit Mistforken in Behältnisse geladen und irgendwo vernichtet …

An der ersten Tangerbrücke werden große Barsche gefangen, Ükel und Friedfische an den Ausflüssen der Stadtkanäle und Aal überall. Der Geheimtip der Insider aber ist eine andere Angelwelt, jene „Löcher“ und alten Elbarme „drüben – jenseits“, die im Überflutungsgelände vor oder hinter dem Deich liegen. Von gewaltigen Schwanzschlägen wird berichtet und im Winter auf die Massen eingeschlossener Fische unter dem Eis gezeigt.

Nach vielen Mühen gelingt es Gerhard, eine Erlaubnis für das gepriesene Dorado zu erhalten. Unsere Freude ist groß, die Erwartungen gewaltig und die Vorbereitungen erheblich. Wenn schon … dann muß auch alles zur Hand sein. Der Gedanke, etwas unterlassen zu müssen, weil etwas vergessen wurde, ist unerträglich.

In der frühen Morgendämmerung sind wir schon auf der Brücke. Der Himmel trübe, die Luft warm. Man könnte am Brückenende direkt den Deich hinuntergehen. Dort ist auch ein alter Elbarm, aber dem Anlaß entsprechend nicht angemessen. Längst ist von erhöhtem Punkt auf der Brücke der Platz bestimmt worden. Abgelegen, nur erreichbar hinten herum mit halbstündigem Umweg über eine „Heubrücke“ durch Wiesen und Gestrüpp. Das scheuen viele. Wir aber gedenken, die Köder in ein „jungfräuliches“ Gewässer zu senken.

Schmaler Lehmsand vor Abbruchufer, Büsche als Deckung, ein Streifen gelber Teichrosen … dahinter wird es tief …

An der Elbe immer das belebte Bild des Stromes, Strömung, Wirbel und Wellen … Schiffe und Menschen. Hier sind nur wir, die bleierne Fläche und die Stille. Wir verschmelzen mit dem Ufer, geborgen in Busch und Schilf, den Duft von Gras und Wasser atmend.

Gerhards Schwimmer hat sich knapp aufgerichtet, da muß er schon den Anhieb setzen … Rotfeder … wunderschön … gutes Maß. Gleich noch einmal … zack … und das setzt sich fort … Köderwechsel … selbstgemachter Teig … jetzt sind auch Plötzen dabei … wieder ein Wurm … und es ist ein fetter Gründling. Kleine Unterbrechung … Ich kriege die Zweitangel in die Hand gedrückt … und los … Die Fische mögen meine Angel auch, aber ich bin mit dem Gerät noch ungeschickt.

Die anfängliche Spannung löst sich, wir sind stolz, hat sich jetzt schon gelohnt, die Chose. Ist fast schon ne dicke Mahlzeit. Witze werden gemacht, die Fische lässig und selbstgefällig gelandet, Prognosen über die nächste Beute gestellt. Als ich einen kleinen „Rotzbarsch" fange, gießen sich Hohn und Spott über den degenerierten Winzling. Macht aber auch richtig Laune die Sache. Wir sehen den kleinsten Biß, können unverzüglich reagieren … dann Pause …

Träge hebt sich meine Pose etwas, sinkt wieder ein. Gib mal Anschlag! Der Widerstand ist nachgiebig, sich zäh lösend, hebt sich … Doch was ist das? Statt des silbernen Geringels eines gehakten Fisches erscheint dort nicht eine Wulst ekligen Flaums über der Oberfläche? Krabbelnde, wimmelnde Beine … ein massiger Körper … die scharfen Scheren tasten nach der Schnur …

Es sieht aus, als klömme sie Hand über Hand empor …

An meiner Schnur …

An meiner Rute …

In meiner Hand …

Wie ein Strom fließen Ekel und Entsetzen in meinen Körper … Erstarrung …

Urfurcht …

Er ist erschienen, der schwarze Unhold der Tiefe, die klimmende Ahnfrau aller Krabben, aus tausendjährigem Elbschlamm gerissen, kommt die klimmende Krabbe, um Helmut „Pfifferling" zu schrecken.

„Die Glocke kommt gewackelt." (Goethe)

„Die Krabbe kommt gekrabbelt." (Helmut Pfifferling)

Beowulfs „Grendel" im Sumpf und die Geschöpfe der Charybdis versinken in Bedeutungslosigkeit.

Es ist zuviel. Helmut Pfifferling, der Plötzenschreck, schmeißt die Angel in die Teichrosen und flüchtet ins Hinterland.

Und von da an wandelt er nun durch die Familiensage derer von Grüttner, beladen mit Schmach, Unehre und dem Makel der Feigheit.

Es nutzt nichts, daß er 1947 professioneller Krabbensucher wird. Eine halbe Gasmaskendose bringt bei den Aalanglern zwei Haken, ohne Vorfach. Das Zwikken der harten Krabben aller Farben und Größen schreckt ihn nicht mehr.

Immer erscheint das Brandmal frisch geputzt auf seiner Stirn, immer dann, wenn sein Bruder oder er selbst in launiger Runde die Ereignisse jenes Morgens schildert, an welchem Helmut Pfifferling der „Schwarzen Wollhandkrabbe" begegnete.

Die Silbervögel kommen ...
– Feinde über der alten Stadt –

Bisher hatten die Tangermünder den „Feind“ noch nicht so richtig zu Gesicht bekommen. Gewiß, die Kriegsgefangenen und „Hilfswilligen“ kannte man auch hier, aber diese desolaten Gestalten waren doch keine „Gegner“, und die Franzosen zählten nicht mehr.

Vom Herbst 1943 an änderte sich das. Zwar wird Berlin schon im August 1940 angegriffen und von da an noch etwa 90 mal, aber immer nur mit verhältnismäßig kleinen Gruppen. Was sind schon 20 Wellington-Bomber? Ein Haufen lahmer Krähen ...

In der Nacht vom 18. zum 19. November 1943 beginnt das britische Bomber Command ein neues strategisches Luftkriegskonzept[1]. Großangriffe auf Berlin, „Battle of Berlin“. Etwa 400 Bomber fliegen von Nordwesten gegen 20 Uhr über Bremen ins Reichsgebiet ein. Im Raum Tangermünde schwenken sie auf Ostkurs.

Viele Tangermünder sind natürlich wieder draußen und starren in den dunklen Nachthimmel. Doch das ist kein leises Summen mehr. Dumpf dröhnend ziehen die „Lancasters, Halifax, Stirlings und Mosquitos“ über die Stadt, Richtung Berlin. Auch im tiefsten Keller sind sie noch zu hören.

Das ist nicht immer so. Häufig erfolgen die Anflüge von Norden, und die Bomber schwenken erst über Brandenburg ein. Dann merkt man in Tangermünde nichts von ihnen. Insgesamt 16mal wird Berlin bis zum 24. März 1944 nachts angegriffen, dann ändern die Engländer ihr Konzept. Die Tangermünder müssen häufig aus den Betten, aber hier passiert ja nichts, und der „Feind“ bleibt weiterhin unseren Blicken verborgen.

Und auch das ändert sich. Am 6. März 1944 fliegen die Amerikaner den ersten Tagesgroßangriff gegen Berlin. Sie fliegen von Westen an[2] ...

Es ist ein schöner warmer Vorfrühlingstag. Der blaue Himmel ist hoch und weit. Am späten Vormittag gibt es Fliegeralarm. Natürlich spielen wir weiter in der schönen Sonne. Tagsüber ist ja nie was los. Das dicke Gebrumm ist immer nur nachts, da trauen sie sich. Nach einer Viertelstunde fängt es aber doch an zu brummen und wird immer lauter.

Wir stehen in der Straßenecke zwischen Tuschers Zaun und Gärtnerei „Guth“, und viele Nachbarn gleich uns. Von hier aus hat man am Turm der Schokoladenfabrik vorbei einen freien Blick nach Westen.

Plötzlich entdeckt jemand ganz hinten ein Wölkchen, das gerade entstanden

---

1 Groehler, Olaf: Bombenkrieg gegen Deutschland, Berlin 1990, S. 179.

2 Groehler, Olaf: ebd., S. 218.

sein muß. Eben war es noch nicht da. Ein Kunstwölkchen. Und das Wölkchen bekommt Leben, es wird größer. Nun hat es sogar einige Ableger bekommen und zeigt, daß es gar kein Wölkchen ist, sondern aus lauter weißen Streifen besteht. Einer von den größeren Jungen sagt es: Kondensstreifen.

Immer mehr Wölkchen ziehen über den Himmel herauf, und dann sehen wir alle, daß an der Spitze eines jeden Kondensstreifens ein Mücklein schwebt ... Selbstverständlich müssen die Mücken gezählt werden. Der Schnellste hört bei 60 auf. (In Wirklichkeit sind es 2 x 36, aber das wissen wir noch nicht.) Und sie brummen, immer lauter, wachsen gleichzeitig, und dann sind es Libellen. Der Blickwinkel hat sich verändert, und wie auf einer Bühne genießt jetzt die „untere Roonstraße" bei günstiger Beleuchtung die Szene.

Da zieht er heran, der „Gegner", über und über gleißend, Reflexe aussendend, eine mächtige, bolidenhafte Armada im Schmucke neuen amerikanischen Aluminiums, den Himmel, die Luft, den Raum und unsere Schädel mit einem ungeheuren Gedröhn ausfüllend. Als die Hauptmasse über uns angekommen ist, dröhnt auch der Boden unter unseren Füßen, mein Wort.

Die Sorgfältigen unter uns haben weitergezählt. Und haben bei zehn „Pulks" aufgehört. Genau sind es 730 Boeing B 17 und B 24 „Flying Fortress" (fliegende Festungen) und Liberator. Wir kennen den Typ genau. Bei Haun gibt es für 0,60 RM ein Taschenbuch. Vier Motoren, bis zu 24 Maschinengewehre (überschwer, Kaliber 12,7 mm) und häufig 20 Mann Besatzung. Ein Blick durch das Fernglas von Hans Schmidts Vater bestätigt das. Der Blick macht aber noch etwas anderes klar. Die Bomber sind nicht allein. Durch das Glas sieht man viele hundert Jagdflugzeuge, ihren Schutzbefohlenen ein sicheres Geleit gebend. Wer soll da noch rankommen! Und dann laden sie da die tödliche Last ab. Jeder Bomber ca. 2.000 Kilogramm ... Die armen Berliner!

Die Tangermünder haben offene Münder und einen steifen Nacken. Man kann sich nun nicht mehr an dem Gedanken vorbeidrücken ... Wenn die aber doch einmal bei uns ...

Der berühmte Fliegergeneral Adolf Galland hat den Anflug dieses Verbands beim Überqueren der Elbe aus zehn bis 15 Kilometern Entfernung gesehen[1]. Er schreibt: „Ein erbärmliches Gefühl beschleicht mich. Da zieht mitten über Deutschland Verband auf Verband an uns vorüber ... in uns ist eine Mischung von Wut und Hoffnungslosigkeit, die sich jetzt beklemmend auf die Brust legt."

Das wäre vielen Tangermündern aus der Seele gesprochen gewesen, und Beklemmung war auch noch bescheiden ausgedrückt. In vielen Wasserplömper-Ärschen begann sich das Wasser zu einer soliden Grundeisvoraussetzung zu verdichten.

---

1 Galland, Adolf: Die Ersten und die Letzten, Darmstadt 1961, S. 231.

Aber in Tangermünde konnte ja nichts passieren.

Doch, wenn auch nur beinahe. Die Amerikaner setzen ihre Großangriffe bei Tage auf Berlin fort. Am 21. Juni 1944 greift die 8. US Air Force mit 1.234 Bombern und 1.269 Jagdflugzeugen die Stadt an. 600 sind zum ersten Mal ausschließlich für die Wohngebiete der Innenstadt bestimmt[1]. Der Anflug erfolgt über Mecklenburg-Vorpommern und dann im Bogen von Osten nach Berlin. Die Tangermünder werden also nicht behelligt.

Da die ersten Bomben in Berlin um 6.35 Uhr fallen, sind viele der Ziele bereits um zehn Uhr von dichten Rauchwolken verdeckt. Ausweichziele werden fällig. In den Ziellisten steht seit kurzem auch „Stendal".

Von Südwesten kommend, erscheinen um 10.30 Uhr acht B 24 der 2. Bomberdivision und bombardieren den Bahnhofsbereich unserer Kreisstadt (Eisenbahnknotenpunkt)[2].

Natürlich sind wir draußen. Natürlich brummt es auch heute in der Luft. Aber das Brummen verändert sich, verliert seine Gleichförmigkeit und ändert die Tonhöhe. Die Luftschutzwarte wittern Unheil, schicken alle Wasserplömper in Keller und Bunker, und dann geschieht's.

Ein rumpelndes Rollen läuft unter der Stadt hindurch. Kurzwellige Stöße lassen Haus, Keller und Menschen erzittern. Fast ist es so, als säße man auf einem vibrierenden Traktor. Dieser Traktor aber ist so stark, daß sich der Luftschutzraum mit feinem, weißen Nebel füllt. Es ist Kalkstaub, der durch die Erschütterungen aus den Fugen geschleudert wird.

Frau Albah, eine evakuierte, ausgebombte Berlinerin, die seit kurzem im Hause wohnt, beugt sich stöhnend nach vorne und schlingt die Arme um den Kopf. Das Rollen, das Rollen, das Rollen, hören wir ihre Worte. Wenn das näherkommt, sind wir dran. Gemeint sind die Reihenwürfe der amerikanischen Sprengbomben.

Es kommt nicht näher. Der Angriff dauert nur wenige Minuten. Um 10.45 Uhr sind die Bomber schon über Salzwedel und fliegen Richtung Küste.

Am Abend kommt Gerhard nach Hause. Wir sehen ihn betroffen. Er ist müde und schmutzig. Die verfügbaren Kräfte, auch die HJ, waren in Stendal zum Einsatz. Räumarbeiten in den Trümmern, bis zu den Toten und Verschütteten, dann wurden sie immer weggeschickt. Die Bergungen übernahmen die „Profis". Gerhard bringt Brand-Trümmergeruch mit, der sich in der Küche verbreitet. Ja, sie seien auch verpflegt worden. Wortlos legt er eine dicke, gutbelegte Kommißbrot-Stulle auf den Tisch. Eine merkwürdige Gabe das. Lohn für Arbeit mit Trümmern, Not und Tod. Haftet dem Brot etwa auch schon dieser Geruch an?

---

1 Groehler: ebd., S. 328.

2 Groehler: ebd., S. 329.

Nein, es riecht gut. Die Stulle wird geteilt und von der Familie aufgegessen. Juni 1944. Sentimentalitäten kann man sich kaum noch leisten.

Ab und zu fallen sie jetzt auch vom Himmel, die Flieger, von der Flak oder Jägern abgeschossen. Deutsche und ihre Gegner. Wer an den Wracks ist, bevor die Bewachung eintrifft, kann abstauben. Begehrt sind Armaturen und technischer Kram. Bei uns Jungen aber vor allem die Gummistreifen von den Fensterdichtungen. Sie sind das beste Schleudergummi, was es gibt, und nicht verschleißbar. Das Glas der Kanzeln ist kein Glas, sondern ein Kunststoff (Plexiglas). Es erzeugt keine Splitter, man kann es anstecken, und es brennt mit schwarz-blakender Flamme herrlich stinkend vor sich hin.

Die Flugzeugtrümmer werden in offene Elbkähne verladen und zur Wiederverwendung verfrachtet. Besonders beeindruckend sind die riesigen Mengen an Munition für die 12 mm Bord-MGs. Haufenweise liegen die Gurte in den Kähnen. Die großen Jungen haben manchmal solche Munition aus den Wracks geklaut. Prüfend und achtungsvoll werden die riesigen Spargel in den Händen gewogen. Die mit den roten Spitzen sind Leuchtspur, die mit den schwarzen Hart- oder Bleikerngeschosse. Die Projektile werden fachmännisch entfernt und die Treibladung verbrannt.

Und dann bekommen wir auch die Männer zu Gesicht, welche die dicken MGs bedienen und die Bomben auf Berlin werfen. Ganz unvermittelt werden sie im Rittersaal auf dem Burgberg einquartiert. Das Gebäude ist zwar einsturzgefährdet, aber es trifft ja keinen Freund, und außerdem kann man den Burgberg gut bewachen.

Finstere Gerüchte gehen um. In Magdeburg hat man abgesprungene Flieger in der alten Elbe ersäuft. Piloten, die an den Dachrinnen hingen, wird auf die Finger geschlagen, bis sie loslassen und sich zu Tode stürzen. In Tangermünde gibt's sowas nicht. Einer, der in der Nähe heruntergekommen ist, kommt auf der Hünerdorfer Straße heraus, geht bei „Holland“ vorbei (Augenzeugen) und stellt sich unbehelligt der Polizei. Er und seine Kameraden sitzen auf der Burgmauer in der Sonne. Wir beobachten sie aus den Büschen der Anlagen heraus. Sie haben alle gute Laune, winken, lachen, stellen Fragen. Wir ignorieren die Anbiederungsversuche. Ich sehe die ersten dunkelhäutigen Menschen meines Lebens. Sie sind besonders freundlich und schrecklich zugleich. Wir beäugen die fremdartigen, meist gelb-braunen Uniformen und Kombinationen, die wunderbaren Lederjacken und Pelzstiefel.

Später müssen die Gefangenen arbeiten. Die Tangermünder Kleinbahnspur wird auf Normalmaß erweitert. Ein Gleiskörper wird zur Brücke hinaufgebaut und die Schienen auf der schon immer vorhandenen und dafür vorgesehenen Stahltrasse verlegt. Die Amerikaner müssen hart ran und arbeiten schwer bis in den Winter 1944/45. In einer Pause bricht einer der schwarzen Männer in einem angrenzenden Garten einen abgeernteten Rosenkohlstengel ab. Er zieht geschickt die „Rinde“ von dem Strunk und frißt vor unseren Augen das Mark mit seinen weißen Zähnen schmatzend und grinsend auf. Das beeindruckt uns tief.

Wenn die schweren D-Zuglokomotiven ganz langsam über das neue Gleis unserer Brücke fahren, zittert und schwankt diese doch erheblich. Aber immerhin hat Tangermünde jetzt eine Verbindung nach Osten ... Wer weiß ...?

Wir sind oft auf der Brücke, nicht nur wegen des Zuges. Ziemlich pünktlich jeden Nachmittag kommen die Übungsflieger. Sie sind in der Nähe stationiert (Borstel?) und benutzen die Elbbrücke als Trainingsobjekt. Meistens fliegen sie die „Arado 96“, und wenn die Maschinen mit 200 oder mehr Sachen unter der Brücke durchbrausen, sieht man den Piloten ganz nah in der Kanzel sitzen.

Als wir eines Morgens zur Schule gehen, steht auf dem Abstellgleis zwischen Schokoladenfabrik und Roonstraße eine Batterie schwerer Eisenbahnflak (12,8 cm). Komplett ausgestattet mit Feuerleitstand und zusätzlichen zwei Zentimeter Vierlingsflak. Auch auf dem Turm der Schokoladenfabrik wird in diesen Tagen leichte Flak installiert. Das Brückengebiet erhält eine Sicherung von mehreren 3,7 Zentimeter-Geschützen.

Beim schlafen gehen haben wir die Flak vergessen. In der Nacht fallen alle Bewohner des Hauses Roonstraße 44 sowie die Nachbarn in ihrer Gesamtheit einträchtig aus den Betten. Die Batterie hat das Feuer eröffnet. Die erste Salve wird immer gemeinsam geschossen, dann Einzelfeuer. Alle Fenster nach Westen, sofern sie nicht geöffnet waren, sind kaputt. Die Geschütze sind ja höchstens 70 Meter entfernt. Bei Hans Schmidt stehen sie praktisch im Garten.

Noch nie sind die Bewohner so schnell im Keller erschienen, noch nie haben wir ein solches Getöse gehört. Dagegen waren die Stendaler Bomben ein sanftes Säuseln. Aufenthalt draußen gibt es nicht mehr, wegen der Flaksplitter. Aber auch von der Haustür können wir die meterlangen, orangefarbenen Mündungsblitze sehen, die aus den Rohren fahren.

Im Keller ist keine schlechte Stimmung. Man amüsiert sich über die Knallerei und meine nervösen Zuckungen. Meine „Musikerohren“ leiden entsetzlich unter dem Krach. Als ich anfange, auf die Flak zu schimpfen, reagiert man unwillig.

Die Naivität der Frauen bestürzt mich. Die Batterie ist in Tangermünde, weil dies eine Einflugschneise der alliierten Bomber ist. Flak-Batterien dieser Art sind dazu da, vom Gegner ausgeschaltet zu werden. Sie gefährden ernsthaft den vielbeschworenen Tangermünder Frieden. Wenn die Batterie angegriffen wird, wollen wir mal sehen, was von der Roonstraße übrigbleibt? Die anwesenden Frauen der Hausgemeinschaft sinken tief in meiner Achtung. Also doch nur Hühner.

Am anderen Tag schließe ich Frieden mit der Flak und den Soldaten. Natürlich ist der Bahndamm und der Flakzug sofort unser erklärter Spielplatz. Eigentlich dürfen wir alles, turnen überall herum, besetzen die „Arbeitsplätze“ der Geschützbedienung. Eines Tages haben die Soldaten sich abgesprochen. Wir waren etwas zu wild.

Ich fühle mich plötzlich gegriffen, um Beine und Brust festgehalten. Pfeifend springen die Aggregate an, „Anton fertig, Berta fertig, Cäsar fertig, Dora fertig“. „Dora“ schwenkt in Position, der Verschluß öffnet sich, und die riesige Lademulde klappt auf. Jörge, der Ladeschütze, steht mit einem Satz daneben und tut so, als wolle er mich in der Lademulde unterbringen und sodann per Rohrpost in die Sterne senden. Meine Freunde sind geflüchtet, und ich brülle wie am Spieß. Natürlich wissen wir, daß das alles nicht geht. Aber wie sagt der Rheinländer: „Spaß anne Freud.“ Das geht auch den Soldaten so. Jörge lacht am meisten. Er hat nur noch ein halbes Kinn. Unterkieferschuß.

Hinterher ist Versöhnung. Wir gehen für die Männer einkaufen. Es gibt saure Drops und Kekse. Restgeld darf man meistens behalten. Die Soldaten sind dankbar für unsere Anwesenheit. Sie haben in dieser Zeit Dauerbereitschaft. Dazu kommt seit Mitte 1944 die permanente Tieffliegergefahr. Dann sind die Rohre der gewaltigen Geschütze gesenkt und starren nur wenige Grade über die Dächer der Stadt. Schutz oder Drohung?

Die Batterie hat Funkkontakt mit einer zentralen Leitstelle und weiß immer schon vor den Sirenen, daß es Alarm gibt. Dann gehen neuerdings auch die acht Fesselballons in die Höhe, welche die Hämertsche Eisenbahnbrücke sichern sollen. Man kann sie von Tangermünde aus sehen.

Gerhard gehen die Tiefflieger auch etwas an. Auf der Elbe werden ja wertvolle Wirtschaftsgüter in Massen transportiert. Darunter auch Mineralöle in Tankschiffen. Das sind die erklärten Ziele der Tiefflieger. Das Wasserstraßenamt Tangermünde organisiert einen „Havarie-Trupp“. Er rekrutiert sich aus den Mitgliedern der Marine-HJ. Die Jungen sind 15 1/2, höchstens 16 Jahre alt. Sonntagmorgens ist Übung auf dem gepflasterten Hafenplatz vor der Roßfurt. Sie haben ein motorisiertes Löschboot mit einer Hochleistungspumpe (3.000 Liter pro Minute) sowie moderne Schaumlöschgeräte. Bald handhaben sie die Geräte mit professionellem Geschick.

Wenn Alarm kommt, hechtet Gerhard in die bereitgelegten Plünnen und rast in Turnschuhen bei Nacht und Nebel zum Treffpunkt. Das ist ein altes Wohnschiff an der Werft, später im Hafen und von 1945 an der Keller des Amtsgerichts, viele Stufen hinunter, tief unter der Erde. Wenn er morgens nach Hause kommt, hat er immer entsetzlichen Hunger. Das Frühstück ist nur Vorspeise. Nach einigen Stunden Schlaf gibt's sofort Mittagessen. Er vertilgt einen Topf

Porree-Gemüse allein und von dem falschen Hasen, den es als Braten gibt, den Löwenanteil. Gabeln als Besteck lehnt er ab, nur Löffel sind geeignet.

Ja, ja, mein großer Bruder avanciert in atemberaubendem Tempo. Erstmal empfängt er die Jugendweihe und spricht vor dem Auditorium der vollbesetzten Oberschulaula markige Gedichte:

Willst du, daß wir mit hinein
in das Haus dich bauen,
laß es dir gefallen, Stein,
daß wir dich behauen.
(Friedrich Rückert)

Längst haben wir die beiden auseinandergenommenen 08-Pistolen, die in der Wohnung versteckt sind, aufgespürt und zusammengesetzt. Als zusätzliches Personal für Wachdienste gesucht wird, geht er aufs Stadthaus, legt eine „08“ auf den Schreibtisch, bekommt einen roten Waffenschein, Munition und eine weiße Armbinde mit der Aufschrift „Stadtwacht“. Darunter prangt das Tangermünder Siegel. Wenn Kriegsgefangene flüchtig sind, werden von diesem Einsatzkommando alle markanten Punkte, Zufahrtswege usw. besetzt.

Eines abends erscheint Karl Scheffer, der HJ-Stammführer, in unserer Wohnung. Gerhard ist sein Adjutant und soll für die „Napola“ (Nationalpolitische Erziehungsanstalt) vorgeschlagen werden. Mit angehaltenem Atem verfolge ich das Gespräch. Mann, oh, Mann. Napola ist die absolute Spitze. Dort wird die zukünftige Elite ausgebildet. Wir haben alle in der Jugendfilmstunde „Kopf hoch, Johannes“ gesehen. Schon die Nominierung ist eine Auszeichnung.

Im Korridor von Roonstraße 44 spricht Muddi das letzte Wort. Sie macht einen geraden Rücken, sagt dem Stammführer „nein“ und rettet mit Sicherheit ihrem ältesten Sohn das Leben. Bei Kriegsende wurden die Jungen dieser Schulen in die Kampfverbände integriert und größtenteils aufgerieben.

Jedoch das liegt alles noch in dunkler, ungewisser Zukunft. Hier und jetzt aber strahlt hell die Gestalt des „großen Bruders“, der Name der Familie, und ein winziger Teil der Gloriole fällt auch auf Helmut Pfifferling …

Reifen – Negerpocken – Knallerbüchsen und der „Timer“

Trotzdem oder gerade deswegen, weil unsere Zeit und Ereignisse stets daran erinnern, wie feindlich uns diese Welt gegenübersteht, gleiten wir ungewollt in unser eigentliches Kindsein zurück. Einer „bringt es auf“, und als hätten die übrigen nur darauf gewartet, übernehmen alle den Vorschlag, machen mit, und wir betreten begeistert das wunderbare, stets geöffnete Reich alter und neuer Kinderspiele.

Siggi Thäuer kommt mit einem „Reifen“ auf die Straße, jenem Kinderspielzeug, das mit einem Stöckchen angetrieben und durch seitliches Schleifenlassen auch präzise gelenkt werden kann. Siggis Spielzeug ist ursprünglich nicht dafür gedacht gewesen. Es ist der Metallreifen, der außen auf dem hölzernen Vorderrad eines Leiterwagens gesessen hat, aus einem Zentimeter dickem geschmiedetem Stahl.

Wenn Siggi, Gingola-Gongola-Gingola-Gongola, über das Kleinpflaster des Trottoirs rast, wissen alle Leute, auch die in den Gärten hinter den Häusern, daß er da ist, vergleichbar mit der Triangel auf einer Rinderfarm, aber zehnmal lauter.

Welch eine erstrebenswerte Betätigung. Sigis „wandelnde Glocke“ muß unverzüglich nachgeahmt werden. Aber Wagenreifen stehen nicht an jeder Ecke. Zwar bringt eine Expedition zur Müllhalde am Tanger einen weiteren mit, aber sonst muß man sich mit „Ersatz“ begnügen. Alte Fahrradfelgen mit und ohne Speichen rasseln zwar nur, sind aber sehr schnell. Faßdauben aus Holz oder Bandeisen sind gut zu beschaffen, entwickeln aber zu viel Eigenleben, weil sie konisch sind und stets allein um die Ecke fahren wollen. Letztlich die Endstufe einer konsequenten Entwicklung – Kinderwagenrad mit Rundholz im Achs-Loch, angeschoben und gelenkt mit langem Steuerstock. Im Spielzeugladen „Schmidt“, neben Metzger „Lange“, gibt es auch richtige Spielzeugreifen aus Holz, lächerliche Leichtkonstruktionen, die von den Mädchen bevorzugt werden.

Wenn wir uns einig sind, dreht die ganze Horde eine große „Rumkreise“. Jordanstraße, Arneburger Straße, Blumenthalstraße, Roonstraße. Da Siggi mit seinem „Reifen“ meistens vorausfährt, wissen die Passanten immer, daß wir kommen, und machen bereitwillig Platz. Erstens ist das Ding elend schwer, zweitens furchtbar laut. Mit Feuereifer wird darum von vielen Kindern versucht, Siggis „allabendliche Erweckung des Tangermünder Nordens“ nachzumachen und ihn zu unterstützen.

Neue Spiele entstehen und vergehen, werden von anderen abgelöst. Zum Kreisel-Spielen gehen wir in die Zufahrt zur „Hambach-Villa“. Die Straßendecke ist asphaltiert. Hier dreht sich der Kreisel am besten, und manchmal fliegt er meterweit durch die Luft. Die Mädchen betreiben ihre Hüpfspiele mit Ausdauer, Raffinesse und ersinnen stets neue Schwierigkeiten, abgelöst von einer Unzahl Ballspiele und Seilspringen. Die Jungen entdecken wieder mal das „Messer-Stecken“ und versuchen, in vorgezeichneten Karrees im Straßendreck den Mitspielern ein Stück Land abzugewinnen.

Dann kommen Gelegenheitsspiele, Tangermünder Spezial-Ausgabe. Unterhalb des Steigbergturms lagern bis in die Nachkriegszeit hunderte von Holzfässern, gefüllt mit Kunstharz. Als „Kollophonium“ von Geigenspielern geschätzt, wird es von uns zweckentfremdet verwendet. Es brennt nämlich sehr gut, verflüssigt sich in der Hitze des Feuers und ist dann kaum noch zu löschen. Eine leere Konservendose, deren Boden wir grob durchlöchert haben, dient als „Düse“. Das Ganze an einen stabilen Draht gehängt, eine handvoll Kunstharz hinein und gezündet. In der Dämmerung rasen wir wie bescheuert auf der Straße auf und ab. Die Öffnung muß nach vorne, dann tritt durch die Löcher ein blaugelber Feuerstrahl. Je höher die Laufgeschwindigkeit des Trägers, desto länger die Flamme.

Sie sehen, gemeinsam mit der Firma Messerschmidt entdecken die genialen Konstrukteure der Roonstraße die Funktionsgrundlagen eines „Staustrahl-Triebwerks ohne Turbine und Kompressor“ und rasen kometengleich oder wie eine frühe Sparausgabe von „Saturn V“ durchs Geläuf.

Ziemlich gefährlich, die Sache, werden Sie sagen. Na ja, ein Spritzer flüssigen, brennenden Kunstharzes hinterläßt schon ein bleibendes Andenken. Aber leider gibt es noch schlimmere Sachen, die unseren Kinderspielen den Rang ablaufen und uns mit ihrer bedenklichen Faszination gefangennehmen.

„Volle“ Munition ist begehrt. Die Großen haben auch welche. Alle möglichen Sorten und Kaliber. Deutsche und Beutepatronen, nur Projektile oder auch Hülsen. Man kann sie besitzen und rumzeigen oder auch aufmachen und das Pulver verbrennen. Wir kennen uns aus. Wozu gibt es ältere Brüder? Nur Vollidioten passiert was. Die spannen das Ding in den Schraubstock und haun mit einem Nagel auf das Zündhütchen. Sowas machen wir nur mit Sicherheitsvorkehrungen. Kleinkaliberpatrone (22 lfb Randfeuer) in Fuge von Bordstein, ausgerichtet auf Torflügel. Hammerschlag … es knallt, Bleigeschoß sitzt in Holz, kann rausgepult und beguckt werden.

Kein Mensch weiß heute noch, was eine „Negerpocke“ ist. Man braucht dazu weder einen Neger noch die Beulenpest. Eine Negerpocke ist eine handgemachte, abrufbare Schweinerei.

Man setzt die Fingernägel senkrecht auf den Unterarm und scheuert sie 100 mal hin und her, setzt die Fingerknöchel auf dieselbe Stelle und scheuert auch 100 mal hin und her. Fertig ist der „Kunstwolf“. Es brennt wie Feuer, und der

Empfänger muß während der Prozedur schon die Zähne zusammenbeißen. Aber was bringt ein modebewußter Jungmann nicht für Opfer.

Wenn man Glück hatte, war die Stelle nach drei Tagen wunderbar entzündet. Gehörte man zu den Auserwählten, dann eiterte die Sache. Negerpocken wurden an allen möglichen Körperstellen „getragen" und vorgezeigt. Eine zeitlang war eine „schmißähnliche" Sonderanfertigung im Gesicht der letzte Schrei. Nach dem Abschorfen blieb eine weiße, scharf begrenzte Narbe, die den Träger, unserer Meinung nach, mit einem Gesichtsausdruck kühner Verwegenheit ausstattete.

Schließlich wurde die Masche von Schule und Elternhaus verboten und dieser Ächtung mit drastischen Strafen Nachdruck verliehen. In der Schule hieß das eine empfindliche Tracht Prügel mit dem Stock vor versammelter Klasse.

Ein Sechs-Millimeter-Platzpatronen-Revolver ist eine feine Angelegenheit, aber er knallt auch nur. In Kriegszeiten muß man mehr erwarten können. Fachleute in der Betriebsschlosserei bei „Meyer" bohren mit sechs-Millimeter-Werkzeug Kammern und Lauf durch. Jetzt kann sechs-Millimeter-Flobert-Munition verschossen werden. Da die Schlagfeder ausgeleiert ist, wird sie durch ein solides Stück Federstahl ersetzt. Die Hahnspannung läßt sich nun außerordentlich schwer betätigen.

In Tuschers Zaunecke ist Probeschießen. Fünf Mann stehen in dichtem Kreis um den Ladeschützen. „Wietsch" hat die Kammern gefüllt. Den Revolver muß man mit beiden Händen packen, sonst kriegt man den Hahn nicht zurück. Das gelingt nur halb, dann rutscht der Hahn am Erregungsschweiß ab und schlägt vor ...

Blut spritzt, „Wietsch" ist weiß und „Strulli" wird langsam weiß. Eine Sekunde ... zwei Sekunden ... so ist das also, wenn einer von uns geht und in Tuschers Ecke stirbt. Strulli hat die Augen aufgerissen und die Hände vor der Brust. Vier Sekunden ... Wietsch hat sich durch die Haut zwischen Ring- und Mittelfinger geschossen. Strulli schluckt. Auf dem Metallknopf seiner Winteruniform entdecken wir eine tiefe Beule. – Es war ja nur Flobert.

Da ist die Sache mit den „Knallerbüchsen" weit weniger gefährlich. Zudem kostet die Beschaffung des Gerätes und der „Munition" nichts. Lediglich ein schöner Herbsttag, etwas Muße und handwerkliches Geschick sind nötig, um die Saison zu eröffnen.

Wenn die ersten Eicheln von den Bäumen fallen, ist es soweit. Unsere Ausrüstung besteht aus den üblichen alten Brotmessern und einigen Stücken gerader Haselnuß-Schößlinge. Außerdem trägt „Strulli" ein Stück Acht-Millimeter-Moniereisen bei sich. Unser Ziel ist ein Waldstück hinter der „Chemischen Fabrik", zwischen Waldschlößchen und Steinerts Schafstall gelegen. Hier besteht das Unterholz aus großen Holunderbüschen. Auf die haben wir es abgesehen.

Strulli ist der Fachkundigste, er hat die meiste Erfahrung. Witternd und prüfend umkreist er eine ganze Reihe von Büschen, ehe er auf einige völlig gerade, etwa fünf Zentimeter dicke Äste zeigt. Diese Auswahl erfolgt nach Merkmalen, die sein persönliches Geheimnis sind. Er irrt sich selten. Was wir brauchen sind Aststücke, in denen der filzige Markstrang im Innern gerade so stark ist, daß man ... mit ein paar Schlägen eine Eichel hineintreiben kann. Die Stärke des Astes ist kein verläßliches Merkmal. Dicke Äste haben häufig ein zu dünnes Mark, dünne Äste zu schwache Wandungen, die platzen. Manche suchen stundenlang vergeblich nach den passenden Enden, und viele Äste wurden vergeblich abgehauen. Wir aber haben Strulli ...

Jetzt blitzen die Buschmesser – alte Brotmesser – in unseren Händen. In Minutenschnelle sind die Äste durch und Stücke von 50 Zentimeter Länge herausgehauen. Strulli hat wieder mal recht. Noch ein prüfender Rundumblick, unser Gewissen schlägt etwas, denn sowohl Blüten als auch Beeren des Holunder werden in Tangermünde geerntet. Der wächst schnell wieder nach, los, haun wir ab.

Hinter dem Schützenhaus an der Mauer des Schießstandes ist ein stilles Plätzchen. Unterwegs haben wir schon Eicheln gesammelt, nicht zu dick, jeder kennt ja jetzt sein Kaliber. Die Hosentaschen beuteln schwer, manchmal gucken sie unten aus dem Hosenbein heraus. Doch nun erstmal die „Büchse" bauen.

Ein Aststück von 25 Zentimeter wird zurechtgeschnitten. Strulli stößt mit dem Moniereisen das Mark hinaus. Der mitgebrachte Haselnußschößling wird so zurechtgeschnitzt, daß er als Schieber oder Ladestock in die entstandene Röhre paßt, und wird mit einem weiteren Aststück als Handgriff versehen. Damit wird vorn und hinten eine Eichel in die Büchse geklopft, und das Ding ist geladen. Aber das dauert noch eine Weile.

Schweigen herrscht an der Schießstandmauer, nur das Knirschen der Schnitzmesser ist zu hören. Alle sind fieberhaft mit der Fertigstellung beschäftigt. Beim wem knallt es zuerst?

Manchmal stockt bei einem die Arbeit. Der Ladestock will und will nicht passen oder läßt sich nicht im Handgriff fixieren. Sofort ist Strulli zur Stelle. Er ist der Initiator, fühlt sich für die Ausrüstung seiner Truppe verantwortlich. Sein Gesicht ist vor Eifer gerötet. Die Nase läuft, aber an eine Unterbrechung der Produktion ist jetzt nicht zu denken. Zwar beseitigt die Zunge den jeweiligen Überschuß vorübergehend, häufig reicht das aber nicht aus. Dann muß der Ärmel herhalten, welcher schon eine verdächtig blanke Stelle aufweist. „Eine Schweinerei!" werden Sie sagen, aber einem Kumpel, der so mit dem Schnitzmesser umgehen kann, ist das wohl zu entschuldigen.

Plötzlich ertönt hinter uns das wohlbekannte „Ladeklopfen" und der Warnruf

„Feuer frei". Hans Schmidt hat den Schieber hinter die untere Eichel gepreßt und den Handgriff auf seinen Bauch gesetzt. Mit beiden Händen umklammert er das „Feuerrohr", um es dann mit einem Ruck über den Schieber zu drücken.

„Flopenggg" … macht es, und die komprimierte Luft schleudert die vordere Eichel fünfzig Zentimeter über unsere Köpfe gegen die Schießstandmauer. Jaaaaa!! Der erste Schuß ist gelungen! Schon lädt Hans seine Knarre nach … Klopf, klopf – klopf, klopf … Flopenggg … Das war gar nicht Hans. Klaus Garz ist auch fertig. Bald knallt es aus allen Richtungen … rasch hinter einen Baum. Keine Sorge, die Treffer sind völlig harmlos, aber wer hört schon gerne das Triumphgeheul eines Schützen.

Der Nachmittag geht zu Ende. Munter „ploppend" bewegt sich die Truppe durch den Herbstwald. Strulli hat alle geschlagen. Er benutzt sein Moniereisen als Schieber. Das kann nicht zerbrechen, und er kann viel mehr Kraft einsetzen. Das besorgen wir uns morgen auch, da, wo die Löschteiche betoniert werden, kann man solche Rundeisen finden.

Und dann? Dann gehen wir alle wieder zum Schützenhaus, denn es ist Herbst, und im Tangermünder Wald gibt es noch viele Eicheln für unsere „Knallerbüchsen".

Doch jedes Spiel erstirbt und ruht, wenn der „Timer" in Erscheinung tritt. Sie wissen sicher nicht, was ein „Timer" ist? Ein Timer ist ein Mensch, der gefällt. Er tut immer das Richtige, das, was gerade gefällt, was alle erwarten. Oder er tut das Gegenteil, dann gefällt er auch. Der Timer ist trotzdem schlecht einzuschätzen, man kann ihn nicht ausrechnen. Seine Einfälle sind überraschend und neu, zur Freude seines „Publikums". Ein Timer kennt immer die Modeströmungen, er bedient sich ihrer, schlüpft in neue Rollen, spielt sie perfekt und läßt sie wieder fallen.

Ein Timer ist nicht verfügbar. Er hat nie Zeit. Man weiß nicht richtig, wo er herkommt, hat stets den Eindruck, daß er sich im Aufbruch befindet, rastlos Szenerie und Rolle wechselnd, ein fernes Ziel im Blick. „On the road" … Aber *wenn* er da ist, bezaubert er alle.

Mein erster Timer ist „Bubi Riep". Ein „Frühtimer". Seine Mittel sind zeitgemäß beschränkt, aber er nutzt sie vollkommen. Er kennt alle Bücher und hat alle Filme gesehen, die er in allen Einzelheiten wiedergeben kann. In seinem Besitz befinden sich ein richtiger amerikanischer Trommelrevolver, ein Luftgewehr und die größte Sammlung von Bomben- und Flaksplittern.

Wer in seiner Partei mitspielt, verliert nie, fehlende Kraft gleicht er durch Gewandtheit und Witz aus. Er ist ein ausgezeichneter Läufer und kennt tausend Tricks. – Wenn wir stromern gehen, sind seine Ideen stets neu und unerschöpflich. Er ist ein Meister der Tarnung, sein Hinterhalt ist perfekt, und wenn er will, findet ihn keiner … – Sein größtes Talent aber ist die Schauspielkunst. Er kann jeder Held sein. Ich weiß nicht, wann Burroughs „Tarzan“ die Stadtgrenzen von Tangermünde überschritt. Die untere Roonstraße erreicht er jedenfalls erst 1943/44. Die verfügbare Jugend sitzt in Tuschers Ecke auf den Steinen, da kommt der „Timer“.

Bubi Riep selbst.

Erwartungsvoll sehen wir ihm entgegen. Schon von weitem erkennt man, daß er etwas Besonderes vorhat. Immer ist er nur für wenige Augenblicke sichtbar. Nähert sich von Haustürnische zu Haustürnische, überquert geduckt blitzschnell die Straße, verbirgt sich hinter den Bordsteinstapeln und liegt in der gleichen Sekunde hinter einer winzigen Bodenwelle, die wir nie bemerkt haben, macht einen Klimmzug an Buschs Hoftor, steht hoch aufgerichtet auf dem Eckpfeiler, trommelt mit den Fäusten auf die Brust und stößt einen markerschütternden Schrei aus.

Er springt federnd aus zwei Meter Höhe auf den Boden und kommt auf uns zu. Sein Gang ist gleichzeitig lässig und geschmeidig. Fast ein Paßgang, rechter Arm, rechtes Bein, die Arme rollen in den Schultern. Dann steht er vor uns, die wir längst alle das Maul aufsperren.

„Wer bin ich?“ … Schweigen.

„Tarzan, der Affenmensch!“ … (triumphierend)

Was nun folgt, ist eine Demonstration aller seiner Fähigkeiten, ein Feuerwerk. Er muß ja alle Lebewesen glaubhaft darstellen. Dazu gehören an diesem Abend weiße Schweinehunde, tumbe Negers, verbündete Gorillas und ein nettes Mädchen. Bubi Riep kann alles. Er pendelt, hangelt, schwingt und springt von imaginären Ästen und Lianen, er posiert, paradiert und reagiert und erledigt den Letzten in der Reihe der bösen Eindringlinge mit „Tarzan-Jriff“. Am besten gefällt er uns, wenn er die Gorilla-Mutter macht, die das Tarzan-Kind auf dem Arm hat, mit wiegendem Affengang über die Straße kommt und Lautkontakt aufnimmt … ho, ho ho … ho, ho, ho, ho ho … hooooo …

Bevor die Gorilla-Mutter gezwungen ist, ihrem „Kind“ die Brust zu reichen, verläßt Bubi Riep die Rolle. Die Darstellung würde seinem Nimbus schaden, ihn der Lächerlichkeit preisgeben. Wir verzeihen es ihm.

Noch am selben Abend spielen alle „Tarzan“, daß die Zäune wackeln. Die Erwachsenen, die aus den Fenstern sehen, lachen sich krank, aber das stört uns nicht.

Bubi Riep sitzt auf den Steinen und schaut uns zu. Er hat aus Claqueuren Akteure gemacht. Ab und zu ertönt Tarzans Urschrei, noch in der Entwicklungsphase begriffen. Bubi lächelt kaum merklich. Keiner wird je Tarzan sein, so wie er …

Bubi Riep, der „Timer“ …

Fluchtpunkt Tangermünde

Mit dem ersten Frost im Winter 1944/45 kommen die Flüchtlinge aus dem Osten. Ihre Pferdegespanne rumpeln über die Elbbrücke und dann die Hauptmann Loeper Straße hinauf. Die meisten kommen aus Ostpommern, darunter ein ganzer Treck aus Schneidemühl. Der Anblick der als provisorische Unterkunft hergerichteten Wagen ist bedrückend. Alles, was diese Menschen noch besitzen, ist dieser Wagen. Manche bleiben in der Stadt, andere werden weitergeleitet.

Das Gebäude unserer großen Volksschule (heute Diesterwegschule) wird geräumt. Es wird den Flüchtlingen als Unterkunft zur Verfügung gestellt. Wir Schüler werden auf die anderen Schulgebäude verteilt. Meine Klasse kommt in die alte Schule in der Neustraße. Auch Schichtunterricht ist angesagt, und wochenlang müssen wir nur alle drei Tage zum Unterricht.

In den Klassen erscheinen viele neue Gesichter und fremdartige Namen. Zu den Kindern der bombengeschädigten Familien aus Berlin, Hamburg, Essen und letzthin auch Dessau kommen nun die Kinder der Ostflüchtlinge. Scheu betrachten wir eine ganze Reihe von ihnen. Sie haben keine Eltern mehr und sind im Meyerschen Kinderheim untergebracht.

Die Schülerfrequenzen in den Klassen steigen beängstigend. Kein Wunder, denn die Stadt ist bis an die Grenzen ihrer Aufnahmefähigkeit mit Menschen vollgestopft. Zwangseinweisungen in Privathäuser sind die Regel. Gerüchte und Berichte über furchtbare Bombenangriffe auf Wuppertal und Krefeld machen die Runde. Über allem das Schreckenswort „Phosphor". Brennende Menschen, die in die schon brennende Wupper gesprungen sind.

Tangermünde ist immer noch unversehrt. Tausende von Bombern haben uns überflogen, doch kein Angriff erfolgte. Der Glaube der Tangermünder an eine Verschonung der Stadt (englisches Kapital in der Zuckerraffinerie) wird zur Legende und von den vielen Menschen, die hier Obdach und Zuflucht finden, willig übernommen.

Bei einem Kurzbesuch in Magdeburg sehen wir die andere Seite des Krieges. Die Vorstädte sind regelmäßig Ziel von Bombenangriffen. Hier gibt es kriegswichtige Industrien. Krupp, Borsig und Scheffer & Budenberg haben Zweigbetriebe. Die Altstadt mit den vertrauten Straßen und Geschäften ist noch unbeschädigt. Staunend sehen Gerhard und ich in den Auslagen Spielzeug, Musikalien, Noten, ja sogar Jagdwaffen kann man noch kaufen. Trotzdem empfinden wir bei unserer Rückkehr die Tangermünder Ruhe und Geborgenheit um so mehr.

Eines Nachts sitzt Muddi im Bett auf und erzählt uns weinend von einem schrecklichen Traum. Sie habe ihren Mann in der See treibend gesehen, umgeben von Wrackstücken. „Aber so deutlich, aber so deutlich“, wiederholt sie immer wieder schluchzend. Als wir am Abend mit dem Fahrrad von Hämerten kommen, läuten dumpf die Unken. Muddi, die an Vorahnungen und Gesichte glaubt, hat schwere Tage zu bestehen. Einige Zeit später „weiß“ sie jedoch, daß Pabba lebt. Nach Wochen kommt Post. Zwischen den Zeilen kann man lesen, daß der Sperrbrecher einen Minentreffer erhielt. Verluste sind zu beklagen. Bei der Explosion steht Pabba mit gesenktem Kopf, um sich eine Zigarette anzuzünden. Als er an die Decke geschleudert wird, zieht er sich nur schwere Prellungen und Stauchungen zu. Einer Reihe von Kameraden wurde der Schädel eingedrückt. Nicht nur Muddis Bereitschaft zur Mystifikation erhält neue Nahrung.

Die Waffen-SS startet eine Werbekampagne, um sich durch Vorverpflichtung den Jahrgang 1929 zu sichern. Gerhards Kameraden von der Marine-HJ und er selbst haben längst ihre Wahl getroffen und lehnen ab. Sie werden ins Wehrertüchtigungslager Bismarck beordert. Drei Tage lang versucht man, sie dort weichzuklopfen. Schikanen, nächtliches Wecken mit Befragungen, Einschüchterungen und Drohungen. Die Jungen bleiben standhaft. Nur Otto H. erliegt den Methoden und letztlich der Aussicht, einmal eine weiße SS-Galauniform tragen zu dürfen. Seine Kameraden sehen ihn niemals wieder.

Gerhard und Muddi werden dienstverpflichtet. Beide müssen in der Produktion der Zuckerraffinerie arbeiten. Muddi arbeitet in der Abteilung, wo die dicken schweren Jutesäcke gewaschen und geflickt werden. Es ist viel Trage- und Hebearbeit dabei, und das bei ihrem kaputten Rücken! Zuerst zögert sie, aber nach acht qualvollen Wochen sucht sie einen Spezialisten in Stendal auf. Sie hat einen schweren Bandscheibenschaden, einen Nabel- und einen Leistenbruch und braucht nicht mehr in die Fabrik zu gehen.

Als die russischen Truppen die Oder erreichen, wird Helmut Pfifferling Grüttner in das Zeitgeschehen miteinbezogen. Er wird auf das Stadthaus gerufen und erklärt sich durch Unterschrift bereit, ab März 1945 dem Jungvolk anzugehören. Dann wird er endlich auch richtigen „Dienst“ machen dürfen, davon ist er fest überzeugt.

Militärkonvois fahren jetzt häufig nachts über die Brücke nach Osten. Eines Abends steht eine Batterie Vierlingsflak auf Tiefladern in der Einfahrt zur Hambach-Villa. Die Mannschaften werden irgendwo versorgt, ein blutjunger Posten bleibt zurück. Er ist noch nicht ganz 17 Jahre, im Ruhrgebiet zu Hause und hat seit Wochen keine Nachricht von seinen Eltern. Einer der umstehenden Rentner schenkt ihm Zigaretten und eine handvoll Kandis, die er gerne annimmt. Der Stahlhelm ist für sein schmales Gesicht viel zu groß, und der Kolben des geschulterten Karabiners (98 A, Erster Weltkrieg) reicht ihm fast in die Kniekehlen. An diesem Abend gehe ich mit Dankbarkeit im Herzen nach Hause. Wenn die Rolläden heruntergelassen sind, spendet die alte rosafarbene Wohnzimmerlampe ihren tröstlichen Schein, und die „Familie“ versammelt sich um den Abendbrottisch.

Einige der Oberschüler entdecken gleichgelagerte musikalische Interessen. Auf der Brandwache, die sie in ihrer Schule halten müssen, üben sie mit Genehmigung des Schulleiters, Dr. Neubauer, auf der Bühne der Aula. Wenn Bomben fallen, hört man das sowieso. Während eines Fliegeralarms wird zu mitternächtlicher Stunde plötzlich energisch an die Seitentür geklopft. Herein kommt eine Gruppe ranghoher Offiziere der hiesigen Fallschirmjäger-Garnison. Auf dem Rückweg von einer Einladung haben sie aus der verdunkelten Aula „schräge Musik“ gehört. Sie bleiben und sehen lächelnd mit leiser Wehmut, mit welcher Bravour und Begeisterung die jungen Leute ihre Instrumente handhaben.

Jutta Hallmann (Klavier), „Guam“ Holzhausen (Geige) „Wanze“ Bankowski (Schlagzeug) und „Nanking“ Grüttner (Akkordeon) erleben ihre Feuertaufe. Die „Band“ spielt mit Hingabe Schlager-, Tango- und Swingtitel. Als die Entwarnung kommt, haben sie eine Einladung für das nächste Fest in der Garnison.

Bei der nächsten Fete sind sie dabei. Vor den jeweiligen Einsätzen wird ja gefeiert. Lebensmittel und Rotwein sind extra beschafft worden. Es geht hoch her. Morgen ist sterben befohlen. Soldaten nehmen Gerhard das Akkordeon aus der Hand, frühere Profis aus Berlin und anderen Großstädten. Namen werden genannt: Albert Vossen, Kurt Drahbeck, Heinz Munsonius. Über die gemeinsamen Vorbilder findet man rasch zueinander. Staunend sieht mein Bruder handwerkliches Geschick und musikalisches Können.

Die letzte Erinnerung an den letzten Abend in der Heimat sind ein paar Lieder auf dem Akkordeon. „Tanzende Finger“ von Will Glahé, „Roter Mohn“, „Stern von Rio“, „Unter der roten Laterne von St. Pauli“ oder „Antje, mein blondes Kind“, gespielt in den Barackenunterkünften dieser mitteldeutschen Kleinstadt. Wie hieß sie noch gleich?

Ach ja, Tangermünde an der Elbe …

Staub, Schutt und Asche.
Was uns teuer war,
ist hingesunken;
über Gräber nur
folg'n wir des Krieges
leidensvoller Spur,
wir Schatten
aus der Schatten
fremder Schar
(nach Reinhold Schneider)

Am 17. Januar 1945 dringt dunkle Kunde in unsere Stadt, einige haben es auch im Radio gehört. Magdeburg, 60 Kilometer stromaufwärts gelegen, ist von einem furchtbaren Bombenangriff heimgesucht worden.

Während des Einkaufens hört Muddi noch anderes. Tangermünder Bürger aus der südlichen Vorstadt haben berichtet, daß der Himmel elbeaufwärts die ganze Nacht rot gewesen sei. Wachen oder Beobachter auf den Türmen Tangermündes hatten die Angaben bestätigt, die flackernde Helle eines riesigen Brandes sei auszumachen gewesen. Ein ungeheurer Flächenbrand, ähnlich dem in Hamburg. Nicht einen der eher sporadischen Angriffe auf die Vorstädte Magdeburgs mit seinen zahllosen Industriebetrieben, sondern eine jener geplanten, systematischen Bombardierungen, die das Ziel hatten, eine ganze Stadt auszulöschen, sie sterben zu lassen.

Im Laufe des Tages verdichten sich die Informationen zu einem einzigen Bild des Schreckens, werden von Augenzeugen, Flüchtlingen und Schiffern, die stromabwärts kommen, bestätigt. Der Angriff galt der Innenstadt. Sie sei vollkommen zerstört. Nur ganz wenige Häuser stünden noch, viele Tausend Menschen seien umgekommen, verbrannt, in Kellern und Straßen erstickt.

Wir können uns das gut vorstellen. Muddi und ihre Familie haben viele Jahre in Magdeburg gelebt. Wir Kinder waren in den Sommerferien häufig dort zu Besuch gewesen, kannten die Beschaffenheit des noch mittelalterlichen Stadtkerns, die alten Häuser mit ihren Balkendecken und die engen Gassen, deren Hauswände man berühren konnte, wenn man die Arme zur Seite streckte. „Mein Gott", sagt Muddi, „Grüne Arm Straße, Goldschmiedebrücke, Venetische Straße, Knochenhauer Ufer, da ist doch niemand mehr herausgekommen!"

Und unsere liebe Großmutter, Oma Bernard, wohnt auch in Magdeburg, direkt im Zentrum, gegenüber der Katharinenkirche. Schlimmste Vermutungen werden geäußert. Es stellt sich heraus, daß der Mann unserer Nachbarin, Herr Witaszak, augenblicklich in einer Magdeburger Kaserne stationiert ist. Außerdem sind von Muddi zwei Brüder und unsere Tante Käte dort ansässig. Allerdings wohnen sie in den Vorstädten.

Wie oft, vor allem, nachdem die ersten Bomben auf Magdeburg gefallen waren, hat Muddi Oma gedrängt, zu uns nach Tangermünde zu kommen. Wir waren ja immer verschont worden. – Oma aber wollte aus ihrer Wohnung und der Stadt, in welcher sie beinahe drei Jahrzehnte gewohnt hatte, nicht fort. Vielleicht war ihr dieses Verharren nun zum Verhängnis geworden.

Muddi und Frau Witaszak beschließen spontan, am anderen Tag nach Magdeburg zu fahren und sich Gewißheit zu verschaffen. Gerhard und ich müssen mit. Der Reisetag gestaltet sich zu einem Alptraum. Die Anfahrt nach Stendal verläuft noch normal. Für die Strecke Stendal nach Magdeburg jedoch braucht der Zug den ganzen Tag. Von zehn Uhr bis 16 Uhr hält er viele Male auf freier Strecke. Dann stundenlang an den Haltepunkten Demker, Angern-Rogätz, Loitsche und Wolmirstedt. Die Unterhaltung im Zug dreht sich ausschließlich um den Bombenangriff. Zugestiegene Reisende, Augenzeugen aus der Umgebung Magdeburgs, schildern ihre Eindrücke, beschreiben das Inferno, welches sich dort abgespielt haben muß.

Furchtbare Beklommenheit und Angst herrschen im Abteil. Welche entsetzliche Gewißheit erwartet uns dort, wo wir gewohnt waren, unbeschwerte Ferientage zu verbringen, umsorgt und verhätschelt von Oma, Tante Käte und Onkel Artur?

Wir vier Tangermünder können ja überhaupt nicht mitreden, kennen den Schrecken nur vom Hörensagen. Bis heute, Januar 1945, war noch keine gezielte Bombe auf unsere Heimatstadt gefallen. Höchstens ein paar Notwürfe von angeschossenen Bombern. Bis weit in 1943 hinein hatten viele Tangermünder die Zeiten der Fliegeralarme als Zuschauer auf der Straße verbracht.

Nach Magdeburg hinein ist eine Zugverbindung sowieso nicht möglich. Auf einem der Neustädter Bahnhöfe ist Endstation. In der frühen Winterdämmerung verlassen wir das Stationsgebäude. Auf dem Vorplatz liegt eine Anzahl Blechleitwerke von Phosphorbomben im Schnee. Aber das entsetzt uns nicht so sehr wie eine andere Wahrnehmung, die uns schlagartig anfällt, zwanghaft Mund und Nase füllt.

Es ist der Geruch ... der entsetzliche Gestank, der furchtbare Brodem, der die Trümmer einhüllt. Er ist nicht beschreibbar. Man muß selbst erfahren haben, wie eine verbrannte Stadt drei Tage nach einem Bombenangriff stinkt.

Hier haben alle Dinge gebrannt, die Menschen für sich zusammentragen, um in dieser Welt zu leben.

Aber es stinkt auch nach ihnen selber, den Bewohnern dieser Stadt, denn unleugbar, unzweifelhaft mischt sich in diesen Höllendunst der Gestank nach verbranntem Fleisch …

Straßenbahnen fahren so gut wie überhaupt nicht, die Innenstadt ist kaum begehbar. Auch die Brücken über die Elbe sind getroffen. Sicher passierbar ist nur die „Hermann-Göring-Brücke". Wie zynisch das Schicksal doch manchmal ist!

Wir müssen über die Elbe. Wenn Oma noch lebt, ist sie bei Tante Käte in Magdeburg-Krakau. Also los, zu Fuß den stundenlangen Weg durch die ganze zerstörte Stadt, auf Umwegen, immer wieder neu eingewiesen von Menschen, denen wir begegnen. Überall sehen wir noch Rauch aus den Trümmern aufsteigen, welcher den atemberaubenden Dunst ergänzt, der unvertreibbar über allem lagert.

Aufräumungsarbeiten sind im Gange. Arbeitsgeräusche und Rufe dringen aus unpassierbaren Seitenstraßen zu uns. Keiner spricht es aus, aber wir alle ahnen es. Die meisten Toten dieser Bombennacht liegen noch unter den Trümmern, und wie man später weiß, kämpfen zu diesem Zeitpunkt noch verschüttete Menschen um ihr Leben.

Meine Phantasie ist diesmal nicht dienlich. Hartnäckig und bösartig kehrt jene Zeile aus der „Glocke", die Gerhard vor Wochen auswendig lernen mußte, in das Bewußtsein zurück: „In den öden Fensterhöhlen wohnt das Grauen …" Glücklicherweise konnte mein Gehirn an dieser Stelle nicht weiterdenken. Entstellte und zerfetzte menschliche Körper hatte ich noch nicht gesehen. Das Schreckliche, was sich hinter den leeren Fassaden verbarg, hatte in meiner kindlichen Vorstellung noch keine Gestalt angenommen, stellte jedoch sofort einen greifbaren Ersatz bereit. Wen anders als eine Hexengestalt schlimmsten Aussehens produzierte meine Einbildungskraft. Hohl heulend beschwört sie den Tod über dieser Wüste und reißt mich später nachts aus schauerlichen Träumen, als für Magdeburg Voralarm gegeben wird.

Unterwegs erfahren wir, daß die Kasernenkomplexe weitgehend unversehrt sind, und Frau Witaszak atmet auf. Spät in der schneehellen Januarnacht erreichen die vier Tangermünder Tante Kätes Wohnung in der Krakauer Richthofenstraße. Die voller Angst immer wieder gestellte Frage nach dem Schicksal unserer Verwandten löst sich in einem Tränenstrom, als wir Oma und die Tante gesund in die Arme schließen können. Omas Wohnung ist beschädigt, aber nicht zerstört. Tante Käte hatte ihre fünfundsiebzigjährige Mutter am Morgen nach dem Angriff über und über verrußt und mit Mörtelstaub bedeckt, auf ihren Koffern sitzend, vor ihrem Haus in der Innenstadt vorgefunden. Die Möglichkeit, auf den großen Platz vor der Katharinen-Kirche flüchten zu können, hatte sie davor bewahrt, von stürzenden Trümmern erschlagen und vom Rauch erstickt zu werden. Nach Aussagen des Hauswirts hatte Oma, ihrem Naturell entsprechend, tatkräftig mit Feuerpatsche und Sand eine Stabbrandbombe gelöscht, die das Dach durchschlagen hatte.

Wir bleiben zwei Tage in Magdeburg, um Vorbereitungen zu treffen, denn Oma ist nun bereit, nach Tangermünde überzusiedeln. Auch Herr Witaszak ist gesund und verbringt die Abende bei uns. In der Morgendämmerung des dritten Tages taucht Onkel Willi auf. Er ist nach stundenlangem Weg aus der Neuen Neustadt erschienen, um Omas Gepäck zu transportieren. Wieder machen wir den nicht endenwollenden Fußmarsch durch die Ruinen, doch diesmal mit der Aussicht, diesem Alptraum entfliehen zu können und einen geistigen und seelischen Abstand zu den Eindrücken der vergangenen Tage zu finden.

Als wir im Dunkeln vom Tangermünder Bahnhof nach Hause gehen, nehmen wir dankbar den Frieden dieser vertrauten, unversehrten Häuser und Straßen in uns auf. Für wenige Stunden hatten uns die Ereignisse das Gesicht des Krieges sehen lassen. Doch wir besaßen die Möglichkeit, ihm den Rücken zu kehren und in die Geborgenheit unserer kleinen Stadt zurückzukommen.

Ich muß an meine Spielgefährten denken, die friedlich in ihren Betten schlafen, und schon schnellt der Geist bereits wieder voraus. Was hatte ich alles erlebt und gesehen? Was konnte ich alles erzählen?

Uaaah, sagte der Mensch, krabbelte unter den Trümmern hervor und schüttelte sich.

Nie wieder!!! Jedenfalls nicht gleich.

Feindalarm – die Amis kommen

Es ist ein schöner, warmer Frühlingsabend. Wir Kinder spielen „Landstecken“ in Tuschers Ecke. So nebenbei bemerken wir, daß sich eine unbestimmte Unruhe unserem Spielplatz nähert. Beim Hochblicken sehen wir eine Frau, welche die Straße herunterkommt. Die Unruhe geht von ihr aus. Rufe werden laut, Fenster klappen, Haustüren öffnen sich, die Menschen treten auf die Straße und diskutieren laut miteinander. Die Frau bringt die Nachricht, daß die amerikanischen Panzerspitzen bei Gardelegen stehen. Das sind nur 30 Kilometer. Morgen sind sie in Tangermünde. Wir schreiben den 11. April 1945.

Es mag ja sein, daß einige Tangermünder Bescheid wußten. Der Rundfunk hatte es jedenfalls vermieden, darüber zu berichten, daß der „Feind“ bereits in das Herz des „Reiches“ vorstößt. Vielleicht hatten die Ereignisse die Berichterstattung überholt, denn die Soldaten der 5. Panzerdivision, die zur 9. amerikanischen Armee gehören, haben den Vormarsch in den letzten zehn Tagen 300 Kilometer vorangetrieben. Jetzt schicken sie sich an, unsere Heimatstadt zu erobern. – Eine unbeschreibliche Erregung erfaßt alle. Fieberhafte Aktivitäten entwikkeln sich. Schreckliche Gerüchte sind im Umlauf. Tangermünde ist zur Festung erklärt worden, das bedeutet einen „Bombenteppich" auf die Stadt. Schon sehen wir einige mit Handwagen voller Gepäck. Sie „machen weg" irgendwo aufs Land. Viele auch über die Brücke nach Osten. Dort ist man vorläufig in Sicherheit, denn die Brücke wird gesprengt werden. Die Kammern im Strompfeiler sind vorbereitet. Wir wissen das.

Auch in unserer Ecke werden Vorbereitungen getroffen. Kisten mit Sand gefüllt, zusätzlich unsere Sitzgelegenheiten, die schweren Granitbordsteine, herangewuchtet und vor den Kellerfenstern plaziert. Ein Teil des Haushaltes wird in den Keller verlagert, Wertgegenstände hinuntergeschafft und unter Kohlen und Kartoffeln versteckt, manchmal im Kellerboden vergraben. Der Betonboden der Waschküche ist mit Matratzen ausgelegt. Die Hausbewohner richten sich auf einen längeren Aufenthalt ein. Wir Kinder freuen uns. Alle werden gemeinsam schlafen, welch ein Spaß! Frau Albah, die ausgebombte Berlinerin, verläßt die Roonstraße 44 mit Handgepäck. Sie muß zurück, dem Führer helfen. Sie wird bei den Kampfhandlungen um die Reichshauptstadt getötet.

Militärfahrzeuge und Soldatenkolonnen beginnen, über die Elbbrücke nach Osten zu fluten. Die Tangermünder verstehen das nicht ganz. Wir denken, die sollen uns verteidigen? Der Strom hält die ganze Nacht an. Das tiefe Brummen der Motoren dringt bis in unsere Waschküche. Sonst bleibt die Nacht friedlich.

Der 12. April 1945 ist ein strahlender Frühlingstag. Wir sind schon sehr früh auf. Alle Kinder sind auf der Straße. Vor dem Laden von Ernst Damm steht schon eine ganze Gruppe. Es wird gewaltig diskutiert. Mutmaßungen werden geäußert. Wie werden sie sein, die Amis oder Amerimanskis, wie einige sagen? Eigentlich sind wir alle ganz froh, daß sie kommen. Besser als die Russen, sagen die Erwachsenen. Die meisten finden die Eroberer jetzt schon sympathisch. Sollen ja alle unheimlich „lässige" Typen sein. Immer 'nen Kaugummi in der Backe (Scheving Guum). Außerdem haben sie die Swingmusik erfunden.

Plötzlich erscheint eine Ju 87 (Stuka) in niedrigster Höhe und macht über der Schokoladenfabrik eine Kurve. Die meisten von uns haben noch nie eine so nahe gesehen. Sofort wird aus den übergabebereiten Wasserplömpern eine Formation gläubiger, sieggewohnter Deutscher. Mit zusammengekniffenen Augen sehen wir der abfliegenden Maschine nach, und einer sagt: „Was meinste, wie die jetzt auf die Panzer geht!"

Man stelle sich das vor. Wenige Stunden, bevor die Amerikaner die Stadt einnehmen, ist der Anblick eines solchen Flugzeuges in der Lage, die bedenklich schleifenden Zügel des propagierten Durchhaltewillens wieder greifen zu lassen und die gewohnte Pose einzunehmen. Zwar waren allen die Erfolge des „Oberst Rudel“ bekannt, aber die Wirkung der Nazi-Propaganda bis zum letzten Augenblick ist trotzdem unglaublich.

Vom Bahndamm schallt Lärm herüber. Wenige Minuten später sind wir auch drüben. Soldaten brechen die dort stehenden Waggons auf. Sie suchen „Fressalien“ und sind fündig geworden. Die Schiebetüren zurück, hohe Kartonstapel, „Frontkämpferpäckchen“ steht drauf. Inhalt 60 Stück. Die Soldaten haben Spaß. Sie kippen die Stapel einfach in die schnell wachsende Menge Tangermünder. Ich sehe zum ersten Mal wie Ellenbogen, Körperkraft und Brutalität eingesetzt werden.

Gerhards Gesicht taucht plötzlich zwischen den Köpfen auf. Er trägt eine blaue Marineschirmmütze mit Anker und hält sich gut zwischen dieser stoßenden, schwankenden Masse. Aus der Luft fängt er einen der schweren Kartons und bahnt sich einen Weg durch die Menschen. Ich begrüße ihn jubelnd. Triumphierend schleppen wir die Beute nach Hause. Frontkämpferpäckchen können jeweils die verschiedensten Sorten Schokolade, Glykolade, Nährstangen, Kekse oder „Rondo“-Zigaretten enthalten, und von diesem Sortiment haben wir jetzt 60 Stück …

Als wir nach dem Mittagessen wieder auf die Straße kommen, rumpelt es in der Ferne schon ganz schön. Das Flakgeschütz auf dem Turm der Schokoladenfabrik dreht sich, und die Straße herunter kommt eine Gruppe Soldaten, die die Gärten am Bahndamm besetzen. Dem Eckhaus Roonstraße 44 kommt strategische Bedeutung zu. Man kann in alle Richtungen sehen. Gerhard und Wietsch sind, mit einer Volkssturm-Armbinde versehen, zum „Braunen Haus“. Dort ist „Sammeln“ befohlen. Ich stecke mein altes Brotmesser in die selbstgemachte Scheide aus „Samt-Manchester“ und fühle mich sofort wohler.

Der Kampflärm wird immer lauter. Deutlich sind die Abschüsse der Panzerkanonen, leichte Artillerie sowie Schützen- und MG-Feuer zu unterscheiden. Ernst Busch, unser Hauswirt, ist gestern spät abends noch nach Hause gekommen. Seine Einheit hat sich aufgelöst. Er übernimmt das Kommando und verfügt nachdrücklich alle Hausbewohner in den Keller.

Hier herrscht unter den Frauen und Müttern eine nervöse, angsterfüllte Spannung. Wird nun das eintreten, was man den ganzen Krieg über befürchten mußte, daß die alte Stadt an der Elbe unter einem Bombenhagel in Trümmer sinkt, jetzt zum Schluß, wo ein Ende der Kämpfe schon greifbar nahe ist? Oder wird sich der alte, ständig beschworene Glaube an die Verschonung wieder einmal bewahrheiten?

In das beklommene Schweigen hinein heulen die Sirenen. – Feindalarm! Der Zugführer, ein Unteroffizier, kommt in den Keller und berichtet, daß in der südlichen Vorstadt (Neustadt) ein ganz schöner Feuerzauber losgegangen sei. Tatsächlich ist die Kulisse des Kampflärms dichter geworden. Manchmal krachen schon ganz in der Nähe Schüsse. Ich wetze in unseren Kohlenkeller, wo ein Soldat am Fenster postiert ist und scharf hinausspäht. „Hamse jeschossen?“ will ich wissen. „Ik sehe nischt“, entgegnet er. Wir haben uns angefreundet. Er stammt aus Genthin und wittert schon Heimatluft. Da er ein Landsmann ist, habe ich mich herabgelassen, ihm meinen Käsedolch zu zeigen.

Plötzlich steht Muddi neben uns. Sie blickt dem jungen Vaterlands-Verteidiger scharf in die Pupille und herrscht ihn an: „Sie haben doch nicht etwa vor, hier zu schießen, jetzt, wo schon alles vorbei ist?“ Ihre Stimme klingt fest, bestimmt, ja drohend, und knallt ordentlich in dem engen Keller. Das ist meine Muddi. Während die anderen Frauen versuchen, ihren Schiß zu kultivieren, greift sie auf ihre Art in die Schlußphase des Zweiten Weltkrieges ein. Eine erneute und grenzenlose Hochachtung für meine Mutter faßt mich, wie sie da steht, 1,58 groß, und mit vorgeschobenem Kinn den Feldgrauen anfunkelt. Der aber schweigt und wendet sich zum Fenster.

Wir sind gerade in den Luftschutzraum zurückgekehrt, da gibt es eine furchtbare Explosion. Alles wackelt wie Pudding, Angstschreie und lautes Weinen erfüllen den Raum. Keiner kann den anderen mehr sehen. Dichte Schwaden von Kalkstaub wabern durchs Gewölbe. Jetzt geht es los, jetzt kommt die Abrechnung für die friedlichen Kriegsjahre, jetzt müssen die Tangermünder büßen …

Aber da rasselt der Unteroffizier in den Keller und brüllt schon auf der Treppe: „Die Brücke ist in die Luft geflogen!“ Daher also der ungeheure Krach, die Brücke ist nur 500 Meter entfernt, kein Wunder. Und auch das andere, kaum noch erhoffte Wunder geschieht. So als habe das Kriegsschicksal mit der Brükkensprengung einen letzten, effektvollen Schlußpunkt setzen wollen, damit die Tangermünder nicht ganz ungeschoren davonkommen.

Ganz allmählich verebbt der Kampflärm. Unser Unteroffizier erscheint gelassen im Keller und verkündet lakonisch in seiner Mundart: „Da schwere Kampf is vorbah!“

Wie??? Vorbei???

Ganze Kellerbesatzung aus dem Angstbunker hinaus auf die Straße in den hellen Frühlingssonnenschein. Wir Kinder vorneweg. Einige Nachbarn sind schon draußen, lebhafteste Gespräche sind im Gange, man lacht, die Spannung der letzten Stunden ist einer allgemeinen Erleichterung gewichen.

Zwischen den beiden Häuserfronten der Roonstraße hindurch nach Süden haben wir einen freien Blick auf den ragenden Turm der St. Stephanskirche.

Dort weht, weithin sichtbar, eine große, weiße Fahne …

Im nachhinein – oder Was wäre gewesen, wenn …

Eigentlich müßten die Tangermünder ihm ein Denkmal setzen. Gemeint ist „Lieutnant Robert Nicodemus". Er ist der Kommandeur jener Panzerabteilung, die am Mittag des 12. April 1945 auf Tangermünde vorstößt.

Ziel dieser Einheit der 5. Panzerdivision ist die Elbbrücke. Jetzt, da die Einnahme von Magdeburg sowie die Erzwingung eines dortigen Elbüberganges sich als unmöglich zu erweisen begann und die Brücke bei Schönebeck zerstört war, ist die Tangermünder Brücke die wichtigste des Krieges – zumindest für die Soldaten der 9. amerikanischen Armee.

Beim Eindringen in die „Neustadt" wird Nicodemus' Einheit in schwere Kämpfe verwickelt. Es gibt Verluste, und mehrere Panzer werden abgeschossen. Das haben die Amerikaner bei ihrer materiellen Überlegenheit, zumal in dieser Phase des Krieges, nicht nötig. Gewöhnlich wird der Widerstand mit Bomben oder Artillerie gebrochen, es entstehen weniger eigene Verluste, und der Vormarsch kann weitergehen.

Lieutnant Nicodemus hat gerade den Entschluß gefaßt, Artillerieunterstützung anzufordern, da stoppt das Schicksal den Gang der Ereignisse, gemäß dem mystischen Versprechen, daß der Stadt an der Elbe kein Leid geschehen solle.

Die „Vorsehung" erscheint in Gestalt eines entflohenen amerikanischen Kriegsgefangenen, der während des Gefechts auf das Heck von Nicodemus' Panzer springt und ihn davon unterrichtet, daß sich in der Stadt rund 500 Kriegsgefangene befänden, darunter viele Amerikaner. Nicodemus zeigt Verantwortungsbewußtsein und beschließt, sich selbst ein Bild zu machen. Durch Höfe und Gärten führt ihn der Kriegsgefangene zum nächsten der zwei Tangermünder Lager auf dem Burgberg. Kaum erblicken die Gefangenen den amerikanischen Offizier, überwältigen und entwaffnen sie ihre Wachen. Dann folgen sie Nicodemus den Weg zurück.

Als sie die eigenen Panzer erreichen, erschießt ein deutscher Scharfschütze einen der unbewaffneten kriegsgefangenen amerikanischen Offiziere[1].

Spätestens jetzt hätte ein weniger besonnener Mann doch Luft- oder Artillerie-Unterstützung angefordert. Noch dazu, wo er nun weiß, daß das zweite Gefangenenlager sich am Nordrand der Stadt befindet. Er unterdrückt vor dem Hintergrund der hinterhältigen Tat verständliche Revanchegefühle und versucht, auftragsgemäß die Brücke zu erreichen.

---

1 Gesamtdarstellung der Vorgänge nach Ryan, Cornelius: Der letzte Kampf, München/Zürich 1966, S. 247 ff.

Auf dem Zufahrtsweg, vermutlich an der Panzersperre in Höhe von Dr. Hartwichs Praxis, kommen ihm deutsche Unterhändler entgegen, die sich bereit erklären, die Stadt zu übergeben. Noch während der Verhandlungen wird die Brücke von deutschen Pionieren gesprengt. Für die Männer der 5. Panzerdivision ist das eine herbe Enttäuschung. Fünfundachtzig Kilometer vor Berlin muß die am weitesten vorgestoßene amerikanische Einheit stehenbleiben[1].

Bereits am 28. März hatte General Eisenhower in einem Brief an Stalin mitgeteilt, daß die Elbe die Operationsgrenze der Westalliierten sei. Ob die Kommandeure hiervon gewußt haben und die Unternehmungen bei Magdeburg und Tangermünde nur Alibi-Funktion hatten, um die Motivation der kämpfenden Truppe nicht zu schwächen, ist schwer zu sagen.

Fest steht jedoch, daß glückliche Umstände, vor allem jedoch das umsichtige und überlegte Handeln eines Mannes, größere Zerstörungen in unserer Heimatstadt verhindern konnten.

Dieser Mann war Lieutnant Robert Nicodemus.

Der „Fußpilz-Soldat"

„Wir sind noch einmal davongekommen!" heißt das später.

Die Prophezeiung hat sich erfüllt. Tangermünde und seinen Menschen ist nichts passiert. Außerdem sind wir „befreit".

Bei uns Kindern äußert sich das in dem üblichen Bewegungsüberschuß. Wir müssen überall hin. Gucken, zuhören, was die Erwachsenen auf der Straße erzählen. Die Brückensprengung, ja, unheimlicher Krach. Bei Steinert ist hinten ein großes Loch in der Hauswand, hat ein Panzer reingeschossen. Man kann die kaputten Möbel sehen.

Wir erleben die Auferstehung der Familie Thäuer. Von innen wird vorsichtig der Schlüssel in das Haustürschloß gesteckt. Ein Mitglied der Familie lugt durch den sich öffnenden Spalt, von uns mit fröhlichem Gelächter begrüßt. Man hat das Kriegsende nicht mitgekriegt.

Bei Ernst Damm an der Ecke stehen viele Leute. Lebhafteste Erörterung aller Ereignisse. Einer sieht ihn zuerst. Die obere Roonstraße herunter kommt ein einzelner Soldat. Braungrüne Uniform – das ist kein Deutscher. Hunderte von Augen folgen ihm, blicken ihm entgegen. Endlich ist er bei uns an der Ecke und biegt in die Blumenthalstraße ein. Ein baumlanger Kerl. Die Uniform sieht aus

---

1 Nach Ryan, Cornelius: ebd., S. 248.

wie ein Trainingsanzug, Rangabzeichen sehen wir keine, den Helm hat er ins Genick geschoben, in der Armbeuge ein winziges Gewehr (30 M 1 Carbine) und an den Füßen elegante Wildlederstiefel mit Gamaschen und dicken Gummisohlen. (Später erfahren wir, daß er einer der ersten Fußpilzträger war, die nach Tangermünde kamen.)

Zwischenzeitlich hat sich der durchmarschierende Ami rumgesprochen. Die Anwohner der Blumenthalstraße sind fast komplett vor der Haustür erschienen. Wir Kinder marschieren mit. Der Ami muß etwas grinsen, entweder wegen der vielen auf Durchzug gestellten Gesichter oder weil er auch erleichtert ist.

An der Ecke vor Metzgerei Lange steht ein offenes kleines Auto mit drei weiteren Amis. Das Steuerrad hat einen Kaffeemühlen-Drehknopf und wird von einem schwarzgesichtigen Soldaten gehandhabt. Er kann am besten grinsen.

Hier, wo drei Straßen zur Brückenauffahrt führen, gibt es auch drei Panzersperren aus dicken Kiefernstämmen. Bei unserer Inspektion sehen wir alles, was das Herz begehrt. Karabiner, Sturmgewehre, Maschinenpistolen, Handgranaten, massenhaft Panzerfäuste und Munition liegen achtlos im Dreck. Begehrlich betrachten wir den „Kriegsmüll“, aber hier gucken zu viele zu. Einer findet eine kurze, dicke Patronenhülse. Hinten drauf steht „.45 ACP“ (Automatic Colt Pistol). Mein lieber Scholli ...

Wir müssen weiter. Arneburger- und Moltkestraße rauf bis zum Bahnübergang. Auch hier hat's viele Menschen. Auf den Schienen liegen 10.462 erstklassige Messing-Patronen-Hülsen. Die zugehörige Geschichte ist lustig: In Höhe des Schlachthofes war das Wrack eines russischen T 34 liegengeblieben. Unsere Soldaten wollten es zu Übungszwecken in den Wald schleppen. Die Amis hatten die abgetakelte Krücke für einen deutschen Panzer gehalten. Vom Bahnübergang aus hatten sie das Ding bepflastert. Als nach 10.462 Schuß keine Gegenwehr erfolgte, waren sie von der Harmlosigkeit überzeugt. Wir stecken ein paar von den Ami-Hülsen in die Tasche und rennen wieder los. Seit einer Stunde bewegen wir uns nur laufend. Es gibt unheimlich viel zu sehen, und wir müssen alles mitkriegen. „Wo haun' wa nu hin?“ – „Anne Brücke!“

Schon von weitem hört man ein gewaltiges Rauschen, und dann stehen wir auf dem Trassenabsatz, wo die Brücke früher anfing. Die ist nicht mehr da. Sie liegt stattdessen eingeknickt in der Elbe, denn der Mittelpfeiler fehlt. Der ganze riesige Betonklotz, der dem stärksten Eisgang standhalten konnte, von der Macht der Explosion einfach weggeblasen. Unsere schöne Elbbrücke ist nur noch ein Haufen grauen, verbogenen Stahls. An vielen Stellen ist die Farbe abgesprungen, fahlrot und häßlich tritt daruner der Mennige-Anstrich hervor. Rauschend, strudelnd und schäumend strömt der Fluß durch die Trümmer.

Viele Menschen haben sich inzwischen auf der Brücken-Nock eingefunden und blicken betroffen auf den Tangermünder Beitrag zum Kriegsgeschehen und seines Endes. Zwölf Jahre, genau so lange wie das tausendjährige Reich, hat die Brücke gehalten …

Plötzlich ein gewaltiges Rumpeln und Knirschen, Wasser spritzt und schäumt, unwillkürlich weichen wir alle einige Schritte zurück. Doch nichts geschieht. Nur die Brücke ist ein Stück nachgerutscht, so als wolle sie sich noch endgültiger und tiefer in ihr Schicksal fügen.

Jetzt aber ab nach Hause, erzählen.

Im Hof von Roonstraße 44 hat Vater Busch ein tiefes Loch gegraben. Hinein kommen Ausrüstung und Uniform unseres „Genthin-Soldaten", dem Muddi das Schießen verboten hatte. Später sitzt er in Zivil-Klamotten mit uns in der Küche beim Abendessen.

Im Herbst 1946 kommt er und bringt ein Riesen-Freßpaket als Entgelt für den 12. April 1945.

Für die Tangermünder aber sollte dieser Tag noch lange nicht zu Ende sein.

Die Schokoladen-Dämmerung von „Feodora-Falter"

Der späte Nachmittag dieses 12. April 1945 scheint in einen friedlichen Abend überzugehen. Die Hausgemeinschaft Roonstraße 44 sitzt auf dem Hof und klönt, da fängt es in der Ferne wieder verstärkt an zu rumpeln. Alle auf die Straße. Im Norden, da wo die Hämertsche Eisenbahnbrücke ist, steht eine schwarze Rauchwolke. Fesselballons sind nicht mehr zu sehen, dafür kreist ein lahmer Doppeldecker dort umher (Artilleriebeobachter). Geschützfeuer ist nun deutlich zu hören. Ich habe mich kaum mit einem mulmigen Gefühl in der Magengegend angefreundet, da entsteht hinter dem Bahndamm, Richtung Schokoladenfabrik, Unruhe. Es klappert und kracht, Gelächter und viele Stimmen schallen herüber. Irgend jemand erscheint am Fenster und schreit:

„Die Schokoladenfabrik wird gestürmt!"

Ein geölter Blitz ist ein lahmer Geselle. Die Erwachsenen bleiben weit zurück. Innerhalb weniger Minuten erreichen wir Kinder auf gewohnten Schleichwegen den Schauplatz des Geschehens. Einige Türen im Erdgeschoß der Fabrik stehen offen, Menschen strömen hinein und kommen mit Kartons und Schachteln beladen wieder heraus. Mein lieber Kaschelniak! Jetzt aber los!

Über eine meterhohe Betonkante unter dem hochgedrückten Maschendraht hindurch, rein ins Getümmel. Die Menschenmasse spült uns einfach mit … ein offenes Tor … weiter … Stampfschritte vieler Füße … Krachen … Geschrei …

dumpfes Plumpsen … es wird immer dunkler … intensiver Schokoladengeruch … Watte unter den Sohlen? … fußhoch Kakaopulver … Kakaostaub im Gesicht … in der Nase … im Mund … ich habe Angst … die Freunde sind verschwunden … ich werde abgedrängt … stehe urplötzlich vor einem Stapel Pakete … ein Griff … bleischwer … ich gebe nicht nach … die helle Öffnung einer Seitentür … Treppenhaus … hinter mir ein Mann mit einem mächtigen Paket … „Komm!“ brüllt er … dann stehen wir draußen.

Mein „Führer“ setzt sein Paket lachend vor einer wartenden Frau ab und mustert meine „Beute“. „Wat hast’n da?“ und knickt wiehernd zusammen. „Mensch, det is Papier … Verpackung!“ Noch immer wiehernd packt er mich am Arm. „Los!“

Dicht bleibe ich meinem Wohltäter auf den Versen. Im Handumdrehen, auf kürzestem Wege, ohne Kakaomüll und Getümmel sind wir an einem der Brennpunkte. Er kennt sich aus. Wir stehen vor einem Stapel hellgrauer Kartons, 20 Zentimeter im Quadrat, 10 Zentimeter hoch. „Heute jibbs jratis, franco und ohne Maaken Feodora Falter“, drückt mir ein Paket in die Hände, ein weiteres darauf und schiebt das dritte unter mein Kinn. „Jenuch?“ fragt er lachend, während er sich selbst eine Kartonpyramide errichtet, dann wanken und stolpern wir mit anderen fröhlichen Tangermündern unseren Weg zurück. Ich immer im Kielwasser meines „Vorreiters“, dessen breiter Rücken als dunkler Schatten vor mir aufragt. Geschickt weicht er manchmal seitlich aus oder drückt sich an eine Wand, um einem neuen, herandrängenden Menschenkäuel Platz zu machen. Allein wäre ich da nicht hinausgekommen.

„Jetzt jema nach Muttan mit deine Morjenjabe. Schön’ Juß von Feodora!“ lacht er draußen. Sprichts, gibt mir einen aufmunternden Klaps auf den Rücken und verschwindet mit seiner Frau den Bahndamm hinunter in der Menge anderer erfolgreicher „Stürmer“.

Muddi ist nicht weit. Sie wartet mit anderen Frauen am Maschendrahtzaun unterhalb der Betonkante. Hochstemmen und durch das Loch zwängen, das schaffen viele nicht. Meine Ankunft löst ein großes „Hallo“ aus. „Helmut kommt direkt ausse Produktion, hat de Schokolade selbst jemacht!“ höre ich, und Muddi schlägt die Hände zusammen. „Junge, wie siehst du aus!“ Sicherlich biete ich einen sehenswerten Anblick. Wie die anderen, welche den ersten Ansturm mitgemacht haben, über und über mit Kakao bestäubt, das Gesicht total verschmiert.

Mir ist nicht zum Lachen zumute. Seitdem ich aus der Fabrik bin, sind die Schmetterlinge in meinem Bauch in verstärkter Anzahl zurückgekehrt. Die Erregung der letzten Stunden weicht nur zögernd, macht einer hektischen, nicht bestimmbaren Unruhe Platz. Dauernd muß ich an meinen Bruder Gerhard denken, den wir seit dem Feindalarm nicht mehr gesehen haben. Im Norden ist der Abendhimmel von Rauchwolken und einem klebrigen braunen Dunst gefärbt. Beklommen höre ich den Kanonendonner und die Explosionen herüberdröhnen, und die zitternde, wehe Bangigkeit in meiner Brust wird immer größer.

In Tuschers Garten geht es noch, aber in der Küche von Roonstraße 44 verliert Helmut Pfifferling die Fassung. Er sinkt in der Ecke auf die hölzerne Kochkiste und Anspannung und Ungewißheit über das Schicksal des Bruders entladen sich in einem Tränenstrom und dem schluchzenden Stoßseufzer: „Muddi, wo is unser Jeerd?“

Diese Muddi kniet sich hin, nimmt den „Sarotti-Mohren“ trotz der braunen Puderschicht in den Arm und verrichtet das uralte Werk, das alle Mütter kennen. Auch Helden und solche, die es werden wollen, brauchen eben manchmal Zuspruch …

Der Erfolg tritt zwar ein, Tränen und Schluchzen verebben, aber die Absicht der Mutter, ihren „Helmi“ zu einem ruhigen Verweilen in der Küche zu bewegen, mißlingt gründlich.

Gestärkt und geläutert tritt er wieder auf den Plan. „Helmut Pfifferling der Plötzenschreck und Elbbezwinger“ erscheint, nunmehr mit völlig verschmiertem Gesicht. Doch das sind ehrenvolle Zeichen. Man war schließlich dabei. Und jetzt kann man doch nicht auf Muddis Kochkiste sitzenbleiben, während da drüben von den Kameraden Tangermünder Geschichte geschrieben wird … Nein!

Alle Mahnungen und Bedenken beiseiteschiebend, enteilt der erstarkte „Stürmer“, gefolgt von seiner Mutter, die an Zaun und Betonkante zurückbleibt. Alle Unsicherheit ist von ihm abgefallen, hat einer kalten Entschlossenheit Platz gemacht. Er läßt sich zwar von dem vorwärtsdrängenden Menschenstrom aufnehmen, aber nun ist alles anders. Geschickt nutzt er seine Kleinheit und Gelenkigkeit. Wozu ist man nebenberuflich Buschklepper? Lücken werden genutzt, Schübe erkannt, seitliche Hindernisse mit affenartiger Geschwindigkeit überklettert, um schneller voranzukommen.

Von einer dieser erhöhten Warten ausspähend, erkennt er schließlich das Ziel allen Strebens. Ein mächtiger Stapel großer Kartons, gegen den die Menschenflut anbrandet. Durch ein seitliches Fenster dringt schwaches Abendlicht, aber es genügt, um die fette Aufschrift zu lesen: „Mokkakugeln – Nur für Panzerkampfwagen-Besatzungen“.

Das ist das Richtige! Wie er in den Besitz des Kartons gekommen ist, weiß er hinterher nicht mehr. Er findet sich wieder im Getümmel der zurücktrottenden Kartonschlepper. Beide Hände sind unter das Stahlband geschoben, welches den Karton umschließt. Anheben kann er es nicht, auch die Erwachsenen müssen ganz schön asten. Bestimmt 20 bis 30 kg. Also wird gezogen und geschoben.

Zieh … schurch … schurch … schurch … Pause … Zieh … schurch … schurch … Pause … Das Stahlband schneidet in die Hände, es fängt an zu bluten. Egal – Indianer kennen keinen Schmerz. Verbissen arbeitet er sich zwischen den Beinen der Erwachsenen weiter vor. Findet ein Stück Pappe, schiebt es unter das Marter-Band. Jetzt geht es besser.

Als er ins Freie gelangt, ist der Schokoladen-Stürmer völlig fertig. Er schurcht etwas zur Seite und nimmt auf seinen Mokkakugeln Platz. Von hier aus kann er schon Muddi sehen, die ihm heftig zuwinkt. Ein Mann aus der Jordanstraße, den wir kennen, kommt herüber, hilft mir tragen und hebt die Last über die Betonkante.

Den Rest schaffen wir gemeinsam. Muddi mit untergeschobenem Taschentuch, ich mit „blutgetränktem“ Kartonstück, so kommen die letzten Grüttners zu Hause an. Wenn Gerhard noch dabeigewesen wäre, hätte unsere Familien-Welt wieder die gewohnte Ordnung.

Aber der lange Tag ist immer noch nicht zu Ende. In der Nacht fangen die Deutschen an, die Stadt von „drüben – jenseits“ (der Elbe) mit leichter Artillerie zu beschießen. Wozu? – Die Amerikaner sind vom tiefliegenden anderen Elbufer, noch dazu bei Nacht, nicht auszumachen. Also muß es zwangsläufig nur die deutsche Zivilbevölkerung treffen. In diesem Stadium des Krieges eine mehr als fragwürdige taktische Maßnahme. Entsprechend sind auch die Schäden. In der Moltkestraße brennen mehrere Häuser nieder, darunter das von Gerhards Mathematik-Lehrer Steinrück und das meines Klassenkameraden Zappe.

Mehr ärgerlich als ängstlich sitzen die Tangermünder in ihren Kellern und beschwichtigen ihren Groll mit dem reichlich vorhandenen süßen Beutegut von „Feodora Falter“. In unserem Waschküchen-Nachtasyl nimmt die Familie von Hauswirt Ernst Busch nur zögernd etwas von den süßen Köstlichkeiten entgegen. Vater Busch ist kaufmännischer Angestellter bei oben genannter Firma. Da schlägt dann doch das deutsche Gewissen. „Ik kann doch nich mein’ eijenen Arbeitjeber beklauen“, wiederholt er mehrmals.

Wahrscheinlich wird in vielen Tangermünder Familien dieses Thema diskutiert. Vor dem Hintergrund der Ereignisse haben die überkommenen Wertmaßstäbe jedoch an Bedeutung verloren. Heute sind für viele Bürger der Krieg und ein Zeitalter beendet worden. Trotzdem weiß keiner, was noch kommt … Jahrelang hat man Opfer und Entbehrungen auf sich genommen – Wofür? … Die Mitglieder der Besitzer-Familie „Meyer“ und viele der leitenden Angestellten sind unter Mitnahme von Dokumenten und Rezepten verschwunden, geflüchtet, nach Hamburg abgesetzt, heißt es …

Und was wird überhaupt, wenn die Sieger auf den Gedanken kommen, „Feodora“ zu beschlagnahmen? Das machen die glatt, dazu sind die in der Lage, da muß man ihnen doch zuvorkommen. Trotz der so beschwichtigten Bedenken erhalte ich Anweisung, zunächst einmal Zurückhaltung zu üben, denn Muddi hat meine „Organisationswut“ ja kennengelernt.

Am nächsten Morgen sind einige Freunde und ich die ersten, welche in der Fabrik sind. Wo sollen wir denn auch hin, sie liegt ja direkt vor unserer Nase. Wir gehen auf Erkundung und stellen fest, daß noch jede Menge zu holen ist. Vorläufig aber gucken wir in der ersten Etage aus einem geöffneten Fenster und lassen uns von der Morgensonne bescheinen. In unserem Rücken wissen wir Berge von Kartons mit Bonbons. Das stimmt uns heiter. Als einige Früh-Stürmer auftauchen, lassen wir gebefreudig einige mit Warnrufen versehene Bonbon-Proben in Kartongröße aus den Fenstern fallen. Beim Aufkommen verändern sie ihre Gestalt mit einem Knall, und die Bonbon-Beutel verteilen sich gleichmäßig in der Umgebung. „Eine Sünde und Schande“, werden Sie sagen. Aber wir sind sehr übermütig an diesem Morgen. Das liegt an den Mokkakugeln, von denen wir schon eine handvoll genossen haben. Wer Wachhalteschokolade für Panzerkampfwagenbesatzungen frißt, schmeißt auch Bonbon-Kartons aus dem Fenster.

Die Zahl der Stürmer nimmt zu. Wir lassen großmütig noch einige „Ermunterungseier“ fallen und ziehen uns dann zurück. Die Tangermünder aber nehmen die am vergangenen Abend unterbrochene „Selbstversorgung“ wieder auf.

Was hier an Vorräten lagert, ist unbeschreiblich. „Ortskundige“ dringen zu immer neuen, versteckten Lagerräumen vor, gefolgt von den verschiedenen Interessenten-Gruppen. Helmut Pfifferling und seine Crew können das nicht länger mit ansehen. Sie klemmen sich irgendwas (Fruchtriegel waren gerade im Anbruch) unter den Arm und schleppen es nach Hause.

Pfifferling erntet einen erheblichen Anschiß und beschließt darob in einsamer Entscheidung, die Versorgung und Bevorratung der Familie in eigener Regie durchzuführen. Das Beutegut wird heimlich in Ecken und Winkeln sowie im Keller, vor allem aber hinter den Regalvorhängen im Kinderzimmer verborgen. In rollendem Einsatz gelingt es ihm bis in den späten Nachmittag, Bonbons jeder Art, Schokolade, Fruchtriegel, Nährstangen, Glykolade, Traubenzucker, Kakao und gepreßte Weintrauben, alles karton- oder dosenweise, einzulagern.

Bei Weinbrand und Öl aus 200-Liter-Fässern und Zigaretten kommt er leider zu spät. Bei den zentnerschweren Metallwannen voll Kakao-Butter oder Kuvertüre aber hat er wieder Erfolg. Einige Männer lassen die ungefügen Behälter mit Inhalt einfach auf das Hofpflaster fallen, und jeder bedient sich. Schnelligkeit und Entschlußkraft sind gefragt. Pfifferlings Stücke sind so groß, daß sie mit beiden Armen vor die Brust gedrückt werden müssen. Man kann kaum darübersehen. In des Tages Hitze und an der von edlem Beschaffungsdrang durchglühten Heldenbrust wird die Kakaobutter weich, fettet das Hemd total durch und umhüllt den Träger mit einer eindrucksvollen Duftwolke.

Diese verräterische Spur mobilisiert den Familien-Abschirmdienst. Es wird berichtet, daß Helmut Pfifferling Plötzenschreck Kakaomarder Bonbonschmeißer gegen 16.56 Uhr im Hausflur von Roonstraße 44 vom Arm einer mütterlichen Einsatzkraft aufgegriffen und in das Kinderzimmer inhaftiert wurde. Der Versuch, einen schönen weißen Baumwollsack mit einem Rest von 25 Pfund Zucker einzulagern, war ihm zum Verhängnis geworden.

Trotz mannhaften Bemühens gelingt es ihm nicht, den inneren Schweinehund totzuschlagen. Er entzieht sich einer längeren Haftstrafe durch Flucht aus dem (nur angelehnten) Fenster, trifft auf der Straße einen gleichgesinnten Roonstraßen-Kumpan und entfleucht zur Elbe. Doch das Schicksal erspart ihm nichts an diesem Tag.

Durch die Brückensprengung sind die Lagerhäuser von Lauenroth & Gädicke in unmittelbarer Nähe der Brücke schwer beschädigt worden. In ihnen lagern unter anderem getrockneter Rotkohl und getrocknete grüne Bohnen in handlichen Papiersäcken. Das freundliche Angebot wird von vielen Tangermünder Bürgern dankbar angenommen. Der Abtransport ist bereits in vollem Gange. Die Delegation aus der Roonstraße bepackt sich bis zur Belastungsgrenze und haut wieder ab.

Schweigend ist der Empfang zu Hause. Schweigend vollzieht er unter den Augen der Mutter in der Küche seine Säuberungs-Versuche und erduldet ebenso schweigend die brutale Nachsäuberung durch die Kontrolleuse. „Er riecht immer noch nach Kakao“, hört er mit halbem Ohr den Kommentar. Dann verschwindet er, das zarte Aroma-Siegel dieses Tages zurücklassend, unter der Bettdecke. Er schläft fast sofort ein. Hinter den nun zurückgezogenen Vorhängen seines Regals steht immer noch die komplette Beute. Muddi hat sie nicht fortgeschafft …

Zuerst schläft er traumlos, denn der Tag hat seine ganze Kraft gefordert. Gegen Morgen jedoch verschaffen sich einige der beeindruckenden Ereignisse der letzten Stunden Raum im Traumbewußtsein.

Von was träumt man denn praktischerweise bei solchen Anlässen?

Natürlich von „Feodora Falter“.

Der kleine Krieg des „großen Bruders“

Meinen Bruder Gerhard haben wir seit Ertönen des Feindalarms nicht mehr gesehen. Zwei Tage bleibt er verschollen. Am Vormittag des dritten Tages steht er plötzlich wieder im Hausflur. Müde, dreckig und verfilzt ist er zwar, aber erzählen kann er noch.

Als er zusammen mit „Wietsch“ – dem ältesten Sohn der Nachbarfamilie Witaszak – zum Treffpunkt des Tangermünder „Volkssturms“ kommt, erfahren sie, daß ein kluger und weitsichtiger Mann diese zweifelhafte Truppe aufgelöst und die Versammlung von Greisen, Fußkranken und Kindern nach Hause geschickt hat.

Die Enttäuschung bei den zwei Sechzehnjährigen ist grenzenlos. Jahrelang hat man ihr Denken, Fühlen und Handeln darauf ausgerichtet, die Hoffnung der Nation zu sein, zukünftige Helden, welche an der Neugestaltung Europas Anteil haben werden. Sie haben die Jahre und Monate gezählt, immer mit dem Seitenblick auf die kriegerischen Ereignisse und die Frage, werden wir noch eingezogen, werden wir noch „gebraucht“ beim „heroischen Freiheitskampf“ des Deutschen Reiches, oder wird schon alles vorbei sein?

Und jetzt, die Möglichkeit eines Einsatzes schon greifbar vor Augen, wird man wie ein Schuljunge nach Hause geschickt. Aus, kein Abenteuer, nichts erlebt, kein Heldentum.

Nein und nochmals *Nein*!!

Die beiden Kriegsfreiwilligen beschließen, auf privater Basis ihren Erlebnisdrang zu befriedigen. Noch strömen ja deutsche Truppen durch die Stadt und über die Elbbrücke, während in der Ferne schon der Kampflärm der näherrückenden Frontlinie zu hören ist.

Vor der katholischen Kirche bemerken sie einen Soldaten, der mit einem Handwagen überschüssiges Material transportiert. Unvorstellbar, ein ganzer Handwagen, gefüllt mit jenen „Spielzeugen“, auf die man sie so scharf gemacht hat. Ohne langes Fragen überläßt der Wagenführer den beiden „Volkssturmmännern“ zwei Karabiner mit ausreichend Munition. Gerhard hat ein „Gewehr 43“ (zehnschüssiger Halbautomat) erwischt. Patronen rein ... durchgeladen ... fertig ... „Jetzt solln se ma komm!“

Mit geschultertem Gewehr marschiert die selbsternannte Kampfgruppe die Arneburger Straße hinunter. Die mahnenden Bemerkungen einiger Anwohner werden verächtlich ignoriert. Schließlich ist man endlich auf dem Kriegspfad. Auf dem Gelände der Meyerschen Villa treffen sie auf eine Kompanie Soldaten.

Was der Kompaniechef vorhat, wird nicht so recht klar, aber er ist nicht mit über die Brücke gegangen, will sich nach Norden absetzen und erst mal raus aus der Stadt. Leider besitzt niemand Ortskenntnis. Das ist es, das machen wir, dann sind wir Kundschafter … Langsam beginnen die Umrisse eines Abenteuers Gestalt anzunehmen, und man setzt sich wohlgemut in Richtung auf das fünf Kilometer entfernte Dorf Hämerten in Bewegung.

Hinter dem Weinberg am Anfang des Deiches treffen sie auf die Mitglieder der Meyerschen Werksfeuerwehr. Sie sollen oder wollen hier die Stadt Tangermünde, das Eigentum der Firma und die Gänseblümchen verteidigen. Sie machen einen recht unentschlossenen Eindruck. Nee, nee, bei denen erlebt man sicher nichts, wir bleiben bei unserer Truppe.

Soviel Treue muß belohnt werden. Im Weitermarschieren verspricht der Kompanieführer seiner „Verstärkung" bei der nächsten Möglichkeit eine Uniform, die Vereidigung und Papiere, damit sie keine Wegelagerer mehr sind. Na bitte!, und hocherfreut ob dieser glänzenden Zukunftsaussichten geht es weiter in Deichdekkung durch den Löwenzahn auf Hämerten zu.

Hinter ihnen, in Tangermünde, knallt es mittlerweile ganz schön, und irgendwann fliegt mit gewaltigem Getöse die Elbbrücke in die Luft. Vielleicht hätte man doch dableiben sollen? Ach was, vor ihnen knallt es jetzt auch, da ist die Hämertsche Eisenbahnbrücke, da ist sicher auch etwas los.

Sicher ist da was los. Schon von weitem kann man sehen, wie deutsche Truppen über die Brücke nach Osten flüchten. Aus den westlich gelegenen Waldstücken dringt Gefechtslärm, Rauchwolken steigen auf, und am Himmel kreist ein amerikanischer Doppeldecker. Der Kompaniechef stellt seinen Soldaten frei, über die Brücke oder weiter elbaufwärts nach Norden zu gehen. Die Roonstraßen-Formation bricht auseinander. Gerhard bleibt, Wietsch geht nach drüben, übersteht glücklich die nachfolgenden Ereignisse und kehrt nach 14 Tagen unversehrt nach Hause zurück.

Eine Kampfgruppe Waffen-SS besetzt die Häuser am Brückenabsatz, verbietet ein weiteres Passieren und sieht sich unter den Soldaten nach Verstärkung um, weil sie die Brücke verteidigen will.

Gerhard hat gerade noch Zeit, sich über den plötzlich aufgekommenen Wind zu wundern, der mit leisem Zischen durch Gras und Sträucher fährt, und ihm bleibt eine weitere Zehntelsekunde, über die Leuchtkäfer zu staunen, die sich in gradliniger Paradeformation auf ihn zubewegen, da befördert ihn einer der fronterfahrenen Soldaten per Bodycheck die Elbböschung hinunter. Während des Freifluges begreift er, daß das keine Einladung zum Feuerwehrball war, sondern die spitzgeschnäbelten Sendboten des Todes, welche die alliierten Soldaten heimtükkisch und in böser Absicht auf ihn abgefeuert hatten.

Jetzt geht der Feuerzauber richtig los. Die Amerikaner greifen das Gelände um den Brückenabsatz an. Sie sind mit ihren Panzern auf den Bahndamm gefahren und schießen mit Maschinengewehren und Kanonen die Gleise entlang in die letzten Gruppen der über die Brücke flüchtenden deutschen Soldaten. Gerhard sieht, daß viele getroffen werden. Er und andere Soldaten laufen im Schutz der hohen Uferböschung stromaufwärts auf Storkau zu. Dann hinter ihnen eine gewaltige Explosion. Der Luftdruck fährt in ihren Rücken, läßt sie straucheln. Stahlteile, Bahnschwellen und Menschenkörper werden in die Luft geschleudert und fallen in den Strom. Auch die Hämertsche Eisenbahnbrücke ist gesprengt.

Später wird behauptet, die vorbereitete Sprengladung wäre vorzeitig von einer amerikanischen Panzergranate ausgelöst worden. Das klingt einleuchtend. Unwahrscheinlich wäre es gewesen, wenn die deutschen Pioniere die Brücke mitsamt den noch darauf befindlichen Kameraden in die Luft gejagt hätten.

Zum Angsthaben ist keine Zeit. Aber eines ist dem großen Bruder klar: Er ist Zeuge, wie um ihn herum gestorben wird, und dieses Sterben ist schrecklich und häßlich. Nur der Geistesgegenwart eines anderen ist es zu verdanken, daß er sein junges Heldenleben noch besitzt. Nachträglich wird ihm nun doch etwas kühl um die Rosette, und die Furcht vor der großen Dunkelheit holt ihn ein, während er hinter seinem „Retter" herläuft.

An zu Hause muß er plötzlich denken. Die Familie, Muddi, Oma, Bruder Helmut …

Vor Ewigkeiten ist das einmal gewesen …

Siedendheiß wird ihm klar, daß er es selbst war, der sich aus der Geborgenheit der Roonstraßen-Idylle hinauskatapultiert hat in diese brutale Kriegswirklichkeit. Vor Schreck bleibt er stehen, so daß die anderen „Mitläufer" ihn anbrüllen müssen: „Los, komm, weiter!"

Es sind jene Augenblicke, in denen sein Bruder nach dem ersten Schokoladen-Abenteuer das heulende Elend bekommt, sich der Gedanke an das ungewisse Schicksal des anderen in einem Tränenstrom entlädt. Exakt läßt sich so etwas nicht erklären. Aber wir Menschen des Abendlandes sind ja recht unerfahren in diesen Dingen. „Stimme des Blutes", sagt man wohl und kann Zweifel anmelden. Ich aber weiß, daß es stimmt …

Hinter Storkau wird es ruhiger. Verschnaufpause, danach zerstreut sich die Truppe. Man hat verschiedene Absichten und Ziele. Gerhard schließt sich seinem Retter an. Das ist ein sehniger Mann mit tiefgebräuntem Gesicht. Mit Bewunderung hat Gerhard bemerkt, wie geschickt er sich im Gelände bewegt. Sie kommen ins Gespräch. Er ist ein Mexiko-Deutscher, der in einer Art Austauschverfahren nach Deutschland gekommen ist, um dem Vaterland zu helfen. Jetzt ist er ernüchtert und bekehrt und will unbedingt durch die amerikanischen Linien nach Westen. Gerhard kann wieder seine Ortskenntnis anbieten, und die beiden verkriechen sich bis zum Dunkelwerden im Forst zwischen Arnim und Billberge.

Als Entschädigung für die Schrecken des Tages hält das Schicksal dann doch noch etwas „Karl May" bereit. Der Mexikaner und sein Askari passieren in der zweiten Nachthälfte die feindliche „Front". Nur die schattenhaften Umrisse von Panzern und verstohlen glimmende Zigaretten sind zu bemerken. Aus Achtung vor ihren Feinden bewegen sich die beiden bäuchlings durchs Gehölz und erreichen am Morgen, wieder in vertikaler Haltung, Staffelde. Man trennt sich …

Staffelde ist in diesen Tagen ein fideles Dorf. Die Bewohner haben ein Wehrmachts-Depot entdeckt und geplündert. Vom Akkordeon bis zur Rasierklinge, von der Schreibmaschine bis zum Feuerzeug war alles zu haben. Nebenbei aber auch eine größere Menge Alkoholika. Die allgemeine Stimmung ist ausgezeichnet. Auch der blödsinnige Angriff von deutschen Tieffliegern, die ihre Maschinengewehr-Garben in den Sand der Dorfstraße setzen, ändert daran nichts. Gerhard trinkt eine Flasche Rotwein gegen den Durst und verschläft den Tag und die folgende Nacht in einer Scheune.

Der nächste Morgen sieht einen durch stechendes Stroh, ebensolche Flöhe und herben Rotwein geläutertes Mitglied der Familie. Etwas nebulös wird erkannt, daß „Großer-Bruder-Spielen" und Muddis Frikadellen doch besser und sicherer sind, als in den letzten Zuckungen des „Dritten Reiches" einem zweifelhaften Heldenruhm nachzujagen.

Der Krieg ist zu Ende. Die Ein-Mann-Kampfgruppe macht sich auf den Weg nach Tangermünde. Den Kirchturm kann man ja schon sehen.

Unternehmen „Karutsche" – oder Der Auszug der Tangermünder

Am 15. oder 16. April kleben überall Plakate in mehreren Sprachen. An einer Hauswand zwischen Gärtnerei Guth und Metzger Meder klebt auch eins. Es ist der Aufruf der Amerikaner, die Stadt bis zum 18. April abends zu räumen.

Die Tangermünder sind geschockt. Keiner begreift den Sinn dieser Maßnahme. Alles ist friedlich. Die Amis sitzen am westlichen Elbufer und warten. Die Deutschen Truppen sind in den Wäldern hinter Fischbeck verschwunden. Die Russen stehen irgendwo bei Berlin. Was soll das Ganze also?

Wieder einmal gibt es wilde Gerüchte. Angeblich verstecken sich noch viele Soldaten bei uns. Im Zuge der Evakuierung sollen Bürger kontrolliert und die Stadt durchsucht werden. Oder eine andere Version. Wenn die Ostfront von den Russen an die Elbe gedrückt wird, befürchtet man ein Übergreifen der Kampfhandlungen auf das Westufer. Die Maßnahme gilt so dem Schutz der Zivilbevölkerung. Und letztlich die schlimmste Mutmaßung. Die Stadt soll für alliierte Kriegsgefangene und Fremdarbeiter zur Plünderung freigegeben werden. Aber niemand weiß etwas Genaues.

Junge, Junge, Junge, die Aufregung ist beträchtlich. Schlimmer als bei Feindalarm. Keiner weiß, ob und unter welchen Umständen man je wieder zurückkehren wird. Mitnehmen darf man nur, was auf Handwagen und Fahrrädern transportiert werden kann. Das will überlegt sein.

Die Lebensmittelgeschäfte verkaufen, was möglich ist, denn nicht alle Waren sind haltbar. Auch Muddi steht überall an und ergattert bei Metzger Schmücker ein riesiges Stück Schweinefleisch. Es wird unverzüglich gebraten und transportfähig verpackt.

Unsere Familie hat große Probleme. Wir haben noch keine richtigen Wurzeln in der Stadt. Außer einigen Kollegenfrauen und Geschäftsleuten kennt Muddi niemand, schon gar nicht in den Dörfern der Umgegend, die ja jetzt das Hauptziel für viele Tangermünder sind. Außerdem ist da unsere Oma Bernard, die seit dem Bombenangriff auf Magdeburg bei uns lebt. Sie ist 75 Jahre und weigert sich standhaft, Haus und Wohnung zu verlassen. Noch ist sie sehr rüstig, aber eine Flucht zu Fuß mit Gepäck über Land ...?

Außerdem – wie soll das überhaupt ablaufen? Viele Tangermünder haben einen Handwagen, wir nicht, und jeder braucht ihn jetzt selbst. Bleiben zwei Fahrräder, aber die Transportmöglichkeiten sind begrenzt.

Die Idee kommt von Muddi. Auf dem Dachboden steht der Familienkinderwagen, Baujahr 1924, in leuchtendem Königsblau und mit hohen Speichenrädern, belächelt und verspottet zwar, aber nun unsere einzige Hoffnung.

Karosse (franz.), Carriage (engl.) könnte man sagen, nachdem wir das Oberteil abgenommen haben. Oma sagt „Karutsche“. Das ist Sächsisch, und der Name bleibt für alle Zeit. Da das Gefährt nur eine kleine Ladefläche hat, muß aus den Gepäckstücken ein hoher Aufbau errichtet und mit Seilen festgezurrt werden. Nur die Ledertürme von Hannibals Kampf-Elefanten beim Marsch auf Rom mögen heftiger geschwankt haben als unsere Konstruktion.

Muddi verschließt mit wehem Herzen die Wohnung, und wir reihen uns in eine der Menschenkarawanen ein, welche Tangermünde in alle Richtungen verlassen. Jede Art von fahrbarem Untersatz kann man sehen, aber wir schlagen sie alle und ernten eher Bewunderung als Spott. Nicht mehr Eleganz, sondern Anpassung ist gefragt. Auf dem Sandweg nach Langensalzwedel jedoch lehrt uns die „Karutsche“ das Fürchten.

Da sie keine Lenkachse besitzt, sondern an einer Leine gezogen wird, und die schmalen Räder tief in den Sand schneiden, entwickelt das Monstrum einen völlig eigenständigen Richtungssinn. Weil Gerhard das vollgehängte Fahrrad schiebt, müssen Muddi und ich uns plagen. Alle zehn Meter ist eine Kurs-Korrektur-Hebeaktion nötig, und der Gepäckturm muß gerichtet werden. Es ist zum Kotzen. Oma, die nun doch mitgekommen ist, geht hinterher und schiebt mit einem Knüppel, wenn es mal geradeaus geht.

Mir fällt ein Lied ein:
Märkische Heide,
märkischer Sand,
sind des Märkers Freude,
sind sein Heimatland …

Nach kurzem Überlegen unterlasse ich jedoch, es anzustimmen. Vor dem szenischen Hintergrund und bei dem sandigen Untergrund hätten viele Mitreisende die Darbietung sicher mit Befremden aufgenommen.

Auf halbem Wege rauscht es plötzlich über uns, am Dorfeingang von Langensalzwedel steigt eine Staubwolke auf, dann folgt der Knall. Alle suchen Dekkung am Straßenrand oder wie wir in einer großen Strohdieme. Weitere Granaten orgeln über uns hinweg und krepieren weit verstreut in der Landschaft. Deutsche Artillerie von jenseits der Elbe sucht die amerikanischen Stellungen bei Bindfelde. Auf die flüchtenden Tangermünder wird, wie am 12. April, keine Rücksicht genommen.

Als wir zu den ersten Häusern kommen, wird alles sehr schlimm. Es hat Opfer gegeben, darunter mein Klassenkamerad Müller. Der Vater ist Gespannführer bei Lauenroth & Gädicke und sammelt weinend blutige Fetzen und Kleidungsstücke in einen Sack. Muddi schiebt uns schnell weiter. Die deutsche Artillerie erwirbt kein Ruhmesblatt bei den Tangermündern. Viele Menschen schimpfen, machen ihrer Empörung und ihrem Abscheu über das sinnlose militärische Getue laut Luft.

In Langensalzwedel ist kein Unterkommen, aber zwei Kilometer weiter auf Gut Charlottenhof ist in einem zugigen Schuppen noch Platz. Die Familie kommt auf das Stroh und das Fahrrad und die Karutsche müssen unter das Stroh, falls doch einer der Fremdarbeiter aus den Weiten Rußlands gekommen ist, unsere Transportmittel zu beschlagnahmen. Fahrräder wegzunehmen ist zwar ein großer Sport in diesen Tagen, aber unsere Karutsche dürfte als vorzeigbare Siegestrophäe kaum in Frage kommen.

Nachdem deutsche Tieflieger in der Abenddämmerung in der Gegend rumgeballert haben, ist die Nacht friedlich und sehr kalt. Am nächsten Morgen kontrollieren die Amis alle männlichen Flüchtlinge. Also doch. Wir holen Kartoffeln aus einer großen Miete, und Muddi versucht, mit zwanzig anderen Frauen in der großen Gutsküche irgend etwas zu kochen. Schmückers Schweinebraten versöhnt uns etwas mit dem Schicksal, aber für längere Zeit ist das hier nichts. Niemand weiß, wie lange es dauert. Die Ungewißheit über die weiteren Entwicklungen in Tangermünde belasten alle sehr.

Wir stellen die Karutsche wieder in Dienst und ziehen weiter. Den ganzen Tag versucht Muddi, in Bindfelde und Umgebung eine Bleibe zu finden. Vergeblich. Etwa 15.000 geflüchtete Tangermünder haben auch den letzten Winkel belegt.

Als hinter Stendal die Sonne sinkt, erreichen wir die Bahnlinie nach Tangermünde. Wehmütige Erinnerung an die bescheidenen Ausflüge in die Kreisstadt. Besuche in dem Minizoo und ein Bummel durch das „Kepa"-Kaufhaus, ein Glas „Fliegerbier" (Bier und Limonade) und manchmal ein neues Buch, wie lange ist das schon her …?

Muddi setzt sich auf die Böschung und weint. Ganz still. „So weit hat man's nun gebracht, bis in den Straßengraben", sagt sie dann. Oma, die die Situation bisher mit bewundernswertem Gleichmut getragen hat, setzt sich zu ihr und nimmt sie in den Arm.

Gerhard und ich sind betroffen und schweigen betreten. So kennen wir „unsere" Muddi nicht, können nur ahnen, was in ihrem Kopf vorgeht.

Die Umstände haben sie ihrer ureigensten Fähigkeit beraubt – Aktivität. Handeln … unternehmen … versuchen … ändern … ordnen, aber auch einschränken und zurückstehen, sparen und einteilen. Das alles kann sie. Hilflos und ausgeliefert zu sein, kennt sie nicht. Stets hat sie vorausschauend gehandelt, hat verstanden, drohende Mißerfolge durch ihre Tatkraft zu unterlaufen, jeden Weg in Abhängigkeit zu vermeiden. Zudem drohen drüben in Tangermünde Wohnung und Heim verlorenzugehen, zusammen mit vielen Dingen, für die sie und ihr Mann lange gearbeitet und gespart haben, liebevoll zusammengetragen, stolz betrachtet, gepflegt und bewahrt. Und wo soll sie hin nach dem Mißerfolg des Tages mit der alten Oma und den Kindern? Wenn doch wenigstens Pabba da wäre, aber dieser Gedanke führt vollends in Trostlosigkeit, Angst und Verzweiflung, denn von der Atlantikküste ist seit Monaten keine Nachricht gekommen. Festung „La Rochelle" war der letzte Absender. Dann nichts mehr …

Viele Menschen flüchten in dieser Zeit in den Fatalismus, und auch unsere Muddi muß ihre Rolle neu lernen.

Als wir wieder hinsehen, steht sie wieder aufrecht. Die Tränen sind weg, und in das Gesicht ist etwas von der alten Entschlossenheit zurückgekehrt. „Ich geh' nochmal nach da drüben", sagt sie. Da „drüben" steht auf einem kleinen Hügel die Windmühle von Bindfelde, dahinter ist ein Hausgiebel sichtbar.

Als sie zurückkommt, sagt Oma: „Nu gucke bloß, wie se loschbeenert, das is ä guts Zeichen!" In der Tat. Es sind zwar schon vier Familien da, aber es ist Platz in einem ungenutzten gemauerten Stall, und Stroh gibt es genug.

Später in der Küche sehe ich den Frauen beim Kochen zu. Der große gemauerte Herd steht in der Mitte. Es ist warm und gemütlich. In einer Ecke sitzt Frau „Braunschweig“. Sie ist die Eigentümerin und bewirtschaftet das kleine Anwesen allein. Sie ist groß, hager und knochig mit brauner, lederartiger Haut (Typ Katherine Hepburn in späteren Jahren). Offensichtlich macht ihr die Tangermünder Gesellschaft Spaß. Zu kochen braucht sie nicht, denn jede Partei bietet eine Kleinigkeit an. Sie lobt Schmückers Schweinebraten und ißt einen Reibekuchen dick mit Salz bestreut. Als Nachtisch taucht etwas vom Feodora-Segen auf, und nachdem das Hoftor verschlossen ist, gehen alle ins Stroh.

Erneut weckt uns strahlende Frühlingssonne. Es ist der 20. April 1945 (bisher Führers Geburtstag). Schon am Vormittag fliegen die alliierten Silbervögel nach Osten, um ihm die nötigen Glückwünsche zu überbringen. Wir Kinder werden ins Dorf geschickt, Milch holen.

Auf der Straße stehen zwei Amis. Jeder hat einen riesigen Handschuh an mit einem Loch in der Mitte. Sie werfen sich einen Ball zu und fangen ihn mit dem Handschuhloch auf. Sonst passiert nichts. Huh, wie langweilig. Ein Turbinen-Jäger Me 262 überfliegt das Dorf in ziemlicher Höhe. Ehe die Amis bei ihren Flak-Geschützen sind, ist er weg. Wir müssen lachen, und für einen Augenblick kehrt das alte „Deutschland-Überlegenheits-Gefühl“ zurück. Aber als wir an der Mühle ankommen, ist es schon wieder vergessen.

Wir Kinder verleben eine wunderbare Zeit. Keine Schule. Bis auf kleine Pflichten sind wir den ganzen Tag uns selbst überlassen. Können spielen, was wir wollen. Gelegenheit gibt es auf dem Mühlengelände und in dem gegenüberliegenden Wäldchen genug. Hier liegen auch zahlreiche militärische Ausrüstungsstücke. Manchmal setzen wir uns einen Stahlhelm auf, nehmen einen Karabiner ohne Schloß und spielen „Soldaten“. Die Erwachsenen sehen das nicht gerne. Das ist jetzt vorbei, sagen sie.

Noch nicht! – Die amerikanische Armee ist erschienen, um das Wartehäuschen am Eisenbahnhaltepunkt Bindfelde zu zerstören. Wahrscheinlich aus Texas sind extra zwei Mann abgestellt worden, um die „Exekution“ vorzunehmen. Sie ballern aus allen Knopflöchern. Zuerst auf den Schriftzug, dann auf die Pfosten und schließlich auf alles zusammen. Als sie keine Munition mehr haben, ziehen sie wieder ab nach Texas. Die Bude ist zwar etwas schief, aber sie steht, hat der Zerstörungswut der amerikanischen Streitkräfte standgehalten. Durch die interessanten Lochmuster in den Bretterwänden scheint warm die Aprilsonne.

Über dem fernen Tangermünde (acht Kilometer) wächst langsam eine große schwarze Rauchwolke empor und bleibt einen Tag lang stehen. Die übliche Unkerei beginnt. Jetzt haben sie Tangermünde angesteckt, die Russen sind überraschend vorgestoßen. „Quatsch“, sagt Frau Braunschweig, „die haben gerade die Oder überschritten!“ Sie hat es im Radio gehört. Am anderen Tag gibt es Entwarnung. Nur drei oder vier Häuser zwischen Eulenturm und Roßfurt sind abgebrannt. Wahrscheinlich Fahrlässigkeit. Keine Kriegseinwirkung.

Einige versuchen, nach Tangermünde reinzukommen, aber die Amis haben die Stadt immer noch abgeriegelt. Sie stehen gut postiert an günstigen Punkten und kontrollieren Zufahrtswege und die Feldflur. Wer es quer über den Acker versucht, kriegt mit dem 30.06 Garant (amerikanisches Militärgewehr) einen Warnschuß vor den Bug. Vor dem aufsteigenden Staubwölkchen kehren alle wanderfreudigen Tangermünder um und gehen zurück auf ihre Dörfer.

Und dann kommt eines Abends doch noch Leben in das Bindfelder Flüchtlings-Mühlen-Idyll in Gestalt einer Amistreife. Sie kontrolliert wieder einmal die wenigen Männer. Aber man merkt, daß sich das nicht so streng vollzieht. Vielmehr schmeißen die „G.I.'s" (sprich: Tschieais) ein oder mehrere Augen auf die jungen Mädchen und jungen Frauen, die im Schatten der Mühle wohnen. Es wird gefragt, gestikuliert, geradebrecht und gelacht. Spricht denn keiner Englisch? Doch, mein Bruder Gerhard. In den restlichen Bindfelder Tagen erlebt er einen märchenhaften Blitzaufstieg zum Chefdolmetscher.

„Zufällig" kommt die Streife am anderen Abend wieder vorbei, und am dritten Tag sitzen sie mit allen zusammen auf den Bänken im Hof in der Abendsonne. Einer heißt Jonnie Kruppner und ist Taxifahrer in New York. Jonnie mag „Häänellourre" (Hannelore). Sie ist die Hübscheste unter den Frauen. Alle Gespräche laufen ausschließlich über Gerhard, trotzdem funktioniert die Fraternisation blendend. Die Amis legen so allerlei auf den Tisch. Kekse, Schokolade und auf meine dringende Intervention auch „Kaugummi". Vor allem aber Zigaretten, Zigaretten, Zigaretten. Von vielen langentbehrt, heißersehnt. Es wird unheimlich gequalmt. „Duft und Süße Virginias" steigen allabendlich in Form von blauem Dunst aus den Mauern des deutschen Bauerngehöftes.

An einem besonders warmen Frühlingsabend hat Jonnie statt Wasser etwas „Kounjäk" in der Feldflasche. Die Stimmung steigt, Lieder werden angestimmt. Deutsche Volkslieder. Jetzt kommt Muddis große Stunde. Zusammen mit Frau Winter, einer älteren, weißhaarigen Dame, singt sie zweistimmig, daß den Amis die Spucke wegbleibt. Sie können nicht genug kriegen. Aber die anderen wollen auch mitsingen. Was können wir denn alle gemeinsam? – Weihnachtslieder!! Und so geschieht es. Die vertrauten Melodien steigen in den bestirnten Aprilhimmel, Freund und Feind sind gerührt, und Jonnie rückt etwas näher an „Hääneloure" heran.

„So nette Kerle alle", sagt Muddi beim Schlafengehen, „ein Wahnsinn dieser Krieg."

Nach dem „Liederabend" bringen die Amis ihre schmutzige Wäsche zum Waschen.

Das ist so vereinbart. Waschmittel werden geliefert, und als Entgelt gibt es Schweinefleisch aus Dosen, fertig gewürzt. Es schmeckt wunderbar.

Die Kungelei mit den Amis erhält noch einen anderen Aspekt. Eine weitere Gruppe Soldaten erscheint. Sie tragen zwar amerikanische Uniformen, haben aber auf dem Ärmel ein bestimmtes Zeichen. Es sind polnische Hilfswillige. Sie sind nicht wegen der Volkslieder gekommen, sondern um den Kriegstribut auf ihre Weise von den Frauen zu fordern. Jonnies Gewehr lehnt immer an der Wand, wenn er da ist. Aber auch ohne Gewehr macht er den Eindringlingen mit Worten klar, was er von ihnen und ihren Wünschen hält.

Danach kommt Jonnie häufig allein und geht mit Hääneloure im Wald spazieren. Wahrscheinlich haben sie nicht ausschließlich Weihnachtslieder gesungen, aber Jonnie ist auch eine Ausnahme.

Nach zehn Tagen kommt die erlösende Nachricht. Tangermünde ist frei, wir können wieder zurück. Noch ehe auf dem Mühlengehöft alle Bescheid wissen, verschwindet Gerhard mit dem Fahrrad am Horizont. Er bringt die frohe Kunde, daß die Stadt weitgehend unversehrt ist, aber alle Häuser und Wohnungen aufgebrochen sind.

Roonstraße 44 sieht aus, als hätte der Geheimdienst einen Mikro-Film gesucht. Nach mehrwöchigen Putz- und Aufräumungsarbeiten stellt sich heraus, daß eigentlich außer einem Herrenanzug nichts fehlt. Im Gegenteil, die Untersuchungskommission hatte etwas zurückgelassen. Zeit- und situationsgemäß hatte man sich mit ein paar imponierenden Scheißhaufen empfohlen, die an strategisch wichtigen Punkten plaziert waren – Dazu gehörte auch Pabbas Schreibtischplatte.

Langsam glaubten wir es alle. Eine höhere Vorsehung hielt schützend ihre Hand über die Stadt.

Beweis: Bomber zum Hören und Anschauen.
Ein Bombenangriff zum Hören und Angsthaben.
Kampfhandlungen weitgehend außerhalb.
Sonderzuteilung an Glück.
Eine Brückensprengung zur Erinnerung, daß Krieg war.
Vertreibung und Flucht auf Tangermünder Verhältnisse zugeschnitten (mit Rückfahrkarte).

Nun braucht keiner mehr Angst zu haben. Die „Vorsehung" wird auch weiterhin für uns sorgen.

Tangermünde – die Stadt der Abenteuer

Die Vorzeichen haben sich geändert. Was gestern noch verboten war, wird heute nicht mehr kontrolliert. Für meine Freunde und mich bedeutet das: Es gibt unheimlich viel zu sehen, zu tun, zu unternehmen. Wir sind unaufhörlich unterwegs. Von Sonnenaufgang bis in den sinkenden Abend. Alles ist neu und muß ausprobiert werden.

Häufig stehen wir auf dem Brückenabsatz und sehen nach jenseits. Aktivitäten sind kaum zu beobachten. Die Amis sitzen seelenruhig auf der Terrasse der Hambach-Villa, rauchen und trinken. An ein Nachsetzen über die Elbe denken sie gar nicht. Wir wundern uns, aber von den Vereinbarungen der „Jalta-Konferenz" wissen die Tangermünder ja nichts.

Wir nehmen die verlassenen Flakstellungen am Bahnhof und an der Brücke in Besitz, spielen auf den Lafetten, betätigen Kurbeln und Hebel, zielen durch das Fadenkreuz auf imaginäre Flugzeuge. Alles funktioniert noch.

Ecke Blumenthalstraße, vor der Metzgerei Lange, haben die Amis eine Art Quartier aufgeschlagen. Auf großen, blubbernden und zischenden Benzinöfen wird gekocht. Wir schauen zu. Sie haben das weißeste Weißbrot, und die großen kalifornischen Pfirsichhälften halten wir zunächst für Spiegeleier mit amerikanischen Dimensionen. Manchmal geben sie uns etwas ab. Ihre Schokolade ist sehr süß, unsere hingegen schmeißen viele Soldaten weg. Kaugummi ist sehr begehrt, und wenn man fragt, geben einige auch Zigaretten. Klangvolle Namen dringen an unsere Ohren. Lucky Strike, Camel, später auch Pall Mall und Chesterfield, die neuen Symbolwerte der Nachkriegszeit. Ich rauche meine erste „Aktive" in den Elbanlagen. Sie schmeckt scheußlich.

Immer noch schleppen die Menschen Süßigkeiten aus der Schokoladenfabrik. Der Vorrat scheint unerschöpflich. Manchmal sperren die Amerikaner das Betriebsgelände. Auf einem Eisenbahnrollwagen von der Carlbauerstraße kommend, durchbrechen Hans, Strulli und ich die Postenkette. Die Amis unternehmen nichts. Als sie unsere Kavalkade kommen sehen, biegen sie sich vor Lachen.

In einem Bunker am Bahnübergang Ulrichstraße finden wir zwei Pistolen mit Munition und Taschen. Eine Mauser 08 und eine belgische FN, beide im Kaliber 9 mm Parabellum. Es sind große, schwere Waffen. Wir suchen handlichere. Trotzdem schleppen wir die Dinger den Bahndamm hinunter und verstecken sie unter einem Bahnschwellenstapel. Im Jahre 1947 ging ich nochmal nachsehen. Nur eine leere Tasche war noch da. Sie bestand aus Kernleder und reichte für ein Paar Schuhsohlen. Endlich finden wir in einem Gebüsch an der Katholischen Kirche das begehrte Objekt. Walther PP, Kaliber 7,65, sehr gut erhalten, blauer Stahl. Jeder darf sie in die Hand nehmen und den Spannabzug betätigen. Plötzlich steht ein französischer Fremdarbeiter neben uns. Wir kriegen eine Schachtel Zigaretten, und weg ist der Schatz. Am Abend sehen wir ihn wieder. Unser Franzmann fährt mit vielen anderen auf LKWs durch die Stadt. In den Händen haben sie rote Fahnen und die Trikolore. Im Vorbeifahren winkt er uns zu und zeigt auf seinen Hosenbund. Dort steckt die „Walther".

In Höhe des Elbparks liegt ein Zwölf-Mann-Schlauchboot am Ufer. Mit vielen Kindern ziehen wir es bis zur Hafeneinfahrt und lassen uns dann bis zur Brücke treiben. Das geht einen halben Tag lang, dann kommt ein Ami, jagt uns weg und verschießt ein ganzes Magazin aus seiner Pistole. Die Projektile fliegen ihm um die Ohren, das Boot bleibt ganz. Aus sicherer Entfernung ruft Strulli: „Deutsche Wertarbeit!" Der Ami zieht sein Messer und schneidet viele der Luftkammern kaputt. Unser schönes Spielzeug ist nicht mehr zu gebrauchen.

Als Ersatz finden wir in der Böschung direkt neben der Brücke eine Art Unterstand. Hier lagern Kisten mit roten Ölpapier-Röllchen, die ein gelbes Pulver enthalten. Wir versuchen, es mit dem Brennglas anzustecken, aber es schmort nur. Es ist die einzige Dummheit, die wir aus Unwissenheit begehen. Keiner hatte uns gesagt, daß es die Reste des Sprengstoffes waren, mit dem die Brücke gesprengt wurde. Glücklicherweise kann man Sprengstoff nicht mit einem Brennglas entzünden …

Stark gelitten hatte der schmückende Kranz, der die Stadt umgab. Die Grünanlagen sind zertrampelt und zermatscht. Überall in den Büschen liegen Waffen, Munition, Handgranaten, Koppel, Bajonette und Uniformteile. Keiner kümmert sich darum. Einige öffentliche Gebäude sind aufgebrochen und verwüstet. An der Stadtmauer unterhalb des Amtsgerichts liegen mengenweise Akten, Einrichtungsgegenstände und Kleidungsstücke. Nicht zu vergessen Scheißhaufen. Die sind allgegenwärtig. Wohin man sieht und tritt – Scheißhaufen. Da wir in diesen warmen Apriltagen manchmal schon barfuß gehen, ist das ein ernstes Problem.

Im Wald, in der Nähe der Abdeckerei, liegt eine notgelandete Me 109, und an einer Deichauffahrt bei Hämerten steht ein intaktes deutsches Sturmgeschütz. Leergefahren, kein Sprit mehr. Wir klettern überall rein und tun so, als ob. Aber so richtig Spaß macht das nicht mehr. Eher erfühlt als verstanden merken wir, daß jene Dinge ihre Gültigkeit verloren haben. Das Herz ist nicht recht dabei. Aber einmal passiert es noch, daß wir nicht widerstehen können.

An einer abgelegenen Buhne zwischen Hämerten und Tangermünde muß sich wohl eine ganze Einheit ihres „Zubehörs" entledigt haben. Der Boden ist übersät mit Waffen, und auch im flachen Wasser kann man zahlreiche Ausrüstungsstücke sehen. Sogar eine britische Beute-MP und ein dickes Flieger-MG auf Lafette liegen da. Andere Jungen haben die Stelle auch entdeckt, und so wird erst einmal probiert, gefummelt und gemimt. Alle können mit Handfeuerwaffen umgehen, und dann macht einer „ernst“. Er setzt sich auf die erhöhte Böschung, stützt die Ellenbogen auf die Knie und schießt mit einem Karabiner ins Wasser. Jetzt will jeder mal, und keiner steht zurück. Helmut Pfifferling hat Herzklopfen, und nach dem Schuß liegt er beinahe wie ein Käfer auf dem Rücken. Er hatte den Gewehrkolben nicht richtig in die Schulter gezogen.

Schlechtes Gewissen hin und her. Das Hantieren mit Waffen ist bei Strafe streng verboten. Aber der Geist einer Jungenhorde lebt immer von seinen Ideen. Einer hat sie und findet Beifall. „Wir schmeißen den ganzen Kram ins Wasser.“ Au ja! Sofort sind die zehn Jungen wieder beschäftigt, und im hohen Bogen fliegt der Kriegsmüll in die Elbe. Jawoll, der Krieg ist aus, Ordnung muß sein, und jetzt haben wir auch ein Alibi. Wir wollten ja nur aufräumen. Es hätten ja „Kinder“ den Kram finden und auf dumme Gedanken kommen können. Womöglich wäre was passiert ...

Meistens aber beschäftigen wir uns nicht mit diesen „Erinnerungsstücken“, dafür gibt es zu viele andere Dinge, die getan werden müssen. Vor allen Dingen kann man jetzt angeln. Wo, wann, wie lange und mit welchen Geräten oder Ködern ist egal. Keiner fragt, keiner kontrolliert. Ist das eine Wonne! Von morgens bis abends sind wir am Wasser. Alle Stellen, die bisher nur angepeilt und ob ihrer Fangergiebigkeit abtaxiert wurden, können jetzt aufgesucht und beangelt werden: direkt unterhalb der Stadt, im Hafen, wo es tief ist, natürlich an den Buhnen, an der Tangerschleuse, im Bölsdorfer Haken und in den Baggerlöchern der Firma Bierstaedt.

Da wir den ganzen Tag an der Elbe sind, glaube ich, daß wir es auch als erste bemerken. Jenseits des Stromes, fern im Osten, rumpelt es. Über dem Horizont hängt ein schwarzer Dunst. Die Tage, in denen Tangermünde ein Blickpunkt des Weltinteresses werden wird, sind gekommen.

Das Ende an der Elbe[1]

Ich meine nicht jenes Ende, das die Elbe als Demarkationslinie sieht, an der quer durch Deutschland von Nord nach Süd letztlich der Zweite Weltkrieg endet, dessen Schlußphase Jürgen Thorwald in einer grandiosen Gesamtschau darstellt.

Ich meine jenes Teil-Ende, dessen unfreiwillige Zeugen die Tangermünder Bürger von der erhöhten Warte ihrer Stadt aus werden. Erst spätere Jahre, in

1 Thorwald, Jürgen: Das Ende an der Elbe, Stuttgart 1959.

denen eine Aufarbeitung der geschichtlichen Ereignisse erfolgt, lassen erkennen, welche Tragödie wir mit anzusehen gezwungen waren.

Hitlers letzte Befehle an die 12. Armee unter General Wenck und die 9. Armee unter General Busse, dem bedrängten Berlin Entsatz zu bringen, werden nicht mehr befolgt. Die beherzten Generäle sehen ihre Aufgabe in einer verhältnismäßig planmäßigen Absetzbewegung nach Westen und Vermeidung sinnloser Verluste, um sich gemeinsam mit den zahllosen Flüchtlingen den amerikanischen Streitkräften zu ergeben.

Etwa eine halbe Million Menschen, Soldaten und Zivilisten, sind es, die sich auf die Elbe zubewegen[1]. Die Zivilisten nur von dem einen Wunsch beseelt, nicht von den Russen überrollt zu werden, die Soldaten mit dem Befehl, diese Flucht zu ermöglichen. Das geschieht auch, jedoch unter ungeheuren Opfern. Vom Beginn der Kämpfe an der Oder und um Berlin bis zum Übergang über die Elbe haben manche Verbände 50 Prozent, ja 80 Prozent Verluste gehabt[2].

Am 4. Mai 1945 führt der deutsche General von Edelsheim im Stendaler Rathaus Kapitulationsgespräche mit der 9. US-Armee, die sich bereiterklärt, „zunächst“ einmal alle Soldaten, aber keine Zivilisten aufzunehmen[3].

Schon in den letzten Apriltagen wird es auf den jenseitigen Elbwiesen lebendig. Menschen mit und ohne Uniform, Kraftfahrzeuge aller Art, Pferdegespanne, Handwagen, Karren und Kinderwagen. Je lauter das Grollen der näherkommenden Front wird und je schwächer die Rauchwolken werden, desto mehr Menschen erscheinen. Einige versuchen unter Lebensgefahr, über die gesprengte Brücke zu gelangen. Es sind noch keinerlei Hilfsstege eingerichtet, und es bedarf schon des Mutes der Verzweiflung, vom strudelnden, schäumenden Wasser umbraust, über die Trümmer zu tasten. Andere kommen auf Booten oder improvisierten Fahrzeugen, Fässern, Kanistern, Bohlen und Autoschläuchen. Am Westufer werden sie von den Amerikanern in Empfang genommen und abtransportiert. Da man das vom anderen Ufer sehen kann, überqueren viele nachts den Strom. Die Elbaue ist weit, und die Amis patroullieren recht sparsam oberhalb und unterhalb der Stadt. Beim Angeln finden wir häufig die abenteuerlichen Flöße, die in der Nacht geholfen haben, den Fluß zu überqueren.

Immer gelingt diese Flucht nicht, weil die Hilfsmittel nicht „elbetauglich“ sind. Das aprilkalte Elbwasser hat dann auf seine Weise den Leiden der Kriegstage ein Ende gesetzt. Meine Freunde und ich sehen unsere ersten Toten, die die Strömung sanft auf den weißen Sand der Buhnen gebettet hat.

---

1 Ryan, Cornelius: Der letzte Kampf, München/Zürich 1966, S. 355.

2 Ryan, Cornelius: ebd., S. 416.

3 Gellermann, Günther W.: Die Armee Wenck -- Hitlers letzte Hoffnung, Koblenz 1990, S. 109.

Am 5. Mai 1945 wird alles offiziell. Die Brückentrümmer sind mit Behelfsstegen versehen, und ein ununterbrochener Strom von Soldaten ergießt sich auf das Westufer[1]. Viele Verbände kommen aber auch mit selbst organisierten Hilfsmitteln, Pionierfahrzeugen usw. Noch immer sind die Amerikaner nicht bereit, Zivilisten auf das Westufer zu lassen. Für tausende von Flüchtlingen in den jenseitigen Elbwiesen wird die Situation immer verzweifelter.

„Am 7. Mai 1945 gegen zwölf Uhr mittags brechen fünf Kilometer südlich der Brücke russische Panzer zur Elbe durch und beginnen, die Übergangsstelle zu beschießen. Drei amerikanische Soldaten erleiden Verletzungen, einer wird getötet. Daraufhin räumen die Amerikaner einen Uferstreifen von zwei Kilometer. Sofort werden die Übersetzbewegungen für Zivilisten wieder von deutschen Soldaten aufgenommen."[2]

„Zwischen Havelberg und Ferchland gehen rund 100.000 Soldaten und einige 10.000 Flüchtlinge über die Elbe."[3]

Die meisten davon bei Tangermünde.

Auf der Verkehrsinsel vor der katholischen Kirche steht eine Gruppe ranghoher, deutscher Offiziere. Alle haben rote Biesen an den Hosen, also sind sie für uns Generäle. Sie grüßen die erste, größere Abteilung Soldaten, die in verhältnismäßig geordneter Formation an ihnen vorbeizieht.

Die Geste soll wohl Dank, Anerkennung und treue Verbundenheit ausdrücken, doch kann diese letzte Demonstration von Ordnung und Disziplin nicht darüber hinwegtäuschen, daß es sich um eine geschlagene Armee handelt. Die Männer sind zu Tode erschöpft. Die Gesichter gezeichnet von den überstandenen Strapazen. Die meisten haben seit Tagen oder Wochen nicht mehr richtig geschlafen und waren noch vor Stunden in Rückzugsgefechte verwickelt. Wir sehen viele leichtverwundete, aber marschfähige Soldaten mit schmutzigen Verbänden. Die Uniformen schlottern um die Leiber, denn Koppelzeug mußte abgelegt werden. Alle sind hungrig, vor allem aber haben sie Durst.

Die ganze Blumenthalstraße hinauf stehen gefüllte Wassereimer an den Straßenrändern. Die Soldaten können im Vorbeimarschieren Feldflaschen und Becher hineintauchen. Manche haben auch das nicht mehr, dann drücken wir und viele andere gefüllte Becher in die ausgestreckten Hände und laufen nebenher, bis der Becher leer ist. Die Blicke, die uns die Männer zuwerfen, vergißt man nicht.

Das alles ist verboten. Mit lauten, barschen Worten, drohenden Gebärden und erhobener Waffe versuchen die amerikanischen Bewacher, unsere Aktionen zu verhindern. Manche sind richtig wütend und kommen gerannt, wenn Wasser ge-

---

1 Gellermann: ebd., S. 112.

2 Gellermann: ebd., S. 119.

3 Thorwald: ebd., S. 211.

reicht wird, andere lassen es stillschweigend geschehen und wenden sich ab. Dann müssen die Anwohner sich mühen, die Eimer immer gefüllt zu halten.

Manchmal stockt der Zug der Fünferreihen. Dann lassen sich die Soldaten auf den Boden sinken, manche strecken sich auf den Pflastersteinen lang aus. Jetzt ist es einfacher, sie mit Wasser zu versorgen. Auch Lebensmittel kann man ihnen zustecken. Eine Menge des erbeuteten Schokoladensegens von Feodora wechselt den Besitzer.

Die Gefangenen haben die erste „Filzung“ hinter sich. Das heißt, auf dem Ackerdreieck an der Brückenauffahrt und in den Grünanlagen um die katholische Kirche muß alles, was den Siegern wertvoll oder nur brauchbar erscheint, auf Haufen geworfen werden oder wird bei Durchsuchungen weggenommen.

Ich weiß nicht, wie die Anweisungen der Amerikaner lauteten, aber auf dem Boden liegen alle Sachen, die Menschen überhaupt bei sich tragen können: Koffer, Wäsche und Bekleidungsstücke aller Art, Papier, Kartons, Brieftaschen, Portemonnaies, Brillen, Kämme, Brustbeutel, Kompasse, Lupen, Uhren, Messer, Taschenmesser, Schmuck und Zehntausende von Kondomen.

Die Gefangenen stehen in Marschkolonnen von etwa 200 Mann nebeneinander und werfen ihre Habseligkeiten vor und hinter sich. Die Bewacher sind die ersten, sie nehmen sich, was sie wollen. Besonders begehrt sind Uhren, Schmuck und Finnenmesser mit Sonderausstattung. Wenn die Kolonnen fertig sind, marschieren sie ab. Die nächsten kommen vom Brückenabsatz herunter und stampfen die Hinterlassenschaften ihrer Kameraden in den zunächst weichen Acker. Später wird alles auf dem härter werdenden Boden kaputtgetreten.

Da das Gelände um die katholische Kirche busch- und baumbestanden ist, wird es zur Latrine degradiert. Nach fünf Tagen und dem Durchgang von zentausenden von Menschen bei dieser „Gefangenensammelstelle“ ist der Anblick unaussprechlich und der Gestank infernalisch, denn diese Maitage sind sommerlich heiß. Viele der „Gefilzten“ nehmen ihre Wertsachen auch mit bis zum Austreten, scheißen darauf oder stecken die Sachen hinterher hinein, um für die „Finder“ die „Attraktivität“ zu mindern. Andere drücken Gegenstände, die ihnen etwas bedeuten, den Amis in die Hand. Sie wollen nicht, daß sie besudelt werden.

Für die meisten Jungen unseres Viertels besitzt das Elbdreieck eine unerhörte Anziehungskraft. Wo hat es jemals eine Gelegenheit gegeben, so viele brauchbare Sachen zu „finden“? Bedenken hinsichtlich der Herkunft haben wir keine. Was die Amis nicht nehmen, wird zertrampelt, dann besser wir. Die Amis haben das Areal zwar weiträumig umstellt, aber unsere Schleichwege kennen sie nicht. Viele der Posten haben auch Langeweile, setzen sich irgendwo hin und dösen oder quatschen mit einem Kameraden.

Das ist der Augenblick. Schon vorher haben wir aus dem Gebüsch gewisse

Sachen angepeilt, dann blitzschnell raus und wieder zurück, oder quer über den Acker und bei der nächsten Postenlücke wieder raus. Die meisten Posten lachen, aber einer schießt auch in die Luft.

Am Ende der „Kampagne" habe ich einen Karton voll Taschenmesser, zwei Finnenmesser, eine Art Bowiemesser, zwei Marschkompasse, einen SS-Nahkampfdolch und Teile eines chirurgischen Bestecks einschließlich Wundnähgarn in Glasröhrchen. Großzügig gestatte ich Gerhard, sich nach seinen Wünschen zu bedienen. – Und wenn sie noch so erschöpft waren, so merkte man ihnen dennoch die Erleichterung an. Viele lachten und winkten den Tangermündern zu, wenn sie durch die Blumenthal- und obere Roonstraße zogen. Sie waren ja der gefürchteten russischen Kriegsgefangenschaft entgangen, im Westen, beim Ami, in Sicherheit und am Leben.

Bis zum 7. Mai 1945 verebbt der Strom der Flüchtlinge. Die, denen es möglich war, sind auf dem Westufer der Elbe. Jetzt kommen nur noch Einzelgänger oder kleinere Gruppen, aber nicht mehr über die Brücke. Sondern bei Nacht und Nebel an einsamen Stellen schwimmend durch den Strom.

Eines Tages sehen meine Freunde und ich am anderen Ufer Männer in olivfarbenen Uniformen. Die Russen haben die Elbe erreicht …

„Im Verlauf des 8. Mai 1945 werden Angehörige von Verbänden der 12. Armee entgegen der amerikanischen Zusage, jeden deutschen Soldaten in amerikanische Gefangenschaft übernehmen zu wollen, an die Rote Armee ausgeliefert."[1]

„Bevor die US-Truppen den auf Viehkoppeln bei Schelldorf und Grieben lagernden deutschen Soldaten ihre Auslieferungsabsicht bekanntgeben, umstellen sie das Lager mit Panzern. Panik bricht aus, es kommt zu Selbstmorden, zahlreiche Gefangene werden auf der Flucht erschossen."[2]

Als die Nachricht Tangermünde erreicht, löst sie bei der Bevölkerung eine Welle von Abscheu und Entsetzen aus. Jeder weiß, daß der Abtransport nach Rußland meistens den sicheren Tod bedeutet. Die Angehörigen der US-Streitkräfte, die sich ja bisher als freundliche, lässige Typen verkauft hatten, sinken tief in der Achtung. Es sind eben doch nur Gegner und „Feinde".

Erst in späteren Jahren wird bekannt, daß die alliierten Vereinbarungen angeblich vorsahen, Truppenteile, die gegen die Sowjets gekämpft hatten, in deren Zuständigkeit fielen, ebenso Zivilisten, die aus der vereinbarten sowjetischen Besatzungszone fliehen wollten[3], auszuschließen.

---

1 Gellermann, Günther W.: ebd., S. 121.

2 nach Gellermann: ebd., S. 212.

3 Simons, Gerhard u.a. Redaktion der Time-Life-Bücher: Der zweite Weltkrieg. Die Deutsche Kapitulation. Ohne Ortsangabe, Time-Life Books B.V. 1982, S. 152.

Pferde – Schottenröcke – Rotarmisten

Kein Zweifel, bei Tangermünde hat der Zweite Weltkrieg sein Ende gefunden. Gewiß, die spektakuläre Verbrüderung zwischen Amerikanern und Russen geschah bei Torgau, nirgendwo aber wird deutlicher, daß hier bei uns das dramatische Finale eines Feldzuges ablief. Die Beweisstücke liegen unübersehbar am östlichen Elbufer. Was kann man schon mitnehmen auf ein Schlauchboot, ein Behelfsfloß oder einen schwankenden Steg? Das meiste muß zurückbleiben. In wildem Durcheinander liegen in den jenseitigen Wiesen Ausrüstung und Troß von zwei Armeen.

Mit bloßem Auge können wir unzählige Fahrzeuge, Haufen von Material, Fässern, Waffen und Munition erkennen. Begehrlich richten viele Tangermünder gleich uns die Blicke nach drüben … da müßte man mal rüber können … Aber das ist nicht einfach. Die Behelfseinrichtungen der gesprengten Brücke werden überwacht. Wenn, dann geht es nur auf eigene Faust.

In der Stadt erzählen die Leute wilde Sachen von erfolgreichen nächtlichen Unternehmungen mit Fischerkähnen. Säcke mit Lebensmitteln, Konserven, technisches Gerät, Werkzeuge und größere Mengen Bargeld – Regimentskassen – sollen erbeutet worden sein. In einem LKW voller „Scho-ka-kola" hätten noch die toten deutschen Soldaten gelegen, und gegenüber von „Onkel Toms Hütte" sei ein großes Floß, beladen mit französischem Cognac, gesunken. Der Versuch, es an den Haltetauen mit Pferden an Land zu ziehen, wäre jedoch mißglückt … Na, ob da alles stimmt? Aber möglich könnte es sein, denn da drüben liegt ja alles …

Zumindestens das mit den Pferden trifft zu. Die sind auch aus dem Kriegsdienst entlassen und laufen in großer Zahl auf den jenseitigen Wiesen umher. Einigen jungen Leuten aus ansässigen Bauernfamilien gelingt es mehrfach, die lebende Beute einzufangen und links und rechts neben einem Fischerkahn schwimmend über die Elbe zu bringen. Den sichtbaren Erfolg können wir am anderen Tag durch die Straßen traben sehen.

Auch mein Bruder Gerhard spürt wieder das Abenteuererblut. Mit den gleichgesinnten Klassenkameraden Schmidt und Wernecke schwimmt er oberhalb Tangermünde über den Fluß.

Sie beladen ein vor Ort gefundenes Schlauchboot und – werden prompt von einer russischen Streife geschnappt. Er bleibt fünf Wochen verschollen und beschert der Restfamilie eine böse Zeit. Dann steht er wieder im Hausflur, diesmal total verlaust, mit den längsten Haaren, die ich je gesehen hatte, und einem reichen Schatz von Erfahrungen.

Er hat alles erlebt, was man in dem gerade von den Sowjets „befriedeten"

Landstrich zwischen Rathenow und Klietz erleben kann. Gegen seinen Willen wird er zunächst von der Roten Armee „postum“ zum „Kanonier“ ernannt. Es folgen Lager, Verhöre, Arbeits- und Ernteeinsätze, Vergewaltigungsszenen, Flüchtlingselend, Hunger, Angst und vergebliche Fluchtversuche zurück über die Elbe.

Vor allen Dingen aber erlebt er Russen. Russen aller Art und in allen Zuständen. Natürlich siegreiche Russen, böse, verbindliche und freundliche Russen, feiernde, saufende und musizierende Russen und überhebliche Russen, die in Gala-Paradeuniformen auf sandigen Dorfstraßen umherstolzieren. Sie lassen meinen Bruder noch gefallene deutsche Soldaten exhumieren, und er bewundert, das russische Ehrenmal aus rotem Marmor in Schönhausen. Dann hat er genug von ihnen und kehrt zurück.

In Tangermünde gibt es noch keine Russen. Die Amis sind weg. Dafür haben wir jetzt Engländer und Schotten. Kurzerhand wird das betonharte Elbdreieck zum Appellplatz umfunktioniert. Gerade haben wir uns von dem präsentier-Stampfschritt der Wachmannschaften erholt, da steht eines Morgens unter der Fahnenstange eine Dudelsackkapelle, also wissen se. Heute kennt man das ja, aber 1945 in einer mitteldeutschen Kleinstadt, das war schon ein Auftritt.

Das halbe Viertel läuft zusammen und akkompagniert die Hochländer, wie sie mit Spitzfuß und Verzögerungsschritt über das Granitpflaster der Arneburger Straße schweben. Nach wenigen Metern haben unsere Imitierversuche schon Erfolg, und mir gefällt auch der Klang recht gut, besonders das röhrende Ostinato der Baßpfeifen. Aber sonst? Die meisten haben puterrote Gesichter – das kommt vom Whisky, meint „Strulli“, viele haben einen bammelnden Lederschild vor dem Unterleib, um die edleren Teile vor Feindbeschuß zu sichern. Bei dem Paukisten muß man ständig Angst haben, daß er sich mit den wirbelnden Schlegeln selbst aufs Barett haut. Außerdem hat er in Schottland mehrere Leoparden erlegt. Die Felle trägt er als Trophäe über den Schultern. Und alle tragen sie Röcke, schöne, farbig karierte Röcke. In der Altmark für Männer eine eher ungebräuchliche Bekleidung.

„Sparrlinge hom ooch Woodn!“ sagt eine sächsische Flüchtlingsfrau neben uns und wendet sich enttäuscht ab. Wir aber bleiben der „Band“ auch auf dem Rückweg treu, bis alle wieder unter dem Flaggenmast angelangt sind.

Am 30. Juni 1945 ziehen die Westalliierten aus Tangermünde ab. Die Demarkationslinie wird bis Salzwedel/Oebisfelde zurückgenommen. Unsere Stadt wird nun endgültig befreit. – Von der Roten Armee!!

Als die Maßnahme in Tangermünde bekannt wird, breitet sich tiefe Niedergeschlagenheit aus. Zwischenzeitlich sind die Begleitumstände bekannt, unter denen ostelbischen Gebiete von den Russen erobert wurden, berechtigte Revanche an den deutschen Kriegsverbrechern hin oder her. Viele der evakuierten Familien, die keinen Haushalt auflösen müssen, flüchten Hals über Kopf nach Westen.

In den Wochen nach der Kapitulation haben alliierte Pioniere in Höhe des Bleichenbergs eine Pontonbrücke gebaut. Es ist eher ein Behelf, Fischerkähne, Präme und Schuten haben neben anderem Material Verwendung gefunden, aber es reicht, um die zaghaften Kontakte zwischen Ost und West aufrechtzuerhalten. Im Herbst 1945 erstellen die Russen unterhalb des Krankenhausberges eine stabile Pontonbrücke und nehmen gleichzeitig die große hölzerne Zuführungsbrücke, die neben der gesprengten geplant ist, in Angriff.

Jetzt aber ist erst mal der 1. Juli 1945, und wir stehen mit vielen Tangermündern an der Behelfsbrücke und warten auf die „Befreier". An beiden Enden der Brücke sind bescheidene Imitationen von Triumphbögen aus Holz errichtet. Fähnchen der Siegermächte flattern im Wind. Über dem Bogen prangt die Inschrift „Willkommen die Rote Armee", und das Ganze wird von einem Sowjet-Stern gekrönt. Man sieht sich an, na ja, mal sehen.

Und dann sind sie da. Am anderen Ufer werden Pferdegespanne sichtbar, schwenken ein und kommen ... ratta ... ratta ... klopf ... klopf über den Bohlenbelag. An unserer Seite müssen sie die Pferde anspornen, um hoi ... hoi ... hoi die flache Steigung heraufzukommen. Jetzt sind mindestens fünf Gespanne auf der Brücke. Alles der gleiche Typ. Flache Holzwagen, kleine Holzräder und davor kleine Pferde. „Panje-Wagen". Manche sind beladen, in anderen sitzen Soldaten. Einige haben rote Fähnchen in den Händen und winken. Manche Wagen sind geschmückt, die hölzernen Bögen über den Zuggeschirren der Pferde bunt bemalt. Weil es warm ist, trägt eine ganze Anzahl Soldaten keine Kopfbedeckung, so daß die kahlgeschorenen Schädel in der Sonne glänzen. Wir wissen zwar, daß diese Haartracht in der russischen Armee üblich war, aber diese Ansammlung von Vollglatzen verschlägt einem doch den Atem.

Das geht eine ganze Stunde so. Der Strom der Panje-Wagen reißt nicht ab. Mal ein kleiner LKW, sonst nur Gespanne. Die Tangermünder drehen sich um und gehen nach Hause.

So recht können wir mit diesen Befreiern nichts anfangen. „Die haben uns besiegt?" Man will das nicht wahrhaben.

Die Amis? – Ja, die Masse an Material, die Überlegenheit, aber die hier? Es ist vergeblich, sich klarzumachen, daß über diese Behelfsbrücke kein schweres Gerät rollen konnte, keine Panzer und Geschütze. Außerdem hätte eine Demonstration militärischer Stärke zu diesem Zeitpunkt und an dieser Stelle einen fragwürdigen Effekt gehabt.

Egal, wenn schon befreit, dann müssen die Befreier auch so aussehen, daß man von ihnen befreit werden will. Aber die hier …?

Die Enttäuschung in der Roonstraße wächst noch weiter. In der Dämmerung desselben Tages fahren an Tuschers Gartentor zwei der kleinen russischen LKW vor. Eine Abteilung Soldaten steigt ab und verschwindet auf unseren Schleichwegen Richtung Schokoladenfabrik. Eine ganze Stunde schleppen sie Zuckersäcke, dann sind die LKW gefüllt.

Die Amis haben die Schokoladenfabrik nur bewacht, sich im übrigen aber nicht um den Kram gekümmert. Aber die hier …? Am ersten Tag … am Abend … und dann noch hintenrum … Warum fahren sie nicht vorne an die Rampe? … Da stimmt doch was nicht … Komische Sieger das …

Zweihundert Jahre war es das erklärte Ziel russischer Politik, heiß erstrebt, Anlaß für Kriege und Feldzüge, ohne den eigentlich gewünschten Erfolg. „Peter der Große" hatte es dereinst gefordert. Nun ist es geschafft. Die russische Macht ist bis in das Herz Europas vorgestoßen.

Das „Fenster zum Westen" ist weit geöffnet …

Teil II

1945 – 1948

Thiemann – Titel – Temperamente
Klassen 5 a/6 b Schuljahr 1945/46

An der Stirnwand der Klasse ist auf der Tünche der Mauer der Umriß eines Kreuzes zu sehen. Jahrelang hat dort ein Kruzifix gehangen. Dann hat man es „entfernt". Ob während der Nazizeit oder zu Beginn der kommunistischen Herrschaft, vermag ich nicht zu sagen. Von den Zeitläuften unberührt, betet Lehrer Thiemann seit 1943 vor Beginn der ersten Schulstunden zwei Liedstrophen aus dem Evangelischen Gesangbuch. Wir können sie auswendig, denn es sind jeden Morgen dieselben:

Das walte Gott, der helfen kann!
Mit Gott fang ich die Arbeit an,
mit Gott nur geht es glücklich fort,
drum ist dies auch mein erstes Wort:
Das walte Gott!

All mein Beginnen, Tun und Werk
erfordert von Gott Kraft und Stärk;
mein Herz sucht Gottes Angesicht,
drum auch mein Mund mit Freuden spricht:
Das walte Gott!

Auch jetzt im Spätsommer 1945, zu Beginn eines neuen Zeitalters, betet er mit uns diese Verse. Wir sind nicht mehr in unserer alten Schule, die ist von Russen oder Flüchtlingen besetzt, vielmehr müssen wir uns das Schulgebäude an der Schäferstraße mit den Mädchen teilen. Immer abwechselnd vor- oder nachmittags.

Als Klassenraum haben wir die Aula, aber nicht die ganze. In der Mitte ist eine Ziehharmonika-Faltwand. Auf der anderen Seite hören wir manchmal Lehrer Kretschmar unterrichten. Die Schüleranzahl in den einzelnen Klassen ist beträchtlich. Bestimmt 60, wahrscheinlich aber mehr, Jungen sind es, mit denen Herr Thiemann arbeiten muß.

Kinder aus allen deutschen Gauen sind bei uns zu finden, nur einen Bayern haben wir nicht. Die „Zugereisten" bringen einen frischen Wind in den Schulbetrieb. Viele sind überaltert, haben andere Vorbildungen und sind auch intelligenter als wir. Bublitz und Gesekus geben die gescheitesten Antworten. Wenn keiner mehr weiter weiß, haben sie immer noch etwas parat, so daß Vater Thiemann oft über die altkluge Art lächeln muß.

Nickel kann so gut zeichnen, daß Herr Peikert es nicht glauben will. Er bekommt einen Sonderauftrag, muß etwas aus dem Gedächtnis zeichnen. Nickel malt einen Schuh in Lebensgröße mit allen Falten, Poren und Nähten. Peikert ist platt!

Der Vater von Klaus Siefert ist Kommunist. Das ist in Tangermünde bekannt. Klaus wird von den Klassenkameraden deshalb gehänselt. Der Vater erscheint unangemeldet während des Unterrichts in der Klasse. In der einen Hand hält er einen leeren Marmeladeneimer, mit der anderen gestikuliert er. Zuerst richtet er lautstark das Wort an Herrn Thiemann und erklärt ihm die neue Zeit. Dann wendet er sich an uns und stößt Drohungen aus. Der nun geschwenkte Marmeladeneimer nimmt ihm die Würde und der Situation den Ernst. Vater Thiemann nimmt ihn um die Schultern und schiebt den Prediger aus der Tür. Kommentarlos geht der Unterricht weiter.

Am 17. April 1946 bekommen wir Zeugnisse, und am 13. Juli 1946 schon wieder. Das nennt man Kurzschuljahr, und nun ist alles wieder in der Reihe. Unser Jahrgang ist jetzt dreizügig. Lehrer Grobler hat die dritte Gruppe übernommen. Er ist ein Jägersmann, trägt ausschließlich Loden, Schnürstiefel und einen Hut mit Gamsbart. Für mich beginnt das schönste Jahr meiner Schulzeit.

Die Klassenfrequenz ist geringer und die Gruppe insgesamt homogener. Von Beginn an ist Lehrer Thiemann mein Mann. Das liegt daran, daß er ein Rhythmiker ist. Er hat zwar kein Schlagzeug, setzt jedoch einen gelben Faber-Bleistift Nr. 2 recht wirkungsvoll auf der Kathederplatte als Klopfhilfe ein. Auswendiglernen ist absolut „in“. Thiemann setzt stets rhythmische Akzente und belebt – für mich jedenfalls – die tote Materie der zahllosen Wortreihen, die wir uns einprägen müssen, auf das wirkungsvollste:

persönliche Fürworter
unbestimmte Zahlwörter
Umstandswörter
Verhältniswörter
Hilfszeitwörter

Wir schlucken alles. Rhythmisch verpackt, mit ein paar „breaks“ und „filling ins“ versehen, und schon sitzen die Dinger im Schädel. Sogar in die Mathematik bringt Herr Thiemann sein Konzept ein. Beim Einmaleins heißt es nicht mehr: 3 – 6 – 9 – 12 – 15 – 18 – 21, sondern

einmal drei ist drei
klopf-klopf-klopf
zweimal drei ist sechs
klopf-klopf-klopf

dreimal drei ist neun
klopf-klopf-klopf ... usw.

Wenn die Zahlen mehrsilbig werden, geht er elegant unter Verschiebung leichter und schwerer Silben in einen komplizierten Fünf-Viertel-Takt über:

achtmal drei ist vierundzwanzig
klopf klopf klopf klopf klopf

Was ist „Dave Brubecks Take Five“ schon gegen eine Zahlenreihe bei Vater Thiemann? – Mein lieber Scholli!

Aber erst wenn wir ein Gedicht lernen, fängt die Sache richtig zu „swingen“ an. Wer dabei meint, Thiemann hätte uns zu rhythmischen „Leiermännern“ erzogen, der irrt. Das Wort „Betonung“ mag er nicht, stattdessen verkauft er uns den Begriff „sinngerecht lesen“. Hier werden Schwerpunkte gesucht, Akzente gesetzt und spannungsvolle Pausen eingebaut, dazwischen hartes Stakkato oft über das Zeilenende hinweg. „Jaaa!“ sagt er dann. „Gedichte reinem sich nicht nur!“ Und ich muß in späteren Jahren daran denken, was der Mann für ein Big-Band-Drummer geworden wäre! Der hätte den Haufen schon zusammengehalten.

Nun, so etwas Ähnliches macht er ja. Er muß die 60 Rüpel der 6 b zusammenhalten, und das gelingt ihm ganz ordentlich. Er ist in erster Linie evangelischer Christ, politisch unbedenklich und wurde mit seinen über 70 Jahren noch einmal reaktiviert. Für die Klasse bedeutet dies, daß er versucht, in einer Zeit mißbrauchter und zerbrochener Werte allgemeingültige Grundsätze für menschliches Zusammenleben zu mobilisieren. Darum lernen wir zunächst:

Vor allem eins, mein Sohn, sei treu und wahr,
laß nie die Lüge Deinen Mund entweihn,
von altersher im deutschen Volke war
der höchste Ruhm, getreu und wahr zu sein!

Zwei Wochen später jedoch ...

Hehle nimmer mit der Wahrheit!
Bringt sie Leid, nicht bringt sie Reue;
doch, weil Wahrheit eine Perle,
wirf sie auch nicht vor die Säue.

Diese Abfolge ist für 1946 sehr brauchbar, und einige von uns verstehen auch, was Lehrer Thiemann meint. Ansonsten macht er situationsbezogenen Unterricht. Das Bild des „heimkehrenden“ Vaters oder Sohnes ist vertraut in jenen

Tagen. Darum lernen wir „Nis Randers“. Die Verse sind keine leeren Worthülsen. Sie haben vor dem Hintergrund des Kriegsendes einen sehr aktuellen Bezug. Als Thiemann den Schlußvers spricht: „Sagt's Mutter, 's ist Uwe!“, bricht ihm die Stimme. Die Klasse bleibt ruhig, kein Glucksen. Jeder weiß, daß Thiemanns Schwiegersohn noch in russischer Kriegsgefangenschaft oder vermißt war, was keinen großen Unterschied bedeutete. Wer hätte in dieser Rasselbande von Klasse so ein „Feeling“ vermutet?

Nach dem Jahrhundertwinter von 1946/47 werden wir an die Elbe geschickt, um Hochwasser und Eisgang zu beobachten. Handgreiflich und augenscheinlich wird klar, was gemeint ist, wenn wir später „Das Lied vom braven Mann“ lernen. Bereits die erste Strophe ist sehr anschaulich, und es folgen noch 20 (!) weitere.

Der Tauwind kam vom Mittagsmeer
und schnob durch Welschland trüb und feucht.
Die Wolken flogen vor ihm her,
wie wenn der Wolf die Herde scheucht.
Er fegte die Felder, zerbrach den Forst;
auf Seen und Strömen das Grundeis borst.

Eigentlich ist der Unterricht ganz modern. Es werden wenig Fragen gestellt, sondern Impulse durch Provokationen und Aussagesätze gegeben. Trotzdem weiß ein Teil der Schüler das nicht zu schätzen und benimmt sich daneben. Im Gegensatz zu moderneren Methoden vertritt Vater Thiemann die Auffassung, ein Lehrer müsse sich im Klassenzimmer verständlichmachen können. Wer „schwatzt“ oder „poltert“, muß in der Bank aufstehen oder vorn vor dem Katheder Aufstellung nehmen. Der Rest des Unterricht wird stehend verbracht. In manchen Nachmittagsstunden umgibt ein Ringwall von acht oder zehn Schülern den Kathederaufbau.

Die Prügelstrafe mit dem Stock ist seit Beginn der neuen Aera verboten. Wer trotz seiner Sonderposition vor dem Katheder jedoch weiter Blödsinn macht, muß mit körperlicher Züchtigung rechnen. Das geht so:

Der Lehrer stellt das Haupt (Nischel, Rübe, Poller) des Missetäters durch Auflegen des Mittelfingers auf die Wange ruhig. Dann erfolgt nicht etwa die Rechts-Links-Kombination, sondern der gleichzeitige Zusammenprall der Kräfte im Gesicht des Auserwählten. Rethfeld muß zwar zunächst noch lachen, aber nachdem er Thiemanns Handschuhnummer im Gesicht hat, wirkt er doch etwas schmalgesichtig.

Das ist bei „Mischka“ Hübler ganz anders. Er ist der kleinste und schmächtigste Schüler in der Klasse und baut jede Menge Mist. Obwohl er die zerstörerische Wirkung von Thiemanns Pranken kennt, macht ihm sein Temperament oft einen Strich durch die Rechnung. Wenn es dann soweit ist und der Erzieher ihn greift, rollt er sich igelgleich zusammen, Arme vor dem Gesicht, Hände hinter dem Kopf.

Unser Lehrer bleibt gelassen. Er lehnt die Hübler-Kugel an die vorderste Bank oder sein Knie, zieht mit schnellem, kundigem Griff ein Hosenbein der kurzen Hose über die linke Backe und haut ihm mit der blanken Hand den Arsch voll. Und welch Wunder, die Kugel entflicht sich und beginnt im vorderen Teil mit Ruderbewegungen, die von lautem Jammergeschrei begleitet werden. Dann ist der Friede wieder hergestellt. Der Unterricht wird nicht mehr gestört.

Auch der Schüler Römer hat Schwierigkeiten mit der Disziplin. Doch ist dies nicht sein eigentliches Problem. Er spricht einen „reinen" Tangermünder Dialekt. Dazu gehört, daß er kein „z" artikulieren kann. Stattdessen setzt er ein „ß" ein. Lehrer Thiemann bekümmert dies seit langem. Römer muß nach vorne kommen.

„Zeig mir die Anzeige in der Zeitung", spricht Thiemann vor. „ßeich ma Anßeije inne ßeitung", entgegnet Römer. Kopfschütteln ... Wiederholung ... Kopfschütteln ... Wiederholung. Thiemanns mohrrübenhafter Zeigefinger fährt in Römers Mund und klemmt die fehlgeleitete Zunge hinter die Zähne des Unterkiefers. Nun? „cheich a Acheiche n cheichung", schlägt Römer vor. Kopfschütteln ... Wiederholung ... Kopfschütteln ... Wiederholung ...

Da ergreift den Therapeuten ein neuer Eifer. Hier ist Pionierarbeit zu leisten, das merkt ein jeder. Sein zweiter Zeigefinger fährt in Römers Mund, plaziert die Zunge am vorgesehenen Ort und hält sie fest. „Nun?"

„Quäquä Quäouuäouä quä Quäouä", versucht Römer sich verzweifelt zu verbessern und erinnert dabei fatal an einen frühen Loriot-Hund.

Dann ist die Stunde zu Ende.

***

Eigentlich ist die Klasse ganz intakt. Alle Rollen sind verteilt und brauchbar besetzt. Haut ist der Stärkste. Er und „Bombe" Lukas sind unzertrennlich. Lukas wird von mir und vielen anderen glühend beneidet. Er darf häufig im Montageboot seines Vaters mitfahren. Fuchs ist der beste Rechtschreiber, und Bahr hat die rötesten Backen. Frahm ist der Behäbigste, wenn er beim Antworten aufsteht, muß er sich erst gewaltig rappeln, ehe die Knochen zusammenpassen. Darum ist häufig der Nächste dran. Das Gegenteil ist Zuschke. Gelenkig, ja elegant, der beste Turner. Bei Kloppereien weicht Zuschke zunächst zurück. Er beobachtet, was der Gegner macht, und schaltet ihn dann mit gezielten Schlägen aus. Zuschke ist Berliner und hat viel Erfahrung.

Für mich ist Rolf Dürre der Mutigste in der Klasse, und das ergab sich so:

Seit Beginn des neuen Schuljahres ist „Russisch“ erste Fremdsprache. Unser Lehrer ist Herr Weichert. Er ist ein junger Mann, höchstens Ende Zwanzig, hat den Krieg nicht mitgemacht, dafür irgendwo im Ausland Russisch studiert. Er trägt neue, elegante graue Anzüge ohne Gürtel, nur mit Überknöpflasche, und hat im Gegensatz zu Thiemanns Gartengriffels gepflegte, manikürte Hände. Er ist ganz anders als „unsere“ Lehrer, gibt sich sehr freundlich und aufgeschlossen. Da er in der alten Meyer-Villa untergebracht ist, geht er gemeinsam mit uns die Roonstraße hinunter und unterhält sich. Das sind wir nicht gewohnt. Wir nennen ihn heimlich „Mi budim“, weil er häufig die Klasse betritt und verkündet: „Mi budim picat Diktant!“ (Wir werden ein Diktat schreiben!)

Herr Weichert fühlt sich nicht nur als Russisch-Lehrer, sondern auch als Vermittler und Deuter russischen Wesens sowie der sozialistischen Idee. Eines Morgens beginnt er von sich aus ein Gespräch. Die „Ruskies“ haben weiterhin in der Bevölkerung einen miserablen Ruf. Angst, Abscheu und Verachtung haben sich seit Kriegsende erhalten. Man weiß zuviel über die Besatzer, manch einer aus eigener Erfahrung. Herr Weichert ist aufgerufen, hier etwas Image-Pflege zu betreiben.

Zuerst hören wir über russische Kultur, Volkstum, Peter den Großen bei Poltawa, aber auch die Oktober-Revolution von 1917 und die Moskauer Untergrundbahn fehlen nicht. Wir hören geduldig zu. Tief sitzen die in den Elternhäusern gehörten Abneigungs-Bekundungen in unseren Köpfen. So richtig traut sich keiner, im Sinne unserer Grundeinstellung zu antworten. Und da betritt eben Rolf Dürre den Plan. „Trotzdem bleiben wir Deutsche und sie Russen, und wenn Vergewaltigen auch zu ihrer Kultur gehört, dann ist die Frage, ob wir sie überhaupt als Kulturbringer haben wollen.“

„*Bautz*“, der Beifall ist genauso beträchtlich wie das Staunen in der Klasse. Das hätte dem Rolf Dürre keiner zugetraut. Der Beitrag ist nicht nur gut, sondern auch mutig. Äußerungen dieser Art können gefährlich sein. Auch Herr Weichert ist beeindruckt. Wir hören jetzt eine Menge über die Situation der kämpfenden Truppe, Heimatferne, Frauenmangel, Kriegszeit, Kriegsdauer und die deutschen Angreifer. Aber das nützt nichts. Der Stachel sitzt zu tief und hat sich bei dieser Generation nie richtig gelöst.

Doch wir sind ja noch Kinder und vergessen rasch wieder. Langsam freunden wir uns mit der fremden Sprache an. Wenn Herr Weichert fließend rezitiert, ergibt sich ein hübscher, melodischer Klang. Die Sprache singt. Das bietet eine brauchbare und hilfreiche Brücke zu den ungewohnten Lauten, zumindest bei mir, und was das Musikalische angeht …

Das Schuljahr schließt in dem heißen Sommer von 1947. Aus den drei sechsten Klassen wird eine Auswahl für den Besuch der späteren gymnasialen Oberstufe zusammengestellt. Sie heißt Förder- oder Vorbereitungsklasse und trägt die Bezeichnung 7 a. Ich darf mit dabei sein.

Viele Lehrer mußte ich seither noch erleben, ertragen oder auch bewundern. Keiner konnte letztlich neben „Vater Thiemann" bestehen.

Kienäppel – Strupp – 'n bißchen Dickes – und die Baumwurzel-Schinderei

Es geht immer weiter – abwärts …

Schritt für Schritt veranlassen die zwangsweise verordneten Lebensumstände der Nachkriegszeit die Menschen, die einfachsten lebenserhaltenden Dinge in den Mittelpunkt ihres Strebens zu stellen: „Einen vollen Bauch und einen warmen Arsch", zeitgemäß formuliert.

Da jeder die Quellen und Beziehungen in seinem Umfeld selber benötigt, hat niemand mehr etwas abzutreten, auch nicht zu verkaufen. Nur der gerade wieder eingeführte Naturaltausch bietet noch gewisse Möglichkeiten.

Seit Kriegsende sind die Gasherde in den Wohnungen Dekorationsstücke. Gas kommt selten, ganz schwach und wenn überhaupt, dann nachts. Gut, man paßt sich an, wir sind aber wie viele andere froh, auch einen großen Kohleherd in der Küche zu haben. Der braucht Brennmaterial. Kohlen gibt es nicht, also Holz.

Gleich vielen Anliegern buddelt Gerhard einen der dicken Kiefernstämme aus der Panzersperre an der Arneburger Straße. Man hilft ihm, das Objekt auf sein Fahrrad zu laden. Einen Handwagen besitzt die Familie ja noch nicht. Immer am Rande einer „Umsturz"-Katastrophe, balanciert er das Ding auf Sattel und Lenkstange mühsam nach Hause. Als der Stamm im Hof liegt, weist die Lenksäule einen ungewohnten Neigungswinkel auf. „Rixe Präziosa" war dem erheblichen Gewicht des Transportgutes nicht gewachsen. Nach wenigen Tagen versiegt der Panzersperren-Segen. Die Tangermünder haben die Behelfshindernisse demontiert und das Holz in den Schuppen gefahren. Gerhard hat noch zwei Stämme erbeutet. – Doch wie zerkleinert man frisches Kiefernholz, auf dem gestern noch die Vögel gesungen haben, mit einer Bügelsäge und einem Küchenbeil? Stammdicke 25 oder 30 Zentimeter. Ganz einfach, man sägt, bis das Harz die Säge festhält, dann sägt man in fünf Zentimetern Abstand noch mal, bis die Säge stecken bleibt, und dann haut man das Zwischenstück mit dem Beilchen heraus. Abends dann ist das Werkstück vielleicht klein, der „Säger" hat lange Arme und zahlreiche Splitter in den Fingern.

Doch das Holz ist feucht, brennt nur schwer und langsam. Zum Kochen braucht Muddi anderes Material, also los in den Wald, trockenes Fallholz sammeln. Ja, Pustekuchen, die Idee hatten andere auch schon. „Auf die Bäume, ihr Affen, der Wald wird gefegt!“ ist die Devise jener Tage. Es gibt keinen Strunk mehr.

Was machen? Ganz einfach, man fährt mit seiner 75jährigen Großmutter und seinem Bruder in nördlicher Richtung aus Tangermünde heraus in Richtung Abdeckerei. Nein, nicht was Sie jetzt denken! Um die Verwertungsstelle herum ist eine Kiefernschonung mit dichtem, trockenem Untergeäst. Man parkt sein „Kinderwagenuntergestell“ (das ist unsere Transporthilfe) hart am Rande der Bäume, bricht drei dürre Reiser ab, faltet sie wie einen Zollstock zusammen und steckt das Bündelchen in den mitgebrachten „Seesack“. Er ist geteert und fast so groß wie ich. Hand über Hand arbeiten wir uns durch die Schonung und im Sack in die Höhe. Arbeitsziel sind zwei Säcke „Strupp“. Zeitaufwand mit Gerhard fünf Stunden, ohne Gerhard acht Stunden. Dabei ist berücksichtigt, daß die Hälfte der Anfahrt über märkische Sandwege führt. Das Material reicht für eine Woche.

Wir fahren dreimal, dann läßt sich Schreinermeister Pätzold erweichen, die Kinderwagenachsen nebst Rädern unter einem schmalbrüstigen Kastenaufbau zu installieren. Jetzt hat das Ding wenigstens eine Deichsel und läßt sich leichter handhaben. In der Schonung wird nun immer eine überflüssige Kleinkiefer auf Handwagenlänge gehackt und im Kasten verstaut. Wenn der Waldhüter (gab es schon wieder) kommt, sagt Oma in Meißener Dialekt: „Ma bloß ä bißchen Dicks!“ Sowohl sein Hund als auch der Aufseher selbst haben Mitleid. Wir dürfen die Stämmchen behalten. So wird Oma ein wichtiger Bestandteil unserer Holz-Beschaffungsstrategie.

Sonntagmorgens gibt es keine Jugendfilmstunde mehr. Stattdessen fahren wir mit den Rädern und unseren Seesäcken nach Staffelde in den Wald. Hier liegen die meisten „Kienäppel“ (Kiefernzapfen). Mit großbeuteligen Sammelschürzen versehen, klauben wir uns durch den Forst, füllen die Säcke aber nicht ganz. Auf der Rückfahrt an der Hämertschen Chaussee erinnert sich Gerhard an seine Ahnen, erklimmt behende einen Apfelbaum und rüttelt ein bißchen an den Ästen. Ich verstaue die niederprasselnde Ernte unter den Kienäppeln, und wir fahren wohlgemut mit der Zapfen-Apfel-Mischung nach Hause.

Wenn ein Gewitter im Anzuge ist, deichselt Gerhard die Sache allein. Nur mit Turnhose bekleidet, führt ihn der Weg in strömendem Regen zu den Apfelgründen. Er spielt etwas Tarzan und kommt mit 30 Pfund Obst in strömendem Regen zurück. Stets bleibt er unbehelligt. Die zugehörigen „Pannemänner“ (Flurhüter) haben sich aus naheliegenden Gründen ein trockenes Plätzchen gesucht.

Wer mit dem Leben nicht klarkommt, geht in die innere Emigration oder den „Untergrund". Für uns bedeutet das den Sandboden unserer märkischen Wälder, mit dem wir auf folgende Weise Kontakt aufnehmen:

Längst ist oberirdisch kein brauchbares Brennmaterial mehr zu finden. Der „Deutsche Wald" ist ausgeweidet, jeder trockene Ast nach Hause geschleppt. Das heimliche Fällen von Bäumen jedoch ist strengstens untersagt. Eine verstärkte Truppe von „Pannemännern" führt die Aufsicht. Zeitweise ist das Betreten von Feld und Wald von Sonnenuntergang bis Sonnenaufgang verboten. Entsprechende Hinweistafeln sind an den Dorfausgängen angebracht, der akute Mangel hätte sonst arge Schrunden in den Kiefernbeständen hinterlassen. Lediglich das Roden von Baumwurzeln, auch „Stubben" genannt, ist ohne besondere Genehmigung erlaubt. Die Tangermünder folgen dem Ruf der Wildnis, ziehen ins Grüne und buddeln.

Zwar entdecken Gerhard und ich neben dem Schützenhaus drei Tannenwurzeln, die wir fröhlich ausgraben und nach Hause schaffen, aber Tannen sind Flachwurzeler und keine echten Prüfsteine. Bescheiden wie die Menschen sind, haben sie auch zunächst die kleinen Stubben gerodet und die großen für spätere Interessenten stehen gelassen. Im Herbst 1946 gibt es die im Stadtwald auch nicht mehr.

Wer trotzdem Stubben haben will, muß mindestens drei bis acht Kilometer zu Fuß nach Fischbeck, Miltern oder Staffelde gehen. Dann auf unbefestigten Wegen in den Wald hinein, aber mit dem beladenen Handwagen auch hinaus. Das ist nicht ganz unproblematisch, dennoch besteht die eigentliche Aufgabe darin, Mutter Erde den angepeilten Stubben zu entreißen.

Die Familie Mons hatte uns ihren Handwagen zur Verfügung gestellt. Groß, alt und stabil, jedoch mit ausgeschlagener Deichselaufhängung. Auch Werkzeug – Beile, Äxte, Sägen usw. – ist organisiert worden. Der Wald erlebt die Grüttnersche Rodungsaktion „Kiefernwurzel".

Man kann einen Spaten nicht einfach in den Waldboden stecken. Überall sind Wurzeln. Die von dem Stubben, den man graben will, und die von den Nachbarbäumen. Die dünnen werden mit dem Spaten durchgetreten, die dicken mit der Axt durchtrennt, und zwar zweimal. Einmal am Stubben und einmal da, wo das dünne Ende im Boden endet. Wenn kein Sand mehr unter der Wurzel ist, federt sie bei jedem Schlag zurück und entwickelt ein Eigenleben. Wenn die Rundumgrabung tiefer wird, kann man nicht mehr vom Rand aus schlagen. Der Ausgräber muß ins Loch. Hier ist der Raum eng. Man kann mit der Axt nicht richtig ausholen, immer ist etwas im Weg, manchmal das eigene Bein. Gegen Sägen haben frische Kiefernwurzeln grundsätzlich etwas. Sie stellen ausreichend Harz bereit, um den Roder zu entmutigen. Sind dann „alle" Wurzeln durchtrennt, sinken der Stubben und die Roder erleichtert zur Seite auf den kühlen Sand. Dabei entblößt die Wurzel eine weitere verborgene Tücke. Jede Kiefer hat eine Pfahlwurzel. Sie führt senkrecht ins Erdreich, bei größeren Exemplaren schenkeldick. Die Vertiefung der Grabung wird notwendig. Da unten ist ein Arbeiten mit der Axt selten möglich, nur mit dem Beil. Die Tätigkeit verkommt zur Schnitzübung, der Sand rutscht nach, und man haut trotzdem zu. Nur am Widerstand ist zu merken, daß die Wurzel getroffen wurde. Furchtbare Verwünschungen werden ausgestoßen, Flüche schallen durch den Wald, lassen die märkischen Kiefern strammstehen.

Dann sind alle Wurzeln durchtrennt, und der Stubben liegt friedlich in seinem Loch ... So ein Objekt mit 30 Zentimeter Stammdurchmesser wiegt locker zwei Zentner. Na und? Aber der Klotz ist sperrig und ungefüge. Man kann ihn nicht einfach heben und über den Grubenrand kanten. Gott allein weiß, welche Unterbau-, Stemm- und Hebeltricks wir anwenden. Es ist die unsäglichste Schinderei, die wir bis dahin erlebt haben. Gerhard ist zwar sehr kräftig, aber doch erst 17 Jahre, und ich erst elf ... Wir haben sie alle geschafft ...

Auf dem Waldboden wird nochmal zurechtgestutzt und das Produkt über ein Bohlenstück auf den Wagen geschoben. Mehr als zwei gehen nicht drauf, würden wir auch nicht aus dem Wald kriegen. Und wenn die Truppe dann völlig ausgepumpt und mit roten Kringeln vor den Augen auf der Chaussee steht, muß sie noch fünf Kilometer nach Hause ziehen, manchmal über die lange Steigung am Weinberg.

Den Abendsegen erhalten wir von der ausgeschlagenen Deichselführung. Alle zwei Schritte läuft der Wagen aus dem Kurs, macht einen Schlenker und versetzt dem Ziehenden einen Schlag in die Arme. Gerhard muß bei dieser Arbeit vorne gehen, und ich muß hinten drücken, das geht nicht anders. Jedesmal ergreift den Bruder auf dem Nachhauseweg eine kalte Wut, schweigend und verbissen zerren wir die Tagesarbeit bis auf den Hof, viel zu erschöpft, um eine richtige Befriedigung empfinden zu können.

Tages Arbeit! Abends Gäste!
Saure Wochen! Frohe Feste!

So steht es bei Goethen. Feste und Gäste gibt es nicht, nur einen bleiernen Schlaf, am anderen Morgen fünf Stunden Schule und am Nachmittag „further adventures“ mit Baumwurzeln. Nach Ende der Saison ist das Ziegelpflaster vor dem Holzstall in der Auflösung begriffen. An vielen Stellen ist es zerrissen und zerbröselt, denn der Wurzelsegen muß noch zerlegt werden. Wochenlang wird mit ungedrehter Axt, Vorschlaghammer und Spaltkeilen gewerkelt, gedroschen und gehackt. Zäh, zögernd und knirschend trennen sich die Wurzelteile voneinander. Nach Beendigung der Aktion steht der Hauklotz ein Drittel tiefer im Boden. Wenigstens konnte er so nicht umfallen.

In späteren Jahren bekommt Gerhard Rückenbeschwerden. Er hat mehrere Absplitterungen im Bereich der Lendenwirbel. Als der Arzt ihn fragt, ob er in der Jugend mal sehr schwer gearbeitet hätte, entgegnet Gerhard wahrheitsgetreu, er habe gelegentlich Kiefernstubben im märkischen Wald gestemmt.

„Was ist das?" fragt der Arzt.

„Ganz einfach", sagt Gerhard. „Brennholzbeschaffung."

Die neue Holzbrücke

Es führt über den Main
eine Brücke von Stein,
wer darüber will gehn,
muß im Tanze sich drehn.

So beginnt der Text eines Liedes, das wir in der Schule lernen. Der Situationsbezug stimmt diesmal nicht ganz. Die neue Tangermünder Brücke ist nicht aus Stein, sondern aus Holz, und getanzt wird auch nicht. Stattdessen arbeiten die Russen und auch viele Deutsche seit Sommer 1945 mit Hochdruck an der Erstellung eines neuen Elbübergangs. Wenn Ostwind ist, dringt der Arbeitslärm bis in unsere Straße. Viele hundert sehr starker Kiefernstämme müssen im Grund der Elbe verankert werden, und das Wutsch-Utsch – Wutsch-Utsch der zahlreichen Dampf-Rammen dröhnt ununterbrochen über die Elbaue.

Eile ist geboten, denn auch die zweite Pontonbrücke in Höhe des Krankenhausberges würde dem üblichen Eisgang des Winters nicht standhalten. Die neue stationäre Brücke wird unmittelbar neben der alten, gesprengten, errichtet. Der alte Brückenteil, welcher über das Überschwemmungsgelände führte, ist intakt. Hier kann der Neubau seitlich angeschlossen werden. Darum muß die Holzkonstruktion mindestens zehn Meter hoch und trotzdem sehr stabil sein, denn es sollen auch Panzer darüber fahren können.

Ein großer Teil der zu verrichtenden Holzarbeiten wird von Hand ausgeführt. Vierkante Balken gibt es nicht. Die runden Stämme erhalten vor Ort oben und unten Auflageflächen. Das Werkzeug ist die Axt. Gehackt wird zwischen den gespreizten Beinen hindurch. Unter den Russen gibt es meisterhafte Axt-Arbeiter, denen man gerne zusieht. Kreissägen sind weitgehend unbekannt. Die Zwei-Mann-Schrotsäge regiert. Die Löcher für die dicken, langschenkeligen Schraubbolzen werden mit der Brustleier gebohrt. Ansonsten wird unaufhörlich verkeilt, verbolzt und mit stählernen Bauklammern zusammengehalten, bis die Konstruktion sich selber trägt. Zwar wird jener Teil, der eine Dampferdurchfahrt überspannen soll, auf dem Platz unterhalb des Bleichenbergs von deutschen Zimmerleuten vorgefertigt, doch bleibt der Bau insgesamt ein Beispiel untadeliger russischer Holzarbeit.

Viele Pioniere der Brückenbaukompagnie sind in den Häusern der umliegenden Straßen untergebracht. In unserem Wohnzimmer ist die Schreibstube, und an Pabbas Schreibtisch sitzt der Löhnungs-Feldwebel Wladimir Roggo. Zu Hause in der Ukraine ist er Lehrer und sehr gutmütig. Alle russischen „Privatquartiere“ kriegen separaten Stromanschluß, denn wir haben häufig Stromsperre, und das ist unter militärischen Gesichtspunkten nicht vertretbar. Als die Kabel verlegt werden, stehen sie schon unter Spannung. Der Montagetrupp hat keine isolierenden Zangen. Jedesmal, wenn ein Kabel durchgekniffen wird, stehen fünf Kinder drumherum, um diese Abart von russischem Veitstanz zu erleben und dann die Zange wiederzuholen, die der „Kneifer“ weggeschmissen hat.

Oben im Hause wohnt ein leitender Offizier. Er trägt eine dunkelblaue Uniform und geht häufig, mit einem deutschen Jagdgewehr bewaffnet, in den märkischen Wäldern auf die Jagd. Meistens bringt er ein Reh mit. Dann gibt es nicht nur bei ihm, sondern im ganzen Haus Rehbraten. Der „Towaritschsch Capitan“ teilt stets redlich.

Gegenüber, auf dem Hof von Roonstraße 46 bei Erich Busch, ist die Feldküche. Zwei Gulaschkanonen und ein großes Überdach sorgen dafür, daß bei jedem Wetter Essen gefaßt werden kann. Gekocht wird rund um die Uhr. Suppe gibt es immer. Dazu Brot, immer Brot. Wenn mein Spielkamerad Hermann „Männe“ Busch und ich zugucken, kriegen wir auch Suppe und Brot. Die Suppe ist sehr salzig und fettig. Als Folge der Ernährung haben viele Russen Genick, Hals und Gesicht voller Pickel und Geschwüre. Manchmal gibt es „Kascha“. Das sind dickgekochte Graupen oder Reis. Entweder mit Fleisch und salzig oder mit Milch und süß. Kascha ist sehr begehrt, auch bei uns. Die meisten Russen haben ihr Eßwerkzeug in der Tasche. Das ist kein Löffel, sondern eine kleine Soßenkelle. Holz, Stahl oder Aluminium bemerken wir, aber auch eine Luxusausgabe in Schildpatt wird benutzt. Nun ja, wer viel Suppe ißt, braucht auch ’ne Kelle. Um die träge Blutzirkulation nach einem üppigen Mahl wieder in Gang zu setzen, gibt es keinen Mocca. Viele Soldaten machen an den Streben des Überdachs einige Klimmzüge. Das hilft auch, und alle gehen erfrischt zurück an die Brückenarbeit.

Seit mein Zither-Lehrer verstorben ist, habe ich bei Frau Drews Klavierunterricht: Unser Klavier steht in der Schreibstube bei Wladimir Roggo. Er mag es, wenn ich Klavier spiele, legt sich dann auf die Chaiselongue und entschlummert sanft. Wenn ich aufhöre, wacht er meistens auf, manchmal aber auch nicht.

Dann weckt ihn auch Dauerklingeln an der Wohnungstür nicht. Durch die Milchglasscheibe sehe ich eine dunkelblaue Uniform. Ich kriege Wladimir gerade noch in den Schreibtischstuhl, ehe „Captan Towaritschsch Kommandier" das Zimmer betritt. Wladimir sieht gut aus, keine verstrubbelten Haare verraten ihn, auch er hat Kahlschlag. Seitdem haben wir bei Wladimir einen Zusatzstein im Brett. Wir kriegen alle Bücher. Muddi einen Bildband von „Schloß Herrenchiemsee", Gerhard „Ich, Claudius, Kaiser und Gott", und Helmut bekommt eine dicke Klavierausgabe mit Frühlingssonaten. Alle Bücher stammen aus der Meyerschen Hausbibliothek.

Wladimir ist geduldig, freundlich und rührt im Wohnzimmer nichts an. Nur Muddis schwarze Tischdecke mit rostfarbener Stickerei und gleichfarbigen Quasten mag er nicht. Mit scheelen Augen mustert er diesen Ausbund an fraulichem Stickfleiß. Eines Tages reicht es ihm. Er zeigt auf Pabba, der noch immer in voller Marineuniform aus seinem Bilderrahmen blickt, und sagt: „Mann nach Chouse … schwarze Decke schlecht … Mann kommen … freuen … weiße Decke …" Für ihren Mann, von dem sie seit sechs Monaten keine Nachricht hat, und für Wladimir, den Gemütsmenschen, legt Muddi eine helle, buntbestickte Kaffeedecke auf. Wladimir ist glücklich.

Schnaps mag er auch, dann wird er tiefsinnig. Muddi sagt häufig als Schlußkommentar „Ach, Quatsch" oder „Ist doch Quatsch" und geht zur Tagesordnung über. Wladimir hält das einige Monate aus, doch eines Abends erscheint er mit einer beeindruckenden Wodka-Fahne in der Küche und fragt ohne Einleitung: „Frau, du sprechen, was ist Quatsch?" Die Familie gerät ins Grübeln und macht eine Reihe Vorschläge. Aber Blödsinn, Unverstand oder Torheit richten auch nichts aus. Schließlich sagt Gerhard: „Quatsch ist, wenn du rauchen Papiroßa (Zigarette) verkehrt herum", und Muddi ergänzt: „Und kippen Wodka in Unbornia" (Toilette). Der Lehrer Roggo sitzt auf der Holzkiste und schüttelt nach tiefem Sinnen den Kopf. „Wodka in Ubornia, dann du duum, aber was iist Quaasch?" Die geballte Geisteskraft der Grüttners, einschließlich Omas sächsischer Beredtsamkeit, reichen an diesem Abend nicht aus, unserem Hausrussen eine sinnentsprechende Erklärung zu geben. Schließlich kratzt Wladimir sich mehrmals heftig auf der Glatze und geht auf die Chaiselongue schlafen.

Wladimirs ganzer Besitz befindet sich in einem kleinen Bündel, daß man einfach über die Schulter werfen kann. Als er abkommandiert wird, gibt Muddi ihm einige von Pabbas „Panama-Hemden", ergänzt durch drei lange Marine-Unterhosen. Gerhard legt noch einen neuen Rasierapparat plus Klingenpäckchen oben drauf, und fertig ist die Kriegsbeute. Nach zwei Stunden erscheint er wieder und übergibt Muddi sieben Pfund grünen Speck (ungeräuchert). Er vermittelt noch den Verkauf von Gerhards Akkordeon – rotes Celluloid mit Goldeinlagen – für

8.000 Reichsmark an einen russischen Offizier, dann wird das Brückenbaubataillon verlegt. Wladimir Roggo sehen wir nie wieder.

Wo gehobelt wird, da fallen Späne. Wo eine Holzbrücke gebaut wird, da gibt es Abfälle. Der Brückenbau erweist sich im Herbst/Winter 1945/46 in bezug auf Brennmaterial als ein segensreiches Unternehmen. Alle Vorarbeiten werden direkt auf der Baustelle ausgeführt. Die Stämme werden entrindet, später gibt es Schwarten und jede Menge Späne. Auf dem Westufer ist wenig Platz, der größte Teil der Arbeiten wird daher auf dem jenseitigen Ostufer verrichtet.

Zunächst müssen wir über die Pontonbrücke am Krankenhausberg, vorbei am Brückenposten. Der ist sich seiner Aufgabe bewußt. Wenn wir ihn fragen, ob man über die Brücke kann, zeigt er mit dem Finger auf das Tangermünder Krankenhaus und sagt: „Nasad!“ (zurück). Wenn wir, ohne zu fragen, einfach an ihm vorbeigehen, sagt er gar nichts.

Drüben geht es mühselig auf Wiesenpfaden – rumpel-holper – glitsch-glitsch noch einen Kilometer zum Brückenbau. Und dann ist Holzauktion. Kleinzeug gibt es genug, wir aber sind scharf auf Reste und Abschnitte aus Massivholz. Eine Reihe Interessenten hat sich eingefunden. Mit sicherem Blick hat das Organisations-Auge die Stelle erfaßt, an der gleich ein Stück abgesägt wird und aus zehn Metern Höhe zu Boden fällt. Wir müssen aufpassen und Abstand halten. Wenn man so einen Abschnitt auf den Kopf bekommt, vergißt man den eigentlichen Zweck seines Kommens. Nach Einsetzen der Frostperiode ist alles Material festgefroren, eingefroren oder zusammengefroren, dann wird es mit einer stählernen Bauklammer losgepickt.

Auf der Baustelle brennen nun eine Anzahl Dauerfeuer, um den Arbeitern Gelegenheit zu geben, sich zwischendurch einmal aufzuwärmen. Auch wir machen davon Gebrauch. Wenn wir die Letzten am Feuer sind, werfen wir zum Abschied eine Handvoll Patronen, die ja überall herumliegen, in die Glut und entfernen uns diskret. Das ist völlig harmlos. Die Projektile fliegen nicht weg, nur die Hülsen platzen mit lautem Knall. Zudem beleben die sprühenden Funkengarben die Szenerie – finden wir jedenfalls.

Im Spätjahr 1945 ist die neue Brücke bereits passierbar, doch sind noch viele Zusatz- und Nacharbeiten nötig. Die Holzbezugsquelle bleibt bestehen. Wir fahren mit dem Handwagen bis zum jenseitigen Anschlußstück. Stabile Holzleitern führen über winzige, geländerlose Podeste 15 Meter in die Tiefe, um den Arbeitern Zugang zur Baustelle zu verschaffen. Wir benutzen sie ebenfalls. Gemeinsam mit anderen Jungen krabbelt Helmut Pfifferling hinunter. Muddi bleibt oben und paßt auf die Handwagen auf. Sie hat grenzenloses Vertrauen zu der Schwindelfreiheit und den Kletterkünsten ihres Sohnes.

Hinunter finde ich es nicht so schlimm, aber hinauf bei Wind, Regen oder

Kälte mit dem zehn bis 15 Kilo schweren Rucksack, da muß Pfifferling schon die Zähne zusammenbeißen. Doch die anderen können es ja auch, und oben wartet Muddi. Ein Blick in ihr Gesicht, und alle Mühsal ist vergessen. Damit sich die Fahrt lohnt, muß die Klettertour fünfmal wiederholt werden, dann sind die Säcke voll, und wir fahren durch die Winterdämmerung nach Hause.

Im Wohnzimmer steht der große, grüne Kachelofen, der bis unter die Decke reicht. Zwischen Wand und Ofen ist ein handbreiter Zwischenraum. Dort wird das frische Holz zum Trocknen hineingestapelt. Die ganze Wohnung riecht wie eine Schreinerei, aber nicht unangenehm. Durch die dauernd verdunstende Feuchtigkeit verlieren die Tapeten das Interesse an ihrer eigentlichen Aufgabe und lösen sich zaghaft, aber großflächig, vom Mauerwerk. Die Familie beobachtet den Vorgang mit Gelassenheit.

Dieser erste Mangelwinter veranlaßt uns nachdrücklich, ständig Natur und Witterung zu beobachten. Eine Kältewelle würde unsere Situation drastisch verschlechtern, ein frühes Winterhochwasser der Elbe unsere Holzquelle am Brükkenbau versiegen lassen. Das wäre eine Katastrophe. Es gibt ja kaum Braunkohle, nur sehr spärlich Briketts, aber dafür Schlammkohle. Doch ohne Holz ist dieses Zeug kaum anzubrennen, von der Heizkraft ganz zu schweigen.

Doch wir haben Glück. Der Winter 1945/46 ist verhältnismäßig mild. Die Elbe zeigt nur einen geringen Eisgang. Das ist für die Brücke von erheblicher Bedeutung. Die Stämme der Pfeilerkonstruktion stehen ja ungeschützt im Wasser und fasern teilweise jetzt schon. Erst 1946 werden hölzerne, konische Eisbrecher errichtet und mit den Karosserie-Blechen der Autowracks beschlagen, die General Wencks Armee auf den Elbwiesen zurückgelassen hat.

Fast unmerklich schwindet das Interesse an den Dingen, die bisher meine Kinderwelt bestimmt haben. Spielen, Lesen, Musizieren und die Schule weichen zurück. An ihre Stelle tritt das unaufhörliche Bemühen, dazu beizutragen, die wesentlichen Bedürfnisse der Familie zu befriedigen. Die Zeitumstände haben Muddi die Mittel aus der Hand genommen, die bisher für unangreifbar gehaltene Sicherheit unseres Zuhauses weiter zu erhalten. Meine Fähigkeiten sind mit eingeplant, wie bei vielen Kindern in dieser Zeit. Unser Beschaffungs- und Organisationstalent wächst von Tag zu Tag. Man braucht uns nicht dazu anzuhalten. Der knurrende Magen mahnt uns nachdrücklich, die veränderten Gebote und Forderungen der Zeit zu erfüllen.

„Natürlich Förster“ sagte ich früher, wenn die Erwachsenen nach dem Berufswunsch fragten. Längst bin ich unsicher, zucke die Achseln. Es fragt auch keiner mehr. So eine Frage in dieser Zeit wäre töricht und vermessen. Niemand weiß, wie das alles weitergeht. Schon „morgen“ oder „nächste Woche“ sind Zeitbegriffe, die Unwägbarkeiten enthalten. „Zukunft“ aber ist völlig ungewiß …

Der Silvestertag 1945 ist sonnig und frostfrei. Meine Kumpel und ich machen einen „Spaziergang“. Wohin? Natürlich über die neue Brücke. Über „unsere“ Brücke. Wir mögen diese Holzbrücke sehr. Ihr Bau und die sich daraus ergebenden Möglichkeiten haben uns sehr geholfen. Außerdem ist sie wirklich gut. Wir haben schon gesehen, daß Panzer darüber gefahren sind. Nicht nur T 34, sonder 50 Tonnen schwere Stalinpanzer.

Letztlich und endlich erschließt der neue Übergang die urige Landschaft der jenseitigen Elbauen, die in den kommenden Jahren fast ständig Ziel unserer Unternehmungen werden sollten und schließlich zum Idealort einer nahezu uneingeschränkt ausgelebten und genossenen Jugend- und Jungenfreiheit wurde.

Als ich nach Hause komme, sitzen Muddi und Oma am Küchentisch. Sie haben verheulte, aber lachende Gesichter. Zwischen ihnen liegt ein Faltbrief-Vordruck in mehreren Sprachen. Es ist seit acht Monaten die erste Nachricht von unserem Pabba. Er lebt und ist in französischer Kriegsgefangenschaft.

Vielleicht ist die Zukunft doch nicht so dunkel …

Kriegsspielzeug

Der 20. März 1946 ist so warm, daß Muddi ohne Zögern die Kniestrümpfe genehmigt. Es ist einer jener Tage, an dem der liebe Gott zweimal „hier“ gerufen hat. Man kennt es und wundert sich dennoch, daß die Sonne so hell, der Himmel so blau, die Wolken so weiß und der Winterstaub so dreckig sein können. Wir haben nur drei Stunden Schule, und bereits auf dem Nachhauseweg erscheint jene Art von Lebensfreude, welche die Gewißheit mitliefert: Heute ist alles gut, morgen selbstverständlich auch, hat es überhaupt jemals Pech gegeben? Passieren kann überhaupt nichts, alle Menschen auf der Welt haben freundliche Gesichter und gute Laune, unterstützt von dem Krach, den die Stare in Banniers Birnbaum machen. Ich halte das alles für angemessen, denn heute ist mein elfter Geburtstag.

Das vorgezogene Ersatz-Spar-Mittagessen – Getreideschrot in Wasser gekocht – wird von allen akzeptiert, denn schon um 14 Uhr soll „Kaffee“ getrunken werden. Das heißt, es ist eigentlich kein Kaffee, sondern nur ein Liter heißes Wasser, in welches Muddi die fünf letzten sorgsam gehüteten Mokkakugeln (Feodora-Beute) geraspelt hat, dazu ein winziges Stück Kakaobutter, so daß auf dem Getränk dicke Fettaugen schwimmen. Zu allem Überfluß gibt es Kuchen, einen Hefekranz, das Ergebnis von Omas gesparten Mehl- und Zuckermarken aus der vorigen „Dekade“. Wir sitzen im Kinderzimmer in der Peddigrohr-Garnitur um den kleinen Tisch, die Sonne scheint hell durch das geöffnete Fenster, und für eine halbe Stunde ist alles so wie früher, im „Frieden" ...

Dann aber hält es Helmut Pfifferling nicht länger. Noch ein Stück Kuchen auf die Faust, ein anderes in eine braune Tüte und raus auf die Straße. Auf dem Tritt sitzt schon mein Freund Klaus Garz. Wir sind gleich alt, gleich groß, haben die gleichen Interessen und sind zur gleichen Zeit mit dem Zusatz-Kuchenstück fertig. Fünf Minuten Verschnaufpause, und schon beginnt das Roonstraßen-Abenteurerblut leicht und schnell durch unsere Adern zu strömen, an diesem Tag besonders lebhaft.

„Wo haun wan heute hin?" Die sonst gestellte Orientierungsfrage unterbleibt wie selbstverständlich. Seitdem Klaus wieder richtig laufen kann, gibt es nur ein Ziel: „Drüben, jenseits." Klaus hat das Kriegsende im Krankenbett verbracht. Auf der Flucht aus dem pommerschen Torgelow hatten seine Familie zwar nicht die Russen, dafür aber der Typhus eingeholt, und wir bekamen Klaus für Monate nicht zu Gesicht. Jetzt aber ist er wieder völlig da und mein Freund, und die Sonne scheint, wir haben Kniestrümpfe an und den ganzen Nachmittag frei ...

Auf der Brücke bleiben wir stehen und lassen uns den warmen Südwind, der den Fluß hinunterkommt, ins Gesicht wehen. Wenn wir die Augen schließen, erzeugt der Wind an unseren Ohren so ein Flattergeräusch und komplettiert unsere Illusion des Fliegens. Die Elbe ist heute nicht schwarz, nicht grau, nicht grün oder gelb, sondern jahreszeitgerecht blau-silbern, und der Flatterwind hinterläßt auf der glatten Wasseroberfläche langgezogene Kräuselfahnen. Es fehlt nicht viel, und wir hätten wirklich vom Brückennock abgehoben in die Frühlingsluft.

Am Brückenende am ersten Deich stehen zwei Gebäude. Die windschiefe Bude des Brückenpostens und neuerdings ein Wartehäuschen. Man kann mit einem Kleintriebwagen – von Klaus wildgewordenes Sofakissen genannt – nach Fischbeck, Jerichow oder Genthin fahren. Wer will, kann in Schönhausen nach Berlin umsteigen. Wir haben also schon wieder Anschluß an die übrige Welt.

Doch die interessiert uns nicht. Unsere Welt ist der Gleiskörper, auf dessen Schwellen wir wie die nordamerikanischen Tramps nach Fischbeck zockeln. Nun haben wir auch die Schleudern (Katapulte) aus den Taschen gezogen. Sie sind unser liebstes Spielzeug und Spitzenprodukte jugendlicher Heimwerkerkunst. Eine Astgabel, Streifen von Autoschlauch-Gummi und das Innenleder von Stahlhelmen sind das Material. Das Ganze mit dünnem Kupferdraht verrödelt, und das Gerät ist fertig. Natürlich gibt es Tricks und Kniffe, damit nichts ausreißt, aber die bleiben unser Geheimnis.

Geschossen wird auf vorher vereinbarte Ziele. Baumstämme, Koppelpfähle, lädierte Straßenschilder, aber auch Kanister, Koffer, Dosen und Flaschen, Munitionskästen, Autowracks und andere zahllose Ausrüstungsstücke, die immer noch unterhalb der zehn Meter tiefen Böschung liegen. Ab und zu unterbrechen wir unsere Tätigkeit. Jeder nimmt eine Handvoll Infanterie-Munition, die überall im Sand liegt, klemmt die Spitzen in die Schienenverschraubung, biegt vor und zurück, und schon ist das Ding offen. Das Pulver der Treibladung wird angesteckt, die Projektile wandern in die Hosentasche für die Schleuder. Manchmal legen wir die Projektile aber auch auf die Schienen. Wenn der Zug darübergefahren ist, sind die Bleikerne platt und die Tombak-Mäntel auseinandergespellt. Die Hartkerngeschosse müssen wir erst herauspolken. Sie sind völlig unversehrt, das Tonnengewicht des Zuges hat sie in den Schienenstahl gepreßt. „Stahl ist noch lange nicht gleich Stahl", sagt Klaus, „aber diese Hartkerne, das ist vielleicht ein Material!" Schießt und trifft eine verrostete Schreibmaschine, die im Straßengraben liegt.

Unser eigentliches Ziel ist die Tankstelle am Ortseingang von Fischbeck. Als sie bei Kriegsende ausbrannte, stand zufällig ein Munitionstransport in der Nähe. Der Boden in weitem Umkreis ist mit geplatzten Hülsen und Geschossen bedeckt, darunter viele 9-mm-Parabellum und Sturmgewehr 44. Für unsere Schleudern sind sie wegen ihrer Kleinheit besonders gut geeignet. Auf der Tankstelle findet regelmäßig ein Gestaltwandel statt. Wir werden zu Beuteltieren. Schwer hängen die Taschen herunter ob der eingelagerten Munition, und die Hosen zeigen eine beständige Neigung, sich dem Boden zu nähern. Dessen ungeachtet, trödeln wir die schöne Kastanien-Allee Richtung Schönhausen hinunter. Die Bäume sind noch kahl, haben aber schon dicke glänzende Knospen, und dann ruft der Kuckuck zum Beweis, daß wirklich Frühling ist. Schnell sprechen wir die Beschwörungsformel:

„Lieber Kuckuck, sag' mir doch,
wieviel' Jahre leb' ich noch?"

Dann zählen wir leise mit, geben aber bald auf, denn der Vogel ruft ununterbrochen, und wir können beruhigt weitergehen.

Den Sandbruch gleich rechts meiden wir. Hier liegen stapelweise Tellerminen. Das sind heimtückische Dinger, und alle Kenner raten dringend vom Umgang ab. Ein Stück weiter aber im Wald steht ein Sammelsurium von Pak-Geschützen. Nicht nur so mickrige 3,7 cm, sondern auch moderne 7,5 cm mit langen Rohren und Mündungsfeuerbremse. Wir wissen zwar, daß das alles vorbei ist, aber wenn die Dinger so handgreiflich vorhanden sind, müssen sich Klaus und Helmut doch hinter die Schutzschilde ducken und durch die Sehschlitze spähen.

Wir hampeln noch etwas an den Kanonen herum und beschließen dann, noch eine kleine Runde durch den Wald zu drehen. Überall liegt noch Ausrüstung umher, mal sehen, was man brauchen kann. Begehrt sind Feldflaschen aus Aluminium, Kochgeschirre, Feldspaten, Zeltbahnen und bretthharte Lederkoppel. Ich bücke mich gerade nach einem Trinkbecher aus Bakelit, da ruft Klaus. Er steht in einem Granattrichter und hebt triumphierend ein großes Scherenfernrohr in die Höhe. Einige Linsen fehlen zwar schon, aber einige sind auch noch darin.

Jetzt ist der Nachmittag gesichert. Das Ding wird zu einer Pak geschleppt, irgendwie eingeklemmt, und es beginnt ein gewaltiges Klopfen, Hämmern, Schütteln und Schrauben. Als die Sonne schon sehr schräg durch die Kiefern scheint, ist es geschafft, und Klaus und Helmut machen sich auf den Heimweg. Die Schleudermunition haben sie weggeschmissen. Stattdessen hat jeder eine dicke Konkav-Linse, das beste Brennglas der Welt, und einige wunderschöne Prismen in der Tasche. Das sind Sachen, die man vorzeigen kann. Zu Hause, bei den Freunden und in der Schule. Zu dem üblichen Schleuderspaß ist also ein richtiger Erfolg gekommen. „Und das heute, an deinem Geburtstag", sagt Klaus. Helmut muß ihm beipflichten und zieht ein Prisma hervor. In der Abendsonne hin- und hergedreht, entsendet das Glas unaufhörlich farbige Blitze nach allen Seiten, den Triumph dieses glückhaften Tages stets neu bestätigend.

Den ganzen Tag ist es warm gewesen. Nun bringt der Wind den charakteristischen Niederungsgeruch des trockenfallenden Überschwemmungslandes mit. Man muß ihn tief einsaugen, denn er riecht unverkennbar nach neuen Abenteuern. Für heute jedoch ist es genug. Die beiden Heimkehrer haben den Arm um die Schultern des anderen gelegt und wandern zufrieden mit sich und der Welt zurück nach Tangermünde.

***

Meistens besteht eine Roonstraßen-Unternehmung nicht nur aus zwei Mann. Zum harten Kern zählen neben Klaus und Helmut noch Rudi „Strulli" Heinze, Hans Schmidt und neuerdings Egon Pesselt. Dann wird auch nicht selbstvergessen durch die Landschaft gebummelt, sondern gezielt gearbeitet.

Drei nennenswerte Stapel Artillerie-Munition gibt es „jenseits". Einer liegt an der Deichabfahrt links von der Brücke, hauptsächlich Kartuschen 10,5 und 15 Zentimeter, 8,8 Zentimeter liegt rechts von der Brücke in den Wiesen auf der Höhe der Hafeneinfahrt in einer Flakstellung. Begehrt ist stets das Pulver der Treibladungen. Es hört sich vermessen an, aber im Umgang mit dem gefährlichen Kram sind wir Experten und haben schon alle Formen von Pulver erbeutet. Es gibt runde und viereckige Plättchen mit und ohne Loch, Kringelchen, Würstchen, Stäbchen und Stangen mit und ohne Loch, dazu viele Granulate in schwarz, grau, grün und gelb. Zur Information: Treibladungsmittel sind kein Sprengstoff. An der Luft brennen sie verhältnismäßig langsam weg, darum kann man so wunderschön mit ihnen rumkokeln. – Am einfachsten ist die Sache mit den Kartuschen. Wir brauchen nur die Abdeckung aus dicker Wachspappe herauszuziehen, und schon kann man zwei oder drei Kunstseidenbeutel voll Pulver herausnehmen. Das ist Massenware und jederzeit verfügbar. Eine Kostbarkeit ist dickes, gelochtes Stangenpulver aus der 8,8 Zentimeter „Einheitsmunition". Die Granate steckt fest in der Hülse. Außerdem hat das Ding an der Spitze einen Aufschlagzünder und im Boden ein Zündhütchen. Was aber machen Strategen wir wir mit einem Gegner, der vorn und hinten gesichert ist? Man kommt ihm in die Flanke. Mit Hammer und Meißel wird das Stahlblech der Kartusche aufgestemmt, auseinandergespellt, und nun kann man das begehrte Stangenpulver herausfummeln. Es wird einmal durchgebrochen und in kleinen Bündeln unter dem Hemd an dem russischen Brückenposten vorbeigeschmuggelt. Unter den in der Roonstraße lagernden Bordsteinen ist unser Arsenal. In der abendlichen Dämmerung stecken wir unsere Schätze an. Dann sausen sie aus eigenem Antrieb zischend und raketengleich durch die Gegend und lassen ahnungslose Zuschauer an eine frühe Großform von Glühwürmchen glauben.

Die eigentliche Gaudi aber gibt es nur mit der Zwei Zentimeter Flakmunition am zweiten Deich. Große gekrümmte Magazine, gefüllt mit den spannenlangen Patronen, liegen massenhaft umher. Die Leuchtspur hat ein schwarzes, spitzes und die Sprengmunition ein gelbes, plattnasiges Geschoß. Man steckt selbiges in ein großes Nietloch – der Kopf darf nirgendwo anliegen –, biegt die Hülse mit beiden Händen in alle Himmelsrichtungen, und schon löst sich die kleine Granate. Jetzt können wir den weißseidenen Schlauch, der das Pulver enthält, der Hülse entnehmen. Diese und das Projektil werden unverzüglich in einen Tümpel entsorgt. Hunderte von Granaten werden auf diese Weise vom Räumkommando Roonstraße entschärft, der erbeutete Pulvervorrat jedoch in einem weiteren Volksbelustigungsprozeß unschädlich gemacht. Er ist das Ergebnis wochenlanger Forschungsarbeit, und der jugendliche Wernher von Braun hätte sicherlich um Mitgliedschaft in unserem Club nachgesucht.

Die Versuchsvorbereitungen gestalten sich wie folgt: Man nehme eine abgeschossene Signalpatrone, Kaliber 26,5 Millimeter, mit herausgeschlagenem Zündhütchen, fülle sie aus unserem Pulvervorrat, würge einen nassen Lappen darauf, klemme sodann das Ganze in einen Munitionskanister und lege eine Zündschnur aus Pulverkörnern in das Zündloch. Meistens werden drei Objekte zusammen erprobt. Mittels Brennglas wird angekokelt, und dann verfügen sich die Wissenschaftler auf die Deichkrone. Wenn ich noch einmal dort bäuchlings liegen dürfte, würde ich der Mannschaft zum fünfzigsten gelungenen Raketenstart einen Gedenkvers weihen:

Oben auf des Deiches Rande
liegt lauernd die Expertenbande,
darauf wartend stillvergnügt,
daß die Alu-Hülse fliegt.

Das Geräusch-Erlebnis auf diesem vorweggenommenen Kap Kennedy ist stets frisch und neu. Nach kurzer Vorbrennphase befreien sich die Objekte aus ihrer Halterung und erheben sich ... zisch ... fauch ... brrrr ... sssitt ... pfeif ..., irre Kapriolen in der Luft schlagend, in den Frühlingshimmel. Auf dem Höhepunkt ihrer Laufbahn enden sie stets mit einem „Flutsch-Plopp", wenn sie sich des Würgelappens entledigen, um sodann gemütlich herabzutrudeln.

Unsere ersten Veröffentlichungen im Kreise von Fachleuten auf dem Schulhof stoßen auf Unglauben, veranlassen jedoch die anerkannt größten Strolch-Stromer der Stadt, Kissa und Peetz, zu einem Besuch auf dem Versuchsgelände. Zuerst sind sie etwas von oben herab, als sie jedoch unsere Vorräte, die Beschaffung des Materials und die präzisen Startvorbereitungen sehen, werden sie sichtlich schweigsamer. Die Flugphase selbst nötigt ihnen wie uns die geplanten Lachanfälle ab, und unser Ansehen steigt in schier unerreichbare Himmelshöhen.

Ein ganz erlesener Munitionsstapel liegt im Waldstück links von der Schönhauser-Chaussee. Man muß ganz durchgehen und findet, wo das Feld beginnt, neben zwei Granattrichtern viele Kostbarkeiten. Holzkisten mit blauen, leinenverstärkten Päckchen, enthaltend Neun-Millimeter-Parabellum-Munition, Vorkriegsfertigung, Messinghülse, Messinggeschoß. Daneben liegen Blechtragekoffer, gefüllt mit Granatwerfermunition (Mörser), original-verpackt mit Zusatzladungen für die Erhöhung der Reichweite. Und letztlich gibt es wiederum kistenweise Handgranaten-Zünder, gelb, grau und blau, die Dauer der Vorbrennzeit anzeigend.

An einem verregneten Maisonntag beschließt die Gruppe, ein Fachseminar für Fortgeschrittene direkt vor Ort abzuhalten. Gegen 15 Uhr sieht der nasse Kiefernwald die etwas durchgeweichten Teilnehmer neben dem Versuchsmaterial auftauchen. Der Ablauf ist arbeitsteilig geordnet. Gruppe 1 schießt mit der Schleuder unter Verwendung von Vorkriegsmunition auf schwimmende Blechdosen und Kanister im Wasser der Trichter. Gruppe 2 zieht Handgranatenzünder ab und schmeißt sie ... zisch-pitsch ... hinterher. Gruppe 3, ja die sollte sich mit dem Unschädlichmachen von Mörser-Zusatzladungen beschäftigen. Das funktioniert aber nicht. Die Sonne für die Brenngläser hat die Teilnahme verweigert. Die mitgebrachten Streichhölzer sind naß. Später wird klar, daß die wachsende Mißmutigkeit von der aktionsunfähigen Gruppe 3 ausgeht, und die Veranstaltung wird abgebrochen. Es sind ja auch alles vertraute Spielchen, die da betrieben werden. Was fehlt, ist eine weitere originale Begegnung mit neuem Material. Lustlos trödelt der Haufen bis zum nördlichen Waldrand, und plötzlich, wie bestellt, liegen sie da. In weitem Umkreis um ein Autowrack verstreut.

Hohl-Haftladungen …

Das ist eine trichterartig geformte Sprengladung, auf einen Kunststoffring geschraubt und mit drei starken Magneten versehen. Wenn es gelingt, so einen Bonbon bei einem Panzer an die passende Stelle zu kleben, dann hat die 40-Tonnen-Blechdose ausgedient. Die Wirkweise ist wie die einer Panzerfaust. Die Dinger selbst interessierten uns nicht. Aber die Supermagneten gehören als Beutegut zu den Spitzenobjekten unserer jungenhaften Besitzgier und sind im Tauschgeschäft kaum zu schlagen.

Blitzschnell hat die Untersuchungskommission die Exponate einer Prüfung unterzogen und völlige Ungefährlichkeit festgestellt. Zustand 3,5 bis vergammelt, keine Zünder oder Zündschnüre. Also los, abschrauben. Umherliegende Bajonette sind zur Hand, dienen als Schraubenzieher. Ja, da bläste de Backen uff. Das Material liegt seit einem Jahr im Freien. Keine Schraube bewegt sich. Ratlosigkeit, doch die erneut zusammengerufene Expertenrunde entscheidet einstimmig: Der Weg zu den Magneten führt nur durch das Bakelit der Bodenplatte. Gesagt, getan, bald hallt der Wald wider vom Picken und Hacken der Roonstraßen-Spechte. Auf einem Baumstumpf plaziert, drischt jeder den schmalen Streifen Kunststoff zwischen Ladungsrand und Magneten kaputt. Angst, Bedenken, mulmiges Gefühl, weil da mit wuchtigen Hieben in der Nähe von einem Kilo Sprengstoff hantiert wird? Keine Schnitte. Sprengstoff ist kein Nitro-Glycerin. Er explodiert nur mit heißer Zündflamme, das weiß doch jeder. Was also soll's? Und nach einer Viertelstunde halten alle ihre Wunschobjekte in Händen.

Klock-Klock-Klock-Klock macht es, wenn die Teilnehmer die Neuerwerbungen an Eisenbahnschienen, Autowracks oder dem Brückengeländer ausprobieren. Aus sechs bis acht Zentimeter springen die Magneten aus der Hand, fliegen durch die Luft, bleiben kleben und sind nur mit Mühe wieder zu lösen. Eine unerhörte Wirkung haben die Dinger, tolle Anziehungskraft, so etwas hat in Tangermünde keiner, dagegen sind die kleinen hufeisenförmigen Spielmagneten der reinste Talmi. Auf dem Schulhof gibt das einen Auflauf, die absolute Sensation. – Solche und ähnliche Gedanken schießen durch die heißen Wissenschaftlerhirne. Einziger Nachteil: Die Trophäen haben ihr Gewicht. Es sind ja auch massive, vierkante Stahlblöcke, und jeder hat drei Stück davon. Wie aber sollen die Schätze an dem russischen Brückenposten am Westufer vorbeigeschmuggelt werden? Alle haben nur Hemd und Hose an. Wo soll man ein Kilo Stahl verstecken? Einfach in den Hosentaschen? Das klappt nicht. Die Beinkleider zeigen unverzüglich einen fatalen Drang, sich dem Erdboden zu nähern. Es funktioniert nur mit einem Trick. Also los. Den Hosenbund bis unter die Brustwarzen gezogen (das ging damals noch), die Ellenbogen in den Leib geklemmt (wegen der Selbständigkeitsbestrebungen der Hose) und Augen geradeaus auf den Posten zu, der unter seinem Umhang, einem olivfarbenen Zuckerhut gleich, vor sich hindöst.

Der Posten, das ist an diesem Mai-Nachmittag Aljoscha Iwanowitsch Petroschenkow, der aus seinem fernen Steppendorf herbeigeeilt war, um die Kampfkraft der Roten Armee zu verstärken. Er macht, was alle Posten machen, pflegt den Zustand zwischen Wachen und Schlafen und denkt an die Heimat, an Zuhause, an Mädchen und Schlimmeres. Er hat sich das alles ganz anders vorgestellt. Aljoscha, der Kriegsheld, ruhmbedeckt, beutebeladen, jubelumbraust heimkehrend in das Dorf am Fluß, ein Leben lang berichtend von den Abenteuern mit den blonden deutschen Frauen. Doch das ist längst vorbei, Aljoscha ist zu spät gekommen …

Doch was ist das? Auf ihn kommt eine Gruppe merkwürdiger Gestalten zu, und je näher sie kommen, um so seltsamer ist der Anblick. Jugendliche sind es, durchnäßt, Hände, Arme, Gesicht und Kleidung sind rostbraun verschmiert. Auch scheinen sie körperbehindert zu sein, alle haben steife Arme, Krallenhände, eine Hängeschulter und kommen steifbeinig, schrägköpfig und starrnackig daher. Das Schlimmste aber sind die Hüften, sie sind nicht schön rund wie bei Olga Alexandrowna, seiner Braut, sondern eckig. Rechtzeitig zuckt auch die Warnung vor den bösen „Gittlerjungen“ durch seinen Schädel, und das reicht.

„STOI!!!“ (halt!)

Aljoscha ruckt mit dem Kopf und ruft mit schneidender Stimme: „Itti ßjuda!“ Scharf mustert er uns, während wir näherkommen, läßt den Blick über die verunstalteten deutschen Einheitskrüppel gleiten, wo er schließlich an der besonders bresthaft entstellten Hüfte von Hans Schmidt hängenbleibt. Er ruckt – diesmal mit dem Kinn – und fragt: „Was iist daas?“

Für einen Augenblick verschwinden alle Hoffnungen auf eine erfolgreiche Physikerkarriere hinter dem Horizont, dann greift Hans ein. Klemmarmig und krallenhändig nähert er seine Finger der Hosentasche, zieht mit drei Fingern ein Versuchsexemplar hervor, läßt es aus gebührender Entfernung gegen ein Stück Blechverkleidung klatschen und sagt gelassen: „Magnet!“

„Oooohhh!“

Du schöner Laut unverhohlenen Staunens, immer dann zu hören, wenn wir Menschen vor den stets neuen Wundern unserer Welt in Ehrfurcht erstarren, nie wurdest du mit mehr Inbrunst gehaucht als aus diesem Mund. Aljoschas Staunen ist rundum, rundköpfig, rundmundig und rundäugig starrt er auf den kleinen Stahlklotz auf dem Blech. Dann löst er langsam eine Hand von seiner Maschinenpistole, nähert sie vorsichtig dem Zauberwürfel, zieht ihn ab und läßt ihn zurückklocken. Glänzende Augen, kindhafte Freude ob des multiplizierbaren Wunders verklären Aljoschas Antlitz.

Gewiß, er hat schon von den Errungenschaften der westlichen Welt gehört, hat auch einige gesehen, aber nun liegt eine leibhaftig in seiner Hand, eindrucksvoll schwer und stumm, jene geheimnisvolle Kraft bergend. Er atmet aus und startet einen Reihenversuch. Klock-klock-klock-klock macht es auf dem Brückennock, und dann hat Aljoscha eine Vision. Er sieht sich, den Heimgekehrten, zu Hause im Kreise der Männer die Kraft seines Zauberwürfels zeigen ... *Seines* Zauberwürfels???

Das ist die Lösung. In seinem Gehirn entflammt ohne eigenes Zutun ein helles Licht. Oh, wundersame Eingebung zu guter Stunde! Alles wird gut. Er wird dieses Stück Metall mitnehmen, dann hat er etwas vorzuweisen, seine Kriegsbeute, den augenscheinlichen Beweis für die Wunder des fernen Westens.

Aljoschas Gesicht knickt zusammen. Der Glanz in den Augen erlischt, macht einem konzentrierten Ausdruck Platz.

„Skolko Mark?" (Wieviel Mark?)

Hans Schmidt wahrt mühsam Haltung, behält aber den Überblick. Er hat schon öfter Sachen an Russen verhökert. Immer noch ellenbogenklemmig schiebt er die Krallenhände einen Zentimeter vor und läßt alle Finger dreimal krampfartig nach vorne schnellen. Das Licht in Aljoschas Gehirn ist erhalten geblieben. Er wertet Hans' Zuckungen nicht als Auftakt für einen epileptischen Anfall, sondern als Zahlungsforderung, nestelt in seiner Litewka, drückt Hans drei zerknüllte Zehn-Mark-Scheine zwischen die Rostfinger und wendet sich ab.

Das ist das Signal. Unsere Erstarrung löst sich. Zunächst noch langsam, künstlich gelassen, mit mühsam bewahrter Haltung, dann immer schneller, die Hände nunmehr in den Hosenbund geklemmt, hastet das Expertenteam die Brückenauffahrt hinunter. Klock-klock-klock hören wir langsam leiser werdend den Beginn einer großen neuen Versuchsreihe. Alle sind nun glücklich und zufrieden. Die Roonstraßen-Crew wegen des absehbaren Erfolges, Hans zusätzlich ob der 30 Reichsmark, und auch die Rote Armee hat ihren Tribut erhalten.

Sogar die Sonne tritt hervor und wirft nach dem Regentag ein paar tröstliche Strahlen auf die Stadt, das Land und die Menschen. Besonders hell scheint sie auf das Schilderhäuschen an der Brücke.

Dort lehnt eine einsame olivfarbene Gestalt.

Der Besitzer des Zauberwürfels.

Aljoscha Iwanowitsch Petroschenkow.

Mehlplempe – Ackersegen – Brennesseln und Rollmöpse, Russenpimmel – Baumkuchen und der Möhrenschiß, Russengraupen – Sprengfisch und der Opel-Olympia-Autodach-Blues

Spätestens im Frühsommer 1946 wird der Bevölkerung klar, in welcher fatalen Versorgungslage sich die „Ostzone" (SBZ) befindet. Gerettete Vorräte aus der Kriegszeit oder vom „Feodora-Sturm" sind aufgebraucht oder eingetauscht. Muddi muß erkennen, daß ihre Schokoladengeschenke im Bekanntenkreis an Leute, die zu stolz oder zu dumm waren, selbst zu organisieren, zu großzügig waren. Jetzt haben wir selbst nichts mehr. Die Einkellerungskartoffeln sind längst aufgebraucht. Die neue Ernte und die Chaussee-Äpfel befinden sich noch im Murmel-Stadium, das Getreide ist grasgrün, von Brombeeren und Himbeeren ganz zu schweigen. Also müssen die meisten Menschen von den Zuteilungen (eine Dekade = zehn Tage) leben. Das bedeutet Hunger, zum ersten Mal richtigen Hunger. Dauerhunger, weil wir nie richtig satt werden.

Schon seit Wochen kauft Muddi Mehl statt Brot. Im Brot sind Kartoffeln und Wasser, im Mehl nicht. Das ist „reeller". Drei Eßlöffel Mehl auf anderthalb Liter Wasser ergibt für drei Personen eine mäßig dicke Plempe, das füllt – zunächst. Kümmel, Anis und Salz gibt es frei zu kaufen, also schmeckt die Suppe immer gleich – wochen- und monatelang. Eines Tages entdecke ich am Hämertschen Deich wilden Schnittlauch (Kanten-Lauch). Er ist zwar furchtbar strohig, aber an diesem Abend schmeckt die Suppe anders.

Viele Tangermünder Geschäftsleute, auch Kaufmann Eschker und Bäcker Daendel, verhalten sich beispielhaft. Sie geben, wenn sie können, die Zuteilungen vor dem Aufruf ab. Dann ist die dritte Dekade schon vor dem 25. des Monats aufgefressen. Das heißt, die gestreckte Mehlsuppe wird noch gestreckter. An einem Abend ist es soweit. Die Suppe ist zu grauem Wasser geworden, „Mehltee" genannt. Der Blick in Muddis ratlose Augen läßt in mir eine böse, kalte Wut plus Entschlossenheit entstehen, und die letzten Hemmschwellen fallen.

Es ist Nachmittagsunterricht, und so blickt die Morgensonne wohlwollend auf Helmut Pfifferling, der zielstrebig und mit einem gefährlichen Glitzern in den Augen heimlich und allein auf Muddis Fahrrad über die Brücke nach Fischbeck fährt. Er kennt dort ein Kartoffelfeld, welches durch zaghafte Welkerscheinungen des Krautes die bevorstehende Reife signalisiert. Bäuchlings, von einem buschbestandenen Waldrand aus, operiert er geschickt und begeht zum ersten Mal in seinem Leben bewußt, gezielt und mit Methode einen Diebstahl. Auch liegt neben dem Fahrrad ein Feldspaten, mit welchem Pfifferling gedenkt, die geklaute Früherernte gegen einen regelwidrig erscheinenden „Panne-Mann“ zu verteidigen. Verwundert bemerkt er, daß man über sich selbst staunen kann, aber die kalte Wut ist immer noch da und hilft beim Wegschieben und Vergessen aller Bedenken.

Zu Hause legt der „Dieb“ seiner Mutter den Fischbeutel mit fünf Pfund zwetschgengroßer Kartoffeln auf den Küchentisch, geht zum Spülstein und wäscht sich die Hände. In Kurzgeschichten nennt man Muddis Zustand „Inneren Konflikt“. Sie braucht rund zehn Sekunden, um die Checkliste der Möglichkeiten abzuhaken, dann bearbeitet sie den „Ackersegen“ mit einer Bürste und kocht ein Drittel davon zum Mittagessen. Die Mannschaft ißt ihn heißhungrig sowohl mit Salz als auch mit der Schale. Dann geht Helmut Pfifferling in die Schule zu Lehrer Thiemann und lernt das Gedicht „Der Lotse“.

In den Elbwiesen stehen die jungen Brennesseln jetzt schon fußhoch, und auch die Unkraut-Melde ist nun soweit. Wir ernten beide. Muddi bereitet daraus eine spinatähnliche Patsche mit umwerfendem Naturgeschmack. Man bedenke: nur mit Salz, ohne Fett, Zwiebeln, Muskat und ein Bindemittel. Ich brauche nur drei Happen, mein Existenzminimum, dann bin ich „satt“. Den Rest ißt Gerhard, vollmundig kauend, mit dem Löffel direkt aus dem Topf. Er leidet entsetzlich unter dem Dauerhunger.

Auch bei unseren zahllosen Streifzügen ist Hunger der selbstverständliche Begleiter. Die Feldflur bietet noch zu wenig. Doch halt! Etwas wächst schon am Wegesrand, unser geliebter Sauerampfer, er ist für den Sofort-Verzehr das Beste. Wir haben da Erfahrung. Alles schmeckt bitter und scharf, auch Löwenzahn und Vogel-Miere. Dann lieber nur sauer. Man lege zehn oder 20 Blätter (je nach Appetit) übereinander, forme eine Rolle oder ein Faltpaket und beiße herzhaft hinein. Allein der Widerstand beim Abbiß erweckt die perfekte Illusion, etwas Handfestes zwischen den Zähnen zu haben. Kaut man dann – ritsch – ratsch – knurks – knarks – das Bündel hinunter, verstärkt sich das Gefühl noch weiter. Haben die Teilnehmer des Experiments einen Nachmittag lang „Rollmöpse“ genossen, füllt sich beim Rülpsen der Mund mit saurem Schaum, der auch auf den Lippen sichtbar wird. Das hat mit der amerikanischen Pferdekrankheit „loco“ nichts zu tun, gibt vielmehr den Beteiligten ein frisches, frühlingshaftes Aussehen.

Wenn später die Akazien im Wäldchen blühen, verfahren wir ähnlich. Die gesamte Dolde mit den weißen Blüten wird in den Mund gesteckt, man zieht ruckezucke den Mittelstengel heraus und hat ein Maul voll zarter, süßer Masse. Am Abend ist nach Dauergenuß der Rülps-Schaum nicht grün, sondern weiß, und der Geschmack zart parfümig. Selbst auf dem Lokus ist nach einer Blütendiät und dem entsprechenden „Schiß“ ein nicht unangenehmer Restduft wahrnehmbar.

Wenn auf den Feldern nicht geerntet wird, kann man nicht „stoppeln“, also gehn wir im Frühsommer 1946 jeden Tag baden. Nicht mehr so häufig an den Buhnen unterhalb des Weinbergs, dafür um so häufiger nach „jenseits“. Links von der Brücke am ersten Deichknick liegt unser „Stamm-Loch“, die Schanze. Es muß abgrundtief sein. Selbst die großen Jungen haben Schwierigkeiten, „Grund zu kriegen“, und auch in dem Supersommer 1947 ist dieses Gewässer noch angenehm kühl. Zudem hat das letzte Hochwasser in der Wiese daneben eine schöne Sandbank entstehen lassen, und eine weitere Vorsehung hat das idyllische Plätzchen mit Weiden, Schilf und Stechapfelbüschen umstellt. Längst benutzen wir keine Badehosen mehr, nur noch auf dem Nachhauseweg. Wenn die Roonstraßen-Mannschaft sich nach ausgiebigem Wassergetobe wärmebedürftig in den heißen Sand haut, kann man sehen, daß die Nachkriegs-Ostzonen-Mergelkörper bereits eine nahtlose Bräune aufweisen.

Nur einmal in drei Jahren wird der Friede in unserer paradiesischen Enklave jäh gestört. Da kommen doch tatsächlich an einem besonders heißen Junitag drei LKW den Deichweg heruntergerumpelt. Die Ladung besteht aus gutgelaunten, lachenden und singenden Mitgliedern der Roten Armee. Vor unserem Weidenversteck stoppt der Konvoi, schmeißt die Besatzung die Klamotten weg und 150 Russen rasen glatzköpfig und klunkerschwänzig in das aufspritzende Wasser. Uns ist dieser Anblick vergönnt, weil Badehosen in der russischen Armee unbekannt zu sein scheinen, und so starren wir zunächst stumm und offenen Maules auf diese Invasion starker russischer Männlichkeit. Als dann aber die Hälfte von ihnen anfängt, auf der Wiese Faustball zu spielen, ist es um unsere Ruhe geschehen. Dieses hüpfende Pimmel-Gewimmel ist zu grotesk. Man muß sich auf den Rücken schmeißen und in den Unterarm beißen. Und als Hans Schmidt zusätzlich mit mühsam beherrschter Zischstimme in Aussicht stellt, daß sich unsere Würmelinge dereinst auch zu solchen Russenkeulen auswachsen würden, entfleucht die Crew bäuchlings in nördlicher Richtung durch die Büsche.

Nach zwei Stunden ist der Spuk vorbei, und wir liegen wieder auf unserer Sandbank. Doch scheint die übermütige Russenstimmung eine anregende Wirkung gehabt zu haben. Argwöhnisch wird beobachtet, daß ein Teil der Anwesenden sich mit der Herstellung von „Baumkuchen“ beschäftigt. Das hat mit dem schmackhaften Gebäck nichts zu tun, sondern ist eine handfeste Schweinerei. Die Kuchenbäcker errichten ein Sandhäufchen mit einer kleinen Kuhle in der Spitze. Dann plazieren sie ihren Piephahn möglichst dicht darüber und pinkeln die Kuhle voll. Nach kurzer Zeit kann der lose Sand weggeräumt werden, und es erscheint ein feuchtes, bizarres Gebilde. Es ist nicht zum Verzehr geeignet, sondern dazu bestimmt, einem Mannschaftsmitglied ins Kreuz geschmissen zu werden. Allzu früher Start oder die sofortige Flucht ins Wasser sind verpönt. Vielmehr ist beabsichtigt, daß die Pastetenhersteller mit dem pißwarmen Gebäck in der Hand hinter dir her durch die Büsche jagen und die Bombe mehr oder weniger genau plazieren. Das macht Laune! Das Ganze endet in einer gewaltigen Wasserschlacht, um Schmach und Pisse abzuwaschen, und der Nachmittag beginnt von vorn.

Wasserspiele machen hungrig. Da alle schon immer und seit Monaten Hunger haben, wird selbiger im Laufe des Nachmittags geradezu wölfisch. Eine gewisse Abhilfe „erwächst" uns etwas später im Jahr in Form eines Mohrrübenfeldes 500 Meter hinter dem Deich. Das Hochwasser und General Wencks Armee haben im Gebüsch einen mittelgroßen Handkoffer zurückgelassen. Eine Zwei-Mann-Aktions-Gruppe wird beauftragt, das Mohrrübenfeld aufzusuchen und unser Behältnis mit dem knackigen Wurzel-Gemüse zu füllen. Die Beauftragten schließen die Unternehmung erfolgreich ab, doch als die Sonne sinkt, ist der Koffer wieder leer. Man bedenke: mit vier Jungen einen Handkoffer voll Mohrrüben ... ohne Kraut selbstverständlich.

Am anderen Morgen verspürt Helmut Pfifferling, nach einem ebenso dringlichen wie erfolgreichen Toilettenbesuch, in der Schlußphase plötzlich eine warme, zarte Berührung. Ein prüfender Blick läßt es zur Gewißheit werden. Pfifferling hatte sich, wie die Seeleute bei einer langen Liegezeit sagen, buchstäblich festgeschissen. Der Trichter ist voll, ja ja, ein Viertel Koffer Mohrrüben muß irgendwo bleiben. Also keine Panik. Wenn der Betroffene zudem schon etwas über Stoffwechsel gewußt hätte, wäre zu dem allgemeinen Gefühl der Erleichterung und Verrichtungs-Freude noch die Beruhigung hinsichtlich seines Vitamin-A-Haushalts getreten.

Nicht immer erschrecken uns die Russen. Manchmal, wenn auch ungewollt, spenden sie bescheidenen Segen. Es gibt da hinter dem Deich, unweit des Pferde-Wyls, einen wunderschönen Platz. Eine doppelstämmige Eiche wirft einen großen Schatten, und darum ist es hier kühl, kurzgrasig und dickmoosig. Ein Platz zum Verweilen. Wir liegen oft hier, quatschen und dösen. Eines Tages finden Freund Klaus und ich den Platz entweiht. Russen haben Sommer- oder Zwischenlager gemacht. Ein paar Flaschen und leere Konservendosen liegen umher. Es gibt eine Feuerstelle. Sie haben „Kascha" gekocht. Ein Sack ist geplatzt, ein Teil der Getreidekörner ins Gas geronnen. Klaus und Pfifferling sehen einander an. Es entsteht eine kleine Pause. Wir können es nicht sagen, aber irgend etwas steht da in uns auf, weigert sich, in der gewohnten Organisationsmanier den Fund zusammenzuraffen. Wir fühlen, daß dies ein Schritt ist, den letzten mühsam bewahrten Reststolz aufzugeben. Wenn wir das fressen, was die Besatzer liegen lassen, dann geht da ein Stück Selbstachtung kaputt. Es dauert nur drei Atemzüge, dann drehen wir uns fast gleichzeitig um, suchen ein paar Konservendosen zusammen und waschen sie am Pferde-Wyl aus. Heute weiß ich, daß es keine Niederlage war, sondern eine Lehrstunde im Umgang mit dem Schicksal. Ein Sieg über sich selbst mit Demutsgeschmack.

Vielleicht wäre es tröstlich gewesen, wenn wir zu einer dichterischen Fassung fähig gewesen wären und den „Merseburger Zaubersprüchen" den folgenden Vers angefügt hätten:

„Aus Grünem Gras
Grabbeln Gelmut und Glaus
Grindige Graupen!"

Doch hätte dies dem Ernst der Situation entgegengestanden. Zwei Kilodosen mit Körnern kann Muddi zu Hause in den Durchschlag schütten und gründlich abspülen. Mit einigen Mohrrüben und Sellerieblättern gekocht, liefert ein Viertel der Beute die Grundlage für die Abendsuppe. Und da sie allen gut schmeckt und nur ganz wenig Sand die Endkontrolle passiert hat, ist bald vergessen, daß es „Russengraupen" waren …

Ein anderes Mal sind es Fische, welche uns die Besatzungsmacht beschert. Aus den Kriegstagen haben die Russen eine brutale Methode behalten. Sie gehen nicht mit Schnur und Haken fischen, sondern mit Handgranaten. Das ist zwar mittlerweile verboten, aber welcher Fluraufseher nimmt im Sommer 1946 einem Angehörigen der Roten Armee die Fische weg oder zeigt ihn bei der Ortskommandantur an? Außerdem machen die Soldaten das sehr geschickt. Sie erscheinen meist motorisiert im Abenddämmern, hauen die Granaten ins Wasser, springen, mit einem Kescher bewaffnet, hinterher, sammeln den Segen ein und verschwinden wieder eilig in Richtung Stadt. Und eben von dieser Eile profitieren Klaus Garz und Helmut Pfifferling. Häufig bleiben sie extra länger am Wasser, um die hastigen Sprengkommandos abzuwarten, wohlwissend, daß größere Fische oder jene, die weiter von der Explosionsstelle entfernt waren, erst viel später an die Oberfläche kommen. Manchmal fahren die Sprengfischer noch rasch zu einer anderen Stelle, und wir sind schon im Wasser, während 200 Meter weiter die neue Ladung hineinfliegt. Dann kriegt man einen ekelhaften, harten Schlag auf Brustbein und Wirbelsäule, die Luft wird aus der Lunge gepreßt, das Gehirn wackelt, und die tiefstehende Abendsonne wird von 24 weiteren umkreist. Wir ignorieren diese Begleiterscheinungen und fädeln später stolz unsere oft erhebliche Beute durch Maul und Kiemen auf einen Weidenzweig. Den zu Haus ausbrechenden Jubel ob der unerwarteten Bereicherung des Speisezettels winken wir gelassen ab.

Richtig wohl fühlen wir uns bei dieser Fisch-Beschaffungs-Maßnahme nicht. Es bleibt ein bitterer Nachgeschmack. Viele Jungfische müssen sterben, und wir wissen, daß unsere geliebten Angelgründe auf Jahre dauerhaft geschädigt werden. Das stimmt uns traurig.

Einmal aber ist es ganz lustig. An einem ziemlich kühlen Abend hält auf dem Deich ein Opel-Admiral. Ihm entsteigen zwei Offiziere, Hauptmann, Major oder ähnliches Sie kommen Beutel und Säcke tragend auf uns zu. Sie sind bester Laune und tragen als zusätzliches Indiz eine ordentliche Schnapsfahne vor sich her. Auch scheinen wir in ihr Konzept zu passen, denn sie begrüßen uns wie alte Freunde und wir müssen eine Zigarette mit ihnen rauchen. Keine Selbstgedrehte aus „Machorka“ (Stengeltabak), sondern aktive deutsche Orientzigaretten aus 24er Packungen.

Dann fliegt die erste Handgranate ins Wasser, und es wird weitergelacht. Diese Jungs haben keine Eile. Den Schluck aus der Wodkaflasche lehnen wir heftig kopfschüttelnd ab (ungeheures Gelächter unserer Gastgeber), aber das auf der Messerspitze angebotene Stück Speck kauen wir dankbar hinunter. Zwischenzeitlich sind die Fische an der Party beteiligt und kieloben an der Wasseroberfläche erschienen. Jetzt wird auch das Konzept klar. Wir müssen ins Wasser, und die Herren Offiziere behalten die Uniformen an und die Schnapsflasche in der Hand. Da der Abend kühl ist, unsere Badehosen aber trocken sind, ziehen wir sie aus. Ha, ha, ha, unsere Freunde erleiden einen Erstickungsanfall. Sie zeigen auf die Sparausgaben unserer Bevölkerungs-Multiplikatoren und hauen sich auf die Schenkel. Als wir fischbeladen und abgekühlt aus dem Wasser kommen, erlebt die Stimmung ein weiteres „feed-back“, und daran ändert sich in der nächsten Stunde auch nichts.

Fröhlich Handgranaten werfend und Beute machend, bewegt sich unsere Gesellschaft durch den Abend. Später fahren wir gemeinsam im „Admiral“ auf der Deichkrone weiter. Klaus und Pfifferling steht der kalte Schweiß auf der Stirn, weil der Deichweg schmal ist und die Chauffeure erhebliche Schlagseite haben. Aber jedes Gewässer links und rechts wird frequentiert. Erst als wir am Neuen-Wyl ankommen, die Handgranaten alle sind, von unseren Piephähnen nur noch Pelle übrig ist, wird die Party für beendet erklärt.

Es passiert das, was wir erwartet haben. Der Fischsack ist voll, und wir kriegen unsere Belohnung. Nicht einen Teil der Beute, sondern jeder eine 24er Packung Zigaretten. Mann, oh, Mann. Bis zur Brückennock am Ostufer dürfen wir noch mitfahren, dann müssen wir aussteigen, von wegen Fraternisation und so. Unsere Wohltäter aber verschwinden winkend in der Ferne.

Eine Schachtel Zigaretten, das sind rund 250 Reichsmark Schwarzmarktpreis oder acht Dreipfund-Brote oder 50 Pfund Kartoffeln oder, oder …

Diesmal nehmen wir die häuslichen Belobigungen mit Stolz entgegen. Zigaretten sind die Universalwährung der damaligen Zeit. Man kann so ziemlich alles dafür eintauschen. Außerdem sind sie weder eine Nachlesebeute, ein Almosen noch Diebesgut, sondern mit zahlreichen erfrischenden Bädern im kühlen Wasser der jenseitigen „Löcher" auf das Redlichste verdient. Also Kopf hoch, denkt Helmut Pfifferling und trinkt Muddis heißen Kamillentee …

***

Wenn man von der Brücke über die Elbwiesen blickt, sieht man hier und da noch braune Buckel aus dem Grün ragen, Überbleibsel der letzten Kriegstage, rostige Blechgeschwüre, klägliche Reste motorisierter Einheiten. Kraftfahrzeuge, die stehengeblieben waren. Längst sind sie ausgeschlachtet, haben schon ein Winterhochwasser überstanden und dämmern nunmehr unaufhaltsam einem unrühmlichen und schandbaren Schrott-Ende entgegen.

Und da geschieht es. Ganz plötzlich und unvorbereitet sehen sie sich noch einmal in den Mittelpunkt menschlichen Interesses gerückt. Zwar verlieren sie einen Teil ihrer ursprünglichen Gestalt, und ihr ehemaliger martialischer Glanz ist zum Deibel, aber dafür feiern sie als Objekte jungenhafter Begeistung ein glänzendes „Comeback".

Die Idee stammt diesmal nicht aus der Roonstraße. Andere hatten sich inspirieren lassen. Überhaupt sind wir diesmal ziemlich hinten dran. Erst als die ersten Autodächer plus Besatzung auf dem Wasser erscheinen, werden wir wach. Es ist ganz einfach. Man „leiht" zu Hause Hammer und Meißel, sucht sich ein passendes Autowrack, kloppt in zweitägiger Sklavenarbeit die Dachstreben durch und schleift oder schleppt das Ding zum nächsten Gewässer. Dort erfolgt umgehend der Stapellauf, und die stolzen Besitzer gleiten, von den vier ragenden Holmen eingerahmt, einer venetianischen Gondel nicht unähnlich, über die blauen Fluten. Welch ein Spaß! Abends wird der Sampan angelascht und praktischerweise bis zum nächsten Einsatz unter Wasser aufbewahrt, unauffindbar für eventuelle Interessenten. Diese gibt es mengenweise. Erstens, weil die Zahl der brauchbaren Autodächer begrenzt ist, zweitens, weil es jede Jungengruppe sich zur Ehre gemacht hat, ein eigenes „Fahrzeug" zu besitzen, und nicht zuletzt, weil das Durchtrennen der Dachholme eine elende Schinderei ist. Hans Schmidt und Rudi „Strulli" Heinze sind bereits Eigner eines fahrbaren Untersatzes. Aber mit ihnen macht das keinen Spaß. Mit ihren 13 und 14 Jahren sind sie viel zu groß und schwer. Alle Bewegungen an Bord müssen vorsichtig ausgeführt werden. „Seegang“ kann man mit diesen gewichtigen Fahrgenossen nicht erleben, er würde die sofortige Katastrophe herbeiführen. Ja, man berichtet von besonders ungeduldigen Gondelbesitzern, daß sie Stapellauf, Jungfernfahrt und Untergang in einem Arbeitsgang abgewickelt haben.

Klaus Garz und Helmut Pfifferling hatten da andere Vorstellungen. Nie war es ihnen geglückt, einen Muldenschlitten, einen halbierten Flugzeug-Zusatztank oder eine hölzerne Flugzeug-Schneekufe, die in Tangermünde allesamt zu Wasserfahrzeugen umfunktioniert waren, zu ergattern. Das mußte jetzt anders werden.

Doch die Autodächer sind rar geworden. Zu lange schon dauert der „Boom“. Scharfäugig und mit heißem Herzen durchstreifen wir die Wiesen südlich der Brücke, aber immer sind es nur „abgetakelte Fregatten“, die wir ausmachen, deren stete Dachlosigkeit uns aufs neue entmutigt.

Bei einem letzten traurigen Rundumblick von der Deichkrone entdeckt Klaus’ Falkenblick ihn. Jenen grünen Fleck im Grün, den das Schicksal, die Firma Opel und die Soldaten der Armee Wenck, für uns dort plaziert hatten. Unsere Gangart ist der Dauerlauf-Hundetrab, mit dem wir durch das hohe Gras hasten. Schon auf halbem Wege wird es zur Gewißheit, das Ding ist intakt.

Jaaaaaaaah! – schreien wir unsere Begeisterung hinaus und umkreisen mit Besitzerblick und Indianergeheul den Fund. Es ist Wirklichkeit. Tarnfarbig, fensterlos, jedoch „dachträchtig“ steht er da – und hat sechs oder acht fingerdicke Löcher im Dach. Der Produzent hatte beim Modell „Olympia 1936“ versäumt, eine Sicherung gegen Tiefflieger-Beschuß einzubauen. Doch die Operationsgruppe stutzt nur einen Augenblick. Löcher sind nichts Ungewöhnliches bei Kriegsfahrzeugen. Für solche Fälle hält die Eisenwaren-Handlung Rust sogenannte „Topf-Dichter“ bereit. Das sind zwei runde Aluminium-Platten mit Asbestdichtungen auf Gewindeschraube, bestens geeignet, das geplante Wasser-Fahrzeug wieder diensttauglich werden zu lassen.

Von St. Stephan hallen verschwommen sechs Schläge über die Elbe. Der Westwind trägt den Schall bis zu uns. Heute gibt das nichts mehr, da wir kein Werkzeug mithaben und der Anmarschweg zu weit ist. Aber morgen oder übermorgen wird der Stapellauf erfolgen.

Der andere Tag ist trübe und schwül. Regen liegt in der Luft. Der Himmel hängt ganz tief zu uns herunter. An Büschen und Bäumen regt sich kein Blatt. Ein schwerer Dunst liegt über der Elbaue, hüllt alles ein. Das ist gut. So kann unser Unternehmen kaum beobachtet werden. Nicht auszudenken, wenn eine andere Aktionsgruppe uns den kaum gefundenen Schatz wieder streitig machen würde!

Doch „unberührt“ steht der Olympia an seinem Platz. Freundlich streckt er den beiden Jungen sein Blinzelgesicht entgegen. Er hat ja nur noch einen Scheinwerfer und ist nach seiner letzten Nacht bereit, sich den „Skalp" abnehmen zu lassen. Werkzeug und Material sind vorhanden. Ans Werk, jetzt gilt's! Spezialistenhände greifen zu, glätten und ebnen die Ränder der Einschußlöcher, setzen von unten und oben die Scheiben der Topfdichter an und verschrauben sie so fest wie möglich. Es geht wie geschmiert, ein Klacks die Sache. Nach einer halben Stunde ist das Dach dicht. Dem ollen Auto-Veteranen wird noch einmal ganz warm in seiner Olympia-Rest-Seele, als er die Begeisterung sieht, mit der Klaus und Pfifferling ihm zu Leibe gehen. Letztlich bedeutet das alles sein Ende, aber er gönnt ihnen den Spaß von Herzen.

Die Dachstreben sind ein echter Prüfstein. Nach einer Stunde ist die erste halb durch. Auch ist das Werkzeug alt und nicht gut in Schuß. Die Meißel sind zu stumpf, die Hämmer zu schwer. Klaus und Pfifferling erlahmen immer schneller. Von Schürfungen, wunden Stellen und den Metallsplittern, die dauernd durch die Luft fliegen, ganz zu schweigen. Das kann ja noch heiter werden! Doch nahen Hilfe und Erlösung von anderer Seite.

Aus dem Grau des Himmels ist ein schmutziges Gelb geworden. Fahles Licht läßt die Konturen verschwimmen. Die Silhouette der Stadt, jenseits des Flusses, nicht mehr zu erkennen. Es beginnt zu regnen, langsam, sich stetig steigernd fällt Wasser vom Himmel. Tropfen sind nicht auszumachen. Mit tropischer Gewalt rauscht der Regen über die Niederung.

Zuerst versuchen die beiden Metallspechte sich mit Durchhalteversen anzuspornen, aber das Wasser läuft in die Augen, man sieht nichts mehr, haut sich auf die Finger und wird arbeitsunfähig, ein echtes Alibi.

Unser Olympia hat keine Vordersitze mehr. Von der Hinterbank sind Bezug und Polsterung abgerissen. Zurückgeblieben sind Rahmen und Lehne mit vielen senkrecht gespannten Spiralfedern. Das Montage-Duo sinkt aufs Feder-Pfühl und atmet auf. Durch die Wasserwand draußen dringt nur ein gelb-grüner Dämmerschein in die Geborgenheit der winzigen Trockenzelle. Brrrongg-ZZschrrong-Kllonngg rollt der Regen über unser Blechdach – soll er ruhig. Unsere Händen werden glatt, das Werkzeug gleitet zu Boden ...

Irgendwann räkeln wir uns, eine gespannte Feder schnellt zurück ... ßsssongggggg. Oh, versonnen lauschen wir dem Ton hinterher. Das war schön. Noch einmal mit dem Finger eine andere Feder ... ßssoolonngggg. Noch schöner, wir knien uns vor die Spiral-Feder-Keyboard-Tastatur. Mit beiden Händen greifen die Gelegenheitsmusiker in die „Saiten". Hin und her, her und hin ... ßsssinngg-klonngg-gonnnngggolaaa-ßssummmmmm. Wohltönender Dröhn-Sound füllt das enge Gelaß, hüllt die Spieler völlig ein. Kein Mißklang ist darunter.

Als neueste Kreation präsentiert sich das „Opel-Olympia-Rückbank-Spiral-Feder-Hackbrett-Imitat".

Die Solisten sind begeistert, geben sich der unerschöpflichen Klangfülle ihres neuen Instruments immer weiter hin. Aufs Vorteilhafteste vermischen sich alle Geräusche und Laute mit dem gedämpften Ostinato des Trommelregens, fordert zum Mitmachen auf, entlockt den „Musikerkehlen" ein erstes Summen und Mitgrunzen. Wie von selbst formt sich das Lied vom Kuckuck, der auf einem Baum saß. Das „Simsalabimbamba" erfährt eine derartige klangteppichartige Unterlegung, daß wir uns an unserer eigenen Begeisterung berauschen. Andere Lieder folgen, werden angepaßt, brauchbar entfremdet. Unmerklich gleiten wir in das Repertoire der modernen Musikliteratur. Schlager, Songs, Lieder aus dem Krieg werden verarbeitet und verschlissen. Helmut Pfifferling, der abgemusterte Zither-Virtuose, hat die Initiative ergriffen. Leidlich improvisiert er die Lead-Stimmen, unterstützt von Klaus' unbeugsamem Melodie-Beat, die sich vereint aus der Enge der lädierten Karosse erheben, über Wiesen und Weiden emporschweben in den Regenhimmel der Elbaue. Was ist schon „Lionel Hampton" auf dem Vibraphon gegen Klaus und Pfifferling mit Meißel auf „Opel-Olympia-Rückbank-Federn"?

Am Abend berichtet ein Treibkahn-Schiffer in einer Lauenburger Hafenkneipe, daß er in Höhe von Tangermünde ein absonderliches Erlebnis gehabt hätte. Mitten im strömenden Regen sei aus den Elbwiesen lauter Gesang zu ihm gedrungen, untermalt von einer ungewöhnlichen, fremdartigen, aber nicht unangenehmen Instrumentalbegleitung. Einige Verse habe er verstanden:

Auf der Kirchhof-Schwelle
sitzt 'ne Jazz-Kapelle
und sie hottet immer „Paanaamaa".

Und der Präsident
jazzt im Unterhemd
nach der Melodie in „Paanaamaa"!

(Originaltitel:
Schönes Wetter heute
und so nette Leute.)

… und kurz danach …

Heut' ist Neger-Jazz
auf dem Alexanderplatz.
Alle Neger sind schon da,
sie komm' aus USA.

Jazz im Krüppelheim,
und alles tanzt auf einem Bein,
Holz auf Holz, das klingt so gut,
wenn man jazzen tut!
(Originaltitel:
Heut' ist Spatzen-Konzert,
die Polizei den Saal schon sperrt.)

Durch die letzten Zeilen dann doch etwas befremdet, habe er sich wieder seinem Abendessen zugewandt. Die Lauenburger schütteln die Köpfe, was man ihnen schließlich nicht verdenken kann. Nie werden sie erfahren, wer bei Tangermünde die Regen-Lieder sang.

Wer soll ihnen die Geschichte auch erzählen vom „Opel-Olympia-Autodach-Blues"?

***

Natürlich geht diese Geschichte weiter. Natürlich erfolgt, wenn auch mit etwas Verzögerung, der Stapellauf. Helmut Pfifferling behauptete später, dieser Sommer sei der schönste Lebensabschnitt gewesen, den er zusammen mit Klaus in kindlich-jugendlicher Unbeschwertheit erleben durfte. Und das alles begründet auf die Existenz eines alten Autodachs.

Die beiden sind nun völlig autark. Nicht mehr auf die Gunst anderer Dachbesitzer angewiesen, durch begrenzte Fahrzeit-Genehmigungen in ihrem Tatendrang eingeschränkt. Beliebig kann der Aktionsradius je nach Lust und Laune ausgedehnt werden.

Offen und weit liegt die Wasserwelt der zahllosen Racks, Stacks, alten Elbarme und Löcher vor ihnen ausgebreitet, bereit, ihre Geheimnisse den Mitgliedern des selbsternannten Expeditionskorps zu offenbaren.

Als äußerst tauglich erweist sich das Gefährt. Die Wassertiefe ist nie ein Problem. Da, wo jeder Kahn steckenbleiben würde, gleiten wir flachbordig, plattkielig-leicht über die Flut. Schlingpflanzen, Seerosen-Teppiche und heimtückische Schlammbänke sind kein Hindernis. Ein Brett, über die Ränder gelegt, ist unser Sitz, während wir die kleinen, selbstgefertigten Ruder handhaben. Ist ein

Gewässer erforscht, ziehen wir das Fahrzeug nur ein Stück durchs Gras, und schon öffnet sich die Weite einer neuen, unbekannten Lagune. Wieder auf dem Wasser, verharrt die Mannschaft andächtig und hält Umschau, begierig Stille und Unberührtheit aufnehmend. Hier ist noch nie eine Russenhandgranate explodiert. Hier sind nur wir und vielleicht noch der warme Juniwind, der uns über das Wasser schiebt, begleitet vom Flapp-flapp, Schlapp-schlapp der kleinen Wellen am Bord.

Und weiter paddeln wir, weiter nach da ganz hinten, wo das Sonnenlicht einen blendenden Schein auf das Wasser zaubert, mittenhinein und mittenhindurch. Sind die beiden kleinen, braunen Gestalten dann hinter der Sonne angekommen, gibt es da eine Sandbank, und die Blech-Gondel wird – schurch-zisch – aufs Trockene gezogen. Hier erhält die Crew Ausgang, springt ins klare Wasser oder angelt stets mit gutem Erfolg in einer kleinen tiefen Bucht.

Immer sind lange Ruhepausen im heißen Sand dabei, und wenn Helmut Pfifferling auf dem Rücken liegend zu den weißen Wolken hochguckt, kann er deutlich sehen, wie die Erde sich unter dem Himmel weiterdreht. Nachdem Klaus diese Beobachtung bestätigt hat, ist es wieder ganz still, die Selbstvergessenheit erscheint in eigener Person und errichtet

auf der Sandbank bereitwillig
um Klaus und Pfifferling
herum – den Mittelpunkt
der Welt …

Jäh meldet sich die Wirklichkeit zurück, bricht in das selbstgeschaffene Exil unseres idyllischen Sommer-Paradieses ein .

Die Frühkartoffelernte hat begonnen. Klaus und Helmut Pfifferling stellen sich den Notwendigkeiten der Zeit und melden sich zur Sklavenarbeit auf den Feldern, reihen sich in die große Zahl der Stoppler und Sammler ein. Kartoffeln, Getreide, Erbsen, Mohn, aber auch Beeren, Pilze und spät im Jahr noch die Zuckerrüben reifen nacheinander, stehen im Mittelpunkt zahlloser Fahrten und Aktionen.

Vergessen und einsam ruht unser Autodach mit einem Kabel gesichert an unzugänglicher Stelle auf dem Grund eines Gewässers. Nach dem Hochwasser finden wir es nicht mehr wieder. Die gewaltigen Fluten vom Frühjahr 1947 haben es losgerissen, weggeschwemmt und irgendwo zwischen Seerosenwurzeln in Sand und Schlamm gebettet. Dort ruht es aus und dämmert nun seinem endgültigen Verfall entgegen.

Nur manchmal, wenn das Licht eines hellen Sommertages bis zum Grund dringt, regt sich im schwindenden Bewußtsein seiner rostenden Veteranenseele ein schwaches Erinnern an jene seligen Tage, als es, gesteuert von den beiden

Roonstraßen-Kapitänen, im warmen Wind und hellen Sonnenschein über das glitzernde Wasser gleiten durfte.

Früher einmal – vor langer, langer Zeit.

Auf der Stoppel

„Stupula“ heißt lateinisch der Strohhalm. Nach diesem greifen die Menschen in der Nachkriegszeit buchstäblich. Früher trieb man die Gänse über die abgeernteten Felder, um die Restkörner aufzusammeln und in blühendes Fett zu verwandeln. Heute sind es die Tangermünder selbst, die Nachlese halten. Das bezieht sich auf alle möglichen Feldfrüchte, und fett wird dabei keiner. Es sind der Hunger und die Erfahrungen des letzten Winters, welche uns mit vielen anderen jeden Tag ausschwärmen lassen, begierig nach vielversprechenden Stoppel-Gründen Ausschau haltend.

Betreten darf man ein solches Feld erst dann, wenn der Bauer es „freigegeben“ hat. Oft spricht es sich blitzschnell herum, wo die Schlußphase der Ernte unmittelbar bevorsteht. Dann umstehen viele hundert Menschen das Feld. Das Warten lohnt sich unbedingt, dann gehört man zur ersten „Welle“. Später, wenn das Feld von den eifrigen Stopplern fünfmal umgebuddelt oder mit scharfem Blick die letzte Ähre erspäht worden war, ist die Aussicht auf Erfolg gering. Also warten und den Bauern zugucken.

Geerntet wird ausschließlich mit Pferde- und Menschenkraft. Bei den Kartoffeln wird die Furche einfach aufgepflügt, und die Knollen werden von Hand in Körbe gelesen. Manchmal sehen wir auch ein „Rode-Gerät“. Das ist ein sich drehendes offenspeichiges Rad, das in den Boden gesenkt wird und die Kartoffeln an die Oberfläche schleudert. Wir sehen diese „Ernte-Technik“ nicht gern. Sie ist zu gründlich. Wenn der Acker mit der Hacke abgeerntet wird, kann man nicht warten, das dauert tagelang.

Beim Getreide gibt es schon „Selbstbinder“. Die schneiden das Korn und spucken hinten fertige Garben aus. Das geht aber nur, wenn der Bauer Bindegarn hat. Da das häufig nicht der Fall ist, mäht zwar eine Mähmaschine vor, aber die Frauen und andere Helfer müssen mit einem Halmbündel Garben binden und dann in „Mandeln“ zusammenstellen. Jetzt wird das Feld noch einmal abgerecht, bei den Kartoffeln nachgeeggt, und nun erst kommt die Stunde des „Stopplers“.

Das ist ein neuer Typus Mensch, den die Nachkriegszeit erschaffen hat. Er tritt häufig in Massen auf und bevölkert Feld und Flur. Seine Grundhaltung ist ein gebogener Rücken, das zeigt an, daß er sich mit am Boden liegenden Objekten beschäftigt. Zu seiner Ausrüstung gehört ein Rucksack, aus welchem der Stiel einer Kartoffelhacke als Dauergepäck ragt. Außerdem schleppt er ständig noch Säcke und Eimer mit, weil er auch mit außergewöhnlichen Nachlese-Erfolgen rechnet. Häufig verleiht ihm das Fahrrad eine gewisse Mobilität. Er ist gewitzt und hat eine untrügliche Nase für „Gelegenheiten". Dann, so wird berichtet, neigt er auch zu rücksichtslosem Felddiebstahl. Meistens aber bleibt er „ehrlich".

Die Hacke ist der Stolz des Stopplers. Er benutzt meist ein Vorkriegsmodell. Es gibt zwar im Kaufhaus „Gehl" auch neue zu kaufen, aber das ist Schund. Sie haben die fatale Neigung, mitten im heißesten „Kartoffel-Run" zu zerbrechen, weil das Material aus minderwertigem Druckguß besteht.

Der erfahrene Stoppler frequentiert zuerst die Ackerränder. Hier hat der Pflug im hartgebackenen Sommerboden häufig nicht richtig gepackt. Pferde sind kein Traktor. Manchmal weist auch ein Krautstrunk auf die Fundstelle hin, dann muß der Stoppler schnell sein, und drei oder fünf Kartoffeln auf einmal sind der Lohn. Dann durchströmt ihn ein starkes Glücksgefühl, motiviert ihn frisch, gibt seinen Armen Kraft und Ausdauer und befähigt ihn zudem, die stechenden Schmerzen in seinem Rücken zu ignorieren. Ihm zur Seite liegt ein Sack, in welchem die Beute geborgen wird. Ist der Kartoffel-Aktivist seinem Sack zu weit voraus, kann es sein, daß letzterer weg ist. Wird ein Eimer benutzt, kann in gleicher Situation durch Aufhebung der Naturgesetze der Inhalt ständig abnehmen. Wahrscheinlicher ist jedoch, daß andere Kartoffelfreunde einen heimlichen Griff getan haben.

Einen unerwarteten Nebeneffekt haben die warmen Strahlen der Sommersonne. Bandscheiben- und rheumageschädigte Stoppler fühlen sich wohlig durchsieselt. Die etwas krampfigen Bewegungen verschwinden, und manchmal kehrt etwas von der früheren jugendlichen Frische und Beweglichkeit zurück.

Ein Stoppler kommt zwar nicht aufrecht, aber mit erheblichem Selbstwertgefühl abends die Straße herunter. Der gefüllte Kartoffelsack beweist sein Beschaffer-Talent, seine Geschicklichkeit und seine Spürnase. Hat der Sack zu gleichmäßige große Beulen, steht fest, daß der Besitzer den Inhalt geklaut hat. Doch das ist dem Stoppler egal. Je mehr Kartoffeln „beschafft" werden, desto später muß man auf die reguläre Zuteilung zurückgreifen. Manchmal ragen aus einem Zusatzbeutel auch noch Mohrrübenkraut oder Kohlrabiblätter. Die kann man ruhig zur Schau stellen. Dann hat das Gut „Vinzelberg" im Dorf Heeren Gemüse verkauft, ohne Marken natürlich. Jetzt ist das Glück des Stopplers vollkommen.

Wenn ein Stoppler nach Hause kommt, muß er sich gründlich waschen. Ein Kartoffelacker, auf dem hundert Leute den märkischen Sand lockern, ist immer auch eine Poren schließende Stauborgie. Daß der Stoppler während der Säuberung nicht einschläft, liegt daran, daß er an die zehn bis zwanzig (je nach Größe) Pellkartoffeln denkt, die er gleich essen darf. Wenn die „Dekade“ noch nicht aufgebraucht ist, gibt es ein winziges Stück bröckeliges Rapsfett dazu, ansonsten nur Salz. Die Kartoffeln schmecken auch so wie himmlischer Nektar. Besonders begehrt sind mehlige Kartoffeln, sie sättigen eher und haben mehr „Kalorien“ als die festkochenden, wässerigen Sorten. Bei den ersteren wird die Eßgeschwindigkeit stark herabgesetzt. Nach der vierten Kartoffel ist die Speiseröhre zugemampft, und der Esser leidet unter akuten Schluckbeschwerden. Hier hilft eine Tasse heißen „Linde's“-Malzkaffees. Die Kartoffelmehl-Pampe rutscht gefügig in den Magen, entfaltet hier ihre volle Quellfähigkeit und vermittelt das erstrebte Masse-Völlegefühl.

Je weiter man sich von Tangermünde entfernt, desto größer die Aussicht auf einen angemessenen Stoppel-Erfolg. Da heißt es in die Pedale treten und unermüdlich durch die Sandwege des Altmärkischen Bodens zu mülmen. Helmut Pfifferling und Bruder Gerhard werden in der Gegend von Bellingen-Hüselitz fündig. Kein Wunder, der Acker liegt auf einem Hügel und ist von der Straße nicht einsehbar, weil an drei Seiten von Wald umgeben. Die beiden Hackwilligen erkennen sofort die Jungfräulichkeit des Objekts. Der Acker zeigt noch die Spuren des Eggens, nicht jene Maulwurfshügellandschaft, welche die Stoppler hinterlassen. Nun muß sich noch erweisen, daß neben der Unberührtheit auch noch Kartoffeln vorhanden sind. Schon erste Versuche verheißen ungeahnten Erfolg, und zu allem Überfluß schließt am hinteren Ackerrand ein Kohlrübenfeld (Steckrüben) an.

Kurzerhand überfällt eine heimtückische Krankheit die Familie. Die Schule wird davon in Kenntnis gesetzt, und die beiden siechen Schüler buddeln in fünftägigem Arbeitseinsatz den gesamten Acker um. Dabei planen sie generalstabsmäßig. Ein Aluminium-Kochtopf sowie Wasser in zwei Feldflaschen sind zur Hand. Mittags gibt es auf dem Acker Pellkartoffeln und als Zubrot rohe Kohlrübe. Das muß bis zum Abend vorhalten. Natürlich haben wir um vier Uhr wieder Hunger bis unter die Arme. Um die Tagesausbeute vorzeigefähig zu halten, vergreifen wir uns nicht mehr an den Stoppelkartoffeln. Der Erhaltungsgrad der Saatkartoffeln ist in dem trockenen Sandboden vorzüglich. Sie sind zwar nicht mehr lagerfähig, aber als Vespermahlzeit roh genossen, helfen sie uns leidlich, die Zeit bis zum Abendessen zu überbrücken. Gerhard frißt unglaubliche Mengen davon. Eigentlich kaut er, von den kurzen Besuchen im Kiefernwald abgesehen, ununterbrochen.

Wer auf dem Fahrrad eine Zusatzlast transportieren möchte, die schwerer ist als er selber, bekommt Probleme. Keiner von den gängigen Gepäckträgern ist für die Aufnahme von einem Zentner Kartoffeln konstruiert. Wer trotzdem den

Versuch macht, sein „Zweirad“ so einseitig zu beladen, mußt mit dem Schwingungs-Syndrom rechnen. Sobald nämlich der Zentner auf dem Träger liegt, gerät dieser in Schwingungen, welche in ein wildes Wackeln übergehen. Das Fahrrad möchte gerne mitmachen und wackelt mit. Da die beiden sich nicht einigen können, schwingen sie in unterschiedlichen Frequenzen. Solange das Fahrrad geschoben wird, ist die Fahrtrichtung noch kontrollierbar. Wer ein solches „Swing-Veloziped“ zusätzlich jedoch besteigen möchte, muß Mitglied in der Nationalmannschaft der Kunstfahrer sein oder sein Körpergewicht als Schwingungs-Konter einsetzen können. Helmut Pfifferling besitzt beides nicht, und so muß er am ersten Abend schon mal die Ausroll-Möglichkeit der märkischen Landstraßen nutzen (Straßengraben). Am nächsten Abend verbleibt nur ein halber Zentner auf dem Gepäckträger, der andere kommt, locker gebeutelt, über die Lenkstange. Wenn es dem Fahrer gelingt, aufzusteigen, braucht er meistens bis zu Hause nicht mehr abzusteigen. Wer kein Wagnis eingehen möchte, legt den Sack einfach in der Mitte des Rahmens über das Kettenrad und schiebt die zehn Kilometer zurück. Diese Methode wird jedoch nur von risikoscheuen Stopplern angewandt. Auf die eine oder andere Weise bringen wir jeden Abend zwei Zentner Erntegut in den Keller. Daß der Inhalt der Kartoffelsäcke dabei häufig mit Kohlrüben durchsetzt ist, bildet einen nicht unwillkommenen Nebeneffekt.

In den Sagen vom „Rübezahl“ waren es immer die armen Leute, die „Ährenlesen“ gingen und denen ich mein kindliches Mitleid schenkte. Ehe wir uns versehen, befinden wir uns selbst in dieser Rolle, und der soziale Abstieg der Familie Grüttner ist eingeleitet. Doch das Minderwertigkeitsgefühl bleibt nicht lange. Auf den Feldern sieht man sich in bester Gesellschaft. Alle Welt geht Ährenlesen. Keiner findet etwas dabei, und wenn wir im Louvre schon Millets romantisch überhöhtes Gemälde von den „Ährenleserinnen“ besichtigt hätten, wären wir völlig über die Situation erhaben gewesen. So aber bleibt der allgegenwärtige Dauerhunger unsere Hauptmotivation.

Trotzdem ist Ährenlesen furchtbar langweilig. Da schlurcht man känguruhgleich mit umgebundenem Sammelbeutel durch die Stoppeln, und selbst wenn man eine Stunde lang Ähren hineingesteckt hat, ist eine Gewichtszunahme kaum wahrnehmbar. Eine Kartoffel, ja, die gibt etwas her, und man kann sie abends essen. Aber Ähren? Wir arbeiten darum mit der Ähren-Leser-Selbst-Täuschung. Man sammelt in der linken Hand einen Ährenstrauß. Wenn man ihn nicht mehr umfassen kann, werden die Halme abgeschnitten, und die Ähren kommen in den Beutel. Jetzt ist jeder Fortschritt fühlbar. Über allem brütet die Sommersonne auf die abgeernteten Felder und läßt unsere Nachsuche zu einer sehr schweißtreibenden Angelegenheit werden.

Nur alle Stunde einen Schluck aus Muddis Feldflasche und die Aussicht, abends in die Elbe springen zu können, machen diese Stunden, Tage und Wochen erträglich.

Wenn Wind ist, wird auf dem Grasstreifen an der Jordanstraße gedroschen. Der Drescher klopft den Sack mit den Roggen- oder Weizenähren so lange, bis dieser sich weich und nachgiebig anfühlt und beim Hochheben in einer Ecke die Körner ertastbar sind. Dann schüttet man den Inhalt aus einem Meter Höhe auf ein ausgebreitetes Bettuch. Die Körner fallen herunter, die Spelzen und leeren Ähren trägt der Wind fort. Noch etwas mit der Hand verlesen, und fertig ist der „Drusch". Bei Hafer und Gerste ist das nicht so einfach. Die Spelzen sind fest mit dem einzelnen Korn verbunden. Sie können erst nach dem Mahlen entfernt werden. Doch das klappt nie so richtig, und darum bedeuten Gerichte aus diesen beiden Getreidearten bei den Mahlzeiten eine unangenehme Zusatzspuckerei.

Alle Kaffeemühlen kommen in diesen Tagen hoch zu Ehren. Die meisten von ihnen standen seit 1939 unbenutzt im Schrank, denn Kaffee gab es kaum noch. Jetzt werden die Geräte zu Getreidemühlen umfunktioniert. Vorsicht ist geboten. Das zweckentfremdete Maschinchen muß immer intakt bleiben. Ein getrocknetes Getreidekorn jedoch ist eisenhart, also darf nur grob „geschrotet" werden. Muddi bereitet aus dem Produkt entweder eine Wassersuppe oder Dörrfladen, deren fader Geschmack mit unseren dürftigen Möglichkeiten kaum zu beeinflussen war. Heute kann man solcherlei Vogelfutter nur im Reformhaus kaufen; es heißt dann jedoch „Vollwert-Kost" und muß nebst Waagen- und Mühlenzubehör teuer bezahlt werden. Vielleicht wäre es für die Bevölkerung tröstlich gewesen zu wissen, über welche ernährungsphysiologisch hochwertige Nahrung sie täglich verfügen konnte.

Manche der Stoppler versuchen, einen Teil des mühevollen Prozesses mit unlauteren Mitteln zu unterlaufen und abzukürzen. Wie der Hamster „Schwell-Backe", welcher im Raum Langensalzwedel mit der Einbringung der Wintervorräte beschäftigt war, glaubhaft machen konnte, erschienen nächtens auf einem noch mit Getreide-Mandeln bestandenen Feld mehrere dunkle Gestalten. Sie hätten keine Sammelbeutel mitgebracht, sondern nur Fahrräder und Bettlaken. Nachdem sie letztere ausgebreitet hatten, wurden die Fahrräder umgedreht daraufgestellt, und die Mannschaft begann nun, arbeitsteilig vorzugehen. Hierbei wurde das sogenannte Ersatz-Dreschverfahren angewandt. Einer kurbelte von Hand die Pedalen, und ein anderer hielt vorsichtig eine „Garbe" in das sich drehende Hinterrad. Wie „Schwellbacke" weiter versichert, wäre die Gruppe bereits nach einer Stunde mit gefüllten Bettlaken, unter Nichtbeachtung der Verkehrsvorschriften, querfeldein abgezogen.

Wegen solcher und ähnlicher Vorkommnisse ist das Betreten der Feldflur bei Nacht strikt verboten, völlig zu Recht, wenn man bedenkt, daß einige Bauern im

Licht der Morgensonne nur noch eine leere Kuhhaut mit Kopf und Beinen auf der Weide vorgefunden hatten. Eine findige „Verbraucher-Organisation" war mit Hilfe der verbotenen „Wiesen-Schlachtung" erfolgreich um eine Aufbesserung der spärlichen Fleischzuteilungen bemüht gewesen.

Waldhimbeeren und Holzklappern Zurückerrüben und Braunkoppen

Frisches Obst bleibt für unsere Familie bis 1948 absolute Mangelware. Apfelsinen gab es mal 1940/41, und von Bananen wissen viele Kinder nur, daß die Schale gelb ist. Aber auch einheimische Früchte sind kaum verfügbar. Obwohl sich hinter den meisten Häusern große Gärten mit schönem alten Obstbaumbestand befinden, gibt es nichts zu kaufen. Wer keine Beziehungen hat, geht leer aus. Außerdem brauchen die Menschen in diesen Zeiten ihre Obsternten selber. Es wird „eingemacht", Dosen und Gläser werden gefüllt.

Lediglich der Obstbauer „Kolasius" ist bereit, sich an bessere Tage und unsere Familie zu erinnern. Sein Anwesen liegt an dem schwarzen Schlackenweg, der von Hämerten nach Storkau führt, unweit der Eisenbahnbrücke. In der Reifezeit klopfen wir mal bescheiden an und dürfen gegen ein paar schnöde Reichsmark einen Rucksack, gefüllt mit köstlichen „Gold-Parmänen" oder der „Guten Luise", nach Hause nehmen. Welch ein Fest! Gott segne den guten Mann.

Selbstverständlich gibt es noch die Chausseen, die in der Altmark fast immer mit Obstbäumen, meist Äpfel und Pflaumen, bestanden sind. Aber sie sind in festen Händen, auch einzeln verpachtet, werden beobachtet und reifen spät. Mal einen Knüppel hinaufgeschmissen, gelegentlich Fallobst, das ist alles halber Kram. Manche fahren in die „Letzlinger Heide" zum Heidelbeerensuchen. Aber dorthin bewegen sich ganze Legionen von Pflückern, und wenn man die Stellen nicht kennt, ist die Bahnfahrt umsonst.

Aber Helmut Pfifferling und Freund Klaus Garz sind nicht ohne weiteres bereit, sich dem Obst-Notstand zu beugen. So ganz zweckfrei sind ihre Stromer-Streifzüge in das Umland ja nie. Längst besitzen die beiden Zwölfjährigen den zeitgemäßen Organisationsblick, der jede Gegebenheit scharfäugig auf Brauchbarkeit und Ergiebigkeit abtastet. Natürlich wissen sie auch, wo die Früchte des Waldes reifen, und sie wissen noch mehr. Brombeeren? – Das ist viel zu früh im Jahr. Aber Himbeeren? Es gibt da eine Stelle ... Hinter Staffelde, noch an der Abzweigung Arnim vorbei, im Stendaler Forst. Dort begünstigen die äußeren Umstände die Erfolgsaussichten.

Dort ist nämlich ein alter Schießstand, und der ist von den Russen übernommen worden, und die schießen unaufhörlich aus allen Knopflöchern, mit jedem Kaliber, manchmal auch mit Granatwerfern (Mörser), und dann fliegt so eine Granate schon mal über das vorgesehene Gelände hinaus und krepiert im Wald.

Und das ist unser Glück. Denn vor dieser geballten Abschreck-Barriere aus Russen und den dazugehörigen Granaten kapitulieren die Pflücker-Interessenten allesamt. Die Frauen wegen der Russen, die manchmal im Wald umherlaufen, die anderen wegen der Granaten. Pfifferling und Klaus gehören jedoch nicht zu den Durchschnittspflückern. Die Aussicht, in einem „unberührten" Himbeerareal zu ernten, wischt alle Bedenken beiseite. Es gibt da nur ein Handikap: Fahrräder können nicht benutzt werden. Auch wegen der Russen. Wenn sie wollen, geraten die häufig noch einmal in verspätete Siegerlaune, und dann ist der Drahtesel futsch.

Schon um 14 Uhr stehen die beiden Fußgänger auf der Höhe des Weinberges und blicken furchtlos nach Nordwesten. Dort hinten im Sonnendunst liegen die Himbeergründe, in zehn Kilometern Entfernung, die man abends auch wieder zurück muß. Ha, uns schreckt heute nichts. Wir sind leichtgewichtig, barfüßig-leichtfüßig und leichtgepäckig. Jeder hat nur zwei Alu-Wehrmachts-Kochgeschirre in der einen Hand und die „Klappern" in der anderen. Die Kochgeschirre sind für die Himbeeren und die Klappern für die Fußsohlen. Eigentlich verschmähen wir im Sommer jede Art von Fußbekleidung. Eine fingerdicke Hornhaut schützt unsere „Laufflächen". Stoppelfelder sind kein Thema, frischgemähte Wiesen eher problematisch wegen der Distel- und Brennessel-Strünke. Wer jedoch den Stoppel-Wiesen-Gleit-Schritt beherrscht, hat keine Schwierigkeiten. Wir gehören dazu.

Ach so! – Sie wissen noch nicht, was „Klappern" sind? Ja, eigentlich die hölzerne Sohle einer „Holzpantine". Findige Köpfe sägen solch ein Teil in Ballenhöhe durch und nageln ein Stück Leder oder Autoschlauch über den Spalt. Jetzt ist das Vorderteil beweglich und klappert beim Gehen. Irgend eine abenteuerliche Kreuzberiemung aus Leinen oder (wer hat) Leder gibt dem Monstrum ein sandalenähnliches Aussehen. Wenn die Kinder morgens in die Schule gehen, klappert es wie auf der Hauptstraße von Tokio.

Doch wir sind nicht in Tokio, sondern in Tangermünde auf dem Weinberg. Die lange, leicht abfallende Chaussee nach Hämerten beschwingt und beschleunigt die Schritte. Das leichte Bedauern über die aufgezwungene Fahrradlosigkeit muß weg. Wozu haben wir unsere Muskeln? Die Schrittfrequenz steigert sich. Nicht, daß die Äppelbäume zum Lattenzaun werden, aber viel Zeit zum Anschauen haben wir nicht. Auf dem Wegstück zwischen Hämerten und Staffelde erreichen wir Höchstgeschwindigkeit. Erstaunt machen sich Pfifferling und

Klaus darauf aufmerksam, daß sich Ackerfurchen und Felderreihen vorbeidrehen, wie beim Blick aus einem Zugfenster. „Ein Luzerne-Feld fliegt vorbei“, kommentiert Klaus lakonisch. Wir müssen fürchterlich lachen und beschleunigen womöglich noch um eine Kleinigkeit. Freude an der eigenen Bewegung, Freude, daß unser Körper so funktioniert, daß wir eigentlich nicht ermüden und eigentlich kein Fahrrad brauchen. Die Kirchturmuhr von Staffelde schlägt drei. Das Dorf liegt schon hinter uns. Das soll den Ostzonen-Mergelkörpern erstmal einer nachmachen. Acht Kilometer in einer Stunde. Und dann sind wir am Ziel.

Ein Blick links und rechts, rüber übern Graben und rin inne Himbeeren. Auf einer winzigen freien Stelle sinken Klaus und Pfifferling auf den Waldboden. Der Geschwindschritt der letzten Stunde fordert nun doch seinen Tribut. Die Himbeer-Beschaffungsgruppe ist leicht erhitzt und muß verschnaufen, Luft holen, tief einatmen ... Mann – ist das ein Duft. Wenn jemals ein Sommerwald nach Wald gerochen hat, dann hier. Die durch den Beschuß zersplitterten Kiefernstämme verströmen einen überwältigenden Harzgeruch. Kein Wunder, es ist Juli, die Bäume stehen in vollem Saft, und ihr Herzblut fließt auf die Erde. Über allem aber liegt das süße Aroma von Millionen reifer Himbeeren und vermischt sich mit dem Hauch Pulverdampf, der zweifelsfrei auch anwesend ist. „Tief durchatmen“, sagt Klaus, „das reinigt das Gehirn!“ Da macht es vom Schießstand her: Dorrrrrroooong, Dorrrrroooong und gleich danach Wutsch-Bonnng, Wutsch-Bonnnng. Die „Iwans“ haben die Kaffeepause beendet.

„Los, auf!“ sprach der Fuchs zum Hasen. „Hörst du nicht den Jäger blasen?“ – „Wozu sind wir hergekommen?“ Sagen‘s – und verschwinden in den Ranken. Jetzt haben sie die „Klappern“ an den Füßen wegen der Holz- und Granatsplitter und die Kochgeschirre am Hosenbund, damit die Hände frei sind. Himbeeren soviel und so weit man sehen kann. Zwei Schritte vor, dann kann man erst mal stehen bleiben und pflücken, aber nur die Großen und Reifen in Greifnähe. Manchmal kann man sich setzen und unten weiterpflücken, das dauert auch einige Minuten. Schulter an Schulter drängen sich Klaus und Pfifferling durch die Büsche. Keiner braucht Sorge zu haben, dem anderen etwas wegzunehmen. Das Angebot ist unermeßlich.

Aber die begehrte Waldfrucht hat einen hinterhältigen Charakter. Ihre Neigung, nach dem Gepflücktsein vor lauter Bescheidenheit unaufhörlich in sich selbst zusammenzufallen, läßt jeden Pflücker verzweifeln. Durch die Baumelbewegung des Behälters werden die „Früchtchen“ immer aufs neue zusammen-gestuckt. Der Erfolgspegel im Kochgeschirr steigt nur unmerklich, und jeder Prüfblick stürzt in neue Hoffnungslosigkeit. Nur der Pflückerstolz, zu Hause zwei Kilo der duftenden Waldbeute vorweisen zu können, läßt durchhalten.

Längst haben die Russen aufgehört zu schießen. Es ist später Nachmittag.

Pfifferling und Klaus treten aus dem Wald. Himbeeren haben zwar keine richtigen Dornen, trotzdem sind Arme und Beine zerschrammt und von Insekten zerstochen. Aber die vier Kochgeschirre sind randvoll und die Deckel draufgeklemmt. Die zwei Waldläufer richten den Blick nach Osten und nehmen den Weg unter die Füße. Es dauert zwei Stunden, ehe sie in der Roonstraße um die Ecke biegen. Sie liefern die Tagesarbeit ab, nehmen die Ovationen entgegen und kriegen 'ne dicke „Vater-Stulle“ auf die Faust. Dann sitzen sie aufm Tritt und kauen. Hinter ihnen in den Küchen beginnt die Aktion „Wurmtod“, denn neben den 6.384 Himbeeren haben die beiden auch 6.384 kleine weiße Würmer mitgebracht. Diese hatten sich zwar vorsichtshalber auf Sohle acht in der Nähe des Gefäßbodens zurückgezogen, aber beim Umschütten in eine Schüssel wird ihre Existenz doch offenkundig. Vielfach werden die Himbeeren umgeschüttet, bis sie scheinbar „wurmfrei“ sind. Dann muß es gut sein, sonst ist es nur noch Matsche.

Draußen werden Klaus und Pfifferling von anderen Pflück-Interessenten bestürmt, denn der Erfolg ist bekanntgeworden. Die zwei aber sind erstens müde und zweitens nicht bereit, ihr Geheimnis preiszugeben. Ihr Entschluß steht fest. Sie werden in den nächsten Tagen noch mehrmals aufbrechen, klappernbewehrt, kochgeschirrbestückt im neuentdeckten Staffelder Eilwanderschritt ihre Jagdgründe aufsuchen und umgeben vom Himbeer-Russenpulver-Harzduft des Sommerwaldes ihr Glück suchen …

***

In unserer Kindersprache heißen sie „Braunkoppen“, und jeder Pilzsammler wird uns verstehen. Gemeint ist der Maronenröhrling (Bolétus bádius. Fr.) und vor allem seine Abart (var. spadiceus Schaeff.), der samtige Maronenröhrling. Wenn wir von einer Pilz-Pirsch auch die mannigfaltigsten Arten mit nach Hause bringen, so bilden die „Maronen“ doch das Gros. Sie sind die schmackhaftesten Massenpilze, die wir kennen, nicht zu Unrecht, denn sie sind Vettern des Steinpilzes.

Die „Pilz-Tradition“ wurde in unserer Familie bereits in der Antike begründet, gemeint ist jene Zeit, da der Wald-Segen in Schlesien und Thüringen mit der Sense geerntet wurde – wenn man den schwärmerischen Überlieferungen Glauben schenken darf. Bereits im zarten Kindesalter, kaum des Laufens fähig, bekommen Bruder Gerhard und ich im niederrheinischen Grenzwald die ersten Exemplare unter die Nase gehalten, denn mein Familien-Spitzname „Pfifferling“ kommt nicht von ungefähr.

Eigentlich haben wir immer Erfolg. Aus Fischbeck oder Staffelde zurückkehrend, kann stets eine Tasche voll vorgewiesen werden. Daß ich dann doch noch Triumph und Wonne echter Riesenernten erleben durfte, verdanke ich den Herbstmonaten der Jahre 1946 und 1947 sowie unserem Nachbarn Otto Witaszak, dem Vater meiner Spielgefährtinnen Ilse und Edith. Er ist in der Altmark aufgewachsen und kennt sich aus.

Die Oktobersonne, die vor uns aufgeht, wärmt noch nicht richtig, da sind wir schon hinter Schönhausen. Hier bin ich noch nie gewesen. Wir fahren auf einer tiefsandigen, unglaublich breit ausgefahrenen „Feldstraße" nach Osten, wo sich in der Ferne ein dunkler Waldstreifen abzeichnet. Dort liegt „Schönhauserdamm". Nördlich gibt es noch „Höhengöhrenerdamm" und südlich „Wusterdamm". Der „Damm", das ist der Uferhang des alten Elbe-Urstromtals, und oben auf dem Damm beginnt der Wald – und was für ein Wald! Es ist ein zusammenhängendes Gebiet, etwa 30 Kilometer lang und zwischen zehn und 20 Kilometer tief, auf einer Art sandiger Hochfläche zwischen Havel und Elbe gelegen, wohlgeeignet, auch die größten Gierschlünde unter den Pilzsuchern zufriedenzustellen.

Der echte Pilzfreund verrät seine „Stellen" nicht. In Niederbayern werden die „Schwammerl-Gründe" als Familienvermögen an die nächste Generation weitergereicht, und auch Ströme von „Graf-Arco-von-Moos-Bräu", unterstützt von reichhaltigen Branntwein-Gaben, konnten den „Schwammerl-König" nicht zur Preisgabe seiner Fundstellen im „Woid" veranlassen.

Daß ich mich im Gefolge von Vater Witaszak befinde, ist eine große Auszeichnung. Damit verbunden jedoch ist das Versprechen, Freunden und Kameraden gegenüber Stillschweigen zu bewahren, keine heimlichen Exkursionen zu unternehmen. Gerne hätte ich einmal Freund Klaus an den Wundern dieses „Pilzwaldes" teilhaben lassen, aber es bleibt dabei. Nur Mitglieder der Hausgemeinschaft Roonstraße 44 sind zugelassen.

Wir schieben eine sandige Steigung hinauf und fahren in den Wald hinein, immer weiter, immer tiefer, überqueren Schneisen, die in die Waldferne hineinlaufen, dann Gabelungen, Abzweigungen, die Wagenspuren sind nicht mehr befahren, die Vorjahresnadeln liegen darauf, die Kanten sind moosbewachsen. Ein paarmal bin ich versucht, abzusteigen, es hätte sich schon gelohnt. Aber Vater Witaszak spurt weiter, er hat den Dauer-Wälder-Tritt in der Pedale. Dann einen Weg hinein, der nicht erkennbar war und nach hundert Metern aufhört. Absteigen, strecken, ein paar Schritte gehen. Erst mal „eine durchziehen" lacht unser Anführer, damit meint er eine kleine Pfeife Tabak. Nachdem das Streichholz gezischt hat, ist es einige Minuten ganz still, und die blauen Schleierchen des Tabakqualms, der langsam durch die Stämme fortschwebt, sind die einzige Bewegung.

Dann ist der Pilz-Andachts-Augenblick vorbei, und die „Kollekte" steht an. Es geht los, endlich.

Pilzsucher, die sich gegenseitig auf die Füße treten, finden bald harsche Worte füreinander. Helmut Pfifferling wartet taktvoll, bis Vater Witaszak sich mit Tochter Ilse als Flankendeckung in Bewegung setzt, macht sodann Kehrtwendung und pirscht in entgegengesetzter Richtung davon. Jetzt gilt's, jetzt muß der Pilzblick her. „Braunkoppen" haben 'ne erstklassige Tarnfarbe. Anfänger latschen glatt an zwanzig Exemplaren vorbei. Nein – so nicht. Pfifferling hat stattdessen vor seinem inneren Auge so eine Art Gesamt-Schau-Erinnerungsbild aufgeklappt. Reizeindruck = Brauner Hut auf Nadelteppich mit Moos-Variante. Die Augen sind stets starr auf einen unsichtbaren Punkt fünf Meter voraus gerichtet. Da!! – Reizfaktor ist in Blickfeld erschienen. Pilz-Alarm-Blitz zuckt über Auge in Gehirn. Stehenbleiben, Regel beherzigen. „Wo einer steht, da sind noch mehr." Regel stimmt auch diesmal. Dort ist einer, aber da auch, an der Baumwurzel stehen zwei und dahinten … und da und direkt vor den Füßen, gar nicht gesehen, und das da? Ist ja wohl ein Steinpilz … mein lieber Scholli. Hinhocken, einsammeln, die anderen nicht aus den Augen verlieren, der ganz Große bleibt stehen, kann für Nachwuchs sorgen, ist sowieso wurmstichig. Weiter, Suchbild hat Zusatzinformation erhalten. Sonnenlichtreflex auf feuchtem Pilzhut, ist sehr dienlich. Enttarnt die braunen Gesellen. Ha!! – Prachtexemplar, der Hut rund wie 'ne Faust, der Stiel fast genauso dick, und das alles im Konvoi, fünfzig Meter vom Fahrrad. Die Tasche ist schon halbvoll – und eine sagenhafte Qualität. Mal einen an die Nase halten, Augen zu … Hmmmm, welch ein Aroma … alles ist da drin:Wald – Herbst – Morgen – Freiheit, und dann dasselbe wieder von vorn, oder wie damals mit Pabba … im Urlaub … mit Muddi und Gerhard in Staffelde … lange her … Pabba? – In Gefangenschaft, Gedanke schmerzt, bitterer Geschmack auf Zunge. Pfifferling macht auf bewährte Stimmungs-Verdrängung und geht weiter in den Wald hinein.

Auf der Tasche ist längst ein Berg, da riecht Pfifferling Tabak. Durch die Bäume erkennt er Vater Witaszak, der die Körbe wechselt und „einen durchzieht". „Na, ist das ein Morgen?" lautet die schmunzelnde Begrüßung, wobei die volle Tasche selbstverständlich zu sein scheint. Pfifferling nickt heftig, macht Glanzaugen, was nicht schwerfällt, denn seine Begeisterung ist echt.

Der Vormittag vergeht im Fluge. Beim Korbwechsel trifft man sich an den Rädern. Daß diese Pirsch erfolgreich sein würde, stand ja schon nach der ersten halben Stunde fest, und die Vorstellung, mit einer solch immensen Ausbeute zu Hause zu erscheinen, stimmt alle fröhlich. Manchmal ist Helmut Pfifferling versucht, auch andere Pilzsorten mitzunehmen, doch er weiß um Wert und Haltbarkeit der einzelnen Arten, und so bleiben sie alle stehen. Die Sandröhrlinge, genannt Maschlaukis, die Butterpilze und Ziegenlippen, weil sie schnell matschig werden, die vielen Täublingsarten aber wegen der Verwechslungsmöglichkeiten. Gerne hätte er seinen Namensvetter mal öfter im grünen Moos entdeckt, aber er weiß ja, dies ist kein Pfifferlingswald. Dazu muß man an besondere Stellen …

Der Nachhauseweg ist noch einmal eine echte Prüfung, denn die Ladungen sind beträchtlich. Als Muddi in der Küche die Behältnisse an die „Lumpenwaage" hängt, sind es fünfundzwanzig Pfund, alles transportiert in Wackelkorb und Bammeltasche, zum Teil auf unsicherem Sandweg. Zu heftige Fahrbewegungen oder gar ein Sturz befördern die kostbare Last schwungvoll in den Dreck und lassen sie häßlich und unansehnlich werden. Also heißt es aufpassen!

Was gibt's wohl zum Mittagessen? Natürlich frische Braunkoppen. Noch während des stundenlangen „Pilze-Putzens" setzt Muddi eine gewaltige Pfanne voll auf den Herd. Sie hat einige Eisenringe herausgenommen und kocht auf offener Flamme, das Garen geht dann schneller. Pilze enthalten immer eine Menge Feuchtigkeit, und so schäumt der Pfanneninhalt mächtig, dabei gewaltige Dampfschwaden entsendend. Küche und Wohnung füllen sich mit wunderbarem, aromatischen Duft, der darüber hinwegtröstet, daß der Hauptgang des Mittagsmahls ohne Fett und Zwiebeln, nur mit Salz gewürzt und etwas Mehl angedickt, serviert wird. Doch darf man essen, soviel man will, und da Pilze schwer verdaulich sind, ist das langanhaltende Sättigungsgefühl ein durchaus erstrebenswerter Zustand.

Viele der kernigen Exemplare werden in Scheibchen auf Fäden gezogen und an mehreren Nachmittagen in der Sonne getrocknet. In luftigen Leinenbeuteln warten sie dann, vor sich hin raschelnd, um an kaltem, dunklem Winterabend in einer Kunst-Ersatz-Spar-Soße die Erinnerung an goldene Herbsttage wachwerden zu lassen und neue Begeisterung und Hoffnung auf künftige Beutezüge im märkischen Wald zu wecken.

***

Neben den Waldpilzen werden im Herbst in der Altmark auch die Zuckerrüben geerntet. Doch während die Beschaffung der ersteren meistens eine beschauliche Sache ist, die zu manch romantischen, naturschwärmerischen Gefühlen verhilft, ist der Umgang mit der Ackerwurzel zwar nicht minder intensiv, jedoch stets von körperlichem Mißbehagen geprägt. Zudem verläuft die Begegnung nicht immer konfliktfrei.

Eine erste zarte Kontaktaufnahme findet bereits im Frühsommer statt. Dann betritt Lehrer Thiemann das Klassenzimmer in Begleitung einer kernigen Bauerngestalt. Der Landmann verspricht arbeitswilligen Schülern bei nachmittäglichem Einsatz einen Tageslohn von 50 Reichspfennig sowie die Verabreichung von zwei Mahlzeiten. Der Köder sitzt. Sechs oder acht sind bereit. Der Dauerhunger veranlaßt sie, Körper und Geist befristet zu dieser Spätform knechtischem Land-Frons an den Ökonomen zu verschachern. Helmut Pfifferling ist unter ihnen.

Damals wiesen die Sämaschinen noch nicht jenes Konstruktionsmerkmal auf, welches sie befähigte, Samen-Körner einzeln zu verlegen. Eine gekeimte Reihe Rüben besteht also aus einer ununterbrochenen Formation üppiger grüner Pflänzchen. Wie viele Lebewesen gedeihen Rüben jedoch nur, wenn sie genügend Abstand voneinander haben, deswegen geht der Bauer übers Feld und „verhaut" seine Schützlinge. Das hat mit einer Abstrafung nichts zu tun, sondern bedeutet die unrübliche, brutale Methode, mit der Hacke einen gewissen Grundabstand zwischen den Pflanzen herzustellen. Zwei oder drei jedoch bleiben immer zusammen stehen, und daraus ergibt sich die Aufgabe des Tangermünder Schüler-Einsatzkommandos. Die Rüben müssen „verzogen" (geeinzelt) werden.

Mit dem Pferdewagen werden die „Leibeignen auf Zeit" zur Plantage gekarrt und stehen betroffen am Feldrand. Das Ende eines märkischen Rübenackers ist nur schwer auszumachen. Nach Meinung einiger Beteiligter liegt es hinter dem Horizont. Und da muß man hin, wieder zurück, und das mehrmals am Nachmittag. Das Ganze jedoch nicht in fröhlichem Wanderschritt, sondern auf den Knien, so verlangen es jedenfalls die Umstände und der „Aufseher".

Die Hinwendung zu Mutter Erde verhilft zu einem krummen, schmerzenden Rücken, das bestätigt auch Helmut Pfifferling nach dem 500sten Entwurzelungsprozeß. Er unternimmt einen Entspannungsversuch durch Einnahme von Körperhaltung Nr. 2 (Hocke), das heißt, der Rüben-Reißer watschelt wie eine Ente über den Acker. Der Stellungswechsel zeitigt nur einen Teilerfolg, denn vor der 600. Rübe sinkt der Sklave wieder auf die Knie. Nach jeder Kehrtwendung am Ackerende rückt der ferne Zufahrtsweg wieder ins Blickfeld. Scharfäugig lugt die Rübenmeute übers Land, ob am Himmelsrande nicht eine Bewegung auszumachen ist. Bauernfahrzeuge sind uninteressant. Eine Radfahrerin mit zwei Körben jedoch bedeutet die Erlösung, einen der Höhepunkte des Tages. Die Kaffeepause.

Das „Getränk" ist kein „Costa-Rica-Hochgewächs", sondern „Kathreiners Malz", befindet sich in einer Blechkanne und schmeckt deutlich nach Pfarrer Kneipp. Das „Vesper-Brot" jedoch ist sehenswert. Es stammt von einem „Sechspfünder" und ist dick mit selbstgemachter Wurst bestrichen. Wenn der Beißer die Zähne in das Backwerk schlägt, kann er das Ende der Stulle nicht sehen. Das liegt daran, daß er sie mit beiden Händen umklammert und das hintere Ende hinunterhängt. Ist man dort angekommen, gibt es einen Schluck aus der

Kanne, der Magen verharrt betroffen ob der ungewohnten Zusatzrationen, die Welt und die Rüben sehen gar nicht mehr so schrecklich aus, und eilfertig begibt sich die Gesinnungsgemeinschaft auf die Knie, um das Tagwerk zu vollenden.

Den krönenden Abschluß bildet die Abendmahlzeit. Die Gruppe findet sich in der traulich warmen Bauernküche (35 Grad Celsius) wieder, wo die Hausfrau am offenen Herdfeuer die Suppe bereitet. Diese unterscheidet sich grundlegend von der Diät-Plempe, die unsere Mütter uns vorsetzen können. Erbsen, Bohnen oder Gemüse als Grundlage mit Fleisch, Speck und viel braunen Zwiebeln, es riecht unheimlich und ungewöhnlich gut, und alle können essen, soviel sie wollen. Welch ein Fest! Schweiß rinnt über die Gesichter, einige stöhnen, die Bauersfrau staunt, wieviel Zwölfjährige essen können. Helmut Pfifferling bedauert, daß sein Magen sich als Einzimmerwohnung ohne Nebengelaß erweist, aber nach dem dritten Teller gibt er auf und geht mit den anderen an die Luft.

Der Bauer schätzt den Erschöpfungsgrad der Mannschaft richtig ein, schichtet die Schwellbäuche nebst dranhängenden Menschlein in einen alten Landauer und schaukelt sie zurück nach Tangermünde. Sie haben gut gearbeitet heute. Er kann sie noch ein paar Tage gebrauchen. Für Brot, Suppe und ein Handgeld, zum Rüben-Verziehen auf einem märkischen Acker.

Später im Jahr ändert sich unser Verhältnis zur Zuckerrübe. Wir haben nicht mehr die Absicht, sie zu pflegen oder ihr wachstumsfördernde Maßnahmen angedeihen zu lassen, sondern wir wollen sie in unseren Besitz bringen, nach Hause schleppen, sie entleiben, zerstückeln und kochen, um ihr schließlich ihr ureigenstes Wesen, das süße, zuckerige Herz, zu entreißen.

Jeder will in diesem Herbst Zuckerrüben haben. Die Nachfrage ist erheblich. Doch die Produktionsbetriebe verweigern die Abgabe an private Interessenten. Die Landwirte sind bemüht, auch den letzten Strunk zu ernten und abzuliefern. Sie haben ein Abgabesoll zu erfüllen. Diese Umstände lassen die Zuckerwurzel eine ungeahnte Wertsteigerung erleben und die Begehrlichkeit in den Augen der Nebeninteressenten zur heißen Flamme werden.

Im Tangermünder Hafen werden die Rüben auf Elbkähne verladen. In langer Reihe warten die Bauern mit ihren beladenen Fahrzeugen, um die Feldfrüchte via Förderband in die Schiffsbäuche plumpsen zu sehen. Mit etwas Schwund muß immer gerechnet werden. Schon während der Anfahrt sorgen organisierte Banden für eine Dezimierung der Fracht. Blitzschnell entert ein Vorauskommando die Transportwagen, wirft eilfertig Rüben über Bord auf das Straßenpflaster, wo sie von den Sammelbeauftragten in Empfang genommen werden. Ehe der Bauer Abwehrmaßnahmen ergreifen kann, ist die Kinder-Rüben-Brigade mit ihrer Beute verschwunden. Am Hafen klappt das nicht mehr so gut. Es gibt Aufpasser. Hier ist der Griff in die Trickkiste nötig. Scheinangriffe werden inszeniert und Ablenkungsmanöver gestartet. Aber das erschöpft sich im Laufe eines Nachmittags. Bleiben die Förderbänder. Wenn eine Rübe herunterfällt, erreicht sie den Boden meistens nicht. Fällt sie ins Wasser, wird sie von einer Sonderabteilung mit Spezialausrüstung (Hakenstock oder Stechstange) herausgefischt.

Beobachtet wird das Ganze aus den Fenstern des Pfarrhauses. Von hoher Mauerwarte aus ist das bleiche, bebrillte Gesicht von Pfarrer Kiny eulenhaft streng auf das verwerfliche Treiben der Rübenmafia gerichtet. Am Sonntag geißelt er mit scharfen Worten das Tun der Kinder und die verantwortlichen Eltern, die das Rübenbeschaffungsprogramm dulden. Auf dem Nachhauseweg machen die Gottesdienstbesucher dann häufig den Eindruck von Tennisfans, welche die Ballverfolgungsbewegung noch nicht ablegen konnten. Kopfschütteln ist angesagt, und die Frage wird gestellt, in welcher fernen Welt der Gottesmann auf der Kanzel wohl zu Hause ist ...

Helmut Pfifferling fühlt sich in der Hafen-Szene nicht wohl. Nicht etwa wegen des kirchlichen Bann-Strahls oder weil die Situation zu kompliziert wäre. Nein – sie ist zu zeitaufwendig und uneffektiv. Zehn oder zwanzig Pfund an einem Nachmittag sind einfach zu wenig. Sein Banknachbar in der Schule, Friedhelm Keune, und er beschließen, den Arbeitseinsatz selber zu gestalten. Wozu haben sie die Rüben im Juni schließlich verzogen?

Es liegt schon Frost in der Luft, als die beiden zu ihrem ersten Rüben-Run aufbrechen. Eine bleiche, scheele Novembersonne erhellt die Szenerie, und diese miese Art der Beleuchtung nimmt auch bald Besitz von Seele und Gemüt, denn „an wes' Ackersrand sie auch stehen, es ist keine Rübe zu sehen" ...

In völliger Verkennung der Umstände wollte das Team die Stoppelerfahrung aus der Kartoffelzeit einbringen, und dieses erweist sich als völliger Irrtum. In der Rübenernte steckt immer noch viel Handarbeit. Die Rüben wachsen halb oberirdisch und sind viel zu große Objekte, als daß die Scharen der offiziellen Entwurzeler sie übersehen könnten. Alle Felder sind gründlich abgeerntet und harren trostlos und leer des Pfluges. Jene Leere findet ihr Pendant im Dauerzustand unserer Mägen und läßt wehmütige Erinnerungen an die Leberwurststullen der Rübenverzieher wach werden. Besonders großzügig bemessen waren diese bei Bauer Döbbelin aus Hämerten auf jenem Acker an der Bahnlinie. Vielleicht hat sich die Großzügigkeit erhalten, und er hat ein paar Rüben stehenlassen.

Zwar sind auch hier die Rüben weg, aber große Haufen von Rübenblättern liegen noch da, und daran hängen, o Wunder, faustgroße Stücke der Rübenoberteile, reichlich bemessen, weil als Viehfutter gedacht. Das ist unsere Chance, die Fügung ...

Nach biblischer Vorgabe arbeitet sich das Rüben-Duo sechs Tage durch den Blätterwald und liefert abends jeweils einen knappen Zentner Rübenabschnitte zu

Hause ab. Als sie in ihrer Maßlosigkeit auch noch den Sonntagmorgen entweihen, erscheint auf dem Acker der Finger Gottes in Gestalt von Bauer Döbbelin. Er erkennt seine Rübenzupfer vom Juni und ergeht sich in wilden Schmähreden, bezichtigt die Krautdiebe des Vertrauensbruchs und des Verrats an der gemeinsamen „Rübensache“. Hacken, Messer und Säcke werden beschlagnahmt und die Verräter Richtung Tangermünde davongejagt. Zwar gelingt es durch Muddis energische Intervention, das Handwerkszeug zurückzuholen, aber die Zeit der Ernte ist trotzdem vorbei.

Das Ernte-Dank-Fest findet in der heimischen Küche statt. Voller Hingabe schruppt und schnitzelt die Familie und kocht das „Viehfutter“ in Muddis Einkochkessel. Dampf wallt auf, füllt bald die ganze Wohnung mit einem süßlich-metallisch riechenden Dunst und hinterläßt auf den Fliesen und Kacheln der Küche einen klebrigen Beschlag. Dann wird der Sud abgegossen, und das Rüben-Klein muß gepreßt werden. Aber die „home-made“ Schnitzelpresse befindet sich noch in der Entwicklung, also muß die Patsche in einem Tuch ausgedrückt oder -gewrungen werden.

Reihum erweisen sich die Mitglieder der Familie als Schwächlinge, denn nachdem Gerhard 20 Löffel der trockenen Schnitzel gefressen hat, erklärt er, sie seien immer noch süß, folglich nicht vollständig ausgewertet. Zwar wären sie nicht wohlschmeckend, jedoch sättigend und nahrhaft, also müßten sie zum weiteren Verzehr freigegeben werden.

Muddis Improvisations-Genie entwirft die Kreation des Monats. Das „Zucker-Rüben-Schnitzel-Rotkohl-Imitat“. Es gibt zwar keinen Essig, aber um die langen Winterabende etwas kurzweiliger zu gestalten, hält die Drogerie „Matthies“ ein „Heiß-Getränk-Konzentrat“ bereit. Es ist markenfrei verkäuflich, schmeckt furchtbar sauer und vermittelt nach dem Zusatz von heißem Wasser dem Genießer die Illusion eines in die Enge getriebenen Glühweins. Erst in den Rübenschnitzeln entfaltet der „Stoff“ seine volle Würzkraft, und nachdem Muddi eine zehntel Messerspitze Honigfarbe (Friederich Meyer’s Sohn) beigefügt hat, sieht der Abendbrotteller mit den Pellkartoffeln richtig üppig aus.

In der eiskalten Speisekammer halten sich die Rübenschnitzel in Steintöpfen bis Weihnachten. Dann ist die Quelle des köstlichen „Zubrots“ versiegt. Die fünf Pfund Zuckersirup, welche die wochenlange Saftkocherei schließlich ergeben hatte, scheinen nur ein Nebenprodukt gewesen zu sein.

Am ersten Feiertag um vier sitzen die Grüttners tiefsinnig vor der letzten Kerze und dem letzten Glas mit dem appetitlichen, braunen Brotaufstrich. Die linke Hand, welche die Stulle hält, und die rechte mit dem Löffel finden über dem Teller zusammen. Bevor eingetaucht wird, verharren alle in Andacht, und besonders Helmut Pfifferling erinnert sich dankbar jener Tage und Wochen, die es ihm vergönnten, entgegen allen Widrigkeiten, der „goldenen Herbstzeit“ einen Teil ihres Segens abzutrotzten.

Er freut sich schon auf das nächste Jahr. Daß der Jahrhundertwinter im Jahre des Heils und der Kometen tausendneunhundertsiebenundvierzig noch bevorsteht, ahnt er nicht …

Ostzonen – Urzeit
Hungerzeit – Mangelzeit – Notzeit
Frierzeit – Frostzeit
Kalorien-Berechnungszeit
Kartoffelzeit – Suppen-Reformzeit
Schlittschuhlaufzeit – Lesezeit – Kumpelzeit
Tiefst-Punkt-Zeit
Tangermünder Eiszeit
– Winter 1946/1947

Früh kommt er, dieser Winter, setzt mit scharfen Frösten ein und erlaubt uns schon im Dezember, Schlittschuhlaufen zu gehen, natürlich „jenseits“ auf der alten Elbe. Von der richtigen Elbe ist nicht viel zu sehen. Es herrscht schwerer Eisgang. So weit das Auge reicht, drängen sich dicht an dicht große Eisschollen (Eiskuchen) zu Tal. Unserer geliebten Holzbrücke können sie diesmal nichts anhaben. Die autoblechbeschlagenen Eisbrecher sind fertig und erweisen in diesem Winter ihre Solidität.

Noch ist die Stimmung gut unter der Bevölkerung. Noch sind Kartoffeln, Braun- und Schlammkohle im Keller. Da werden die Tangermünder doch glatt übermütig, und es gelüstet sie nach kurzweiligem Wintervergnügen. Am Sonntag nachmittag tummeln sich wohl hundert Menschen auf dem Elbarm am jenseitigen Brückenende. Sogar „Honni“ Hohenstein, unser Sportlehrer, ist dabei. Er läuft Bögen nebst Kringelchen und versucht zaghafte Sprünge. Dann packt ihn der Ehrgeiz, und er bemüht sich, Frau Thielchen auf Paarlauf umzuschulen. Das Experiment mißlingt, und da Bruder Gerhard ganz gut rückwärts „übersetzen“ kann, muß er jetzt herhalten. Viele der Zuschauer können nur mühsam das Gleichgewicht halten, als das „Pärchen“ zu einem gedachten Walzer-Rhythmus über das Eis schwebt.

Auf dem Rückweg verharren wir auf der Brücke. Über dem Fluß lagert ein kalter, milchiger Dunst. Ununterbrochen dringen Zischen, Knarren und Rumpeln zu uns herauf – die Begeitmusik des Eisgeschiebes. Stößt eine große Scholle genau mittig auf die Spitze des Eisbrechers, verharrt sie einen Augenblick unentschlossen. Dann erweist sie dem Hindernis ihre Reverenz, knirscht furchtbar, kriegt einen Riß und bricht schließlich auseinander. Helmut Pfifferling und die Roonstraßen-Truppe gucken sich das eine Weile an. Dann ist die Bewegungswärme verflogen, alle haben kalte Füße und wollen nach Hause. Auf der Brücke weht ein eisiger Ostwind.

Als wir Muddi unsere Erlebnisse vom Nachmittag erzählen, holt sie ihr „Diarium" und singt den „Schlittschuhwalzer":

Schlittschuhwalzer

Winterszeit! – Welche Freud!
Wenn man spürt, daß es frieret,
welche Seligkeit.
Schlittschuh fest angepreßt
und geschwind wie der Wind auf die glatte Bahn.
Wenn's auch schneit,
Frühlingszeit
fühlt das Herz, ja das glückliche, dann.

Seht, dort die Dame schwebt ganz allein,
ist gar so heiter, ohne Begleiter,
schmiegt sich, wiegt sich, wohl fein entzückend,
berückend durch Anmut allein.
Jetzt blitzt aus ihren Augen ein Strahl,
macht verwogen einen Bogen,
eile zu ihr auf beflügeltem Stahl,
begrüße die Süße als mein Ideal.

Dies Gewimmel, dies Getümmel!
Alle schnell vorbeilavierend,
hier Charmante, längst Bekannte,
die im Reigen bunt sich zeigen.
Dort eine Mädchenschar, stark vokatierend,
jed' Gesichtchen ein Geschichtchen.
Herzen glühen, Blicke sprühen,
und die Wangen erröten im Wind.

Dort, Hand in Hand, schwebt ein Paar,
das sich fand und verstand,
denn die Sympathie schlingt hier leicht
um die Herzen ein Band.
Ja, dann erwacht oft ganz sacht,
fein schlummernde Macht,
die der Liebe heilige Triebe
auf dem Eis erst zur Flamme entfacht.

Dort prallt ein junger Mann
an einen andern an.
Bei der Gewalt
gibt's keinen Halt,
drehen beide sich im Kreis,
purzeln – und fallen aufs Eis,
umschlingen sich
gar brüderlich.

Doch sinkt dann wieder
die Nacht hernieder,
dann heißt's ade, auf Wiedersehn,
ach, dieser Tag war wunderschön.
Wenn längst alles schlummernd liegt
und sich aufschwingt und wiegt,
ertönt in schönster Harmonie
die Melodie.

Das Lied stammt aus Muddis Mädchenzeit vor dem Ersten Weltkrieg. Die Szenerie eines großstädtischen Wintervergnügens im Magdeburg des Jahres 1912 unterscheidet sich so ganz und gar von unseren rauhen Schlittschuhabenteuern in den Elbauen. Fremdartig und fern erscheinen uns Stimmung und Menschen. Muddis Liedchen hat den Staub von dem verblichenen Flitter geblasen, und ein Hauch aus der „gutern alten Zeit“ weht uns zaghaft an.

Am anderen Morgen ist der Hauch futsch. Der eisige Ostwind hat ihn vertrieben. Die Temperatur fällt unaufhörlich weiter und unterschreitet im Januar 1947 minus 20 Grad Celsius. Der Eisgang auf der Elbe kommt ins Stocken, und der Fluß friert innerhalb weniger Tage zu.

Unseren treuen Gefährten, den Hunger, hat die Kälte nicht vertrieben. Er bleibt Dauergast und festigt seine Position von Tag zu Tag gemeinsam mit der Verschlechterung der Versorgungslage. Die Lebensmittelkarten weisen sechs Gruppen auf. Karte eins bekommen die Schwerstarbeiter. Wer Karte sechs „beanspruchen" kann, muß sterben. Wir sind „Normal-Versorgungs-Berechtigte" mit Karte drei oder vier – etwa 1.700 Kalorien pro Tag. Alle Nahrungsmittel werden nach ihrer Kalorien-Ergiebigkeit taxiert. Wie im Krieg erfolgen die Zuteilungen durch „Aufrufe". Fleisch gibt es sehr selten, meistens wird Fisch aufgerufen, aber den gibt es in Tangermünde auch nicht. Also bleibt alles am zeitgemäßen Ziegelkäse (Magerstufe) hängen. Alle Rationen an Vierfrucht-Marmelade (V 4), Brot, Fett und Zucker sind in winzigen Grammzahlen bemessen und müssen für zehn Tage reichen. Bei vielen Zuteilungen muß in eisiger Kälte angestanden werden. Wenn es Kohlen gibt, ist das ganz besonders schlimm, denn die Warteschlange vor dem Schuppen von Lauenroth & Gädicke steht im Freien. Die Stimmung unter den Menschen verschlechtert sich zusehends, wird fatalistisch. Durch die dauernden „Ersatzleistungen" wird die vorgesehene Kalorienmenge nicht mehr erreicht. Das bisher noch vertraute Gesicht des „treuen Gefährten Hunger" verändert sich, wird in Gemeinschaft seiner Kumpanen Mangel, Not und Kälte zur Gespenster-Fratze.

Durch Vermittlung von Frau Witaszak bekommen wir einen halben Zentner Weißkohl. Er wird im Keller frostsicher gelagert, und dann wartet die Familie auf den „Kohl-Hobel", der im Haus reihum geht. Da wird die Küche wieder einmal umfunktioniert. Diesmal in eine Sauerkrautfabrik. Neben der Erfahrung leistet Muddis „Praktisches Kochbuch für gewöhnliche und feinere Küche, von Henriette Davidis-Holle, aus dem Jahre 1927" wertvolle Hilfe. Ganze Weintrauben und kleine Borsdorfer Äpfel können wir nicht beisteuern, aber das Sauergemüse wird auch so in die Steintöpfe verfrachtet. Bei der Lektüre des erwähnten Kochbuches gerät Helmut Pfifferling häufig in Verzückung. Dann läßt er auch das übrige Küchenpersonal an der Freß-Schwärmerei teilhaben. Besonders erfolgreich ist der lakonische Aufforderungssatz, welcher zu Anfang vieler Rezepte steht: „... man nehme acht Eier". Jedesmal belohnt berstendes Gelächter den Vorleser, denn seit Jahren ist in der Küche kein Ei mehr gesichtet worden.

Alle 14 Tage gibt es sonntags Sauerkraut. Es liegt dann neben den Pellkartoffeln, zu denen sich – o Wunder – eine schwach gebräunte Frikadelle gesellt. Mühsam nur bewahrt der „Bratling" Haltung, denn er ist von Muddi durch reichliche Gaben von roher, geriebener Kartoffel auf Masse getrimmt und zur provisorischen Verbindung mit dem Hackfleisch verpflichtet worden. Oft bin ich schon eine Stunde vorher in der Küche, um den Gestaltwandel der Pseudo-Frikadellen zu beobachten und den seltenen Bratengeruch einzuatmen. Auch wird das

„Festmahl“ an solchen Tagen im Wohnzimmer serviert, wo ausnahmsweise geheizt ist. Wie viele Menschen in dieser Zeit, versucht Muddi, im Familienleben einen Rest des alten, früher gewohnten Lebensgefühls zu erhalten. Das Ignorieren der bedrückenden Umstände ist manchmal ein wirksames Mittel, oft aber auch nicht. Dann gerät sie ins Grübeln, wirkt niedergeschlagen und sagt schließlich: „Ach Kinder, ich hab’ so überhaupt keinen Lebensmut mehr!“ Aber diese Augenblicke sind selten und dauern nur wenige Sekunden. Dann sieht sie wieder normal aus, wie wir das von unserer tapferen, unverwüstlichen Muddi gewohnt sind. Pfifferlings Unbekümmertheit und Gerhards latente, unterschwellige Wut auf alles, was mit der Situation zusammenhängt, helfen oft weiter. Alle machen irgendwie weiter …

Unser Klavier ist ein Mietinstrument. Der Besitzer läßt es in diesem Winter abholen. Neuerdings werden bei ehemaligen Beamten, Offizieren oder Mitgliedern der NSDAP „Luxusgüter“ beschlagnahmt. Unser Vermieter fürchtet einen Verlust. Zwar besteht die Möglichkeit, auf dem Klavier von Frau Thielchen zu üben, aber meine Motivation und Muddis Ehrgeiz sind vor dem Hintergrund der Notwendigkeiten dieser Zeit doch stark geschwunden. Die Klavierstunde wird vorläufig abgesetzt.

Trotzdem halten wir mit unserer Lehrerin, Frau Drews, Kontakt. Dieser besteht nicht mehr in musikalischer Unterweisung, sondern in der Vermittlung einer anderen angepaßten Betätigung. Im Hof der Hausbesitzer, Möbelhaus Bernd, liegt ein riesiger Haufen paßrecht gesägter Eichenkloben. Die Gebrüder Grüttner spielen ja beide Tasteninstrumente, also gehen sie unter die Holzhacker. Als Entlohnung wird ein Zentner Kartoffeln in Aussicht gestellt. Gerhard macht die Kloben klein, und der verhinderte Klavier-Virtuose stapelt die Scheite in einem Stall bis unter das Dach. In diesem Gelaß leben ganze Legionen von Tangermünder Stadtmäusen. Mit großer Frechheit setzen sie sich über die „Wohnraum-Bewirtschaftung“ hinweg und nehmen die Holzstapel in Besitz. Am dritten Tag sind sie so dreist, daß Helmut Pfifferling sieht, wie sie sich zu Vierer-Kolonnen formieren. Die erste Reihe trägt weißes Parade-Koppelzeug. Erst ein gezieltes Eichenscheit verjagt das Trugbild, und am Abend fahren die Instrumentalsolisten die Kartoffeln auf dem Schlitten nach Hause. Als Draufgabe erhalten sie von Frau Drews einen Teil ihrer Einkellerungskartoffeln. Sie waren nicht frostsicher gelagert und bilden in Gemeinschaft mit einem halben Zentner Mohrrüben einen harten Widerstandsblock. Samt Kiste wird dieser in die Roonstraße expediert und einem vorsichtigen Auftauprozeß unterzogen.

Und in dieser dunklen Winternacht muß es dann wohl geschehen sein. Zum Gedenken an die neunzigste Wiederkehr des „Wunder von Lourdes“ vollzieht sich in unserer Küche das „Wunder von Tangermünde“. Nachdem Muddi ein Kilo der

„Frost-Möhren" geschält und zerkleinert hat, hängt unverkennbar der zarte Duft von Orangen im Raum. Der schnelle Biß in eine der Wurzeln schafft Gewißheit. Sie schmeckt nach Apfelsinen. Dem Triumph der Entdeckung folgt die Enttäuschung auf dem Fuße. Der Kochprozeß beseitigt das Geschmacks-Wandlungs-Wunder vollkommen. Das läßt die Familie sich nicht gefallen. Sie beschließt, die Mohrrüben roh zu genießen. Nach zehn Tagen ist der Segen alle. Als Andenken an das Küchenwunder haben die Beteiligten eine zartbeige Gesichtsfarbe erhalten, den gehabten winterlichen Erholungsaufenthalt in fernen Alpenländern vortäuschend.[1]

Eine Bekannte bringt uns ein großes Glas mit „Melasse". Die sieht zwar aus wie Zuckerrüben-Sirup, ist jedoch ein Abfallprodukt (50 % Zucker, 10 % Salze und 20 % stickstoffhaltige Verbindungen). Es schmeckt widerlich bitter, ist sicher wer weiß wie schädlich und wird trotzdem gegessen. Auf einem Abstellgleis war der Inhalt eines Tankwagens ausgelaufen. Viele Menschen klaubten die „schwarze Klebe" aus dem Schotter, darum knirscht es beim Kauen ununterbrochen zwischen den Zähnen. Immer kostet es erhebliche Überwindung, eine kostbare Stulle mit diesem „Brotaufstrich" zu verhunzen. Aber das Zeug hat Kalorien!

In diesem Winter besteht Muddis Großtat in der Planung und Durchführung eines einmaligen Schöpfungsaktes. Zwar sind Mittel und Methoden längst allen Hausfrauen bekannt, doch gelingt es ihr, die Vorgänge soweit zu vereinfachen und zu trivialisieren, daß man küchentechnisch zwar nicht vom „Ei des Kolumbus", wohl aber von der „Kartoffel der Dorothea Grüttner" sprechen könnte.

Die Erfinderin reibt sechs (zwei pro Person) rohe, mittelgroße Kartoffeln und schiebt die Patsche in zwei Liter kochendes Wasser. Dieser Läuterungsvorgang verwandelt die Bestandteile in eine blaugraue Plempe, deren natürliches Aroma mit acht Kümmelkörnern (Anis geht auch) und etwas Salz geschmacklich abgerundet wird. Gerhard verehrt dem Produkt die Bezeichnung „Einheits-Reform-Suppe-Standard". Wenn erfrorene Kartoffeln verwendet werden, ist ein Zusatz notwendig: „Einheits-Reform-Suppe-Standard-Spezial".

Allabendlich versammeln sich die Bewunderer dieses Gerichs um den langsam erkaltenden Kachelofen und löffeln den heißen, glasigen Schlabber in sich hinein. Wer dann noch Hunger hat (ha, ha), trinkt drei Tassen fast kochenden Malzkaffees und fühlt, wie Herz, Magen und Gemüt sich zaghaft erwärmen. Dieser

1 Der geneigte Leser mag diesen Prozeß auch heute noch nachvollziehen.
Doch merke: Die Frosteinwirkung muß dosiert werden. Leicht geraten die Mohrrüben in den Zustand der Fäulnis, werden matschig und sind sodann für das Experiment der Geschmacks-Umwandlung nicht mehr brauchbar.
Das erhoffte Orangen-Aroma bleibt dem Forscher versagt.

Typ Schonkost gerät zum Klassiker des Winters 1946/47, hat er doch seine Bewährungsprobe in „schwerster Zeit" bestanden, und die verächtlichen Seitenblicke sind ungerecht. Unsere Muddi macht da nicht mit. Sie kennt nur Stolz und Dankbarkeit. Wer kriegt mit sechs Kartoffeln schon drei Personen auch nur halbwegs satt?

Trotz Hunger und Kälte gehen wir fast jeden Tag nach „drümjenseits" Schlittschuhlaufen. Wir, das sind Rudi „Strulli" Heinze, Hans „Smithie" Schmidt und Helmut Pfifferling. Eines Tages stellen die drei fest, daß sie alle im März Geburtstag haben. Zu allem Überfluß noch an Tagen, die eine „Zwei" in sich tragen (2., 12., 20.). Zuerst kuckt man sich nur erstaunt an. Dann gründet Strulli spontan die „Dreierbande". Das schweißt zusammen und verpflichtet. Auch ohne Verabredung trifft sich das Kleeblatt vor dem Laden von „Ernstchen Damm". Die Mütter lassen sie stillschweigend gehen. Was sollen sie zu Hause. Da denken sie nur an ihren Hunger. Lieber drei Stunden Unbeschwertheit. Daß besagter Hunger nach einem Nachmittag Wintersport geradezu wölfisch ist, wird in Kauf genommen. Aber dann war es Abend, und eine bescheidene Mahlzeit wurde fällig.

Das Schlimmste ist der Anmarschweg über die 800 Meter lange Brücke. Bei Temperaturen um minus 20 Grad kommt der beständige, scharfe Ostwind direkt von vorne. Er erreicht fast ungehindert die Haut, denn er geht quer durch die Klamotten. Zwar trägt Pfifferling lange Wollstrümpfe mit „Leibchen", zwei Unterhosen, einen kompletten Bleyle-Anzug und zwei französische Marine-Pullover, aber die Oberbekleidung besteht noch nicht aus „High-Tech"-Material. Meist sind es abgetragene Uniformstücke von Wehrmacht oder Hitler-Jugend, Spätfertigungen von 1944, kartoffelkrautähnlich, Typ „Flick und Flatter". Den Kopf schützen eine Wollmütze und darüber die Schi-Mütze mit heruntergelassenen Seitenteilen. Die Schnalle bammelt unterm Kinn. Der Wind preßt alles eng an den Körper. Unter der Kleidung sind Brust, Bauch und Beine eiskalt. Die äußeren Geschlechtsmerkmale ziehen sich in sich selbst zurück, sind weder fühl- noch tastbar und verschwinden nach übereinstimmender Meinung der Marschgruppe schließlich ganz. Das ändert sich erst, wenn wir drüben im Windschatten des Deiches sind. Dann sagt Strulli:

„Koule Feut
un' Nordenwind
makt krusen Büll
un' lüttchen Pint."

Wir geben ihm jedesmal Recht.

Längst sind alle Gelegenheits-Schlittschuhläufer verschwunden. Öde und menschenleer dehnt sich die Elbaue. Die drei Fischegeborenen genießen das. Jeden Tag begeistert sich ihr Naturell aufs neue an der grenzenlosen Weite und Einsamkeit der Winterlandschaft. Sie gehört ihnen in diesem Winter, keiner macht sie ihnen streitig, und sie nehmen sie ganz in Besitz.

Mit kleinen Unterbrechungen kann die Expedition bis gegenüber von Hämerten auf dem Eis laufen. Da der Wasserstand bei Frosteintritt ziemlich hoch war, sind auch die flachen, versumpften Gewässerteile mit ihren Schilfwäldern passierbar. Wir fahren einfach weiter, bahnen uns mit rudernden Armbewegungen einen Weg durch das Dickicht der abgestorbenen Halme. Nach einigen Tagen haben sich schmale Gassen gebildet. Die Gruppe spielt eine Kombination von „verstecken" und „kriegen". Da sich alles auf Schlittschuhen vollzieht, läuft das Spiel in rasanter Geschwindigkeit ab. Das ist wichtig – bei den herrschenden sibirischen Verhältnissen.

Weit-, weitab, da wo das Eis endgültig zu Ende und Tangermünde hinter uns im Dunst verschwunden ist, befindet sich im Schilf eine winzige Lichtung. Hier kann man kurz verschnaufen. Dann sitzt die „Dreierbande" im Kreis auf den Fersen und starrt mit leuchtenden Augen in die Flammen eines Mini-Feuers, das Strulli aus einigen Händen zusammengeknickter Halme entfacht. Natürlich richtet das Gluthäuflein nichts aus, hat nur symbolischen Charakter, schafft in der Verlorenheit der Landschaft für wenige Minuten einen kleinen Raum der Geborgenheit, wohl geeignet, den Geist dieser jungenhaften Gesinnungs-Genossenschaft zu beschwören, drei Jungen, die ohne große Worte einander begreifen, in dem selbsterwählten Augenblicks-Asyl des raschelnden Röhrichts.

Unserem „Strulli" genügt das nicht. Die Selbstvergessenheit der „Dreier-Bande" langweilt ihn bereits nach kurzer Zeit. „Unsere Kultur ist keine Herberge, sondern ein Weg", meint schon der spanische Philosoph Ortega y Gasset und weiß nicht, daß er in Tangermünde einen Bruder im Geiste hat. Strulli braucht immer eine Aufgabe, die ihn ausfüllt, ein Ziel, welches es zu erreichen gilt, Jungenträume, die mit Hilfe von Mut und Ausdauer Wirklichkeit werden.

Er, der geniale Architekt unauffindbarer Wald-Buden (mit Innenisolierung), Konstrukteur des Spiralen-Katapults und Befürworter der Serienproduktion von Knaller-Büchsen, ihm reicht es nicht, Schlittschuhlaufen nur als Selbstzweck zu betreiben. Noch dazu jetzt, wo er Bandenchef ist.

Gewiß, es wird „Hockai" gespielt mit dicken Schlägern aus Weidenholz und einem Stein als Puck. Jeder gegen jeden. Das Spielfeld ist 100 Meter breit und 500 Meter lang (wenn wir wollen). Im Tor brauchen wir keinen. Hier zählen nur Geschicklichkeit, Schnelligkeit und Ausdauer.

Ja, ja, und dann sind da noch die Unterbrechungen, welche zur allgemeinen Erheiterung beitragen. Irgendwann muß einer mal aus der Hose, um die mittags übermäßig genossenen Ballaststoffe loszuwerden. Die Unternehmung unterliegt der Anmeldepflicht beim Chef, denn es handelt sich um eine schwierige Geschicklichkeitsprüfung. Der Kandidat wird zu einem großen Autowrack eskortiert. Auf dem Wege mangelt es nicht an gutgemeinten Fragen und Ratschlägen: „Meinste, datte det allene schaffts? Watt jabet ßu Mittag? Sie ßu datte et loswirst, bevor der Kupfa-Bolzen friat! Denk an alle Knöppe, nicht uffn Hosenträja scheißen!“ Während der ganzen Zeit leistet der Prüfling unaufhörlich die notwendige Vorarbeit, das heißt, er erzeugt eine gewisse innere Bereitschaft. Noch einmal überdenkt er den Arbeitsweg, sich der zahlreichen hinderlichen Hüllen planvoll zu entledigen. Meistens gelingt es, mit vorgedrückter Rosette den Zielort zu erreichen, sicher hinter die Seitenwand des alten Raupen-Schleppers zu ducken, blank zu ziehen, abzuprotzen und sich wieder zu bedecken. Je schneller der Kopf des Akteurs wieder erscheint, desto herzlicher sind die Glückwünsche. Nun ja, werden Sie sagen, muß denn so etwas so breit dargestellt werden? Ja, muß ich antworten. Wer schon einmal bei minus 20 Grad versucht hat, seine Verrichtung zu tätigen, wird bestätigen, daß die Absicht eine gewisse Umsicht erfordert.

Doch zurück zu Strulli und seinem Betätigungsdrang. Der Zufall kommt uns zu Hilfe. Wir gleiten um eine Ecke, und da sitzt vor uns ein verfrühter Osterhase. Er hatte sich durch eine schneebedeckte Stelle verleiten lassen und war buchstäblich aufs Glatteis geraten. Völlig verdattert liegt er auf dem Bauch, die Läufe weit gespreizt, die Augen aufgerissen. Er kann es nicht fassen. Mutter Erde, sein Schutz und Schirm, sonst immer gut für einen eleganten Absprung, verweigert die Gefolgschaft. Zum x-ten Male verwünscht er seine fatale Prahlsucht, die ihn beim Fischbecker Hasentreff hatte erklären lassen, er wolle hinter dem Deich mal nach dem Rechten sehen. Nun scheint sein Ende gekommen zu sein.

Es nähert sich in Gestalt von Hans „Smithie“ Schmidt. Er hat den besten Antritt und rauscht mit einem Affenzahn auf den Löffelmann los, wild umflattert von seinem RAD-Mantel[1]. Da löst sich das Hasentier aus seiner Erstarrung, seine Läufe schlagen einen Trommelwirbel auf dem Eis, er macht einen winzigen Side-Step, und Smithies Hände fassen ins Leere. Dann ist der Rest der Crew heran. Mit Trommel-Technik und angelegten Ohren rutscht die Beute zwischen uns durch, kriegt Schnee unter die Füße und verschwindet flach wie ein Brett im Uferbewuchs.

Der Gesprächsstoff für den Rückweg ist gesichert. Nur Strulli schweigt. In

---

1 Das ist kein schwarzer Rittermantel, sondern eine Leihgabe des **R**eichs-**A**rbeits-**D**ienstes und kackbraun.

seine Gesichtszüge ist ein grüblerischer Ausdruck getreten. Als wir die Schlittschuhe abschnallen, sagt er plötzlich: „Wir jehn uff de Jacht. Wenn wan Flitzbohren jehabt hätten, wära nich abjehaun.“ Die Idee zündet, die Gesichter hellen sich auf. „Det isset!“ Frohgemut krabbeln die verhinderten Hasen-Greifer den Deich hoch auf die Brücke. Jetzt haben sie den Wind im Rücken.

Die besten Bögen liefert der Schneebeeren-Strauch. Er steht massenhaft in den städtischen Parkanlagen. Die Beschaffung ist einfach. Die Pfeile sind wie üblich aus Schilfrohr, die Spitzen aber eine Neuentwicklung unseres Chefs. Strulli schlägt mit einer Bauklammer die Schilfwurzeln aus dem Eis. Sie sind dick und schwer von gefrorener Feuchtigkeit, lassen sich sehr gut schnitzen und mit ekelhaft langen, scharfen Spitzen versehen.

Weil sie ebenfalls hohl sind, lassen sie sich ohne Schwierigkeiten auf den Pfeilschaft stecken. Nach zwei Tagen sind die Vorarbeiten abgeschlossen, und die praktischen Übungen beginnen. Auf dem Eis liegt ein dicker zusammengerollter Kartoffelsack. Das ist der Hase. In voller Karriere preschen die Polarjäger heran, stoppen, zielen, schießen, alles in einer einzigen, fließenden Bewegung. Oder aber das „Opfer“ wird in schneller Fahrt passiert und, aus nächster Nähe abgefeuert, bohren sich drei Pfeile in den Sack-Hasen, der, unter den Einschüssen zuckend, verendet.

Von nun arbeitet die Gruppe mit festem Auftrag. Es gilt, einen mageren Winterhasen, Jahrgang 1947, zu erjagen. Doch der Erfolg bleibt versagt. Das ist nicht verwunderlich, denn der Fischbeck-Oldie hat gepetzt. Seine beredte Schilderung von unserem eindrucksvollen Angriff unterstützt seine Warnung, daß es hinter dem Deich nicht geheuer sei und ihn den Begriff von der „braunen Gefahr“ prägen (Smithies Mantelfarbe).

Doch das ändert nichts. Tag für Tag beleuchtet das diffuse, fahl-gelbe Licht der Wintersonne dieselbe Szenerie. Drei kleine Gestalten in der grenzenlosen Weite der winterlichen Elb-Aue. Pfeilschnell gleiten sie auf stählernen Kufen dahin. Die Schulter trägt den Bogen, die Hand umklammert die todbringenden Geschosse. Scharf spähen die Augen unter den abgegriffenen Mützenschirmen. Weiter geht es … immer weiter … rastlos und unermüdlich … vielleicht hinter der nächsten Biegung … in der nächsten Bucht?

Und wenn dann eines Tages doch der Eifer erlahmt und die romantischen Träume der selbsternannten „Wildtöter“ einzufrieren drohen?

Dann hat „Strulli“ sicher eine neue Idee …

***

Fest etabliert hat sich der Winter 1947 in Mitteleuropa, und in Tangermünde hat er scheinbar seine Residenz aufgeschlagen. In eisiger Umklammerung hält er Wasser, Wald und Land gefangen und versucht, sich der Wärme in den Herzen, der Hoffnung in den Seelen und des Verstandes in den Hirnen der Menschen zu bemächtigen. Bei Helmut Pfifferling und anderen gelingt ihm das nur teilweise. Das hat diesmal nichts mit der zweistufigen Werteskala dieser Zeit (Kohlen und Kalorien) zu tun, sondern mit dem Inhalt des elterlichen Bücherschranks.

Wenn die Außentemperatur unter minus 20 Grad fällt, sagt Muddi: „Junge, bleib mal zu Hause, du holst dir ja den Tod!“ Das ist richtig. Vor dem Erfrieren bewahrt uns die Wohnung, aber das ist auch alles. In der Nordost-Ecke des Wohnzimmers – „da, wo der Wind drauf steht“ – sind plus 3 Grad Celsius. An den Fensterscheiben ist das Eis oben einen Zentimeter und unten zwei Zentimeter dick. Mit viel Mühe läßt sich ein Loch hineinhauchen, aber es lohnt sich kaum. Draußen gibt es nichts mehr zu sehen. Nur in der Nähe unseres großen, grünen Kachelofens ist der Aufenthalt erträglich. Zwar leidet auch er ständig unter akutem Nahrungsmangel, aber gegen Mittag hat Muddi ihn mit etwas Holz, Schlammkohle und zwei kostbaren Braunkohlenbriketts soweit überredet, daß er sich für seine Mitmenschen zu erwärmen beginnt. Dann kann Pfifferling den alten Korbsessel, in dem eine Decke liegt, ganz nahe heranrücken, die Knie anziehen und die Fußsohlen gegen die Kacheln stemmen. Welch eine Wonne! So hält er es den ganzen Tag aus ...

Hat der denn keine Langeweile gehabt, werden Sie fragen, da in seinem Sessel am Ofen während der vielen langen Wintertage? Mitnichten, denn die meiste Zeit war er überhaupt nicht anwesend, das heißt, der Körper wohl, der Geist nicht. Dieser weilt in fernen Ländern bei fremdartigen Menschen, erlebt Reisen und Abenteuer, durchmißt Zeit und Raum und sieht sogar andere Welten in der Unermeßlichkeit des Universums. Das Rezept für die Benutzung solch ungewöhnlicher Flucht-Möglichkeiten ist ganz einfach. Man klemme ein Bündel bedruckten Papiers, von den Menschen auch Buch genannt, in die Armbeuge und suche sich einen Sessel, in welchem man weder sichtbar noch hörbar ist. Das ist das ganze Geheimnis.

Pfifferling muß diesem Winter eigentlich dankbar sein. Wenn er es nicht schon war, macht ihn dieser Winter endgültig zum „Leser“, beschert ihm Neigung, Leidenschaft und Beglückung, die er sein ganzes Leben behalten darf ...

Das Schicksal meint es gut mit ihm. Im elterlichen Wohnzimmer steht scheinbar der einzige gefüllte Bücherschrank in der Roonstraße. Gewiß haben seine Freunde auch ein paar Bände und die obligaten „Schmöker“. Aber reihenweise Bücher und ganze Fächer voller alter Zeitschriften? Alles ist zu finden, was das bürgerliche Lesebedürfnis der Vorkriegszeit verlangte, die „Buchgemeinde Berlin“ liefern konnte, die Nazis uns beschert und die Großeltern hinterlassen hatten.

Da stehen sie alle einträchtig nebeneinander: Storm neben Schenzinger, Fontane neben Busch, Hans Dominik neben ein paar alten Coopers. Es gibt „Voss' Alpentragödie“, man lebt „Unter den Dolomiten“ und „Auf eigener Scholle“, ein einsamer „Zane Grey“ lehnt an „Ganghofer“ in Halbleder, und die frühe Science-Fiction-Vision „Das Tal des Schweigens“ hat mit dem Gesundheitslexikon Frieden geschlossen. In einem Fach stehen die Bände in Doppelreihe hintereinander. Dort ruhen die monatlichen Gratisinformationen des Berliner Bücherlieferanten. Immer sind ein paar Kurzgeschichten abgedruckt. Begeistert liest Pfifferling Jack Londons „Chinago“ und Günther Weisenborns „Zwei Männer“, weil's so schön ist, gleich zweimal. Vieles ist ihm noch rätselhaft und unverständlich, doch stört ihn das nicht, sondern beflügelt nur seine Phantasie. Die Schulen sind wegen Kohlenmangels geschlossen. Nur alle drei Tage muß man hin. Dann sitzen die Schüler mit eisigen Füßen und dem Atemdampf vor den Gesichtern für eine Stunde in den Bänken und machen Notizen für die Hausarbeiten. Die Handschuhe bleiben an …

An den „schulfreien Tagen“ beginnt die Lesewonne schon morgens um acht im Bett und dauert bis zum Schlafengehen. Wenn der Kachelofen es gestattet, ist ein Zwischenaufenthalt im Wohnzimmer möglich. Bei dieser Intensiv-Tour gibt der Bücherschrank Ende Februar nichts mehr her. „Goethes Liebesleben“ legt Pfifferling aus der Hand. Das Dasein dieses Mannes muß ja recht einseitig verlaufen sein. Dann lieber Dominiks „Stählernes Geheimnis“ zum dritten Mal.

Der Bücherschrank der Familie Grüttner wird in diesem Winter zum Mittelpunkt des geistigen Lebens in der Roonstraße. Fast alle Freunde profitieren von diesem Schatz. Besonders Klaus Garz teilt die Leseleidenschaft, hat aber überhaupt keinen häuslichen Fundus. Dann stößt er vor dem Schlafzimmerfenster einen Pfiff aus. Da er Schwierigkeiten hat die Lippen zu spitzen, ist das Pfeifloch auf der rechten Seite des Mundes. Der Pfiff hat etwas Einmaliges, Fragendes und Bittendes zugleich. Freund Klaus geht nie ungetröstet nach Hause.

Die Leihbibliotheken haben Hochkonjunktur. Aber alle Bücherbestände leiden unter Schwindsucht. Die „Tendenz-Literatur“ wurde entfernt. Für den verbleibenden Rest muß man sich vormerken lassen und oft wochenlang warten. Bleiben die „schweren Bücher“, die keiner so richtig will. „Das verstehst du doch noch gar nicht“, sagt Frau Wiedenhöfer dann zu Helmut Pfifferling. Wenn er sie jedoch weiter bittend ansieht, lächelt sie und gibt ihm das Buch doch.

Gemeinsam mit Klaus wird die Stadtbücherei entdeckt. Merkwürdigerweise werden dort die Tierbücher nur selten ausgeliehen. Bengt Berg, Paul Eipper und Hermann Löns sind mit zusammen 30 Bänden vertreten.

Nun kann man dem Rest des Winters mit Gelassenheit entgegensehen.

Die Frage „haste schon jelesen?“ ist der gemeinsame Code, ist Anstoß und Aufforderung. Jeder ist verpflichtet, Handlungen und Inhalte aus dem Gedächtnis wiederzugeben. Der Phantasie und Vorstellungskraft aller Beteiligten sind keine Grenzen gesetzt. Geschickt wird jede Heldenpose eingenommen, die Elblandschaft mit Wasser, Wald, Sumpf, Modder, Schilf, Hitze und Kälte als hervorragende Kulisse dienstbar gemacht. Den Rest leisten sprachliche Kommentare, Schlagworte und nachgeahmte Geräusche. Meister der Imitation sind unter uns, lassen die Gestalten der Bücherwelt lebendig werden, geben allen Unternehmungen neue Perspektiven und lassen manchen harten Nachhauseweg in eiskalter Winterdämmerung durch die farbige Schilderung eines Meistererzählers erträglich werden.

An einem Abend wird die Mannschaft abrupt in die Tangermünder Realität zurückbeordert. Vom jenseitigen Brückenende sieht sie, daß das Hafengebiet von hellem Feuerschein überflackert wird. Riesige Flammen schlagen aus dem Dach des Ruderclub-Bootshauses. Das Gebäude brennt bis auf die Grundmauern nieder. Betroffen gehen die verhinderten Abenteurer nach Hause, denn das Bootshaus war ein Bestandteil der jüngeren Geschichte der Stadt.

***

Und dann ist es soweit. Eines Morgens steht der Winter in eigener Person mitten in der Grüttnerschen Küche und blickt die Familie mit mitleidlosen Augen an. „Ihr habt nur noch für einen Tag Heizmaterial“, sagt er. „Ich komme in den nächsten Tagen wieder vorbei und ersetze euer Knochenmark unwiderruflich durch ein paar Eiszapfen. Dann sehen wir weiter.“ Der Überfall kommt zwar nicht unerwartet, ist jedoch in seiner Endgültigkeit und Unerbittlichkeit eine neue Dimension.

Der nächste Tag ist ein Sonntag. Aus diesem Anlaß sind draußen minus 26 Grad Celsius. In der Küche steht eine Pfanne auf dem Herd. Sie ist mit einer Speckschwarte, die schon zweimal Geburtstag hatte, ausgerieben und stinkt zum Himmel. In der Pfanne liegen Roggen-Schrot-Dörrfladen und krümmen sich in tiefer Verlegenheit zusammen, denn sie sollen das Frühstück sein.

Die Gebrüder Grüttner (12 und 18) gedenken, im Schutze des Sonntags, der Kälte und der Morgenfrühe mit schnellem Zugriff Holz zu beschaffen. Zwar sind alle Wälder streng bewacht, aber da wollen sie auch gar nicht hin. Ziel ist vielmehr das „Räck-Holz“, ein lichter Bestand von Weiden, Erlen, Eichen und Pappeln gegenüber von „Onkel Toms Hütte“. Es ist noch dämmrig, da haben sie die Stadt schon hinter sich und überschreiten im ersten Morgenlicht in Höhe der ersten Tangerbrücke die eisern zugefrorene Elbe. Das geschieht ohne Angst und Scheu oder Vorsichtsmaßnahmen. Das wilde, erstarrte Schollengeschiebe auf dem Fluß ist meterdick. Mit etwas Mühe finden die zwei einen befahrbaren Weg durch die bizarre, arktisch anmutende Elblandschaft.

Die drei Kilometer Fußmarsch über die schneebedeckten Elbwiesen sind mühevoll, aber mit einem unbeladenen Schlitten noch gut zu bewältigen. Seit Tagen weht ein ekelhafter, sturmähnlicher Wind. Breite Wiesenflächen sind blankgefegt, so daß das Gras sichtbar wird. Dazwischen jedoch schmale, knietiefe, oft hunderte von Metern lange Schneewellen. Irgendwann ist die Oberfläche angetaut und wieder gefroren. Das finden die Schneewellen lustig und läßt sie bereit sein für einen „kleinen" Schabernack. Sie halten bereitwillig ihren Rücken hin und machen die Menschen mit dem Schlitten glauben, man könne sie bequem und leichtfüßig überschreiten. Die Menschen nehmen das Angebot an und wandern rüstig auf die ferne Baumreihe zu. Geduldig zockelt das Rennschlitten-Imitat hinter ihnen her. Zur Feier des Tages mit einem dicken Schiffstau versehen. Das Gelächter hinter ihnen können sie nicht hören.

Gut kann der ältere Bruder mit der Axt umgehen. Ehe man drei Vaterunser beten kann, liegt eine Eiche im Schnee, wird entastet und auf Länge zurechtgehauen, damit sie in den Seesack paßt. Dem großen Bruder geht's ganz gut. Erstens trägt er Teile von Pabbas Marineklamotten plus Schaftstiefel, zweitens ist er warm von der harten und schnellen Arbeit. Der kleine Bruder muß beiseite stehen. Es gibt nur eine Axt in der Familie. Er beginnt entsetzlich zu frieren und wird sich der Vermessenheit bewußt, welche einen winterschwachen „Pfifferling" veranlaßt hat, sich in die Arktis zu begeben. Die Expedition schien etwas anderes zu sein als das gewohnte Schlittschuhlaufen.

Dann ist der Seesack voll und zugeschnürt. Es ist ein kurzer, dicker Bursche, der zufrieden seine Maulklappe hinter dem frischen Holz geschlossen hat. Er überlegt nur kurz, dann entschließt er sich, Gewicht zu haben. Bei rund einem Meter Höhe und fünfzig Zentimeter Dicke reichen vorläufig zwei Zentner. Jetzt braucht er nur noch auf dem Schlitten Platz zu nehmen und sich nach Hause fahren zu lassen.

Wohlgemut machen wir uns auf den Heimweg. Der schnelle, gute Erfolg hat die Stimmung gehoben. Doch der Transport ist Schwerstarbeit. Nur mühsam kommen wir auf den dünnschneeigen Grasflächen voran, müssen jetzt schon alle Kraft einsetzen. Und der Weg ist noch so weit. Die Spitze des Stephansturms, vertrauter Begleiter aus seligen Sommertagen, ist fern, spießt heute feindselig in den Himmel.

Dann kommt die erste Schneewelle ... ein Stück geht es die verharschte Neigung hinauf ... dann bricht der Schlitten durch die heimtückische Kruste ... geht weder vor noch zurück … die Kufen sind viel zu schmal. Also Sack runter … Schlitten raus … Sack gemeinsam über Boden geschleift … rauf auf Schlitten … weiter nach der nächsten Welle … keuchende Erschöpfung … aber die dritte hält … sollte doch? … nein, die meisten folgenden halten nicht …

Der Wind hat sich verstärkt. Entgegen seinen Gewohnheiten in diesem Winter weht er aus Westen, bläst uns ins Gesicht. Jetzt ist auch das verächtliche Gekicher der Schneewellen hörbar. Es klingt wie das Rascheln und Zischen der Eiskristalle auf den Harschflächen. Ich bin todmüde, kaum noch eine Hilfe für Gerhard. Die Wollhandschuhe sind steifgefroren, die Hände darin starr und klamm, können nicht mehr zufassen … die Familien-Erbschuhe haben kein Sohlenprofil … nur seitlich oder nach innen gekippter Fuß bringt etwas Halt … Schnee oben reingerutscht … wieder gefroren … Knöchel schmerzen unerträglich … weiter …

Die nächste Welle ist noch breiter und noch schlimmer. Gerhard befindet sich in einer schnaubenden, verbissenen Wut. Er will unter keinen Umständen den Sack erleichtern und Holz zurücklassen. Nun stürzt er sich wie ein wildes Tier auf den Seesack. Zerrt ihn durch den Schnee … brüllt und zischt Flüche und Verwünschungen in den eisigen Wind … die Natur, der Kinderschlitten mit seiner Ladung und der jüngere Bruder in seiner Nutz- und Hilflosigkeit haben sich gegen ihn verschworen, wollen ihm den Rest geben.

Für seine 18 Jahre ist er außerordentlich stark und sehr stolz auf die Körperkraft. In diesem Seesack findet er seinen Meister aber auch einen Gegner, der sich stellt. In dem geröteten Jungengesicht erscheinen weiße Flecke mit aufgerichteten Flaumhaaren … die Augen sind starr und böse auf den „Feind“ gerichtet … der Kiefer unter dem aufgerissenen Mund verschoben.

Die gesamte Verbitterung
über die erbärmliche, trostlose Situation,
die Enttäuschung über Schicksal und Zeit
brechen sich Bahn …
… und der Bruder schreit sie
… dieser Zeit
… an diesem Morgen
… in ihr Gesicht …
… in der verzweifelten Gewißheit, daß die ungeheure Anstrengung zwei Zentnern nassem Holz gilt, dessen erfolgreicher Abtransport nur Linderung des Mangels für wenige Tage bedeutet.

Kaum einer Generation ist je ein Stück Leben brutaler weggenommen, ihre Jugend für null und nichtig erklärt und bei der Revision ein Trümmerhaufen mit folgenden Bestandteilen präsentiert worden.

Gefühle = ausgenutzt
Begeisterung = mißbraucht
Eltern = schuldig
Lehrer = Handlanger
Vorbilder = Verführer
Führer = Mörder
Ziele = verbrecherisch
Freunde = tot
Ersatz = keiner
Zukunft = hoffnungslos
Schicksal = ungewiß

Erst in späteren Jahren wird richtig klar, welch ein Konflikt hier ausgefochten wurde, gerät jene Fahrt „zum Räck-Holz“ zum Schlüsselerlebnis. Entweder wir schaffen diese Umstände und diese Zeit, oder sie kriegen uns unter ...

Viele Male wird der Schweiß auf der Haut kalt und wieder warm, aber die halbverwehte Spur auf dem Elbeis ist fast eine Erholung und nährt eine zaghafte Hoffnung. Bis zu der kurzen Geraden vor der Tanger-Brücke. Dort liegt eine Schneewehe quer über den Weg. Wohlgemerkt, keine Welle, sondern ein hohes steiles Hindernis, das sich links und rechts in die Wiesen fortsetzt. Es ist nicht zu umgehen. Fuß- und Schlittenspuren führen hindurch, und dahinter ist ein breites Stück blanke Erde zu sehen.

Die Beine wollen nicht mehr, und Pfifferling findet sich neben dem Schlitten im Schnee wieder, während ihm die Tränen über die Backen laufen. Das Weinen ist lautlos, die Empfindungen sind fast weg, alles ist egal. Dann spürt er einen Atem und hört eine Stimme. Die Stimme verspricht ihm den Tuschkasten mit den runden Farbtöpfchen. Gerhards Gesicht ist wieder glatt, die Augen sind ruhig. Ob es die rührende Geste war, mit der spärlichen Flamme einer früheren Begierde den Jüngeren wieder auf die Füße zu stellen, oder dessen Furcht, den Älteren nochmals ratlos und mit wankender Selbstbeherrschung zu sehen, ist nicht klar. Bestürzung und Schmerz über die Härte der neuen Erfahrungen sind groß. Die Mechanismen beginnen wieder zu funktionieren. Die Hindernisse bleiben zurück, und den Klosterberg hinauf hilft man uns schieben.

Muddi hat sorgenvolle Augen, als sie Pfifferling ins Bett steckt. Apathisch läßt er sich jede Teesorte einflößen, schläft den ganzen Nachmittag, die Nacht und die Hälfte des anderen Tages. Freund Klaus nimmt die Entschuldigung mit zur Schule. Am dritten Tag geht der Räck-Holz-Kämpfer mit weichen Knien in den Keller und beäugt das lächerliche Häufchen Holz, das ihm soviel abverlangt hat.

Mit Schlammkohle und Sparbrikett geht der Winter weiter. Gerhard startet noch zwei Unternehmungen zur Holzbeschaffung. Allein. Die Taktik ist ähnlich wie beim Organisieren von Chaussee-Äppeln. Nur ist es diesmal kein Gewitter, welches die Fluraufseher zu Hause hält, sondern ein handfester Schneesturm. Seine Fahrt geht auch nicht zum Räck-Holz, sondern in ein winziges Wäldchen zwischen Hämerten und Tangermünde gelegen, von uns Fuchswald genannt. Auch diesmal ist es beschwerlich, aber der Schnee ist noch locker, der Erfolg nicht dauernd in Frage gestellt und der Seesack diesmal voll Birkenholz. Das ist nicht so gewichtig. Noch leichter sind die Kienäppel, die wir Mitte April in Staffelde holen. Sie sind zwar vorjährig und noch ziemlich feucht, aber nach einigen Tagen Trockenzeit in der Küchenkiste brennen sie ganz gut. Tröstlich ist der vertraute Harzgeruch des Zapfenfeuers im Herd, läßt die zaghafte Hoffnung gewiß werden, daß der Winter 1947 überstanden ist.

Tief jedoch haben sich die bedrohlichen Situationen der Monate, die hinter uns liegen, in das Bewußtsein eingegraben. Viele Menschen geben einander das Versprechen oder schwören es im stillen: Nie wieder darf es sein, daß der Winter uns einholt, mit Hunger und Kälte bedrängt und uns den Atem nimmt.

Dafür müssen wir sorgen
im kommenden Sommer
mit allen Mitteln
und allen Kräften.
Das gelobt sich auch unsere Familie.

Eastern Connection

Obwohl die Russen nicht unsere Sympathie besitzen, kommt man letztlich nicht an ihnen vorbei. Als Besatzer sind sie allgegenwärtig und drücken Stadt und Land ihren Stempel auf. Kontakte ergeben sich, manche zufällig, andere zwangsläufig, dritte gewollt und gesucht. Man muß mit ihnen rechnen und arrangiert sich.

Zunächst jedoch haben die Befreier in Tangermünde Probleme. Ausnahmsweise nicht mit den Deutschen, sondern mit der von ihnen gebauten hölzernen Elbbrücke. Das ist zwar ein gelungenes und äußerst stabiles Bauwerk, aber wie verhält es sich, wenn das meterdicke Eis des Winters 1947 bricht und von der gewaltigen Hochwasserströmung des Frühjahrs in Gang gesetzt wird?

Also los! Vorsorglich sprengen, hacken und bohren die Russen vor und hinter der Brücke unzählige Löcher ins Eis. Wenn die Oberfläche beim Eisstoß bricht, zerlegt sie sich in viele kleinere, ungefährliche Stücke. Das ist notwendig, denn die Bildung einer Eisbarriere und dem entstehenden ungeheuren Druck würde die Holzkonstruktion nicht standhalten.

Und es gelingt. Alles läuft glimpflich ab. Der Eisgang verebbt, und nur noch einzelne Schollen treiben den Strom herab. – Aber was sind das für Einzelgänger, die sich da nähern? Daß sie es bis zu uns geschafft haben, beweist hinlänglich ihre Kraft und Ausdauer. Manche sind 100 Meter lang und 50 Meter breit. Als der erste dieser Giganten gegen die Brücke kracht, erbeben das Gebäude und die Erbauer bis in die Grundfesten. Noch ein paar von dieser Qualität, und die Tangermünder haben keine Brennholzsorgen mehr, können die Bestandteile am Weinberg oder bei Hämerten aus dem Wasser fischen. Das darf nicht sein!

Die beste Sicht hat man vom Denkmalsplatz des Burgberges. Die Russen bringen schwere Granatwerfer in Stellung, um die drohend herannahende Gefahr durch gezielten Beschuß zu zerkleinern. Vor den russischen Erfolg und die Granatwerfer haben die Tangermünder jedoch vor 80 Jahren bereits einige schöne Blautannen gesetzt. Auch Kaiser Karl IV. – in Bronze – blickt seit vielen Jahren wohlwollend auf die schönen Bäume, da kommen ein paar lausige russische Pioniere und sägen einige der schönsten Exemplare einfach um. Der Krach, den die Bürger schlagen, ist lauter als die Abschüsse der Granatwerfer. Zum ersten Mal seit der Befreiung wagen sie es, ihre Stimme zu erheben. Dann haben die Eisschollen ein Einsehen. Sie verschwinden von der Wasseroberfläche und die Russen vom Burgberg. Die Empörung über die ungeheure Freveltat aber hat sich bei den alten Tangermündern bis heute erhalten.

Auch Gerhards Musikerfreundin, Jutta Hallmann, Stütze der ehemaligen Schülerband, ist von der Russian Connection betroffen. Die räumlichen Möglichkeiten des elterlichen Anwesens hatte die Besatzungsmacht veranlaßt, dort Quartier zu nehmen. Mehrere Offiziersfamilien sind untergebracht, und bei einem Besuch lernt Gerhard die Sieger kennen. Erstaunt berichtet er von der Umgänglichkeit, ja Verbindlichkeit, mit welcher die Russen ihm begegnet seien. Eine der Frauen könne sogar Swing oder Foxtrott tanzen. Das läßt sie in meinen Augen fast menschlich erscheinen.

Als die Quartiergäste abziehen, ist Gerhard Jutta und ihrer Mutter bei Aufräumarbeiten im Hause behilflich. Man hat sich zwar im großen und ganzen ordentlich geführt, aber viele Monate lang fremde Soldaten im Haus, das hinterläßt doch gewisse Spuren. Eingeritzte Sowjet-Sterne in den lackierten Oberflächen der Möbel zeugen von ihrem Nationalbewußtsein, die daneben angeschraubten Steckdosen beweisen jedoch ihren Sinn fürs Praktische.

Hinter Hallmanns Haus befindet sich ein großer, etwas verwahrloster Obst- und Gemüsegarten. Im Frühjahr 1947 gräbt Gerhard das ganze Areal um. Als Dank darf die Familie Grüttner die eine Hälfte des Gartens für sich nutzen. Welche Wonne! Begeisterungsstürme in der Familie. Endlich ist es soweit! Ein „eigener" Garten! Verwundert stellen wir fest, daß die Beschaffung von Sämereien und Gemüsepflanzen in Tangermünde keine Schwierigkeiten macht. Die Gärtnereien Lange, Törmer und Henseroth halten alles bereit, in unbegrenzten Mengen und frei verkäuflich. Mit Feuereifer gehen alle an die Arbeit. Ein denkwürdiger Höhepunkt ist die Einbringung von 250 Porree-Pflanzen am 1. Mai. Später wird jede neue Wachstumsphase freudig begrüßt, jedes Ernteergebnis aber feierlich in Empfang genommen. Zu lange hat die Familie an fremden Gartenzäunen gestanden, als daß sie den Segen dieses Stückchens Erde nicht zu schätzen wüßte. Die Produkte auf den hintersten Beeten sind nicht zum Verzehr geeignet. Sie gehören zur Pflanzengattung „Nicotiana" aus der Familie der Nachtschattengewächse (Tabak), von denen später noch die Rede sein wird.

Durch Juttas Vermittlung macht Gerhard später die Bekanntschaft eines anderen russischen Offiziers. Er möchte gerne Akkordeonunterricht haben. Seine Wohnung befindet sich in der „Straße der S. A." (heutige Friedrich-Ebert-Straße). Den ganzen unteren Straßenabschnitt hat die „Rote Armee" beschlagnahmt. Die Bewohner sind unter Zurücklassung der Einrichtung zum Auszug überredet worden. Oben und unten am Straßenende wird ein hölzerner Triumphbogen errichtet, in dessen Mitte ein roter Stern plaziert, fertig ist die Unterkunft.

Jede Woche mehrmals marschiert Gerhard jetzt durch den Triumphbogen an einem Posten vorbei und spielt Musiklehrer. Er benutzt die „Papageien-Methode", das heißt, ich mache vor, und du machst nach. Da der Russe zwei Instrumente besitzt, geht das ganz gut. Gespielt wird alles, was bekannt ist und gefällt. Vertraute russische Lieder, Operetten- und Schlagermelodien. Der Schüler macht Fortschritte und ist zufrieden. Besonders mag er Titel in Moll-Tonarten. Aber so viele kennt der Lehrer auch nicht. Gerade noch rechtzeitig erinnert er sich, daß die Tango-Vorspiele alle in „Moll" stehen. Also knallt er „Ole Guapa, Tango Anjuschka, Stern von Rio, Unter der roten Laterne von St. Pauli" in die Bude, setzt „Die Julischka aus Budapest" oben drauf und geleitet den ganzen Verein über die „Donauwellen" nach Hause. Als er wieder den Kopf hebt, hat sein Schüler blanke Augen und die Hand auf Gerhards Schulter. Das Honorar in Zigarettenwährung fällt an diesem Abend besonders großzügig aus.

An einem Abend warten wir vergeblich auf die Heimkehr unseres Musik-Erziehers. Erst nach Mitternacht werden Muddi und ich davon wach, daß er in die Küche geht und das Licht anknipst. Als wir die Szene betreten, entleert er gerade einen großen Beutel mit dicken Brotstücken in eine Waschschüssel. Dann setzt er sich gemütlich auf die Holzkiste und grinst uns freundlich an. Nach Russen und Tabak riecht er ja immer, wenn er nach Hause kommt, aber diesmal stinkt er zusätzlich auch noch nach Schnaps. Und während Muddi und ich im Nachthemd, jeder ein Stück eiskaltes Russenbrot kauend, dastehen, hören wir die Geschichte dieser Nacht.

Unversehens war die musikalische Unterweisung in eine Orgie Typ „Russische Nacht" umfunktioniert worden. Solche Veranstaltungen laufen eigentlich nach einem festen Schema ab: essen und viel trinken, musizieren und viel trinken, singen und viel trinken, tanzen und viel trinken. Dann „Frrrou muuß koomen!" Diesmal war die Abfolge etwas durcheinander geraten, weil die Musik ja schon da war. Das tat aber, wie der Bruder beteuerte, der Stimmung keinen Abbruch. Während des Musizierens hatte Gerhard Gelegenheit, einige sowjetische Berufstrinker bei ihren Praktiken zu beobachten. Sie beißen in eine dicke „Bolle" (Zwiebel), kauen genüßlich, reißen das Maul auf, schnappen nach Luft, gießen über die empörten Zungen-Papillen „Sto Gramm" – hundert Kubikzentimeter – Schnaps und zur Niederschlagung der zu erwartenden Revolution ein Glas Wasser gleich hinterher. Dazu werden unaufhörlich dicke Speck-, Wurst- und Brotwürfel gereicht, so daß die Profis diese Art von Wirkungstrinken lange Zeit durchstehen können. Zwar versucht der Gastgeber, seinem Lehrer diese Tortur zu ersparen, aber da nach jedem Lied der Beifall, Eß- und Trinkaufforderungen sowie herzliche Wünsche für seine Gesundheit (Na Sdorowje) auf ihn niederprasseln, kann der Musikant sich nicht immer entziehen. Um nicht zu brüskieren, muß er das eine oder andere „Sto Gramm" hinter die Binde gießen.

Der Abend gerät zum Erfolg. Die Gesangsphase scheppert von den Wänden, und bei der Tanzphase qualmen die Dielen. Als aber die Lieder immer trauriger werden und die Rufe nach den „Gespielinnen der Nacht" immer lauter, verabschiedet der Veranstaltungsleiter den jugendlichen Künstler hastig.

Mit den Segenswünschen der Roten Armee, besagtem Beutel Brot sowie mehreren Händen voll Zigaretten versehen, findet mein Bruder den Weg unter dem kalten Sternenhimmel nach Hause. „Jack London" oder ein Film sind eine Seite, die Wirklichkeit aber eine andere, denkt er und versucht, die Auswirkungen des ersten ernsthaften Zusammentreffens mit „König Alkohol" zu bewältigen.

Doch nicht immer laufen die Begegnungen mit den Besatzern so friedlich ab oder entwickeln sich gar zur Verbrüderungs-Szene. Für die Tangermünder bleiben die russischen Soldaten der Nachkriegszeit unberechenbar, vor allem dann, wenn sie betrunken sind und ihre Unterkünfte verlassen. Frauen und Mädchen leben in ständiger Angst, das wissen auch wir Kinder schon, und der abendliche Nachhauseweg von Verwandtenbesuchen oder Kinovorstellungen bleibt ein Risiko. Das gilt auch für hilfswillige Zivilisten. Erstens weil es nicht ratsam ist, Militärpersonen anzufassen, zweitens weil diese häufig bewaffnet sind. Die Militärpolizei greift hart durch, wenn sie einen Missetäter dingfest macht. Drastische

Ahndungen, direkt am Ort des Geschehens mit dem Gewehrkolben vorgenommen, sind beobachtet worden, aber dennoch ...

Wieder stört man Pfifferlings Nachtruhe. Diesmal massiv. Türenschlagen ... laute Stimmen im Hausflur. Muddi ist schon auf ... hinterher ... draußen eine Gruppe junger Leute ... Gerhards Klassenkameraden ... Mädchen in Abendgarderobe ... unter ihnen Trautchen Janiak, Tochter von Nachbarsleuten ... sehen ängstlich aus ... sprechen erregt ... Pfifferling wird ins Bett gescheucht ... duselt wieder ein ... später draußen entfernt Schüsse ...

Am anderen Tag ist es Stadtgespräch. Die Oberschüler hatten eine Klassenfete im Restaurant zum „Weißen Schwan". Angelockt durch Akkordeon-Musik und Mädchenlachen begehrt eine Gruppe angetrunkener Russen polternd Einlaß. Ende der Party. Alle Festgäste, zuförderst Mädchen und Musikinstrumente, verlassen das Lokal durch den Hinterausgang. Die Russen verfolgen die Gruppe, welche sich nach Norden wendet, verlieren aber den direkten Kontakt. So wird Grüttners Wohnung zur Zuflucht für die Schüler. Die Trunkenbolde vermuten sie jedoch im Haus der Familie Bannier in der Jordanstraße, treten die Türfüllung ein, geraten in Streit und schießen sich mit der Maschinenpistole gegenseitig in den Bauch. Einer ist schwer verletzt oder tot. Kinder und Nachbarn bestaunen am anderen Nachmittag das Loch in der Haustür und die Blutflecke auf den Pflastersteinen. Was mögen die Banniers ausgestanden haben, als sich dieser Höhepunkt einer „Russischen Nacht" vor ihrer Tür abspielte?

Die Vorstellungen der beiden Tangermünder Filmtheater beginnen mit halbstündigem Abstand. In der Zwischenzeit wird die einzige Wochenschau-Filmspule von einem Kino zum anderen transportiert. Das erledigt Tag für Tag der Vorführgehilfe Edgar Puschmann. Eines Abends wird er in der Lämmergasse von einem Russen ohne Grund niedergeschossen. Einfach so. Er liegt mit einem Lungendurchschuß viele Monate im Krankenhaus.

Da wird diesmal die sommerliche Abendstille gestört. Lärm und Geschrei in der Blumenthalstraße. Zwei Minuten später sind wir am Ort des Geschehens. Ein junger russischer Soldat hat ein Fahrrad geklaut und versucht zu entkommen. Gerade biegt er bei Breuls Heißmangel in die Hohenzollernstraße (Karl-Liebknecht-Straße) ein, verfolgt von einer stets anwachsenden Kinderschar. Er hat Pech. Die Straße ist eine Sackgasse. Das erheitert uns kolossal. Außerdem hat er einen unmöglichen Fahrstil, weil er stockbesoffen ist. Als er mit dem Abschlußzaun Kontakt aufnimmt, fallen er und das Fahrrad um. Ein ungeheures Hohngelächter erschallt, und jetzt schäumt er vor Wut. Die Flüche, die er ausstößt, sind entsetzlich, wir kennen sie alle. Er rafft sich auf, wendet das Fahrrad und nimmt die Verfolgung auf. Wir haben Angst, müssen aber furchtbar lachen, denn wir sind zu Fuß viel schneller als er. Bei Kaufmann Damm steht eine Menschenansammlung, aber sie flüchtet vor dem brüllenden Russen. Er ist nicht bewaffnet, und wir sehen erstaunt, daß Ofensetzer Janus als einziger stehen bleibt. Mit baumelnden Armen, starkhalsig und ducknackig sieht er der Gefahr entgegen. Gleich kommt die Katastrophe. Der Russe rast schlingernd heran, verläßt sein Gefährt (er benutzt die kaukasische Frei-Flug-Absteige-Technik) und stürzt sich heulend auf Janus. Zwanzig Augenpaare sehen es, und Helmut Pfifferling zum ersten Mal, wie jemand k. o. geschlagen wird, sich mehrfach überkugelt und bei Damm vor dem Tritt liegenbleibt. Dann kommt er mühsam auf die Beine, stößt unartikulierbare Laute aus, droht Janus mit der Faust, traktiert das Veloziped mit Fußtritten und radelt krachend und knirschend die Straße hinunter, wird dort von einer Streife in Empfang genommen. Vater Janus beobachtet das Ganze gelassen. Er hat den Stumpen nicht aus dem Mund genommen.

Es war also möglich, sich der Willkür, welche die Besatzungsmacht manchmal zeigte, entgegenzustellen. Vielleicht hatte Janus auch nur Glück gehabt? Wir Kinder jedenfalls bewunderten ihn maßlos. Niemals hätten wir hinter der biederen Handwerkergestalt, die im Herbst regelmäßig die Fugen unserer Kachelöfen verschmierte, Mut, Entschlossenheit und Geistesgegenwart vermutet. So etwas war nur aus dem Kino bekannt, wenn Harry Piel oder Tom Mix mitspielten. Mit einem Mal ist es hier mitten unter uns, in einer Vorstadtstraße von Tangermünde.

Trotzdem zeigen uns diese Ereignisse, daß wir noch sehr weit von der Normalität entfernt sind. Wir sind sowjetische Besatzungszone. Die Militärmacht ist stets präsent, nicht zu übersehen. Wenn die Russen in Kompagniestärke die Moltkestraße hinuntermarschieren, singen sie genauso laut wie früher die deutschen Fallschirmjäger. Nur der Stil und die Texte sind anders. Häufig verwenden sie eine Art Wechselgesang zwischen einem Vorsänger und den Übrigen. Wunderschöne, kräftige Naturstimmen sind darunter, etwas kehlig und fremdartig, aber nicht unangenehm. Jooo – pojo – pojo — pojo – Jooo – pojo – pojo — pojojo, jedenfalls übersetzt unser Kumpel Bieberstein den Text so. Außerdem singen die neuen Tangermünder Garnisons-Soldaten noch „Moskwa moja, Moskwa moja".

Die Tangermünder Bürger singen auch wieder, außerdem marschieren sie, haben Pechfackeln mitgebracht, und in der Geschäftsstelle der „SED" neben dem Rali-Kino gibt es rote Papiernelken, soviel man will. Der 1. Mai 1947 sieht also einen abendlichen Umzug im Fackelschein! Es ist schon ein einmaliges Erlebnis, die alten Straßen und Häuserfassaden, die blitzenden Instrumente der Musiker im Flackerlicht der Fackeln, der Marschtritt der Menschen (!!!), also wissen'se, da muß man einfach mitmarschieren.

Zwei Kapellen liefern der Szene den musikalischen Unterbau. Die eine spielt normale Blechblasinstrumente unter der Leitung von Herrn Briese. Die andere bläst auf konischen Nickel-Röhren und erzeugt einen näselnden Quäk-Sound. Obwohl noch nie gehört, enttarnt Helmut Pfifferling die „Band" sofort. Es ist eine Schalmeien-Kapelle. Erkennungszeichen kommunistischer Umzüge nach dem Ersten Weltkrieg. In Pabbas Büchern gab es Abbildungen. Trotz des unterschiedlichen Instrumentariums spielt man häufig denselben Titel, und nachdem wir es zehnmal gehört haben, wissen alle, wer sie sind und wohin der Marsch geht. „Brüder, zur Sonne, zur Freiheit! Brüder, zum Lichte empor!"

Zu Hause gibt es Gespräche über das neue politische System. Muddi winkt ab, das hatten wir alles schon einmal, verständliche Reaktion. Zwei Jahre nach Hitler erwartet man von dieser Generation schon wieder ein Bekenntnis. Gerhard hat für die neuen deutschen Machthaber sowieso nur verächtliche Seitenblicke. Auch bezweifeln er und andere junge Leute, daß wir vor einer „leuchtenden Zukunft" stehen. Wenn wir an den Tangermünder Fabrikanlagen vorübergehen, orientieren sich die Aktivitäten eher nach unten. Bis zu den Fundamenten werden manche Hallen auf- oder ganz abgerissen, um an Maschinen und Kessel zu gelangen und sie in die Sowjet-Union zu transportieren. Heimkehrende Kriegsgefangene berichten von Inventarteilen mit der Aufschrift „Zuckerraffinerie Tangermünde", die auf Abstellgleisen fern im Osten verrotten.

„Krieg und Pestilenz", würde der Chronist sagen, haben tausend Jahre lang nicht vermocht, die Stadt zu vernichten und ihre Bewohner zu vertreiben. Ja der schrecklichste aller Kriege hat sie auf wunderbare Weise verschont.

Jetzt bröckelt die „Tangermünde Saga".

Ihr Lebensnerv war durchtrennt worden, und es ist fraglich, ob sie sich jemals wieder richtig von dieser Variante der „Eastern Connection" erholen wird.

Aber da ist ja – Gott sei Dank! – der Wahlspruch:

„De Tangermünder hebben den Moot!"

Western Connection

Weil Pabbas Briefe aus französischer Kriegsgefangenschaft Vordrucke sind, in denen immer der gleiche Text steht, schenkt dem im Mai 1947 ankommenden zunächst keiner Beachtung. Gerhard und Muddi besprechen ein Problem, und darum wird Pabbas Post eigenmächtig von Helmut Pfifferling geöffnet. Sein Schrei schreckt die anderen auf, aber der Einleitungssatz bleibt unverrückbar auf dem Briefpapier stehen:

„Bin auf dem Wege in die Heimat!"

Muddi muß sich setzen und weint kurz und heftig. Das sind wir von ihr nicht gewöhnt und schweigen darum etwas betreten. Dann faßt sie sich, und wir werden umschichtig unheimlich gedrückt. Die Familienstimmung beginnt, sich himmelan zu bewegen, und der Steigungswinkel ist enorm. Am Nachmittag im Garten arbeitet Muddi, daß die Erde qualmt. Ihr Gesicht glüht, und das kommt nicht nur von der Arbeit. Wenn sie sich aufrichtet, um mit dem Handrücken eine Haarsträhne aus dem Gesicht zu streichen, lächelt sie mich an. Das Lächeln bleibt auch, wenn sie sich wieder der Arbeit zuwendet. Die „Familien-Sondermeldung" scheint selbst ihren maladen Rücken besiegt zu haben.

Und als ob es ein Signal gewesen sei, beginnt sich um uns herum die Nachkriegswelt zu verändern. Oder ist es nur so, daß wir die Dinge mit wacheren Augen sehen, die Freude uns ein Stück Lebensmut zurückgegeben hat? – Einerlei, die Mannschaft hat den Kopf gehoben und Witterung aufgenommen.

Zunächst einmal werden internationale Kontakte geknüpft. Oberschüler hatten ja schon vor dem Kriege „Schreib-Freundinnen" in England oder Frankreich, um die Motivation für die jeweilige Fremdsprache zusätzlich zu steigern. Der nette Brauch wird wiederbelebt, und als die Anschriften der jungen Damen in der Schule vergeben werden, ruft Gerhard zweimal „hier". Die Verbindung klappt, Briefe und Bildchen beginnen hin- und herzuwandern und werden zu Hause und in der Schule stolz vorgezeigt.

Miß „Margret" aus London weiß über die Zustände in Deutschland Bescheid. Schon nach wenigen Briefen kündigt sie die Zusendung eines „foodparcel" an. Mit Freudengeheul werden diese „Good-Will"-Aktionen zur Völkerverständigung begrüßt und lassen die Schreibbereitschaft vieler Tangermünder Gymnasiasten erheblich anwachsen. Gerhards „Amerikanerin" sendet nur Worte und fremdartige Briefmarken über den Ozean, und so bleibt die Dame uns fern und fremd.

Als das „Freßpaket" eintrifft, entnimmt Gerhard dem Karton viele Schätze in Konservenform, ehe der Boden sichtbar wird. In England gibt es zwar auch noch Lebensmittelkarten, aber viele Dinge sind nicht mehr rationiert. So auch Pulverkaffee in verschweißten Blechdosen, von denen eine farbenfroh leuchtend auf dem Küchentisch steht. Sie bringt im Gegentausch bei einem märkischen Bauern 25 Pfund Roggenmehl und drei große Brote aus der Eigenproduktion.

„So spendet Segen am Elbestrand
Miß Margret aus dem Engeland",

deklamiert Muddi und aktualisiert den „Ribbeck auf Ribbeck im Havelland" auf ihre Weise.

Im Herbst 1947 öffnet sich die Hand, die schützend über der Familie schwebt, erneut und streut ihren Segen aus. Pabba hat sich nach Mülheim an der Ruhr in die Westzone entlassen lassen und arbeitet in einem Zechenbetrieb. Neben der

Schwerstarbeiter-Karte bekommt er I.K.-Marken (Industrie-Kaufmarken). Was in Pabbas Paketen ist, verschlägt uns die Sprache: Schweinefleisch und Rindfleisch in Dosen, Honig in Dosen, Käse am Stück und in Dosen. Außerdem scheinen amerikanische Schweine keine armen Schweine gewesen zu sein, denn der fette Speck ist acht Zentimeter dick.

Neben den hochwertigen Nahrungsmitteln enthalten Pabbas Pakete aber auch Produkte, die in der Westzone markenfrei verkauft werden: „Nährhefe", ein hellbraunes Pulver, mit Wasser angerührt schmeckt es furchtbar nach Knochen oder Leim, hat jedoch einen hohen Kaloriengehalt und Sättigungsgrad. Künstliche Brotaufstriche in Dosen oder Tuben, Leberwurstersatz und Fischpaste, beide dunkelgrau und undefinierbar, werden freudig in unserer Kartoffelwelt begrüßt. Auch Maismehl ist in der Westzone noch rationiert. Aber nach Appellen an die Verkäuferinnen mit dem Hinweis auf die Ostzonenfamilie erhält Pabba stets große Tüten mit dem wunderbaren gelben Produkt ohne Marken.

Unsere Nachkriegsdärme sind solche Substanznahrung nicht gewohnt. Der Maisbrei verläßt nur unter Protest den Körper. Kraft und Ausdauer auf dem Lokus sowie fünf bis zehn Seiten Lektüre sind notwendig, ehe eine endgültige Befreiung vollzogen ist.

Weihnachten 1947 entnehmen wir Pabbas Liebesgaben-Sendung drei in dicke Wachspappe gekleidete Päckchen. „Breakfast, Dinner and Supper" steht darauf, und Gerhard enttarnt sie rasch als original amerikanische Heeresverpflegung. Mann, haben die Leute gelebt: Kaffee, Schokolade, Bisquits, Wurst, Käse kommen zum Vorschein. Die Zigaretten hat Pabba behalten ... Als die berühmten „ham and eggs" gegessen werden, schlägt die Familie die Augen zur Decke, und Helmut Pfifferling muß wieder einmal an seinen „Zwerg Nase" denken. Der Herzog hat die Augen sicherlich auch nicht mehr verdrehen können, als er die „Pastete Souzeraine" kostete.

In Gesprächen mit Nachbarn und Freunden beginnt das Bild des „Westens" in immer helleren Farben zu leuchten, erfährt der alte Wildwestbegriff vom „goldenen Westen" eine unerwartete Wiederbelebung mit neuer Bedeutung. Man hört von Schmuggelfahrten nach Hamburg. Viele Tangermünder gehen bei Salzwedel oder Oebisfelde schwarz über die Grenze und bringen Heringe oder Bücklinge mit, Stück zehn bis 15 RM. Manche „haun einfach ab" und kehren niemals wieder ...

Die Zurückgebliebenen begnügen sich mit einer Art dürftigen Aufwärtsgefühls, das sie zu verspüren glauben, und harren aus. Bei den Grüttners wird dieses Gefühl wieder einmal durch Musik bewirkt. Die Protestmusik der Kriegszeit wird zum erklärten Ausdruck des Zeitgefühls der Nachkriegsjahre. Es sind vor allem die Soldatensender der alliierten Streitkräfte, die unseren Nachholbedarf an

„Swing-Musik" befriedigen, allen voran der „Rias Berlin" (Rundfunk im amerikanischen Sektor). Wir kriegen das zunächst überhaupt nicht klar, als die großen Orchester das Füllhorn mit ihren bekannten Titeln über uns ausgießen. Swing, Schmalz und Jazz werfen wir in einen Topf und beziehen aus diesem Durcheinander ein neues Lebensgefühl: Goodman, Miller, Shaw und Dorsey, Ellington, Herman und Basie, wir mögen sie alle. Und siehe da: Kaum, daß sich der knurrende Magen nicht unaufhörlich an die miesen Lebensumstände erinnert, stellen die Deutschen sich auf die Füße und machen mit.

Der ehemalige „Reichssender Berlin" heißt jetzt „Radio Berlin". Jeden Sonntag wird eine Matinee übertragen, von uns stets herbeigesehnt und bis zur letzten Note genossen. Es spielt das RBT-Orchester (Radio-Berlin-Tanzorchester) unter der Leitung von Horst Kudritzki. Die Jungs hatten vielleicht was drauf. Natürlich jeden amerikanischen Titel, kochendheiß, und wenn sie sich den „Schwarzen Panther" (Tiger Rag) vornehmen, ist es flüssiges Metall.

Trotzdem ist es etwas ganz anderes, weswegen viele Deutsche die Sendung hören. Dreißig Jahre vor „Udo Lindenberg" singen „Bully Buhlan" und „Peter Rebhuhn" die Verballhornung der weltberühmten Miller-Nummer *„Chattanooga Choo Choo"*. Gleich uns, hören sie jeden Sonntag Millionen Menschen, schlagen sich aufs Knie und sagen: „So isset, genauso isset!" Ein gutes Zeichen, wir können über uns selber lachen.

Der Kötzschenbroda Expreß

Verzeih'n Sie, mein Herr,
fährt dieser Zug nach Kötzschenbroda?
Ja, er schafft's vielleicht,
wenn's mit der Kohle noch reicht.

Ist hier noch Platz,
in diesem Zug nach Kötzschenbroda?
Ja, das ist nicht schwer,
wer nicht mehr stehn kann, liegt quer.

Ja, für Geübte ist das Reisen heute gar kein Problem,
auf dem Puffer oder Trittbrett fährst du bequem,
und dich trifft kein Fußtritt,
fährste auf dem Dach mit,
und kriegst obendrein noch frische Luft mit.

Morgens fährt der Zug an Pape Straße vorbei,
mittags ist die Fahrt nach Halensee noch nicht frei,
nachts in Wusterhausen läßte dich entlausen
und verlierst den Koffer leider dabei.

Ja, so fährt man heut'
von Großberlin nach Kötzschenbroda,
und dann und wann
kommt man auch wirklich dort an ...

Zeitgenossen, die solche Texte singen oder sich über selbige amüsieren, haben es geschafft. Sie sind „außer sich". Sie haben neben ihrer eigenen Person Stellung bezogen und betrachten augenzwinkernd und nicht allzu skeptisch das seltsame Häuflein „ich" mit dem Stückchen Schicksal, was daranklebt. Das ist ein bewährtes Rezept der Lebenskünstler. Sie brechen in schallendes Gelächter aus, viele andere werden traurig oder beklagen ihr Geschick und genießen ihr Leid.

Viele Frauen und Mütter kennen noch einen dritten Weg. Sie denken praktisch, arbeiten von außen nach innen, verändern zunächst einmal das äußere Erscheinungsbild. Sie bestellen in Berlin – dort gibt es das schon – ein Modejournal und fangen einfach an. Alte Klamotten, zu große Klamotten, geschenkte Klamotten, Militärklamotten von Freund und Feind, Zeltbahnen und Wolldecken werden umgearbeitet. Es wird geändert, gewendet und gefärbt, daß es nur so eine Art ist. Der große Renner des Frühjahrs 1947 sind weiße Kniestrümpfe. Dazu braucht man Zuckersäcke aus gelblich-weißer Baumwolle (keine Jute). Die müssen zigmal gewaschen und gebleicht werden, bis sie sich zögernd entschließen, heller zu werden. Dann werden sie aufgeribbelt. Da die Säcke immer aus zwei Stücken zusammengenäht sind, ist der Ribbelfaden immer nur wenige Meter lang. Die müssen zusammengeknotet werden, und erst dann können sie via Stricknadeln in Pullover, Schals und besagte Strümpfe verwandelt werden. Am ersten Ostertag kann man die Produkte auf der Straße bewundern. Ein Mädchen trägt einen leuchtend roten Rock. Ein reicher Faltenwurf verdeckt die vielen Nähte. Die wurden nötig, nachdem das Hakenkreuz aus dem Fahnentuch geschnitten worden war.

Das einzige, was man nicht selber herstellen kann, sind Schuhe. Keiner hat neue Schuhe. In der Ostzone gibt es keine Schuhe, wenn man von den entsetzlichen, schweißbeständigen „IGELIT-Schuhen" einmal absieht, und die auch nur, wenn man ganz, ganz gute Beziehungen hat.

Helmut Pfifferling ist von der Schuhmisere stark betroffen. Er besitzt ja nur das bereits zitierte Paar brüderlicher Erbschuhe. Sie sind Baujahr 1937, zehnmal besohlt, haben mindestens sechs Schlittschuh-Winter hinter sich, und nur die zahlreichen „Rüster" bewahren sie vor dem endgültigen Zerfall. Den nächsten Winter werden sie nicht überleben.

Muddi sendet einen Hilferuf in die Westzone. Pabba spart seine Bohnen-Kaffee-Ration und erwirbt für den Gegenwert, rund 700 RM, ein Paar hohe schwarze Schuhe. Auf dem Schulhof verursacht die neue Fußbekleidung einen Auflauf. Folglich geht Pfifferling so lange wie möglich in Holz-Pantinen zur Schule. Die neuen Schuhe bleiben im Schrank. Für sonntags.

Die Familie weiß zwar, daß Pabba sich selbst gegenüber fast völlig bedürfnislos ist und die Überlassung eines großen Teils seiner Rationen kein eigentliches Opfer für ihn bedeutet. Trotzdem möchten wir ihm zeigen, daß wir seine Fürsorge zu schätzen wissen, nicht wie selbstverständlich hinnehmen. Und so beschließt die Familie, zu Weihnachten ein Liebesgabenpaket mit zeitgerechtem Inhalt in den Westen zu senden. Aus Kaffee oder Schnaps macht er sich nichts, aber das Kraut „Tabaco" ist seine Leidenschaft. „Dampf auf in allen Kesseln" lautete stets seine Seemans-Devise", vorausgesetzt, das nötige Feuerungsmaterial war vorhanden. Aber daran hapert's, denn Tabakwaren sind in Ost und West streng rationiert.

Darum stehen in allen Hausgärten die schönen hochgewachsenen, etwas fremdartig wirkenden Pflanzen. Hellgrün, spitzblättrig mit rosa Blüten oder dunkelgrün mit runden Blättern und weißen Blüten. Vor der Stadt, in der märkischen Feldflur, zeigen sich neben Rüben und Kartoffeln ausgedehnte Tabakpflanzungen. Der „Duft und die Süße Virginias" haben Einzug gehalten. Die Gärtnerei „Guth" funktioniert sogar ihre Spargelbeete um und baut Tabak an. Das Feld muß nun rund um die Uhr bewacht werden, sonst findet der „Pflanzer" eines Morgens statt der grünen Pracht nur einen Stengelwald vor. Manch ein Kartoffelstoppler zieht abends aus der sandigen Tagesbeute triumphierend ein paar Tabakblätter, die er in schnellem Zugriff auf dem Nachbarfeld ergattern konnte.

Da das Gesundheitsbewußtsein in jenen Tagen noch nicht sehr entwickelt ist, sind die Raucher entsprechend unbefangen. Argwöhnisch und gierig verfolgen sie jede Wachstumsphase der Tabakpflanzen. Die ersten trockenen Blätter sind längst verschwunden. Manche werden noch im Garten von Hand zerkrümelt und nehmen den direkten Weg in die Pfeife. Besonders hemmungslose Typen wählen die Expreß-Methode. Sie gehen am Sonntag morgen in den Garten, brechen die fünf größten grünen Blätter ab und stecken sie in den vorgeheizten Backofen. Nach einer Stunde Wartezeit wird diese Frühernte dann für den Genuß freigegeben.

Gerhard, der unseren Tabak-Anbau im Hallmannschen Garten betreut, mag seinem Vater keinen Rohtabak als Weihnachtsgeschenk schicken. So gut er kann, kultiviert er den Aufbereitungsprozeß. Eine Schneidemaschine wird geliehen und in der Drogerie Mathies eine Flasche „Tuka-Tabakbeize mit Chesterfield-Aroma“ erworben. Die wird unter den zerkleinerten Tabak gemischt, das ganze in einen von Muddis Steintöpfen gepreßt und oben auf den Kachelofen gestellt, denn Tabak muß gären und schwitzen. „Er wird fermentiert“, sagt Gerhard. In vielen deutschen Wohnungen stehen im Herbst 1947 solche „Fermentier-Gefäße“, in Stuben und Kammern einen würzigen, exotischen Duft verbreitend.

Wieder sind es Bully Buhlan und das RBT-Orchester, die das Zeitgeschehen musikallisch kommentieren, und wieder treffen sie den Nagel auf den Kopf:

Räuberballade

Es war einmal ein Räuber,
der lebte tief im Wald,
er liebte alle Mädchen,
jung und alt.

Er stahl nicht nur die Herzen,
er raubte auch das Geld,
es fürchtet ihn ein jeder
auf der Welt.

Selbst die uralte Hexe
fürchtete sich vor ihm,
und auch Hänsel und Gretel
hatten Angst vor ihm,
und das ärgert ihn.

Das Ende der Geschichte:
Der Räuber wurde alt,
„Er rauchte eigene Ernte“
und starb bald …

Nun, unserem Pabba kann Tabak nichts anhaben, doch berichtet die Legende, er habe den Nachmittag des ersten Weihnachtstages wie ein Opium-Raucher im Bett liegend verbracht. Der Besitz von fast einem Kilo genießbaren Tabaks hatte ihn zu einer Dauer-Rauch-Orgie verleitet. Die Hauswirtin erscheint besorgt im festen Glauben, ein Schwelbrand sei ausgebrochen. Das erdig-urige Aroma des märkischen Produkts konnte von ihr nicht eingeordnet werden … trotz „Chesterfield-Aroma“.

Wir – und unsere Roonstrasse
Küßchen und Knicker
Pusterohre und Privat-Passat

Zum Geburtstag 1947 schenkt mir Jutta Hallmann ein Buch: „Zwischen sieben Toren“ von Theodor Jakobs. Es ist in jeder Hinsicht ein ungewöhnliches Buch und seine Wirkung erstaunlich. Für uns ist es neu. Keiner hat es, keiner kennt es. Aber in einer Straße, in der alle die Bücher von allen kennen, wird es in den kommenden Wochen von allen gelesen – sogar von den Mädchen.

Eigentlich ist es die Geschichte einer Jungengemeinschaft, eng verwoben mit den Geschicken der Familien, der Stadt, dem Land und der Zeit. Schauplatz ist Rostock an der Warnow. Keiner spricht es aus, aber die meisten von uns erkennen es, erkennen die Parallelität der Lebensumstände, erkennen sich selbst. Die Sensationshelden aus Kino und Schmöker verlieren an Farbe gegenüber den Gestalten aus Fleisch und Blut, die das Buch anbietet. Unsicher ertasten und erfühlen wir Gemeinsamkeiten der Gesinnung. Schon immer haben wir gedacht, empfunden und gelebt wie jene, aber noch niemand hat uns gesagt, daß die Selbstverständlichkeiten eines Jungenschicksals es wert sind, erzählt und aufgeschrieben zu werden.

Zwar ist das Buchgeschehen überglänzt vom tiefen Frieden der Zeit vor dem Ersten Weltkrieg, aber auch da gehen die Jungen strolchen, erleben Abenteuer, tragen Straßenfehden aus und erdulden strenge Ahndungen von Schule und Elternhaus, erleben Fluß, Stadt und Hafen, Himmel und Wolken, Eisgänge und Bootsuntergänge – wie wir. Die Begeisterung über die Bestätigung unseres Lebensgefühls, die Gleichartigkeit von Hoffnungen, Wünschen und Sehnsüchten setzt in unseren Köpfen neue Maßstäbe, verändert das Verhältnis zu uns selbst, der Landschaft und unserer Heimatstadt. Wir sehen unser Schicksal aufgewertet und entschließen uns, es anzunehmen wie es ist.

Manche können ganze Passagen des Buches auswendig und zitieren sie bereitwillig bei allen möglichen Anlässen. Klaus Garz und Helmut Pfifferling übernehmen sogar den Begeisterungsruf „Jungendi“. An einem Sonntag nachmittag, auf dem Höhepunkt unseres neu erwachsenen Gemeinschaftssinns, sind sich die meisten Kinder auf der Straße einig: Wir machen zusammen einen Ausflug. Fünfzehn oder zwanzig Kinder, Mädchen und Jungen einträchtig, gehen über die Brücke und auf dem Elbdeich Richtung Schönhausen. Das hat es noch nie gegeben (und wird auch nie wieder vorkommen). Ordentlich gezopftes Haar, Schnekken, Rollen und Affenschaukeln, bunte Schleifen, Bänder und Spangen, duftige Sommerkleidchen und weiße Kniestrümpfe mit und ohne Troddeln kann man bei den Mädchen sehen.

Saubere Hände, Hälse und Ohren bei den Jungen. Einen Kilometer hinter dem Pferde-Wyl an einer schönen Gruppe großer Eichen ist Rast. Zuerst gibt es ein wildes Getue und Umhergelaufe. Dann pflücken die Mädchen Blumen, hauptsächlich Margeriten. Die Wiesen sind ganz weiß davon. Wenn die Sträuße so groß sind, daß man sie nicht mehr im Arm halten kann, werden sie unter den Eichen weiterverarbeitet. Kränze und Girlanden entstehen in Massen. Die Jungen ersteigen inzwischen die anwesenden Bäume und beaufsichtigen aus erhabener Höhe mit Abstand und Gelassenheit das weibliche Gewimmel. Dann kriegen alle Blumen auf den Kopf oder um den Hals, und man lagert sich im Gras. Die Mädchen auf Knien oder in der Hocke, um die mütterliche Schneiderarbeit nicht zu vergrünen. Hier und da wird zaghaft ein Stück Kuchen ausgepackt oder das Sonntags-Zuckerl in Gestalt von ein paar Fondant-Pralinen vorgewiesen. Wer nichts hat, „kricht wat ap" oder darf mal beißen. Das ist in dieser Zeit nicht selbstverständlich, aber an diesem Nachmittag ist der Vormarsch der Verbrüderungs-Bereitschaft nicht mehr zu stoppen. Alles „Übliche" ist beiseite geschoben.

Ein Pfänderspiel wird vorgeschlagen. Jeder kriegt eine Zahl. „Schrapps hat'n Hut verlorn. Schrapps hat'n nich, fünf hat'n!" – „Fünf hat'n nich, zwölf hat'n!" Das Spiel lebt vom Tempo. Wer sich verspricht oder eine falsche Zahl sagt, muß ein Pfand geben. Haarschleifen, Spangen und Bänder, Armreifen, Schnürsenkel, Schuhe und Strümpfe, Hosenträger und Gürtel werden abgelegt. Wer kein Pfand mehr geben kann, weil er Sitte und Ordnung nicht gefährden will, muß eine Aufgabe erfüllen. Zuerst müssen bestimmte „Pärchen" Hand in Hand oder Arm in Arm den Deich rauf und runter gehen. Später gibt es Küßchen. Erst auf die Wange, dann, wenn die Erwartungen der Anwesenden gestiegen sind, auf den Mund. Die Kußlänge wird durch gemeinsames Zählen bestimmt. Mann, Oh, Mann, jetzt werden die zarten Bande, die es in der Roonstraße gibt, sichtbar. Bei den Mädchen äußert sich das in geröteten Wangen und schnellen Blicken, bei den Jungen in geröteten Ohren und schnellen Blicken. Dazu wird unheimlich gelacht und furchtbar gekichert.

Lucy Rohnke ist das größte und hübscheste Mädchen. Sie hat bereits eine „entwickelte" Figur und dicke goldblonde Zöpfe. Für mich ist Egon Pesselts Schwester die Netteste. Sie trägt das Haar schulterlang in Schillerlocken und bewegt sich wie eine Elfe. Aber sie wird an diesem Nachmittag meinem Freund Klaus zugesprochen, und Egon kriegt Lucy. Ich hätte da sowieso keine Chance gehabt, denn Ilse Witaszak ist ja seit langem mit mir verlobt. Alles läuft ganz harmlos ab, weil der Hormonspiegel noch keine Rolle spielt. Das kann ich zumindestens für die beteiligten Jungen sagen.

Keiner merkt, daß es spät geworden ist, ja, es dämmert schon. Jetzt aber los. Immer noch ist die Stimmung ausgelassen. Auf der Brücke kommt uns Bruder

Gerhard auf dem Fahrrad entgegen. Er ist ungehalten, weil Muddi ihn losgeschickt hat, kann aber sein Staunen über die geschlossen heimkehrende gemischte Roonstraßen-Kinder-Großformation nicht verbergen. Das Staunen ist auch auf den Gesichtern der Mütter zu sehen, die wartend vor den Haustüren stehen. Müde Kinder, schmutzige, streitende und hungrige Kinder? Ja! Aber lustige und blumenbekränzte Kinder in Friede und Eintracht, das ist an diesem Sommerabend neu. Wunder über Wunder? Oder?

Der neue „Jaist" der Roonstraße.

***

In den nächsten Wochen wird der „Jaist" einer harten Bewährungsprobe ausgesetzt und muß hier und da Einbrüche hinnehmen. Schuld daran ist die „Butzelkrankheit", eine Art von Besessenheit, das Murmelspiel leidenschaftlich und mit strenger, kindlicher Ernsthaftigkeit zu betreiben. Verantwortlich für den Ausbruch der „Seuche" sind zwei Dinge: Erstens das Angebot des neueröffneten Kaufhauses „Gehl". Hier kann man seit kurzem Ton-Knicker kaufen, in unbegrenzter Menge, das Stück für einen Pfennig. Zweitens ist die Roonstraße immer noch nicht gepflastert. An beliebiger Stelle braucht man nur die Hacke gegen den Boden zu stemmen, sich dreimal um die eigene Achse zu drehen, und schon geht es los.

Oft wird an mehreren „Löchern" gleichzeitig gespielt. Meisterschaften werden ausgetragen, Rivalitäten begegnen einander, Wettkampffieber lagert über dem Straßenstaub. Man spielte noch lange nicht gegen jeden. Es gibt äußerst geschickte Spieler unter uns. Männer ohne Nerven lochen mit professioneller Sicherheit aus unglaublichen Entfernungen ein. Es zeigt sich, daß Mädchen häufig keine brauchbaren Gegner sind. Nicht etwa, weil sie schlechter spielen, sondern weil sie ein fast erotisches Verhältnis zu ihren Murmelschätzen haben. Sie können nicht verlieren. Es geht eine ganze Weile gut, aber wenn sie zu viele Knikker abgeben müssen, reagieren sie unfair. Schreien plötzlich aus heiterem Himmel „Zetermordio". Dann fahren blitzartig die Köpfe der Mütter aus den Fenstern. Heulend zeigen die Zopfträgerinnen mit dem Finger auf Helmut Pfifferling und Freund Klaus. Bedienen sich der falschen Berichterstattung, bezichtigen sie der Mogelei und des Trickbetruges, wo doch nur Geschicklichkeit und Nervenstärke im Spiel waren.

Unter den Jungen werden harte Positionskämpfe ausgetragen. Wir nehmen nur eine begrenzte Anzahl von Murmeln mit auf die Straße, um die eventuellen Verluste in Grenzen zu halten. Auch beherzigen wir die Grundsätze karibischen Piratentums, dessen oberstes Gebot lautet: Wenn du eine spanische Galeone entern willst, versenke erst dein eigenes Schiff, dann gibt es kein „Zurück“. Das stärkt den Kampfgeist. Manchmal knistert die Spannung hörbar. Dann nämlich, wenn die kindliche Einsatzfreude unsere größten, sorgsam gehüteten Schätze aus der Vorkriegszeit auf den Parcours zaubert – dicke Murmeln aus durchsichtigem Glas mit farbigen Schlieren. Jubel, Trauer, Tränen, stilles Beiseitegehen, mit der Niederlage, dem Verlust fertig werden. Was ist ein dollarschweres Golfturnier gegen unseren Einsatz im Staub der Roonstraße ...

Klaus und Pfifferling haben bald heraus, daß die Tonknicker, aus der Schleuder verschossen, nicht weiter, aber genauer fliegen als ein 08-Geschoß von der Fischbecker Tankstelle. Häufig können sie nicht widerstehen und verschießen nachmittags leichtfertig, was am Vormittag in hartem Kampf erworben worden war. Trotzdem hat Pfifferling im Laufe des Sommers einen Hort von tausend Stück zusammengerafft. Als die „Butzelkrankheit“ verebbt, wird die ganze Pracht in einer Woche verballert. Eine Reihe hervorragender Ergebnisse im Präzisions-Schleuder-Schießen belohnt unsere Bemühungen, und eine lange Reihe erlegter Spatzen setzt den Schlußpunkt hinter eine erfolgreiche Saison.

***

Saisonbedingt entwickelt sich auch die nächste „Masche“. Immer, wenn die Holunderbeeren zwar noch grün, aber groß genug, jedoch nicht reif waren, tauchen die „Pusterohre“ (Blasrohre) auf. Früher bestand so ein Ding aus einem Stück geraden Holunder-Schößling, aus welchem das Mark mit einer alten Luftpumpenachse entfernt worden war. Aber das Holz des Holunders enthält viel Bitterstoffe und hinterläßt auf die Dauer im Mund des „Bläsers“ einen ekelhaften Nachgeschmack. Zudem sind die Wandungen der Röhre nie so glatt, daß die grüne Natur-Munition reibungslos passieren kann.

Schon 1940 hatte sich deshalb Konni Kammholz, ein Mitglied der alten Roonstraßen-Crew, um technische Verbesserungen bemüht. Er zog seiner Mutter das Raff-Röhrchen aus der Scheibengardine und setzte es zwar zweckentfremdet, jedoch erfolgreich ein, um Holunderbeeren auf die Reise zu schicken. Aber die Mütter hatten von da ab ein waches Auge für die Zierde ihrer Küchenfenster, obgleich auch Gardinen-Stangen nicht der Weisheit letzter Schluß waren, weil sie eine Falznaht hatten, aus der die Luft entweichen konnte, und Mannesmann-Röhren, Düsseldorf, das nahtlose Walzverfahren bei Gardinenstangen zu unserem Bedauern nicht anwandte.

Da tauchen plötzlich in den Händen der Jungen aus der Jordanstraße wunderbare nahtlose Messingrohre im richtigen Kaliber (fünf bis sechs Millimeter) auf. Nachdem sie eine Reihe von Salven auf unsere Gesichter und nackten Beine abgesetzt hat, gibt die Konkurrenz freimütig über die Herkunft der Kostbarkeiten Auskunft. Noch in derselben Stunde bricht eine stark motivierte Roonstraßen-Expedition auf, um die eigene veraltete Ausrüstung gegen eine moderne auszutauschen.

Am Ende des Hafens in der Nähe des Bootshauses befindet sich ein von hohem Zaun umgebenes Areal. Darin Stapel von Kisten und Kartons. Kriegswichtiges Material wurde hier zwischengelagert. Der Maschendraht ist niedergetreten. Auf dem Boden liegen – welch eine Sünde – Tausende von plattgetrampelten Messingröhrchen, in der Mitte jedoch dicke Bündel des unversehrten Schatzes. Gierig greifen unsere Hände zu: Soviel die Finger umspannen können, wird in die Taschen, hinter Gürtel und unter Hosenträger gesteckt. Siggi besitzt modische Wadenschoner. Er hat einen Teil der Beute hinter die Gummis seiner Kniestrümpfe geklemmt. Dann auf dem Bahngleis an der Elbe entlang zurück. Die Revolutions-Armee will keinen Tribut an andere „Straßen" zahlen. Unterwegs wird in den Elbanlagen „munitioniert". In Mengen rafft die Mannschaft Dolden mit Holunterbeeren von den Büschen, stopft sie vorne ins Hemd. Dicke Ringwülste bilden sich, und alle sehen aus, als hätten sie Schlachter Schmückers Schmerbauch geerbt.

Der Einzug in die Roonstraße ist ein Triumph. Unverzüglich werden die Zurückgebliebenen mit den Messing-Spritzen ausgestattet, und das Gaudi konnte anfangen. Mann, was war an diesem Abend los! Zuerst die Revanche an den Jordanstraßen-Leuten, dann deren Integration, dann jeder gegen jeden. Verfolgungen, Stellungskämpfe, Territorial-Verteidigung wechseln ab mit Wettbewerben in Treffsicherheit und erzielbaren Weiten. Nicht nur der präzise Einzelschuß ist gefragt, sondern auch massiertes Schnellfeuer wird nun dank der „nahtlosen" Kompression möglich.

Das geht so: Zuerst rafft der Schütze wie ein Disteln weidender Esel mit langen Zähnen von einer Dolde ein halbes Maulvoll möglichst stengelfreier Beeren. Dann verankert er die Röhre sicher zwischen den zusammengepreßten Lippen, pumpt die Lungen voll Luft und spannt das Zwerchfell. Machte er jetzt rrrrrrrr, die sogenannte „Flatterzunge" (ähnlich einem Saxophonspieler bei der Erzeugung eines Growl-Tones), dann verließ eine lange Reihe spucketrächtiger Grünfrüchte den Lauf.

Das muß ja eine einzige Schweinerei gewesen sein, werden Sie sagen. – Stimmt, aber unser Ekel hielt sich in Grenzen, und der Lustgewinn war ungleich größer.

Wir hatten vor ganz anderen Sachen Bammel. Voller Furcht und mit schlecht verhehltem Abscheu wurde in der Stadt auf einige Bürger gezeigt, die einen Blutschwamm im Gesicht, ein Feuermal an Hals oder Nacken hatten. „Da kannste sehn, wat passiert, wennde reife Beern appkrichs, dat frißt sich rin!" behauptete Hans Schmidt, und fast alle glaubten ihm.

Blaufleckig garniert, den kombinierten Messing- und Holundergeschmack im Mund, voll der gräßlichsten Ahnungen, trennten sich die müden Krieger. Irgendwann hatte jeder ein paar halbreife Beeren abbekommen. Zwar wurde sofort gewischt, aber man weiß ja nie ... Der aufmerksame Blick am anderen Morgen beruhigte etwas, und ein paar Wochen später sahen wir, wie unsere Mütter stundenlang in den reifen Beeren herummantschten und ungezeichnet aus der Saftschlacht hervorgingen, aber dennoch ...

Aus heutiger Sicht muß ich sagen, daß ein geringer Restmakel in violett auch nicht so schlimm gewesen wäre. Selbst ein so großer Mann wie Michail Gorbatschow weiß die Andenken an eine volle Salve mit Anstand und Würde zu tragen ...

***

Mitte 1944 waren dem geräumigen Bauch eines großen Elbkahns Massen dicker Eisenrohre und Krümmer sowie diverse andere Baumaterialien entquollen. Sie wurden durch die Stadt transportiert und auf freiem Feld hinter dem MTV-Platz am nördlichen Stadtrand gelagert. Da wird eine „Ölfabrik" gebaut, hieß es.

Gräben und Gruben entstehen, Fundamente, Betonwannen und Mauerfluchten werden angelegt. Dann kommt das Kriegsende, und Hitlers kriegswichtiger Betrieb ist vergessen. Einsam, abgelegen und darum ungestört, auch 1948 noch nicht genutzt, von meterhohem Unkraut, jungen Birken, Salweiden und Espen überwuchert – welch Spielplatz!

Alle Lauf-, Versteck- oder Anschlagspiele können hier in dieser frühen Neubauruine bis zum Überdruß betrieben werden. Zahlreiche Ecken, Winkel, Vorsprünge und Nischen, Treppen, Gänge und Schächte bieten unerschöpfliche Möglichkeiten. Wenn wir erhitzt und müde sind, ruhen wir in den kühlen, noch nicht fertiggestellten Kellergeschossen aus. Wo gibt es das schon? Gewiß, in den Ruinen der zerbombten Großstädte spielen die Kinder ähnlich, aber davon wissen wir nichts. In Tangermünde gibt es keine Trümmer.

Ausschließlich zum Toben gehen Klaus und Pfifferling auch nicht zur „Ölfabrik". Regen- und Grundwasser haben die Fundamente und Betonwannen metertief gefüllt, haben die Voraussetzungen geschaffen, einer weiteren ihrer zahlreichen Freizeitbeschäftigungen nachzugehen. Schiffchen-Spielen gehört zu ihrem selbstverständlichen Repertoire. Angefangen von der Regen-Großpfütze in der Roonstraße bis zu den anderen Gelegenheiten. Aber an Elbe und Buhnen trägt die Strömung die Schiffchen davon, und in den jenseitigen Löchern und Teichen landen sie häufig unerreichbar in Schilf und Seerosen. An den drei oder vier Löschteichen im Stadtgebiet tummeln sich Dutzende von Kindern. Das bringt für unseren Geschmack zu viel Unruhe, häufig auch Streit. Außerdem werden unsere mit viel Liebe angefertigten und hervorragend segelnden Modelle nicht selten von den Größeren konfisziert.

Hier im neuen Refugium „Ölfabrik“ kann nichts dergleichen passieren. Wir sind die alleinigen Nutzer. Die „Ufer“ sind befestigt, die Wasserflächen begrenzt. Kostbare Konstruktionen gehen nie verloren. Niemand stört uns, der Platz liegt im freien Feld. Immer weht ein frischer Wind ...

Der erste Geheimtip ist „Borke“, Kiefernborke, noch besser Akazienborke. Der Waldweg in Verlängerung der Ulrichstraße ist mit einer ganzen Reihe alter Bäume dieser Art bestanden. Das Material läßt sich leicht losbrechen und noch besser verarbeiten, schneidet sich wie Speck. Abenteuerliche Formen entstehen, Aufbauten, Duchten und Höhlungen sind für die haarscharfen Taschenmesser keine Schwierigkeit. Bekannter Nachteil ist: Die Borke saugt sich schnell voll. Die Boote liegen bald zu tief im Wasser, werden träge, segeln schlecht. Das haben wir nicht gern. Unsere Gebilde müssen leicht und schnell über die gekräuselte Oberfläche huschen.

Überhaupt besitzen wir einen Hang zur Zierlichkeit. Zehn bis fünfzehn Zentimeter Länge sind das Äußerste. Dadurch wird das Größenverhältnis zu den Wellen realistisch simuliert. Eine solche Nußschale, die unsere Spielmeere zu überqueren vermochte, ist schon tüchtig. Der gerade Holzspan, als Steuerruder in das Heck geklemmt, ist meistens genauso lang wie der Rumpf. Unsere Yachten halten eisern Kurs. Formen werden ausprobiert, Schnittigkeit ist angesagt. Die Rümpfe verjüngen sich nach hinten zu, kiellos und flach müssen sie sein, wenn sie an der Ölfabrik Erfolg haben sollen.

Kiefernholz ist wegen des Herzreichtums nicht schlecht, läßt sich jedoch schwer schnitzen. Fichte finden wir am besten. Es saugt sich zwar auch langsam voll, da wir jedoch immer über mehrere Modelle verfügen, kann der Rest der Flotte auf den warmen Ufersteinen trocknen. Ein Großmast genügt, wird mit einem Papier-Segel getakelt. Das ist leicht zu ersetzen. Wir haben Erfahrung. Stoff ist weniger geeignet, muß bei einem Schiffbruch zu lange trocknen. Häfen, Strände erstehen vor unserem geistigen Auge, Anlaufplätze und fremde Küsten als Zielpunkte unserer geschulten Phantasie werden festgelegt.

Pfifferling sieht den Gesinnungsgenossen Klaus auf dem Bauch liegen, das Gesicht zwanzig Zentimeter von der Wasserfläche entfernt, während er mit glänzenden Augen die Abfahrt seiner neuesten Kreation verfolgt und dabei mit beschwörender Flüsterstimme die bei Lehrer Grobler jüngst gelernten Verse zitiert:

Der Lotse (L. Giesebrecht)

„Siehst du die Brigg dort auf den Wellen?
Sie steuert falsch, sie treibt herein
Und muß am Vorgebirg zerschellen,
Lenkt sie nicht augenblicklich ein.

Ich muß hinaus, daß ich sie leite!"
„Gehst du ins offene Wasser vor,
So legt dein Boot sich auf die Seite
Und richtet nimmer sich empor."

„Allein ich sinke nicht vergebens,
Wenn sie mein letzter Ruf belehrt;
Ein ganzes Schiff voll jungen Lebens
Ist wohl ein altes Leben wert."

„Gib mir das Sprachrohr. Schifflein, eile!
Es ist die letzte höchste Not!"
Vor fliegendem Sturme gleich dem Pfeile
Hin durch die Schären eilt das Boot.

Jetzt schießt es aus dem Klippenrande:
„Links müßt ihr steuern!" hallt ein Schrei.
Kiel oben treibt das Boot zu Lande,
Und sicher fährt die Brigg vorbei.

Was war geschehen?

Das erklärte Ziel allen pädagogischen Strebens war erreicht worden. Die Bestätigung, daß das Bemühen der Erzieher nicht beim Vermitteln hohler Phrasen endet, die seltene Ergänzung von vermitteltem schulischen Lehrstoff hatte in einer kindlichen Spielsituation auf wunderbare Weise eine Entsprechung gefunden, die bewährte „Originale Begegnung", wenn auch verspätet, ihre Schuldigkeit getan.

Unsere Lebenssituation, bar der Aussicht auf herangebaggerte „Spielhilfen", hatte die Möglichkeit beim Schopf gepackt, kräftig geschüttelt und auf die Füße gestellt. Die schnöden Trümmer der Ölfabrik, Giesebrechts „Lotse", unsere Schifflein und ein günstiger Privat-Passat am Langensalzwedeler Weg hatten unseren Träumen genügt. – Zum Glück unseres Kind-Seins.

Brennholz und Branntwein

An einem Spätsommernachmittag sehen wir bereits beim Baden an den Buhnen weit hinter Tangermünde eine weiße Wolke emporwachsen. Sie hat an dem ansonsten klarblauen Himmel nichts zu suchen, aber wir kennen die Ursache dieser merkwürdigen Erscheinung, haben sie in den Sommermonaten des Jahres 1946 schon öfter beobachten können. Während des ganzen Nachmittags wächst die Wolke weiter und hat sich bis zum Abend zu gigantischer Größe aufgetürmt. Gerhard schätzt sie auf 3.000 Meter. Drohend und wegen der Windstille unbeweglich steht sie am südlichen Himmel, nur noch vergleichbar mit jenem furchtbaren „Atompilz", den wir aus der Wochenschau im Kino kennen.

Nun, in den Wäldern hinter Weißewarte ist keine Atombombe explodiert. Dort brennt nur der Wald, und zwar erheblich. Zur richtigen Zeit am richtigen Ort hat ein Rotarmist beim Manöver die Machorka-Kippe auf den Boden gespuckt. – Gottes Segen über den Mann! Beschert er doch, wenn auch unbeabsichtigt, vielen Tangermündern im folgenden Winter einen warmen Arsch.

Im Herbst ist es zuerst ein Gerücht, dann Gewißheit. Man kann Holz aus den Waldbrandgebieten erwerben, muß es jedoch vor Ort schlagen und … abtransportieren – ein fast unlösbares Problem, denn die betroffenen Flächen liegen zwanzig Kilometer entfernt in Sand und Heide. Das ist mit unseren Mitteln nicht zu bewältigen. Außerdem ist Eile geboten, denn die Zahl der Interessenten ist groß.

In der ganzen Stadt gibt es nur ein Transportunternehmen. Der Fuhrpark besteht aus einem uralten LKW, der mit der deutschen Wehrmacht vor Moskau war und jetzt unser Holz aus dem Wald holen soll. Muddi trifft den Besitzer bei seinem Vehikel, in dessen öltriefenden Eingeweiden er eifrig herumwühlt. Nachdem Muddi ihr Anliegen vorgetragen hat, richtet er sich auf und muß erst einmal schrecklich lachen. „Hamse Diesel?" fragt er dann. „Ohne Diesel jeht det nich!" Muddi hat keinen Diesel. Stattdessen wirft sie ihre Beredsamkeit in die Waagschale. In der nächsten halben Stunde verfolgt sie den Hüter des Grals bei seinen Verrichtungen auf Schritt und Tritt. Pfifferling ist stets dreißig Zentimeter hinter ihr und kriegt alles mit. Dann erleidet der „Früh-Trucker" einen Schwächeanfall und fragt: „ Hamse nich sonswatt, ejal PKW oder LKW, Teile, Werkzeuch, Reifen, Schläuche?" … Knattera-Bautz! Muddis Blick trifft Pfifferling, denn dieser hält den Schlüssel zur Lösung des Problems in Händen. Genauer gesagt, er ist Besitzer eines Autoschlauchs, den er 1945 aus der Elbe gefischt hat.

Pfifferling weicht zurück. Er ahnt, was bevorsteht. Muddis Blick enthält zwar die Bitte um Verzeihung und Verständnis, aber auch das Gebot, sich den Notwendigkeiten zu fügen. Dann also leb wohl, du Begleiter in drei heißen Sommern, Zeuge zahlloser Wasserschlachten, Gefährte bei vielen Treib- und Ruderunternehmungen auf der Elbe und den jenseitigen Löchern. Noch ehe der Wechsel vollzogen ist, sieht Pfifferling sein Spielzeug von den schmierigen Händen des LKW-Fritzen ergriffen, in einen Reifen gepreßt, bis zum Bersten mit Luft gefüllt und fortan in ewiger Dunkelheit bis zum Ende aller „Ostzonen-Mangelzeiten“ seinen Sklavendienst verrichten. Der Schlauchbesitzer muß schlucken. Dann denkt er an den warmen Arsch der Familie und nickt Gewährung.

Und so kommt es dann, daß die herbstliche Glitzersonne freundlich auf das Grüttnersche Holzbeschaffungskommando scheint. Die drei stehen etwas betreten am Rande der riesigen Brandstätte und peilen die Lage. Es ist ein wunderbarer Morgen und die Luft so klar, daß man sie in Flaschen füllen möchte. Aber was nicht klar ist, ist die Sache mit dem Holz. Das muß nun herbeigeschafft und gestapelt werden. Später soll der LKW-Veteran kommen und es abholen.

Ja, denkste. Längst haben geschäftige Hände die etwas dickeren angekohlten Stämme abtransportiert. Übriggeblieben sind nur haufenweise krumme, sperrige Äste, aber die kann man nicht stapeln und lohnen den Transport nicht. Jedoch etwas im Hintergrund entdeckt das suchende Auge die Reste einer Fichtenschonung. Kümmerlich und dünnstachlig wie ein Igelrücken recken sich die verbrannten Spitzen. Die zugehörigen Bäumchen müssen abgehackt und zum Wegrand geschleppt werden, denn in das Aschefeld kann der LKW nicht hinein. Also los!

Mühsam wird die Arbeit, schmutzig und heiß in der steigenden Sonne. Gerhard schlägt und entastet die drei Meter langen Stämmchen, und Muddi und Pfifferling bringen sie zum Wegesrand, was heißt bringen? Man klemmt ein Bündel des Materials unter den Arm und schleift es davon. Längst kann einer den anderen kaum noch erkennen. Knöcheltief liegt die trockene, schwarz-weiße Holzasche. Tuff ... tuff ... tuff macht es bei jedem Schritt, und neue Staubwolken wirbeln empor. Der ganze Arbeitsplatz ist von grauem Dunst überlagert, in dem Milliarden blitzender Kohlepartikelchen umherflirren und der elenden Schinderei einen falschen Glanz verleihen. Die letzte Pore ist gefüllt, Kehle, Mund und Nase mehlig, trocken, und Pfifferling hat das fatale Gefühl, daß sich nun auch sein Körperinneres langsam, aber stetig, mit Kohlenstaub füllen würde.

Doch unbeirrt schuftet die Mannschaft weiter. Zu tief sitzt der Kälteschock des 47er Winters. Hier ist die Möglichkeit, einem erneuten Fiasko vorzubeugen. Flüchtig, visionär tauchen Pabbas Schilderungen der Sklavenarbeit von Kohletrimmern in den Bunkerhöllen der Kriegsschiffe auf, und nur der Sonnenschein hindert Pfifferling daran zu glauben, ein ähnliches Schicksal erleiden zu müssen.

Plötzlich eine Unterbrechung. Triumphierend hält Gerhard einen Gegenstand in die Höhe. Die ausgeglühten Reste eines Gewehres. „Russisches Infanterie-Modell Mosin-Nagant“, frohlockt er mit staubtrockener Krächz-Stimme …und das ist es. Unsere Vermutung war richtig, der Beweis unleugbar, die Anwesenheit der „Roten Armee“ augenscheinlich belegt. Ein „Iwan“, der sein Gewehr im Stich läßt, muß es sehr eilig gehabt haben. „Wahrscheinlich lag er besoffen unter den Fichten, und ihm qualmte schon die Hose“, ist Gerhards lakonischer Kommentar. Sollten die Worte verächtlich geklungen haben, so werden sie doch gemildert durch Muddis heimliche Segenswünsche, die sie dem kleinen „Muschik“ nachschickt, verdankt die Familie ihm, zumindest was das Brennmaterial angeht, doch einen sorgenfreien Winter.

Gegen Mittag sagt Gerhard: „Es reicht!“ Ermattet sinkt die Arbeitsbrigade am Fuße des schwarzen Holzhaufens in den Staub. Muddi drückt Sparstullen in die schwarzen Hände, die sich ausstrecken, der schwarze Malzkaffee schmeckt köstlich, und alle Holz-Teufel blicken schwarzgesichtig-glotzäugig, aber wohlgemut, den zermülmten Sandweg hinunter, auf welchem der LKW erscheinen soll.

Doch die Stunden vergehen, und keiner kommt. Die zunächst als wohltuend empfundene Erschöpfungs-Ruhe vergeht, leise Unruhe wächst zu verhaltener Panik, furchtbare Vermutungen werden geäußert. Was tun, wenn Achsbruch oder Getriebeschaden das schrottreife Vehikel zur Aufgabe eines Teils seiner Lebensfunktionen gezwungen haben? Ob überhaupt noch reparabel? Und wenn, dann wann? „Bis dahin ist das Holz geklaut!“ äußert Gerhard düster, dann also hierbleiben oder ab zu irgend einem Bauern und morgen wieder her … Die Aussichten sind trübe, und das Hoffnungsgebilde „Warmer Winter-Arsch“ bekommt Risse.

Als die Sonne schon ganz tief über den stehengebliebenen Kiefern am Himmelsrande steht, steht auch die Familie mit langen Hälsen auf dem Sandweg und blickt ergeben, aber immer noch gläubig, nach Osten.

Und Pfifferling hört es zuerst, es ist ein Kombinations-Geräusch und macht Rumpel-Knarr-Zisch-Dröhn in der Ferne, schwankt mühsam heran, und der hat schon eine Ladung, stöhnt Gerhard, und die Familie tritt schweigend zur Seite.

Doch die vier Männer, welche dem Führerhaus entquellen, verbreiten neben einem unverkennbaren Fusel-Dunst auch Stimmung und Zuversicht, und die meterlangen Verlängerungen der Seiten-Bracken sind kein Zierat. „Det Zeuch wiecht doch nischt! Los, drei Mann ruff, vier Mann anreichen!“ Das Wunder geschieht an diesem Abend in der Heide bei Weißewarte, Zauberei ist im Spiel, und die Naturgesetze sind aufgehoben. Widerspruchslos schluckt der Kriegsveteran die Zuladung, und himmelhoch türmt sich nun der Aufbau.

Im Führerhaus sind nur vier Plätze. Muddi darf mit hinein, die anderen müssen nach „hinten, oben“. Beklommen und klamm klimmt Pfifferling empor, und der Alptraum beginnt. Unglaubliche Knarr-, Ächz- und Stöhngeräusche, unterstützt von den Altersbeschwerden des Motors, begleiten die unberechenbaren Eigenbewegungen der Ladung, und nur die zunehmende Dunkelheit verhindert, daß die Insassen des schwankenden Cockpits dauernd dem Tod ins Auge sehen müssen. Seine literarischen Kenntnisse und die Orientierung am Opfermut der Bücherhelden nützt nichts. Vergeblich ruft er sich die Tapferkeit der Krieger in den schwankenden Ledertürmen von Hannibals Kampfelefanten ins Gedächtnis, aber sofort zucken wieder neue wilde Bilder durch sein gebeuteltes Gehirn. Er sieht sich und die anderen unter dem umgekippten LKW-Monstrum liegen, erdrückt und zerquetscht, begraben und vergessen unter einer Ladung schnöden, schwarzen Brennholzes. Erst nach Jahren findet man durch Zufall die Reste seiner irdischen Hülle im Heidesand.

… und dann,
wenn rings die Nacht beginnt,
durch Gras und Blumen
harft der Wind …
Rosen blühen
auf dem Heidegrab …

Gerade will Pfifferling mit klagender, theatralischer Gebärde die Augen zu den bleichen Sternen heben, da erinnert eine bis dahin einmalige 60-Grad-Überholbewegung ihn daran, daß seine Gebeine noch auf der Erde weilen. Er beschließt, nur noch Schiß zu haben, klammert sich fest, drückt das Gesicht in die Stämme und hebt erst den Kopf, als die Fuhre vor Roonstraße 44 anhält.

Von dem Stehbad in der kleinen Zinkwanne weiß er nichts, auch nicht, wie er ins Bett kam. In der Nacht jedoch wecken ihn laute Stimmen, polternd wird der Rolladen hochgezogen, und sofort dringt flackernde Helle durch das Fenster. Mensch, die klauen unser Holz (liegt noch vor dem Haus auf der Straße)! Doch die Festbeleuchtung hat eine ganz andere Ursache. Riesige Flammen schlagen aus dem Dachstuhl des Maschinenhauses der Schokoladenfabrik, tauchen Häuser und Gärten in einen schaurigen, roten Schein. Ein paar Anwohner stehen in der Ecke an Tuschers Zaun und starren unverwandt auf die „Waberlohe“. Für den Grüttnerschen Brennholz-Schatz interessiert sich in dieser hellen Nacht keiner.

Am nächsten Morgen kommt der Sägebock auf die Straße und eine Entschuldigung zu Lehrer Thiemann in die Schule, denn Pfifferling ist zum Arbeitseinsatz abkommandiert. Ein neues, mehrtägiges Martyrium erwartet alle Teilnehmer. Gerhard zieht an dem einen und Pfifferling an dem anderen Ende einer unzureichend geschränkten Bügelsäge. Immer fünf Stämmchen liegen auf dem Sägebock, werden in einem Rutsch auf 20 Zentimeter Länge geschnitten und plumpsen in unsere Waschwanne. Zwar ist Pfifferling körperliche Arbeit gewöhnt, aber die stundenlange einförmige Bewegung ist hart. Wenn Muskeln und Sehnen ihre Dehnungsbereitschaft aufgeben und ein glühender Schmerz durch Arm und Schulter zuckt, löst er Muddi beim Stapeln ab. Der sich langsam füllende Holzstall ist unser aller Motivation in diesen Tagen. Schicht um Schicht wird aufgetürmt, 2,60 Meter hoch bis unter das Dach. Wer nicht mehr kann, geht zum Stall, guckt das Holz an und weiß, wofür er arbeitet.

Am zweiten Tag wird Pfifferling bei der Roonstraßen-Crew vermißt, und darum erscheint jene unverzüglich auf dem Arbeitsgelände. Ohne zu fragen, packt die Mannschaft an, und plötzlich kommt Schwung in den Laden. Man nimmt sich die Tätigkeiten aus der Hand. Härter und schneller knirscht die Säge durch die Fichten, die vollen Wannen im Geschwindschritt zum Stall geschleppt, und am Abend des vierten Tages zeugt nur eine dünne Schicht schwarzer Rindenstücke um den Sägebock davon, daß hier einmal Brandholz aus Weißewarte lag. Alle stehen andächtig vor der letzten Schicht Kloben, die auf der Schwelle des Holzstalles wie eine Wand emporragt. Knapp, daß man die Tür schließen kann. Bei den Grüttners hinterläßt der Anblick zudem ein ungewohntes Gefühl des Versorgtseins und der Geborgenheit, welches sich in der Magengegend breitmacht. „Fünfzehn Kubikmeter", sagt Gerhard, „das reicht bis April!"

Wenn Pfifferling in diesem Winter Holz holt, geht er gemessenen Schrittes über den Hofraum, füllt im Stall seine Kiste und bringt sie in die Küche. Dann blickt Muddi ihm ins Gesicht, lächelt ein wenig und sagt: „Holst gerne Holz, mein Kleener?" Und Pfifferling nickt heftig mit dem Kopf.

***

Gymnasiasten, sofern sie etwas taugen, brauchen einen Fimmel, irgend eine Exentrizität, die es ihnen gestattet, sich vom grauen Gros ihrer Klassenkameraden wirkungsvoll abzuheben. Viele Schülergenerationen haben sich des Fimmels bedient, ihren Tick liebevoll gepflegt. Die Möglichkeiten, sich zu artikulieren, sind unbegrenzt, denn es ist fast alles erlaubt.

Sitzt doch da die harmlose Garde der Aquarianer, Briefmarkensammler und Salamanderzüchter, der verträumte, frühe Goethe neben dem Schwarzpulver-Hersteller (mit verbrannten Wimpern und Augenbrauen), die Radio-Detektor-Bastler-Type kontaktiert mit dem Holzgas-Produzenten, und der Gehirnsezierer (Frösche und Spatzen) spricht flüsternd mit dem Giftkoch (Fliegenpilzkonzentrat), alles würdig oder wichtigtuerisch einhergetragen und von manieriertem Spezialisten-Gequatsche unterstützt.

Ein „Fimmel" wird zunächst einmal individuell betrieben. Finden sich jedoch mehrere Gesinnungsgenossen zusammen oder nimmt die Besessenheit gar die Formen einer Epidemie an, spricht man von „Masche". Die Jungen der „Hinrich-Brunsberg-Oberschule zu Tangermünde" ergeben sich einer zeitgemäßen und, wie sich zeigen sollte, auch lukrativen „Masche".

Im Herbst 1947 führt Studienrat Hollatz seine Schüler in die Geheimnisse der alkoholischen Gärung ein, eigentlich nichts Besonderes, denn Obstwein wird in Tangermünde schon immer gemacht. Aber Vater Hollatz geht noch weiter. Nicht ahnend, welche befruchtende Wirkung sein Chemie-Unterricht diesmal haben sollte, gewinnt er vor den glänzenden Augen seiner Schutzbefohlenen aus irgend einer Maische Alkohol, genauer gesagt, er brennt Schnaps. Im Mittelpunkt des Demonstrationsversuchs steht ein „Liebig-Kühler", jener sinnvoll konstruierte Apparat aus Glas zur Destillation von Flüssigkeiten. Nur die Schule hat ein solches Gerät, und darum zeigt Herr Hollatz seinen Schülern ziemlich sorglos, wie alles funktioniert.

Wo die Adresse herstammt, weiß keiner so richtig, und der Hersteller hätte doch stutzig werden müssen. Aber prompt liefert die Firma „Schlegelmich in Schmiedefeld am Rennsteig" ein Dutzend Liebigkühler in bruchsicherer, friedensmäßiger Verpackung an die verschiedensten Adressen in diese märkische Kleinstadt, und auch mein Bruder Gerhard gehört zu den Empfängern.

Eines Tages steht auf unserem Kachelofen eine dickbauchige Glasflasche, ein „Gär-Ballon". Auf dem Kachelofen ist es nicht heiß, sondern nur schön warm. In dem Ballon ist eine trübe Flüssigkeit, bestehend aus fünf Litern Wasser, 500 Gramm Rohzucker – schwarz für 53 Reichsmark erhandelt – und mehreren Fläschchen „Virka-Weinhefe". Das Ganze ist verschlossen mit einem gelochten Korken, durch welchen ein mit Wasser gefülltes Gär-Röhrchen triumphierend sein geschlungenes Hälschen reckt.

Für die nächsten Wochen ist das Gefäß der Mittelpunkt des Familienlebens. Mehrere Tage beobachtet Pfifferling mißtrauisch die Vorgänge hinter Glas, meist Hände und Kinn auf dem Ofenrand, um ja nicht den Beginn der „stürmischen Gärung" zu verpassen, die Bruder Gerhard mit wildem Augenrollen angekündigt hatte.

Endlich kommt Bewegung in die Chose. Die Flüssigkeit gerät in Wallung. Ein zartes Bläschen bahnt sich den Weg durch das Röhrchen-Wasser. – Blubb, macht es und entschwindet unter dem Beifallsgemurmel der Familie Grüttner in die Luft. „Das ist Kohlendioxyd", tönt Gerhard, „Zucker zerlegt sich unter dem Einfluß der Hefepilze in dieses Gas und Alkoohool." Dabei hat er ganz runde

Augen und einen runden Mund. Jetzt geht's voran. Es wallt ungeheuerlich, Schaum bildet sich auf der Maische, die Blubb-Frequenz steigert sich auf zehn Sekunden. Das Wasser spritzt aus dem Gär-Röhrchen und muß ständig ergänzt werden. Erst nach Tagen beruhigt sich der Vorgang …

In dunkler, kalter Dezembernacht muß Pfifferling aus dem warmen Bett auf den Lokus. Auf dem Korridor überrascht ihn ein süßlicher, aromatischer Geruch, unbekannt, und doch irgendwie vertraut. Unter der Küchentür ist eine Lichtritze. Er drückt die Klinke herunter und steht geblendet vor der Tangermünder Ausgabe von Dr. Faustus' Laboratorium. Der Küchentisch ist vor den Gasherd gerückt (es gibt wieder Gas, aber nur nachts ist der Druck so stark, daß man es benutzen kann). Auf schwankenden Stativen ruhen verschlungene Glasschlangen, Schläuche führen zur Wasserleitung und zum Spülstein, es gluckert, dampft, zischt und riecht. In ein kleines Becherglas tropft eine glasklare Flüssigkeit …

Der Herr dieses Reiches ist mein Bruder, der mit geröteten Wangen und blanken Augen hinter der Apparatur auftaucht und mich freudig begrüßt. „Den Vorlauf habe ich gerade weggetan", erklärt er fachmännisch, „möchtest du kosten?"

Stapellauf – mit zwölf Jahren einen hausgemachten und den ersten Branntwein im Leben, im Nachthemd und barfuß auf den eiskalten Küchenfliesen stehend. „Is ganz milde!" versichert der Destillateur. Pfifferling kostet und bestätigt das Geschmacksurteil. Wahrscheinlich hat sein Bruder in jener denkwürdigen Nacht diese „Milde" schon mehrmals überprüft.

Am anderen Morgen ist eine Dreiviertel-Liter-Flasche fertig. Gerhards Stolz ist grenzenlos. Muddi und Pfifferling erhalten kostenlos Unterricht über weitere Möglichkeiten, die sich anbieten. Kümmel, Anis oder Obst mit in der Maische verarbeitet, ergeben hervorragende Geschmacksnuancen. Während des Vortrages bekommt das Gesicht des Bruders einen schwärmerischen Ausdruck. Außerdem ist die Sache in diesen Zeiten eine Überlegung wert. Bei einem Einsatz von 53 RM plus einige Pfennige für die Weinhefe und einem Verkaufswert von 300 RM pro Flasche, liegt der Gewinn bei rund 500 Prozent, Gasverbrauch und Nachtarbeit nicht mitgerechnet. Schnaps ist nach Zigaretten die begehrteste Tauschwährung, außerdem konnte man immer zu den Russen gehen. Die nahmen alles, und zwar sofort. Gerhard verkauft stehenden Fußes nach einer Kino-Vorstellung vor dem Eingang des Union-Theaters eine Flasche zum Standard-Preis. Nach dem obligaten Probeschluck habe der Iwan die Augen verdreht, berichtet er stolz. Es stimmte, Gerhards Produkt war edelster Stoff.

Zwar wurde überall heimlich Schnaps gebrannt. Von abenteuerlichen selbstkonstruierten Destillations-Anlagen in Kellern und Scheunen wird gemunkelt. Aber die Grundstoffe waren vielfach minderwertig. Rüben und Kartoffeln mußten herhalten, das schmeckte man. „Das ist Blindenkorn, davon fallen einem die

Fußnägel ab!" Originalton Gerhard. „Oder meinste, die schütten Vorlauf und Nachlauf weg wie wir?" Spricht's und bezieht Bruder Pfifferling mit in das nächtliche Geschehen ein. Die richtigen Schwarzbrenner waren auf Masse aus, und danach waren auch ihre Produkte.

Nein, Vater Hollatz hatte verstanden, in seinen Zöglingen den rechten „Jaist" zu wecken. Ein bißchen Feuerzangenbowle werden Sie sagen. – Gewiß, aber eine Stufe höher. Experimentier-Bereitschaft, Selbsttätigkeit und Vollendungsfreude waren angesagt, Begeisterung an der Basis und der Lernerfolg waren vorprogrammiert. Dazu heimlich und bei Nacht, stillschweigend geduldet von den Eltern. Wurde der amerikanische „Moonshine-Whisky" in den Appalachen nicht auch bei Nacht gebrannt? (Wegen des Rauchs der Destillations-Feuer.) Zweifellos bewegte man sich da in erlauchter Gesellschaft.

Natürlich waren da die Behörden und das staatliche Branntwein-Monopol-Gesetz, das solcherlei auch damals verbot. Aber zu Studienzwecken, im Dienste der Wissenschaft? Na, ja ...

Gerhard kann fünf Flaschen herstellen, dann versiegt die Zuckerquelle. Das bedeutet das Ende des Unternehmens. Drei Flaschen haben die Russen gekriegt, eine ist zu Pabba in den Westen gegangen, und die letzte steht in Gerhards Bücherschrank. Sylvester, Schlag zwölf, soll in Ost und West das Glas gehoben und auf eine baldige Vereinigung der Familie getrunken werden. So ist es vereinbart. Der Brennmeister hat durch eine großzügige Zugabe von „Kunsthonig" eine weitere Qualitätssteigerung des Getränks erreicht, und so kann man beruhigt dem Altjahrsabend entgegensehen.

Als die drei Gläser sich unter der tief herabgezogenen Deckenlampe begegnen, werden alle ruhig. Nobel sieht das aus, die drei Hände mit den winzigen, geschliffenen Stiel-Kelchen, in denen die bernsteingelbe Flüssigkeit funkelt, und wenn Pfifferling das Glas bewegt, schießen goldfarbene Blitze hervor. „Wie damals", sagt Gerhard, „wenn Pabba auf Urlaub war!"

Und plötzlich ist es da, für einen winzigen Augenblick, das früher so oft empfundene Grüttnersche Familien-Wert-Gefühl. Verlorengegangen bei dem Bemühen, die Gebote des Schicksals zu erfüllen, drängt es sich in den Lichtkreis.

Aber Muddi mag das nicht, jedenfalls nicht an diesem Abend. Sie hat eine zehnjährige Erfahrung in der Bewältigung dieser Augenblicke, weiß, daß die Andacht in Rührung umzuschlagen droht, und findet auch diesmal den richtigen Ton. Sie sieht den ungebetenen Gast drohend an und scheucht ihn zurück ins Dunkel. Dann lächelt sie, nippt an dem Kunst-Honig-Privat-Brand und zitiert mit dröhnender Stimme unseren Großvater: „Solang' uns diese Blume blüht, soll uns kein Geld verschimmeln!"

Sprichts und trinkt ihren ersten und letzten „Selbstgebrannten" aus.

Kleine Zeichen – Große Wunder

Der Winter 1947/48 geht so. Es reicht für gelegentliches Schlittschuhlaufen, aber mit dem vorigen ist er überhaupt nicht zu vergleichen. Weihnachten übereignet Gerhard mir seine gehüteten und gepflegten „Hudora"-Schlittschuhe. Gut erhalten, mit einem Rest Hohlschliff und tüchtig eingefettet, liegen sie am Heiligen Abend, vorsorglich auf einen Lappen gebettet, unter dem Weihnachtsbaum. Welch eine Wonne!

Auf den 20 Jahre alten Traditions-Familien-Weihnachtstellern aus buntbedruckter Pappe liegen genießbare, selbstgebackene Honigkuchen. Die Formen aus lackiertem Stahlblech konnte man im Kaufhaus „Gehl" ganz einfach für zwei Reichsmark erwerben. Muddis Kriegs-Rezept für „Marzipankartoffeln", von der NS-Frauenschaft empfohlen, kann wieder angewandt werden. Die Zutaten gibt's auf Zuteilung: Weizengrieß, etwas heiße Zuckerlösung und Bittermandel-Aroma erkalten lassen, den Kakao zum Rollen dazugedacht, und schon ist die Illusion perfekt. Aber darin sind wir Meister. Viele Jahre Übung liegen hinter uns. Hoffnungen nähren, Illusionen erhalten. Zusammen mit den Gaben aus Pabbas Weihnachtspaket kommen wir uns unerhört reich vor. Unsere Lage hat sich gebessert. Unerheblich zwar, aber sie hat.

Manchmal gibt es statt Rapsfett jetzt ganz frische, gute Butter. Nachdem die Zuteilung einige Male aufgeschoben wurde, erfolgt die Nachlieferung aller zustehenden Mengen. Die Familie beschließt, eine Freßorgie zu veranstalten. Sie besteht aus nur einem Gang fetttriefender „Bratkartoffeln". Ein großer Teil der Butter geht drauf. Muddi macht in ihrer Portion oben ein Nest und legt auf die Kartoffeln, die wirklich nicht stauben, eine fingerdicke Zusatzscheibe Butter. Wir folgen ihrem Beispiel, machen die Fettlebe mit und lehnen uns schließlich mit ungewohnter Schwere in den Bäuchen zurück. Wiederum hilft der bewährte, heiße Malzkaffee, den protestierenden Magen zu besänftigen.

Die eine oder andere Kleinigkeit wird jetzt in den Geschäften frei angeboten, einfach so, ohne Bezugsschein. Wir erstehen zu Weihnachten für Muddi eine bemalte, kugelförmige Wand-Hänge-Vase aus Glas mit Drahtgalgen. Die also Beschenkte steht erschüttert vor der unerwarteten Weihnachtsgabe. Glasierte Kacheln mit dem Tangermünder Wappen kann man ebenfalls kaufen, und wer ein altes, silbernes Fünfmarkstück zum Juwelier Backhaus bringt, kriegt selbiges als Siegelring zurück – mit oder ohne Wappen. Rudimentäre Reste von Füllfederhaltern ohne Feder und Kappe können in der Buch- und Zeitschriftenhandlung Wiedenhöfer abgegeben werden. Zurück kommt ein repariertes und ergänztes Exemplar. Als Pfifferling an seinem 13. Geburtstag den „Gabentisch" in Augenschein nimmt, liegt dort eine richtige Federtasche aus Leder (handmade by

Muddi), und darin steckt ein nahezu neuer Füller, nicht mit Gummidruck-Blase, die brüchig werden und kaputtgehen konnte, sondern mit drehbarem Saugkolben! Wunder über Wunder! Wo sollte das noch hinführen?

Nun, zunächst einmal zum „Photographen“. Jawoll! Auch das ist wieder möglich. Unser Pabba im Westen hatte uns ja vier Jahre nicht gesehen, wußte nicht, wie wir aussahen. Also los! Man muß sich anmelden. Trotzdem herrscht ein ungeheurer Andrang. Das Wartezimmer ist übervoll. Der Nachholbedarf ist beträchtlich. Endlich sind wir dran. Bisher kannten wir beim Photographen nur großformatige Plattenkameras auf mächtigen Holzstativen. Hier steht in Augenhöhe ein vergleichsweise winziges Gerät. „Leica IIIc mit gekuppeltem Entfernungsmesser und 90 mm Portrait-Objektiv!“ flüstert Gerhard. Muddi bringt unsere Haare in Ordnung. Dann hierhin, dahin, dorthin schauen und schon ist alles vorbei. Die Photos wurden gut, die Familie findet sich ausgezeichnet „getroffen“. Nur Pabba äußert sich in einer ersten Reaktion etwas befremdet über unsere spitzen Gesichter ...

Natürlich steht nach wie vor die Frage nach der Deckung des täglichen Bedarfs im Vordergrund. Natürlich wird auch 1948 intensiv gestoppelt, organisiert und Holz geholt. Aber der lähmende Zwang von 1946/47, die Angst vor dem Dauerhunger, das schlechte Gewissen, wenn man nicht auf dem Acker war, dic sind gewichen. Es ist zu schaffen. Die Familie hat es in den vergangenen Jahren bewiesen. Nun konnten die notwendigen Beschaffungsmaßnahmen mit größerer Gelassenheit angegangen werden. Wenn Muddi wollte, kriegte sie von irgend jemand im Hintergrund ein dreipfündiges Graubrot für 30 RM, manchmal von Bekannten, die eine Bäckerei betrieben, sogar zum normalen Preis und ohne Marken. So eine Geste hebt die Zuversicht.

***

Im Frühsommer 1948 erinnert sich der Rest der Welt an Tangermünde. Die Kulturszene beschließt eine Kontaktaufnahme und schickt eine erste Botschaft. Aus dem Nichts erscheint auf dem Tangerplatz eine Art „Volksfest-Gruppe“.

Die Attraktionen bestehen aus Riesenrad, Ketten- und Kinderkarussell sowie zwei Wurfbuden und einer Schaubude. Stadtausrufer Tuscher geht glockeschwingend durch die Straßen und macht die Tangermünder auf das Ereignis und die zu erwartenden Vergnügungsmöglichkeiten aufmerksam. Für alle eine unerhörte Sensation, wenn auch eine schon betagte, wie wir feststellen. Die Farben auf Bildern und Leinwänden sind verblichen und bröckelig, der Flitter blind, Dielen und Holzteile grau und abgetreten, und die Lichterketten am Abend können ihre Zahnlücken nicht verbergen.

Doch das wird übersehen oder ignoriert, denn dankbar genießen alle die ungewohnte Atmosphäre des „Rummelplatzes".

Die Erfahrungen mit Lustbarkeiten dieser Art liegen weit zurück. In der Vorkriegszeit beim Schützenfest im Wäldchen, später ein paar Buden auf dem Rathausplatz. Damals beschränkte sich das Interesse auf die glänzenden, bimmelnden und hupenden Kostbarkeiten des Kinderkarussels, mußten Plätze in Feuerwehrautos, Lokomotiven und Motorrädern ergattert werden. Die Familie stand am Rand und winkte, wenn man mit wehenden Haaren vorbeifuhr, holte einen nach der Fahrt ab, und im übrigen war die Anzahl dieser Fahrten stark begrenzt.

Jetzt aber waren wir „dreizehn". Keiner kontrollierte uns mehr. Einige Klassenkameraden hatten beim Aufbau mitgeholfen, Beziehungen angeknüpft und besaßen Freikarten und Geld in Hülle und Fülle. Freund Klaus und Pfifferling ging es diesbezüglich auch nicht schlecht. Die Eltern hatten die Einmaligkeit und Bedeutung des Ereignisses erkannt und waren mit den Markscheinen nicht knauserig gewesen.

Wir fahren Kettenkarussel, bis der Magen seinen Protest aufgibt. Der Besitzer betreibt als einziger eine „Musikanlage" mit modernen 78er Schallplatten. Wenn der Tiger-Rag läuft, kennt unsere Begeisterung keine Grenzen. Wir stemmen einen Fuß in die vorausfliegende Gondel und befördern sie nebst Fahrgast in eine höhere Umlaufbahn. Beim „Fliegen" hat Pfifferling am meisten davon, wenn er die Augen schließt. Dann – den stampfenden Swing im Ohr und den Fahrtwind im Gesicht – wähnt er sich für Minuten in ferne Sphären entrückt. Und das muß stimmen. Denn selbst wenn er die Augen öffnet, sind die Stadt, die Elbe und die Eichenallee nach „Onkel Toms Hütte" hinter einer Strichkulisse verschwunden.

Manche müssen nach solchen Fahrten kotzen. Klaus und Pfifferling nie. Im Gegenteil – und als sie die Besitzer der Wurfbuden das Fürchten gelehrt haben, sind sie breiter als ihr Hemd. Zuerst werden sie scheel angesehen, wenn sie die Dosenpyramiden abräumen und beständig die roten, aufgerissenen Münder der Zielfiguren treffen. Doch rasch erfolgt ein Stimmungsumschwung. Meinen doch viele Zuschauer, das wäre ganz einfach, und wollen es auch versuchen. Das steigert den Umsatz, denn „Schmeißen" will gelernt sein. Die Roonstraßen-Crew aber übt das schon jahrelang.

Von Anfang an steht die Schaubude im Mittelpunkt unseres Interesses. Wenn man dem Ausrufer zuhört, verschlägt es einem die Sprache. Unsere Neugier wird immer größer, und das doch zu Recht, denn die Künstler und Akrobaten sind aus fernen Großstädten am Rande der Welt extra zu uns gekommen, um ihre Darbietungen zu zeigen. Und so sitzen wir denn aufs äußerste gespannt am ersten Tag in der nachmittäglichen Eröffnungsvorstellung. Alle Arten von Jahrmarkts-Attraktionen werden geboten, vom Ausdruckstanz über Kraftakte, Zauberkunststükke bis zur Seilakrobatik. Für uns absolutes Neuland, und die atemlose Stille, die während der Vorführung herrscht, bestätigt, daß es den übrigen Tangermünder Kindern oder Müttern mit Kindern nicht anders geht.

Doch die eigentliche Sensation kommt erst am Ende der Vorstellung: der „Puppentrick", wie wir ihn später nannten. Da schiebt doch der Ansager und Hauptakteur aus der Sparkulisse eine aufrechtstehende, lebensgroße, männliche Puppe vor sich her. Sie ist bekleidet mit einem indischen Phantasie-Kostüm, Turban, fontainenartiger Federzier nebst faustgroßem Edelstein.

Diese Puppe muß mit einer raffinierten Mechanik ausgestattet sein, denn die Fortbewegung vollzieht sich dergestalt, daß der Körper des Maschinenmenschen an den starr angewinkelten Armen hochgehoben und sodann rücksichtslos fallengelassen wird. Jedesmal landet er dröhnend auf den Bühnendielen, von wo er wie eine Feder zurückschnellt und sich sodann zögernd „dippend" beruhigt. Während der kurzen Luftaufenthalte befördert der Meister ihn vorwärts, erreicht schließlich die Bühnenmitte und dreht ihn endlich, stets „dippend", mit der Frontseite zum Publikum.

„Das is 'ne Vorkriegs-Anfertigung", zischt Klaus in Pfifferlings Ohr, „das können die in der Ostzone noch nicht wieder herstellen!" Ein starres, wenn auch natürlich wirkendes Männerantlitz, dessen leblose Augen über unsere Köpfe hinweg in unerreichbare Weiten blickten, etwa dorthin, wo der Wohnblock des Sonnenhofs liegen mußte. Und tatsächlich drehen einige Mütter die Köpfe, um zu ergründen, welches Fernziel diese unbeweglichen Augen, die nicht zucken, angepeilt haben. Die Wangen sind rosa getüncht, der Mund rot gemalt. Die Züge sind jedoch durchaus lebensecht. Die Budenbesitzer konnten froh sein, daß sie dieses unersetzliche Gerät ohne Beschädigung durch die Wirren der Kriegs- und Nachkriegszeit gerettet hatten.

Und was kann diese Figur nicht alles! Vor unseren hervorquellenden Augen verschlingt sie mit ruckenden, zuckenden Bewegungen Arme und Beine zu schier unentwirrbaren Knoten und Käulen, scheint weder Wirbelsäule noch Hüftgelenke zu besitzen und straft unsere bisherigen Vorstellungen einer funktionsangemessenen Bewegungsfähigkeit des menschlichen Körpers in jeder Minute Lügen. Weiterhin unentwegt „dippend" verrichtet sie andere, neue Aufgaben, so daß die dauernden Stöße über den altersschwachen Dielen einen zarten Bodennebel antiken Bühnenstaubes hervorzaubern, der durchaus als Vorläufer moderner Bühneneffekte angesehen werden kann, den in Bühnennähe Sitzenden jedoch ein verhaltenes Hüsteln abnötigt.

Zu guter Letzt wird er noch waagerecht zwischen zwei Stühlen drapiert, und der Vorführer nimmt demonstrativ auf der Körpermitte Platz. Also mußte das Innenleben zusätzlich mit raffinierten Stabilisatoren ausgestattet sein, wenn sie die bisherigen Verrenkungen widerspruchslos mitvollzogen hatten. Jetzt aber sind die Darbietungen beendet, der Gummimann wird in der Mitte der Bühne plaziert und lauter Beifall ertönt. Einige Kinder sind schon aufgestanden und verfolgen nur noch mit halbem Auge die Vorgänge auf dem Podium. Dort geschehen erneut bemerkenswerte Dinge.

War die bisherige Vorführung ohne sprachliche Äußerungen ausgekommen, so änderte sich das jetzt. Der Vorführer bewegt die Lippen und wahrhaftig: Er spricht mit der „Puppe". Verstand dieses Wunderexemplar vielleicht sogar Deutsch? Die bereits aufgestandenen Besucher nehmen zögernd wieder Platz, es wird still, und jetzt – das ist doch die Höhe – wedelt der Herr und Meister seinem Modell mit der flachen Hand Luft zu, fuchtelt ihm vor den Augen umher. Zugegeben war diese Luft in dem Etablissement ziemlich dick geworden, aber das ist dann doch zuviel.

Und dann geschieht es. Die Puppe öffnet die Augen noch weiter, der starre Blick kehrt aus unirdischen Dimensionen zurück, senkt sich auf die erschauernde Kinderschar, und die Augen schließen sich. Dafür klappt jetzt der Körper zusammen, fällt rücklings in die Arme seines Herrn, windet sich in aberwitzigen Zuckungen, beruhigt sich, erschlafft, wird erneut auf die Füße gestellt und – Oh, Wunder! – macht die Augen wieder auf. Die Gesichtszüge beleben sich, Furchen und Falten beginnen, sich unter der dicken Schminke abzuzeichnen, formieren sich zu freundlichen Gruppen, und plötzlich hat die „Puppe" ein durchaus menschliches Lächeln im Gesicht. Mit einer fließenden Bewegung, völlig ohne „Dipp", tritt die Gestalt nach vorne und macht eine gekonnte Verbeugung, während sie gleichzeitig die Hand zu einer verbindlichen, ja einladenden Bewegung in Augenhöhe hebt, dann fallen und an der Seite auspendeln läßt.

Einen Augenblick lang ist es noch einmal ganz still, denn wir sind kein amerikanisches Publikum, welches dem Interpreten in sein letztes Wort fällt, um ja die eigene Ekstase nicht zu verpassen. Jetzt erst prasselt unser Applaus auf den Mann in dem schäbigen Satinkostüm herab. Ganz hell ist dieser Applaus, mit ganz vielen Obertönen, wie sie nur von begeisterten Kinderhänden, die alle schnell klatschen, erzeugt werden können. Keiner sieht die Dürftigkeit der Ausstattung, die zu grelle Dekoration, mühsam verdeckte Flickarbeit und den stumpfen, verblichenen Glanz des Zierrats. Dieser Mann hat sein Publikum in atemloses Staunen hineingeführt und es dann behutsam wieder zu sich selbst zurückgeleitet. Jetzt steht er da, verbeugt sich wieder und wieder und freut sich mit uns …

In den kommenden zwei Wochen braucht der Jahrmarkt keine Reklame zu machen. Das besorgen wir, alle jene, die in der Eröffnungsvorstellung dabeigewesen sind, und unsere Nachfolger.

„Hypnose!“ sagt Gerhard nach meiner ersten glühenden Schilderung der Abläufe in der Schaubude. „Hypnotischer Schlaf, da kann man sich nicht wehren!“ Hätte doch ein gestandenes Mitglied der ehemaligen Marine-HJ und tüchtiger Kuttergast bei einer ähnlichen Darbietung im Elbpark ein mit frischem Bier gefülltes Glas in die Dekoration gefeuert, jedoch erst, nachdem ihm der Hypnotiseur suggeriert habe, das Seidel enthielte unanständige Sachen, und das alles, obwohl der Kuttergast zu jenen Leuten gehöre, die gewohnheitsmäßig gefüllte Bierseidel auszutrinken pflegten. Betrug oder Absprache sei folglich nicht möglich. An der Hypnose sei schon was dran.

„Gab's 1925 schon auf dem „Roten Horn“ (Dauerkirmes in Magdeburg, ähnlich dem Wiener Prater), trägt Muddi ihren Teil zur Unterhaltung bei und übertrifft den bierglaswerfenden Bootsmann. Aber Pfifferling ist das alles egal. Er läßt sich seine Begeisterung nicht nehmen. Für ihn steht die Sensation hier und heute auf dem Tangermünder Tangerplatz, und das zählt.

Zweifel und Unruhe – Aufbruch und Abschied

Am 20. März 1948 verläßt die sowjetische Delegation auf der Londoner Konferenz der Siegermächte die Verhandlungsrunde und kehrt nicht mehr zurück. Auf dem Tisch liegt der Plan der Westalliierten, aus den Westzonen ein föderatives, demokratisches, mit vielen Selbständigkeiten ausgestattetes Staatensystem zu machen. Aber dort im Westen lag damals das Herz Deutschlands, das Ruhrgebiet, an dessen Reichtum und Wirtschaftskraft die Sowjets noch zu partizipieren gedachten. Daraus würde nichts mehr werden. Die Verhandlungspositionen der einstigen Verbündeten verhärten sich. Wer Berliner Zeitungen liest, kriegt das mit. Gerhard hat „Nachtexpress“ und „Telegraph“ abonniert.

Bisher ist es für die Tangermünder immer noch möglich, mit einigermaßen Geschick und Glück die innerdeutsche „Demarkations-Linie“ bei Salzwedel oder Oebisfeld zu überschreiten. Was aber ist, wenn diese „Grenze“ richtig dichtgemacht wird, mit Maschinengewehren und Posten auf Rufweite? Keine Bücklinge und Heringe aus Hamburg mehr, von dem stets im Unterbewußten bereitgestellten Notausgang einer Übersiedlung in den „Westen“ ganz zu schweigen.

Frau Heinemann, eine Zöllner-Kollegen-Frau, erscheint eines Tages, um sich zu verabschieden. Sie hat ohne viel Aufhebens ihre Wohnungseinrichtung mit einem gut belohnten Spediteur nach Berlin schaffen lassen. Nun hofft sie, im Rahmen des Interzonenverkehrs die Sachen in den Westen bringen zu können.

Ihr Mann ist schon da ... So etwas ist 1948 noch möglich, allerdings nur mit Beziehungen, einer guten Vorbereitung und viel, viel Geld.

Ein weiteres Gespenst taucht am Horizont auf und verbreitet Unruhe, vor allem unter den jungen, ledigen Männern, Oberschüler nicht ausgenommen. *„Aue“* heißt diese Wort, welches zunächst unter der Hand weitergereicht, dann jedoch offen diskutiert wird. In der Nähe dieses sächsischen Städtchens war man auf reiche Vorkommen von Uran-Pechblende gestoßen, dem Mineral, das zur Herstellung von spaltbarem Material diente, die Voraussetzung zur Herstellung von Atomwaffen. Die Russen fordern konsequente Ausbeutung und Lieferung. Doch trotz vieler äußerer Vergünstigungen fehlen Arbeitskräfte. Man weiß bereits, daß die Arbeitsbedingungen mörderisch sind, gesundheitliche Schäden vorprogrammiert. Die Betreiber sehen sich zu drastischen Maßnahmen gezwungen. Wörter wie „Zwangsverpflichtung“ und „Arbeitseinsatz“ tauchen auf, alte, vertraute Bekannte, deren Bedeutung nur allzu tief in das Bewußtsein dieser Generation eingegraben war. Unsicherheit und Furcht machen sich erneut breit. War dieses das System und die „neue Zeit“, von denen alle geträumt hatten? „Mensch Jerd!“ sagt Günter „Wietsch“ Witaszak (18) zu Bruder Gerhard (19) auf dem abendlichen Hof von Roonstraße 44, „die kappen uns, ik mach 'rüber in' Westen!“ Sprach's und tat's. Drei Tage später ist Gerhard auch weg. Heimlich und bei Nacht. „Schwarz“, wie das im Fachjargon treffend genannt wird. Erstens, weil es illegal war, zweitens, weil man Kohlenzüge, die zwischen Ost und West verkehrten, als Transportmittel bevorzugte.

Am 20. Juni 1948 wird in den drei Westzonen eine Währungsreform durchgeführt, am 23. Juni 1948 in der Ostzone, und am 24. Juni blockieren die Sowjets alle Straßen-, Schienen- und Wasserwege nach Berlin. Viele Repressalien und Schikanen folgen. Es sind Stalins bleierne Methoden, seinen Vorstellungen einer Neuordnung in Deutschland Nachdruck zu verleihen.

Von nun an dröhnen Tag und Nacht im Viertelstunden-Takt die Flugzeuge, von Hannover kommend, im Niedrigflug über unsere Stadt. Die Westalliierten haben mit der Luftbrücke geantwortet, und Tangermünde liegt in einem der „Luftkorridore“. Zuerst recken alle die Hälse nach den Maschinen, betreiben Typenkunde und Identifikation, doch das wird bald blaß und langweilig. Außerdem wirkt das Dauergebrumm nicht beruhigend auf die Menschen, eher fördert es Nervosität und Aufbruchstimmung. Gewohnheitsmäßig, aber mit halbem Herzen, fahren wir stoppeln in die Frühkartoffeln, sehen die Flugzeuge schon von weitem über das Elbeland kommen und blicken ihnen mit gemischten Gefühlen nach. Kopfschütteln ist allgemein üblich. Daß sich die Amis das gefallen lassen!! Wie soll das noch alles werden? Die Berliner fahren mit dem Personenzug bis zum Haltepunkt Hämerten, um in den märkischen Dörfern zu hamstern wie in den schlimmsten Zeiten. Wenn wir sie ansprechen, sagen sie: „Laß ma, uns jeht dat nich so jut, wia komm auße Hungaßone, trotz Rosinen-Bomba!"

Unsere Muddi sieht sich das noch vier Wochen an, dann haben die Argumente sie weichgeklopft: Mann und ältester Sohn im Westen, die Dauerdrohung „Aue", Währungsreform plus Berliner Blockade, Zukunft der Kinder, Unwägbarkeiten der weiteren politischen Entwicklung, usw. usw.

Während der Sommerferien machen Muddi und Pfifferling einen „Besuch" im Westen. Muddis Entschluß fällt spontan. Wir wollen unseren Pabba wiedersehen und prüfen, ob es diesen „Goldenen Westen" wirklich gibt.

Die Ereignisse bei den zwei illegalen Grenzübertritten sind kaum glaublich und abenteuerlich. Das Erlebnis „Westen" ist berauschend und das Wiedersehen der Gesamtfamilie bewegend und beglückend. Aber das gehört schon nicht mehr zu Tangermünde, sondern zu jener neuen, hellen, frisch erstandenen, planbaren Zukunft, von welcher alle bereits einen kleinen Teil sehen durften. Der Grüttnersche Familienrat tritt zusammen, beschließt die Aufgabe des Wohnsitzes Tangermünde und die Übersiedlung in den Westen. Unser Pabba fordert sogar den sofortigen konsequenten Bruch. Er will uns nicht mehr gehen lassen. Der Hauskram da drüben soll bleiben, „wo der Pfeffer wächst". Nachbarn oder Bekannte oder der Staat sollen ihn „schlucken", im Angesicht der wiedervereinten Familie, nach neunjährigem Kriegsgeschehen, eine verständliche Reaktion. Zudem kann er bei der Auflösung des Hausstandes nicht behilflich sein, *muß* im Westen verbleiben. Als ehemaliger Staatsbeamter, Mitglied der NSDAP und Offizier wäre seine Inhaftierung gewiß. Die Gerüchte über die Nachfolge-Konzentrationslager der Stalin-Ära sind bereits 1948 gräßlich. Die Zeit und das Wissen des Jahres 1991 bestätigen im nachhinein die Richtigkeit des Entscheids.

Und so findet sich Pfifferling denn noch einmal als Erzähler wieder. Dort in Tuschers Ecke, wo schon der Inhalt von hundert Büchern und ebensoviel Filmen erzählt wurde, dort, wo Bubi Rieps Tarzan zum ersten Mal Gestalt annahm und von wo aus die ersten Ami-Bomber gesichtet wurden, dort bestätigt er die Legende vom „Goldenen Westen". Hatte sein Wort schon immer Gewicht im Kreise der Roonstraßen-Crew, so hängen die Augen der Gefährten jetzt an seinen Lippen. Und er hat ja auch einiges zu bieten. Im bewährten Gestik-Mimik-Bewegungs-Stil agiert er vor den offenen Mündern seiner Kumpel, und er bleibt seinem Publikum nichts schuldig.

Sprünge über Grenzgräben, tagelange Eisenbahnfahrten durch das Land, durch dächerlose Bahnhöfe und die zerstörten Städte des Ruhrgebiets, das neue Zuhause in einer Großstadt, andere Menschen, ihre Gewohnheiten und der rheinische Dialekt, neben den vielen alten auch richtige neue Autos, die mit Benzin fahren, und Geschäfte, sogar Kaufhäuser mit großen Schaufenstern, und das, was ausgestellt ist, kann man frei kaufen, das meiste davon ohne Karten oder Bezugsscheine, dazu zahlreiche Riesenkinos mit richtigen amerikanischen Wildwestfilmen, dazu ein Schwimmbad in der Halle und echtes Sahneeis, das der große Bruder unaufhörlich bezahlt, Bananen und Apfelsinen soviel man will, und Pfifferlings Freunde haben den Mund zugemacht, sehen ihn nur noch an und schweigen. Eigentlich nicht neidisch, sondern nur traurig, und da hört Pfifferling auf zu erzählen …

In den folgenden Tagen geschieht etwas Merkwürdiges. Unmerklich entsteht eine Kluft, ein unsichtbarer Abstand zwischen ihm und seinen Freunden. Äußerlich verändert sich nichts. Nach wie vor geht die Roonstraßen-Mannschaft gemeinsam ihren Freizeitvergnügungen nach. Doch das Thema „Westen“ wird vermieden. Eine geheime Scheu hält die Freunde davon ab, noch einmal von dieser fernen, fremden Welt zu sprechen, als könne ihr Schweigen Aufbruch und Abschied aufschieben oder gar verhindern. Alle erfühlen, daß einer nicht mehr so richtig dazugehört, mit den Gedanken nicht bei der Sache ist, sich innerlich bereits aus der altbewährten Gesinnungsgenossenschaft gelöst hat. Während des abendlichen Nachhausewegs von den üblichen Unternehmungen herrscht oft Schweigen, ein nachdenkliches, trauriges Schweigen.

Jeden Abend gibt es mehr leere Stellen in der Wohnung, sind liebe, vertraute Gegenstände verschwunden. Das Zuhause verliert seine Konturen. In Windeseile hat es sich in der Stadt herumgesprochen, daß hier ein vollständiger Haushalt aufgelöst wird. Wir können ja nur Handgepäck mitnehmen und einige Sachen mit der Post schicken. Der überwiegende Teil der Einrichtung muß verkauft werden. In der Ostzone von 1948 gibt es nichts zu kaufen. Auch scheinbar unbedeutende Kleinigkeiten finden Abnehmer. Binnen weniger Tage ist alles weg, nur die Betten stehen noch, aber verkauft sind sie auch.

Manche der Kauf-Interessenten bringen einen Schätzer mit, weil sie annehmen, zeitgemäße Schwarzmarktpreise bezahlen zu müssen. Aber Frau Grüttners Preise sind reell, alle sind einverstanden, keiner versucht zu handeln. Unsere Muddi ist klug. Sie weiß, Komplikationen, gleich welcher Art, kann die Familie in dieser Situation nicht mehr brauchen. Das Überschreiten der Zonengrenze ist ohne „Interzonen-Paß“ nicht gestattet. Gerhard besitzt einen, aber der stammt aus dem Westen, denn der große Bruder ist bereits Bürger der Stadt Mülheim an der Ruhr. In der Ostzone werden Papiere dieser Art überhaupt nicht oder nur sehr zögerlich ausgestellt. Darauf können wir nicht warten. Also weiß jedermann, daß die Restfamilie gezwungen sein wird, die Grenze „schwarz“ zu überschreiten. Trotzdem bleiben wir unbehelligt.

Muddi geht frech und gottesfürchtig auf das Stadthaus und meldet die ganze Familie polizeilich ab. Sie erhält eine Rückantwortkarte für die zukünftige

Wohngemeinde und bleibt … unbehelligt. Gemeinsam gehen wir zur Schule. Der jüngere Sohn muß noch abgemeldet werden. Rektor Schultz gratuliert Muddi zu ihrem Entschluß, und die Familie bleibt weiterhin … unbehelligt. Und obwohl nun offiziell bekannt ist, daß wir „abhauen" wollen, das vorhaben, was später als „Republikflucht" bezeichnet wurde, passiert nichts. So geschehen und möglich im Tangermünde des Jahres 1948.

Dann ist er da, der Tag der Abfahrt. Früh sind alle auf. Die Betten werden abgeholt, und nun ist die Wohnung ganz leer. Die Stimmen der Erwachsenen hallen durch die Räume, sie haben immer noch was zu tun, letzte Dinge müssen geregelt werden. Für zehn Uhr ist ein Auto bestellt, für viel Geld. Mit dem vielen Handgepäck zur Grenze. Namen werden genannt, Helmstedt, Austauschlager Marienborn … letzte Unwägbarkeiten auf dem Weg in den Westen … Aber das wird alles großartig klappen, sich durch wunderbare Weise wie von selbst erledigen. Doch das kann Helmut Pfifferling noch nicht wissen. Er starrt mit leerem Kopf und leerem Blick durch das leere, gardinenlose Fenster auf die leere Straße.

Muddi nimmt ihn beiseite. „Nun, geh doch noch mal!" Fragender Blick. „Zur Elbe, wer weiß, wann du noch mal herkommst, los, so viel Zeit ist noch!" In einer ersten, sentimentalen Anwandlung sucht er in der Speisekammer nach einer leeren Flasche, um etwas Elbwasser mit in die wilde, fremde Ferne zu nehmen. Gerhards energische Worte bereiten dem ein Ende, und er hat auch recht: „Das wird doch faul, so etwas wie die Elbe kannst du nicht einfach mitnehmen und aufbewahren, jedenfalls nicht in einer Flasche!"

Pfifferling sitzt auf einer der steinernen Ufertreppen und starrt auf den Fluß. Das Wasser ist grau, wellenlos und bleiern. Morgendunst verwehrt den Blick. Ein Fremder wäre sicherlich enttäuscht ob Trostlosigkeit und Eintönigkeit der Wasserlandschaft. Der Junge auf der Steintreppe ist es nicht. Er hat an diesem Morgen gar nichts anderes erwartet, und außerdem weiß er um die vielen Gesichter und Stimmungen, die dieser Strom bereit hat.

Wie soll ein Dreizehnjähriger Abschied nehmen von „seinem" Fluß. Er besitzt keinerlei Erfahrung, brauchte es noch nie zu tun, denn die Elbe war immer für ihn da, wann immer er sie wollte. Einen Augenblick lang ist er erstaunt über die Dürftigkeit seiner Gefühle, dann steht er auf, dreht sich um und geht nach Hause. Erst in späteren Jahren wird klar, daß die pathetische Geste des Abschieds überflüssig war. Das Bild, welches er suchte und wünschte, war längst fertig. In einem geheimen Gelaß der Phantasie wartet es, abrufbereit, entstanden in zehntausend Stunden und unzähligen Abenteuern. Hell ist es und strahlend, und seine Farben werden unvergänglich sein …

Zum Glück sitzt auf den Steinen in Tuschers Ecke Klaus Garz. Er hat erst um zehn Uhr Schule, und man kann sich daneben setzen und so tun, als wäre nichts. Das geht aber nur wenige Minuten so, ein paar belanglose Sätze, dann erscheint auch in dieser Stunde programmgemäß die Sprachlosigkeit und setzt sich zwischen sie. Was bleibt, ist ein beredtes Schweigen. Dann muß Klaus aufstehen, ach ja, die Schule. Er streckt die Hand aus. Einen Augenblick liegen die beiden Jungenhände ineinander ... Klaus hat immer noch seine rauhe, rissige Fischhaut ... denkt Pfifferling ... kriegte sie ständig im Sommer ... zuviel Sonne, zuviel Wasser ... „Mach's gut!" – „Mach's besser!" ... Sonst braucht das nur bis zum nächsten Morgen zu reichen, aber heute? Die Haustür klappt, Klaus ist verschwunden.

Alles geht schnell an diesem Morgen. Übergangslos, kaleidoskopartig lösen die Vorgänge einander ab. Schon ist das Auto da ... alter Opel Admiral ... Holzgas-Generator ... kleiner Anhänger ... Gepäck hinein ... Nachbarn und Hausbewohner auf der Straße die Frauen müssen weinen ... der geteilte Rücksitz ... das zweigeteilte Heckfenster ... los fährt das Auto ... so einfach ... ohne weitere Umstände ... Blick zurück ... winkende Gestalten ... Giebelschatten und fahler Sonnenschein im aufwallenden Straßenstaub ... richtig, nicht gepflastert ... gespenstisch ... kulissengleich ... wie rückswärtsfahrende Filmkamera ... Hauseingänge, Bordsteinstapel ... bleiben zurück ... Umrisse werden flacher ... ganz hinten fließen die Häuserfronten des vertrauten Straßenzuges langsam zusammen ... die Figuren sind nur noch Punkte und Striche ... da wendet Pfifferling sich ab ...

Das Kopfsteinpflaster in der oberen Roonstraße ist nicht förderlich für das wehe, beklemmende Gefühl in der Magengegend, aber er merkt auch, daß es ihn nicht gänzlich gepackt hat, ihn nicht vollständig erfüllt. Zu mächtig sind Neugier, Erwartung und Stolz, zu groß Freude und Jubel, an diesem Aufbruchsanfang beteiligt zu sein.

Vor Eschkers Laden stoppt der Wagen, kurze Orientierung, dann gibt der Fahrer Gas, biegt um die Ecke, und die Roonstraße ist weg ...

Helmut Pfifferling,
der Plötzenschreck
und Wasserplömper aber
bricht auf, in den westlichen Provinzen,
dort jenseits der Sonne
sein Glück zu suchen.

Ende

Tangermünder Transfer

WIR SIND WER! Ja, wer sind wir denn? Nun, die Antwort findet der interessierte Leser bereits im Kapitel Nr. 20. Dort wird die Zugehörigkeit, zumindestens für eine bestimmte jugendliche Entwicklungsphase, eindeutig geklärt. Wer dann noch nicht Bescheid weiß, kann beim Katasteramt in Kapstadt oder Düsseldorf anrufen, sich Ort und Gemarkung nennen lassen, um die schreckliche Wahrheit zu erfahren, daß er doch zu den „Hottentotten" gehört.

Da ist was dran, werden Sie sagen, das ist ein vertrauter Klang im Ohr. Das Wort konnte man regelmäßig hören, wenn die Mütter an einem Regentag nachmittags um vier das Kinderzimmer betraten. Natürlich war die Wortgruppe „ wie bei den Hottentotten" nicht als Diffamierung jener fernen Völkerfamilie gedacht, sondern diente nur als Erleichterung bei der Beschreibung des Zustandes, in dem sich die jeweiligen Räumlichkeiten befanden, wobei die Silbenreihe (holländisch: hotentots „die Stotterer") für uns exotisch genug klang, um entsetzliche Zustände im soziokulturellen Bereich ahnen zu lassen.

Einerseits legten wir unsere Betroffenheit schnell ab, denn natürlich waren wir keine richtigen Hottentotten. Andererseits konnte dem geschärften Blick des späteren Erwachsenen nicht entgehen, daß beängstigend viele Zeitgenossen dem „Hottentotten-Alter" nie zu entwachsen schienen. Unaufhörlich Trümmer der mannigfaltigsten Art hinter sich zurücklassend, bewegen sie sich durch unsere Welt, und erneut stellt sich die brennende Frage: Wer sind wir denn? Und wenn ja, *wie sind wir so geworden?*

Nun, das vereinfacht die Sache wesentlich. Schon Humphrey Bogard muß sich in „Key Largo" von Lauren Bacall sagen lassen: Nicht unser Verstand, sondern unser Charakter bestimmt unser Handeln und unsere Haltung!" Na, wenn das nichts ist! Also, wer „Charakter" hat – vortreten! ... Waas? Alle? Das ist doch unmöglich. Schon der große Philosoph „Immanuel Kant" behauptet kühn: „Charakter ist das innere Ziel, der gute Wille des Lebens!" Ihr wollt doch nicht behaupten, daß ihr alle guten Willens seid, dieses Leben im Sinne eines lebenswerten Lebens zu gestalten?

Nein? Na gut, wenigstens ehrlich sind sie. Also! Die falsch vorgetretenen Mitglieder der Gesellschaft wieder zurück ins Glied, Waas? Da bleiben nur sieben zurück? Das ist sehr beunruhigend, ja bedenklich. Aber, ihr armen Schweine dahinten, wie kommt das denn, daß ihr überhaupt „kein inneres Ziel" habt?

Daran sind wir nicht schuld ... schlechte Erziehung ... um uns hat sich keiner gekümmert ... schlechte Vorbilder ... keine Vorbilder ... unbewußte Beeinflussung ... Tricks ... Fernsehen ... Werbung ... Frankenstein ... Caligula ... Dracula ... Khomeini ... und der böse Wolf ...

Is ja gut, is ja gut, is ja gut, alles bekannt. Im Zweifelsfalle sind die anderen schuld oder die Umstände! Aber wahrlich, ich sage euch! Ihr macht euch das zu einfach. Ich muß da wieder einen von den ollen Philosophen nehmen, diesen … achmm … Heidegger. Der sagt euch da an einer Stelle: „Wir sind nicht so oder so, sondern wir verhalten uns überdies zu unserem So-Sein." (Chor aller Anwesenden) Aumannau-murmelmurmelmurmelmurmelmurmelmurmel …

Ha-ha-ha-HALT!!!

Ich, einer der sieben Gerechten, ich, der Lesekundige, der Schriftgelehrte, gebiete eurem Reden Einhalt. Ihr habt Unrecht. Seit vielen hundert Jahren versuchen wir schon, euch zu warnen, geben euch verständliche Anweisungen an die Hand, um zu erkennen und euch selbst zu maßregeln, aber ihr hörtet niemals zu … so hört wenigstens jetzt … und lernt … und begreift …

Hans Assmann von Abschatz (1646–1699)

Warnung …

Wie ist die ganze Welt
in Neuigkeit ersoffen!
Man deckt und kleidet sich,
man schreibt, singt und spricht,
man reiset, schläft und ißt,
man reitet, tanzt und ficht
nach neu erwählter Art.
Wer Glück und Gunst will hoffen,
muß sich in allem Tun
der Neuigkeit bequemen,
sonst wird ihn Überwitz
mit Hohn und Spott beschämen.

Es bleibet nicht dabei:
Man ändert auch die Sitten,
der Kittel guter Treu
und alter Redlichkeit
ist unserer Modewelt
ein viel zu schlechtes Kleid,
die junge Neuigkeit
will überall gebieten.
Was Wunder, wenn nun auch

im ganzen weiten Lande
der neue vor will gehn
dem alten Adelsstande!

Das Alter wird veracht,
das doch so viel' begehren:
doch will ich lieber alt-
als junggeboren sein.
Mit Aufgeld tauscht man
die alten Münzen ein;
der Firnewein gilt mehr
als der noch soll verjähren.
Man sieht die Aloe
nach hundert Jahren blühen,
der jungen Tulpe Pracht
in kurzer Zeit entfliehen.

(Betroffenheit) Da ist was dran … stimmt … und das vor 350 Jahren … alles geht zu schnell … alle wollen immer alles … und zwar sofort … kein Verlaß mehr … nichts hat richtigen Bestand … alles Eintagsfliegen … nur die schnelle Kohle … keine Zeit, sich zu gewöhnen … Verfall der Sitten … Drogen … Demontage der Werte … Sackgasse Welt … Atomtod … Götterdämmerung …

Halt!

(Der Literaturgerechte – Sektion Kunst und Schönheit hebt wieder die Hand.)

„Die Musik hat euch nicht verraten. Die Musik hat euch nicht irregeführt. Sie wacht mit uns, in uns, in der Asche und in den Ruinen all unseres alten Glücks." (Georges Duhamel)

(Kopfnicken, Beifall, Rufe, Pfiffe, Johlen)

Der Mann hat recht … cool … so isset … nach Abait ne Scheibe auflegen … Samstag Disco … Walkman immer dabei … Flötenzirkel … in mir klingt ein Lied … neue E-Gitarre … Top-Hits …

(Langsam verebbendes Gemurmel.)

„Sie da! Was wünschen Sie, wer sind Sie?!

(Der Vorsitzende zeigt auf eine Frau, die vorgetreten ist.)

„Ich heiße Ingeborg Bachmann. Ich will nicht warnen, doch vielleicht mahnen (unwilliges Gemurmel). Bedenken Sie, daß Musik für die meisten von uns nur Erleichterung und Hilfe bleiben muß. Wenn Sie sie als persönliche Fluchtwelt bereitstellen, sollten Sie sich das klarmachen. Seien Sie jedoch auf der Hut, wenn man Ihre Geliebte mißbrauchen will, sie zum Fetisch erhoben wird und als

Zusatzdroge dient, in deren Gefolge ganze Müllhalden an Selbsttäuschungen marschieren, sie schließlich, mit neuestem Technik-Know-How ausgestattet, zum modernen faschistoiden Vehikel verkommt. Denn – 100.000 Watt in einem Sportstadion dulden keinen Widerspruch. Das Gesicht der Welt kann jedoch mit Krach nicht gerettet werden.

Wohin aber gehen wir
(ohne Sorge, sei ohne Sorge)
wenn es dunkel und wenn es kalt wird
(sei ohne Sorge)
aber
(mit Musik)
was sollen wir tun
(heiter und mit Musik)
und denken
(heiter)
angesichts eines Endes
(mit Musik)
und wohin tragen wir
(am besten)
unsere Fragen und Schauer aller Jahre
(in die Traumwäscherei ohne Sorge, sei ohne Sorge)
was aber geschieht
(am besten)
wenn Totenstille
eintritt

(Betretenheit, Einzelne Stimmen … alles wieder kaputt … man läßt uns nichts … letzte Zuversicht … ein einzelner Schrei …

Gibt es denn gar nichts …?

(Der Vorsitzende hat den Arm gehoben.) Nein, nein, nein, so geht das nicht, ihr seid zu voreilig. Vor uns stehen doch die sieben Gerechten, über deren charakterliche Qualitäten kein Zweifel besteht. Sie haben uns immer geholfen. Ich will sie fragen, wer sie sind. Wenn ihr sie wieder haben wollt, ruft ihr alle JA!

Sie da, wer sind Sie?

Das Leben … Jaaa!
Die Hoffnung … Jaaa!
Die Schönheit … Jaaa!
Die Kunst … (Durcheinander)
Die Arbeit … ja! (verhalten)
Das Glück … Jaaaaaaaaaaaaaa!

Gerade haben die *Wissenschaft und der Fortschritt* das Maul aufgerissen, da packt sie das *Leben* im Genick und schiebt beiden eine Frikadelle aus dem Jahre 1947 in den Rachen. Sie geraten ins Wanken, sie straucheln. Das Aroma der in Gärung übergegangenen, erfrorenen Verlängerungskartoffeln zwingt sie in die Knie. „Ihr habt heute keine Stimme!" sagt das Leben. „Ihr habt genug angerichtet, eure Pläne müssen überprüft werden."

„Na also!" sagt der Vorsitzende. Wenn das nichts ist?! (Sich an die Menge wendend:) „Und ich bin der Überzeugung, daß unter euch noch viele sind, die sich ebenfalls bewähren könnten." Ohne weitere Worte abzuwarten, wollen sich die *Eitelkeit und die Machtgier,* beide in 800-DM-Anzügen, durch die Masse drängen, aber die Menschen lassen sie nicht durch, jedenfalls nicht heute und nicht sofort.

(Langsam verbreitet sich Stille, nur in der letzten Reihe herrschen noch Unruhe und Bewegung.)

(Der Vorsitzende) „Nun, nun, nun ... und Sie da ganz hinten, warum schwenken Sie dauernd eine Zuckerrübe? Jetzt legen Sie das Ding mal hin! Wer sind Sie überhaupt, und was wollen Sie?"

Mein Name ist Helmut Pfifferling, ich komme aus Tangermünde an der Elbe, Roonstraße 44. Also, unser Pfarrer Felgenträger hat im Konfirmandenunterricht 1948 immer wieder gesagt ... (Vorsitzender: Fassen Sie sich bitte kurz) ... er sagte, die *Wahrhaftigkeit* gehöre immer unbedingt dazu. Sie sei die Grundlage allen verantwortlichen Handelns, innere Übereinstimmung von Tun und Denken. Das fiele den Menschen sehr schwer. Sie täuschten sich allzu gerne selber, müßten konsequenter werden bei der Selbstbeurteilung ...

(Vorsitzender) „Und, haben Sie das umsetzen können, haben Sie das geprüft auf Alltagsbrauchbarkeit?"

Also, wir hatten da so ein paar Regeln. Sie wissen schon, stillschweigende Übereinkunft und so. Das funktionierte ganz gut ...

Wer betrügt, fliegt raus!
Wer lügt, kriegt keine Chance mehr!
Wer feige ist, wird gemieden!
Wer nicht teilt, verliert das Gesicht!
Wer nichts mitmacht, ist langweilig!
Wer nicht hilft, bleibt allein ...

(Vorsitzender) Aber das reicht doch noch nicht!"

(Pfifferling) „Aber es ist immerhin ein Anfang gewesen, ein guter Anfang. Wenn jeder in *seiner* Roonstraße anfängt (dabei hebt er wieder die Zuckerrübe), könnte es klappen.

(Erregtes Gezischel in der Menge, die langsam eine Gasse für den Vorsitzenden bildet, der auf Pfifferling zugeht. Er bleibt vor ihm stehen, legt ihm die Hand auf die Schulter, nimmt ihm entschlossen die Zuckerrübe weg und blickt ihm in die Augen.)

„Es ist schwer, aber du könntest recht haben. Wir müssen alle *wahrhaftig* noch einmal anfangen.“ Dann hebt er die Zuckerrübe in die Höhe und ruft mit heller Stimme: *„Jedem seine Roonstraße und sein Tangermünde!“*

„Das ist die neue MESSAGE!“

***

Nachwort

Wie kommt jemand dazu, nach mehr als vierzig Jahren den Ort seiner Kindheit und Jugend in den Mittelpunkt von Erinnerung und Rückbesinnung zu stellen? Während der ganzen Zeitspanne ist er nie an den Platz des Geschehens zurückgekehrt, hat bis in die Schlußphase seines Fernseins keinen Kontakt zu den Jugendgefährten gesucht. Und dann mit einem Mal schreibt er alles auf, ganz genau, häufig liebevoll, und manchmal macht er sich auch lustig oder ist kritisch!

Eigentlich müßte er den Kram doch längst vergessen haben, in irgend eine untere Schublade des „Ichs" verpackt und verschnürt. Wir wissen so viele Dinge aus unserer Jugendzeit nicht mehr. Gewiß, lieber Leser, so viele nicht, aber einige doch, und zwar diejenigen, wenn ich helfen darf, an welche Sie sich gerne erinnern, Geschehnisse, an die zu denken Sie glücklich macht, die Sie mit Wärme, Zufriedenheit und Stolz, aber auch mit Heiterkeit und Trost erfüllen.

Nun ja, werden Sie sagen, das ist bei uns allen üblich. Die hellen Lichter auf dem Lebensweg leuchten weiter, die dunklen kommen in die oben erwähnte Schublade. Wenn man dann im Nachhinein feststellt, daß die ersten überwiegen und die restlichen geholfen haben, die Unwägbarkeiten des Daseins brauchbar zu gestalten, geht es ohne eigenes Schulterklopfen nicht ab, erfüllt mit Dankbarkeit ob der Vorzüge, die man in der Zeit seines Erdenwallens erfahren durfte.

Ich glaube, ich hatte dieses Glück.

Aber es gibt auch noch eine Reihe ganz handfester Gründe, und gerade Sie, liebe Mitmenschen in den neuen Bundesländern, werden die verstehen. Das, was Sie situationsbedingt und sodann gefühlsmäßig nach der Wiedervereinigung erfuhren, erlebte ich bereits 1948. Eben noch im kleinstädtisch-ländlichen Notstand Tangermünder Nachkriegsverhältnisse – plötzlich hineingestellt dort, wo der Puls Westdeutschlands damals sehr deutlich schlug: das Ruhrgebiet, und das zu Beginn eines gewaltigen wirtschaftlichen Aufschwungs und wilden Nachholbedarfs!

Einerseits waren die Verlockungen und Möglichkeiten dieser neuen Welt sehr anregend, andererseits ängstigten sie und ließen eine geheime Furcht vor dem plötzlich neu formulierten Wagnis „Leben" entstehen. Eine Fülle fremder Dinge und Begriffe erlangten Macht und Gültigkeit, drängten sich in den Mittelpunkt, mußten nun beachtet werden, wenn man „mit dabeisein" wollte.

Bildung, Schulabschluß, Beruf,
Weiterkommen, Aufstieg, Karriere,
Besitz, Erfolg, Ansehen und
G e e e l l l d d
usw., usw., usw.

Wunderte es, daß man in den Pausen der Besinnung mit leiser Wehmut an die Zeit „drüben" zurückdachte? Gewiß, man sah das ja ein, man hätte dort nicht bleiben können, mit so einer vernagelten Zukunft, Glückwunsch zum Entschluß der Familie ... Aber „dort drüben" hätte man ruhig leben können, absolut bescheiden aber sicher und ohne die latente Dauerdrohung westdeutscher Lebensforderungen. Jetzt aber war der Tausch vollzogen, und man mußte mit der neuen Situation fertigwerden.

„Der Junge vom Lande" hat es zunächst nicht einfach. Zuviel auf einmal. Er ertappt sich dabei, daß er manchmal zurückweicht, zu schwerfällig oder zu skeptisch reagiert. Manchmal helfen ihm aber auch sein Zögern, seine Beständigkeit und Beharrlichkeit, die er aus seiner Altmärker Jugend mitgebracht hat.

Bei Zusammenkünften der Familie wird häufig über die Zeit in der Ostzone gesprochen. Zunächst mit einer gewissen Erleichterung, diese schwierige Phase und auch den Krieg unbeschadet überstanden zu haben. Später, als westliche Standards zur Selbstverständlichkeit geworden sind, ändert sich das. Aus der Versenkung tritt die Gefolgschaft des Wohlstandes, und die Quittungen werden präsentiert.

Streß, Leistungsdruck, Rivalitäten, falsche Zielsetzungen, erzwungene Kompromisse, Begegnungen mit bösartigen Zeitgenossen und niedrigem Menschentum bleiben nicht außen vor, und man stellt ernüchtert fest, daß man ihnen nicht entrinnen kann. Mehr als einmal wird nun die Frage gestellt, ob es richtig war, sich dem Moloch „Westen" in den Rachen zu werfen. Wahrscheinlich hätte man „drüben" auch seinen Weg gemacht. Doch ist diese zweifelhafte Feststellung stets mit großen Fragezeichen versehen.

Das bleibt etwa bis 1970 so. Dann, nach zwanzig Jahren selbsterwählter Tretmühle, hat sich der Blickwinkel verändert. Die Jugendzeit „drüben" erfährt eine festumrissene und dauerhafte Verklärung. Ohne daß wir es eigentlich beabsichtigen, haben sich in den Augen meines Bruders und mir die „Tangermünder Jahre" mit einer Gloriole umgeben. Der zeitliche und geistig-gefühlsmäßige Abstand ließ aus jenen intensiv erlebten, aber dennoch so ganz anderswertigen Jahren den „fernen glücklichen Abschnitt" unseres Lebens werden und die Opfer zu Heldentaten geraten.

Als die Kinder der Folgegeneration alt genug sind zum Zuhören und Verstehen, erleben wir sie häufig, auf dem Teppich liegend, auf Kosten eines attraktiven Fernsehprogramms muksmäuschenstill unseren Erzählungen lauschend. Einige Schulklassen, welche ich längere Zeit betreute, bitten am letzten Schultag vor den Ferien: „Nicht vorlesen, keine Spiele, kein Video, erzählen Sie etwas aus der Kriegs- und Nachkriegszeit!" Das geht gut hinunter, die Verklärung erfährt eine neue Aufwertung, und die Gloriole verändert die Farbe hin zu Gold.

Während eines langen, unseligen Lebensabschnitts, der von sinkendem Lebensmut, Verbitterung und Enttäuschung gekennzeichnet ist, träume ich jede Nacht von Tangermünde. Wenn im traumhaften Erleben die Bedrohungen aus dem Wachsein erscheinen, weiß ich Realitäten aus der Kinderzeit zu nutzen, um zu fliehen. Schauplatz ist keine wilde Phantasiewelt, sondern die Zäune und Mauern in der Tangermünder Roonstraße, die ich blitzschnell zu übersteigen vermag, um mich an vertrauten Plätzen zu verbergen ... Oder wenn die Verfolgung länger dauert, erreiche ich schließlich die Elbe, deren Wasser sich gelbdurchscheinend, wie an einem windigen, bedeckten Nachmittag, mit diffusem Sonnenlicht zeigt. Immer ist dieses Wasser im Traum wohlig warm, ich weiß mich sicher und geborgen, und daß mich nichts und niemand mehr erreichen kann ...

Glücklicherweise hat das Unterbewußtsein diese Möglichkeit bereitgestellt, und ich bin ihm sehr dankbar dafür. Kein noch so abscheuliches Erleben in der Wirklichkeit des Tages konnte jemals bis dorthin vordringen. Das wirkte tröstlich und beruhigend und gab das Gefühl, etwas zu besitzen, was die Widersacher nicht vorweisen konnten und was mein ganz persönlicher, unverlierbarer Besitz bleiben würde.

Als Erleichterungen im Reiseverkehr geschaffen wurden, zogen mein Bruder und ich so manches Mal eine Reise in die alte Heimat in Erwägung. Doch merkwürdigerweise hielt uns eine geheime Scheu davon ab, nun den Entschluß zu fassen und es auch zu tun.

Wahrscheinlich hatten wir Angst davor, das über viele Jahre gepflegte und mittlerweile zum Grad sakraler Verehrung hinaufstilisierte Bild unserer Erinnerung durch die Maßnahmen des politischen Systems und Zeitläufte entwürdigt und entstellt zu sehen und gezwungen zu werden, die Schatztruhe, gefüllt mit den Andenken goldener Kinderjahre, gegen eine handvoll Staub einzutauschen.

Das Schicksal hat es uns erspart, *und*
das Gegenteil wurde Wirklichkeit.
Die Stadt, Häuser, Straßen und Plätze,
Mauern, Winkel und Ecken,
Anblicke, Durchblicke und Weitblicke,
die Elbe und das übrige Wasser,
Alleen, Bäume, Felder und Wälder,
eine Delle im Boden,
wo unsere „Bude" im Fuchswald war,
Schauplätze unserer Taten und Heldentaten,
ein Andenken an die Kriegszeit
auf einer Hauswand der Leninstraße (ausgerechnet)

„Butterschmalz ersetzt die beste Butter“,
und die guterhaltenen Fundamente
von „Onkel Toms Hütte“
haben vierzig Jahre überdauert und waren bereit, von uns aufs neue, und nunmehr endgültig, in Besitz genommen zu werden.

Wir haben das getan. Sehr behutsam und leise, aber vollkommen, und die „Tangermünde Saga“ unantastbar und für alle Zeit in unseren Herzen geborgen.

***